桥梁抗风抗震与车桥

郑史雄　主　编
马存明　贾宏宇　副主编

科学出版社
北　京

内 容 简 介

本教材较全面地介绍桥梁结构动力效应分析基本理论与设计应用，共分四篇，分别为结构动力学基础篇、桥梁抗风设计篇、桥梁抗震设计篇、车桥耦合振动篇，是国内首本将桥梁抗风、桥梁抗震及车桥耦合等桥梁三个主要振动行为及其原理进行统编的教材。

本教材立足于基础理论与应用的介绍，结合最新的相关规范及其应用的解释，兼顾近年来相关研究成果的论述，为读者学习基本理论、参照相关规范进行桥梁动力学设计、深入研究桥梁结构动力问题奠定基础。

本教材面向高等学校研究生教学，也可作为高等学校土木、交通、水利等工程相关专业本科生学习桥梁结构动力学、桥梁抗风设计、桥梁抗震设计等课程教学参考书，并可供相关科研人员和工程设计人员参考。

图书在版编目(CIP)数据

桥梁抗风抗震与车桥 / 郑史雄主编.—北京:科学出版社，2021.7（2024.8 重印）
ISBN 978-7-03-069008-1

Ⅰ. ①桥… Ⅱ. ①郑… Ⅲ. ①桥梁工程-抗风结构-结构设计②桥梁工程-防震设计 Ⅳ. ①U442.5

中国版本图书馆CIP 数据核字（2021）第 104673 号

责任编辑：刘莉莉 / 责任校对：彭 映
责任印制：罗 科 / 封面设计：墨创文化

科学出版社 出版
北京东黄城根北街16号
邮政编码：100717
http://www.sciencep.com

成都锦瑞印刷有限责任公司 印刷
科学出版社发行 各地新华书店经销
*

2021 年 7 月第 一 版 开本：787×1092 1/16
2024 年 8 月第三次印刷 印张：19 1/4
字数：450 000

定价：79.00 元
（如有印装质量问题，我社负责调换）

前　言

改革开放四十多年来，我国公路、铁路桥梁得到迅猛发展，公路桥梁的跨度已接近2千米，铁路桥梁的跨度也超千米。随着我国交通建设向海洋、向西部高原的发展，桥梁工程所处的自然环境也越来越复杂，铁路与公路桥梁结构不仅跨度越来越大，许多新型桥梁及结构形式特别、复杂桥梁等不断出现，在强风多发地区(如沿海台风影响区、新疆百里风区、高山深切峡谷地区局部强风区)、地震多发区(如我国东南沿海、西部高原)等建设的桥梁工程也越来越多，如拟建的川藏铁路、台湾海峡跨海工程、琼州海峡跨海工程、渤海湾跨海工程等工程中的桥梁，都将受到强风、高烈度地震的影响。因此，桥梁抗风设计、抗震设计是保证桥梁建设安全的一个关键环节，另外，对于铁路桥梁来说，车桥耦合振动、风车桥耦合振动、地震车桥耦合振动等对行车安全性与舒适性的影响等，也是其所面临的重要问题。

桥梁在强风、强震、列车动荷载作用下的动力响应性能是个动力学问题，近年来，结构动力设计在桥梁结构设计理论中越来越重要，桥梁抗风抗震设计与车桥耦合振动分析评估是桥梁结构动力设计的主要内容。另外，极端强风、高烈度地震也是桥梁结构所受的主要自然灾害，因此，桥梁抗风抗震设计也是结构减灾防灾工作中的主要内容。

自然强风、地震及移动车辆作用均属于动荷载，在动荷载作用下，桥梁结构会产生振动，诱发结构损伤、疲劳，或影响结构的动静力稳定性，或影响桥上行车以及行人的安全和舒适性，或使桥梁完全破坏。因而，桥梁抗风抗震设计及车桥耦合振动分析，主要围绕桥梁结构的性能指标进行相关工作，以保证桥梁满足安全性、可使用性及可修复性等性能指标。

由于地震、大气紊流强风、路面(或轨道)不平度均具有随机、时变的特点，其难以用确定性的时间或空间坐标函数来描述，而只能用概率或统计的方法描述，因此，由地震地面运动、大气边界层内强风、路面(或轨道)不平度所激起的桥梁结构系统的振动也是随机的、不确定的。桥梁抗风抗震设计及车桥耦合振动分析本质上是随机振动问题，但在实际工程中，为了简化设计与分析工作，常常对该类问题进行确定性假定，从而采用确定性振动理论进行求解，这种处理方式必须要有一定的安全储备。

近四十年来，经过桥梁科技工作者的不断努力，我国桥梁抗风、抗震以及车桥耦合振动相关分析理论越来越完善。随着港珠澳大桥的建成通车，川藏铁路的立项建设，许多跨海工程的规划，国家需要更多的从事桥梁结构动力设计的专门人才。基于上述原因，结合西南交通大学在硕士研究生层面开设的桥梁抗风抗震与车振课程，编写本教材。

本教材力求做到重点突出、简明实用。由于桥梁抗风、抗震、车桥耦合振动相关理论复杂，部分理论仍处于发展完善过程中，本教材立足于基础理论的介绍，结合最新的相关规范及其应用的解释，同时兼顾近年研究成果的阐述，以为桥梁工程相关专业研究生掌握桥梁抗风、桥梁抗震以及车桥耦合振动分析基本理论，熟悉并能参照相关规范进行桥梁动力学设计，或为进一步深入研究相关内容奠定基础。

本教材可为本科层面桥梁结构动力学、桥梁抗风设计、桥梁抗震设计等课程教学参考，也可为工程设计人员开展桥梁结构动力设计参考。

本书共分四篇，分别为结构动力学基础、桥梁抗风设计、桥梁抗震设计、车桥耦合振动，共 27 章，其中第一篇共 4 章，介绍结构动力学基础知识，包括单自由度系统的线性振动、多自由度系统的振动、梁的弯曲振动理论及随机振动；第二篇共 7 章，介绍桥梁抗风设计基础知识，包括自然风的基本特性、风对桥梁的作用及抗风设计准则、风对桥梁的静力作用、风对桥梁的动力作用、大跨度桥梁的抗风减振措施、风洞模型试验、数值风洞在桥梁抗风设计中的应用；第三篇共 10 章，介绍桥梁抗震设计基础知识，包括地震工程学基本知识、结构抗震设防标准与分类、桥梁建设场地的选择与抗震分类、桥梁震害分析、桥梁地震响应分析方法、桥梁抗震验算与钢筋布置构造要求、桥梁减隔震及抗震构造措施、桥梁结构地震易损性、桥梁抗震评估加固与震后抢通、桥梁结构抗震试验；第四篇共 6 章，介绍桥梁车桥耦合振动分析基础知识，包括车桥耦合振动理论的概念与发展、车辆与桥梁振动性能的评价方法与标准、车-桥耦合振动经典理论、车-桥耦合振动现代理论、风-车-桥耦合振动、地震-车-桥耦合振动。

本教材由西南交通大学郑史雄教授、马存明教授、贾宏宇副教授编写，王骑副教授等对本教材的内容提出了很多宝贵的意见与建议，博士研究生严正曦参与了部分图表的编制工作。

本教材得到了西南交通大学教材出版基金的支持，在此表示感谢。

限于作者的水平及时间的原因，教材中难免有不足之处，恳请读者批评指正，在此先表感谢。作者邮箱：zhengsx@swjtu.edu.cn。

目　录

第一篇　结构动力学基础

第二篇　桥梁抗风设计

第三篇　桥梁抗震设计

第四篇 车桥耦合振动

第一篇

结构动力学基础

概　述

桥梁结构是一个复杂的多自由度系统，在随机时变地震动、时变强风或移动车辆的作用下会产生复杂的振动，分析其动力响应的理论基础是结构动力学。

本篇介绍结构动力学基本理论、随机振动基本理论、动力学分析基础等，以便于读者理解本教材后续所介绍的桥梁在地震作用、自然风作用或车桥耦合相互作用下结构振动响应特性与性能，为掌握其基本理论、基本原理、分析方法，具备解决或研究桥梁结构抗风、抗震及车桥耦合振动问题的能力打下基础。

第1章　单自由度系统的线性振动

典型的单自由度系统为如图 1.1 所示的质量-弹簧-阻尼系统，如果其质量为 m，线性弹簧刚度为 k，线性黏性阻尼系数为 c，在质量上作用一激振力 $F(t)$，质量在 t 时刻的位移为 $x(t)$，不计摩擦。

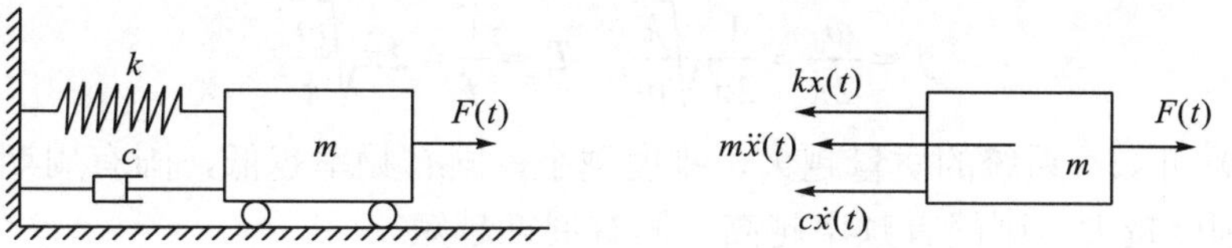

图 1.1　单自由度系统示意图

基于牛顿第二定律，可得单自由度系统的运动微分方程：

$$m\ddot{x}(t)+c\dot{x}(t)+kx(t)=F(t) \tag{1.1}$$

引入参数 $\omega_0=\sqrt{\dfrac{k}{m}}$，$\zeta=\dfrac{c}{2\sqrt{km}}$，微分方程变为

$$\ddot{x}(t)+2\zeta\omega_0\dot{x}(t)+\omega_0^2x(t)=\frac{1}{m}F(t) \tag{1.2}$$

式中，ω_0 为固有频率；ζ 为阻尼比。

1.1　无阻尼自由振动

如果激振力 $F(t)$ 与系统的阻尼比 ζ 为零，则该系统为无阻尼自由振动系统，方程(1.2)变为

$$\ddot{x}(t)+\omega_0^2x(t)=0 \tag{1.3}$$

根据常微分方程理论，令 $x(t)=\mathrm{e}^{\lambda t}$，代入方程(1.3)，导出特征值方程为

$$\lambda^2+\omega_0^2=0 \tag{1.4}$$

相应的特征值为 $\lambda=\pm\mathrm{i}\omega_0$（$\mathrm{i}=\sqrt{-1}$，即虚数单位），对应的线性无关特解为 $\cos\omega_0 t$ 和 $\sin\omega_0 t$，方程的通解为

$$x(t)=C_1\cos\omega_0 t+C_2\sin\omega_0 t \tag{1.5}$$

其中，C_1,C_2 为待定常数，由初始条件决定。

设在初始时刻 $(t=0)$，质点的位移和速度分别为

$$x(0)=x_0, \qquad \dot{x}(0)=\dot{x}_0 \tag{1.6}$$

则方程(1.3)满足初始条件方程(1.6)的解为

$$x(t)=x_0\cos\omega_0 t+\frac{\dot{x}_0}{\omega_0}\sin\omega_0 t=A\sin(\omega_0 t+\theta) \tag{1.7}$$

其中，A 和 θ 分别为自由振动的振幅和初相角，其取决于初始条件方程(1.6)：

$$A=\sqrt{x_0^2+\left(\frac{\dot{x}_0}{\omega_0}\right)^2}, \quad \theta=\arctan\left(\frac{\omega_0 x_0}{\dot{x}_0}\right) \tag{1.8}$$

因此无阻尼自由振动是以平衡位置为中心的简谐振动，其振动的圆频率为 ω_0，单位为 rad/s。圆频率 ω_0 仅与刚度、质量有关，与初始条件无关，为系统固有的物理参数，它与系统的固有频率 f 和固有周期 T_0 关系如下：

$$f=\frac{\omega_0}{2\pi}=\frac{1}{2\pi}\sqrt{\frac{k}{m}}, \quad T_0=\frac{1}{f}=2\pi\sqrt{\frac{m}{k}} \tag{1.9}$$

由式(1.9)可知，系统的质量越大，刚度越小，固有频率越低，固有周期越长，反之，质量越小，刚度越大，则固有频率越高，固有周期越短。

1.2 有阻尼自由振动

如果系统的激振力 $F(t)$ 为零，阻尼比 ζ 不为零，该系统为有阻尼自由振动，此时方程(1.2)变为

$$\ddot{x}(t)+2\zeta\omega_0\dot{x}(t)+\omega_0^2 x(t)=0 \tag{1.10}$$

根据常微分方程理论，令 $x(t)=\mathrm{e}^{\lambda t}$，代入方程(1.10)，导出特征值方程为

$$\lambda^2+2\zeta\omega_0\lambda+\omega_0^2=0 \tag{1.11}$$

相应的特征值为

$$\lambda=-(\zeta\pm\sqrt{\zeta^2-1})\omega_0 \tag{1.12}$$

对应的线性无关特解根据阻尼比大小有如表 1.1 所示三种情况。

表 1.1 有阻尼自由振动特征值与特解

阻尼比	特征值	线性无关特解
$\zeta<1$	$\lambda=-(\zeta\pm\sqrt{\zeta^2-1})\omega_0$ (复数)	$\mathrm{e}^{-\omega_0\zeta t}\cos\omega_d t$， $\mathrm{e}^{-\omega_0\zeta t}\sin\omega_d t$
$\zeta=1$	$\lambda=-\omega_0$	$\mathrm{e}^{-\omega_0 t}$， $t\mathrm{e}^{-\omega_0 t}$
$\zeta>1$	$\lambda=-(\zeta\pm\sqrt{\zeta^2-1})\omega_0=\lambda_{1,2}$ (实数)	$\mathrm{e}^{-\lambda_1 t}$， $\mathrm{e}^{-\lambda_2 t}$

注：$\omega_d=\sqrt{1-\zeta^2}\omega_0$。

(1) 当 $\zeta<1$ 时，微分方程的通解为

$$x(t)=\mathrm{e}^{-\omega_0\zeta t}(C_1\cos\omega_d t+C_2\sin\omega_d t) \tag{1.13}$$

其中，C_1,C_2 为待定常数，与无阻尼自由振动类似，由初始条件决定。

则方程(1.10)满足初始条件的解为

$$x(t)=A\mathrm{e}^{-\omega_0\zeta t}\sin(\omega_d t+\theta) \tag{1.14}$$

其中，A 和 θ 分别为阻尼自由振动的初始幅值和初相角，其取决于初始条件：

$$A=\sqrt{x_0^2+\left(\frac{\dot{x}_0+\omega_0\zeta x_0}{\omega_d}\right)^2},\quad \theta=\arctan\left(\frac{\omega_d x_0}{\dot{x}_0+\omega_0\zeta x_0}\right) \tag{1.15}$$

$\omega_d=\sqrt{1-\zeta^2}\omega_0$ 为有阻尼振动的固有圆频率，也是系统的固有的物理参数，它小于无阻尼固有频率 ω_0。

如果将间隔 j 个周期的两个振幅相除，并两边取对数：

$$\frac{A_1}{A_{j+1}}=\frac{A\mathrm{e}^{-\omega_0\zeta t}}{A\mathrm{e}^{-\omega_0\zeta(t+jT)}}=\mathrm{e}^{\omega_0\zeta jT} \tag{1.16}$$

$$\frac{1}{j}\ln\left(\frac{A_1}{A_{j+1}}\right)=\omega_0\zeta T=2\pi\zeta \tag{1.17}$$

根据上式，可利用实验测出系统的阻尼比。

因此，当阻尼比 $\zeta<1$ 时，阻尼引起能量的耗散，系统为振幅不断衰减的周期性振动，如图 1.2 所示。阻尼比反映了衰减程度，一般称其为欠阻尼状态，桥梁结构均为欠阻尼结构，后面内容均默认阻尼比 $\zeta<1$。

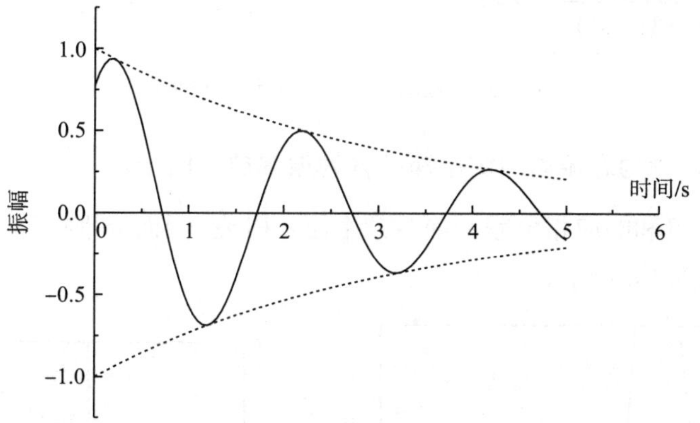

图 1.2　欠阻尼系统的衰减振动

(2) 当 $\zeta=1$ 或 $\zeta>1$ 时，系统的运动为衰减的非往复运动，系统是介于过阻尼与欠阻尼之间的临界状态或过阻尼状态，其不属于本书所讨论的内容。

1.3 有阻尼强迫振动

如果激振力 $F(t)$ 不为零，该系统为有阻尼强迫振动。此时

$$\ddot{x}(t)+2\zeta\omega_0\dot{x}(t)+\omega_0^2x(t)=\frac{1}{m}F(t) \tag{1.18}$$

根据常微分方程理论，方程的解为

$$x=x_1(t)+x_2(t) \tag{1.19}$$

其中，$x_1(t)$ 为前述有阻尼自由振动的解，其是在振动开始后短时持续的衰减振动，故称为暂态振动；$x_2(t)$ 为方程(1.18)的特解，与 $F(t)$ 有关，它表示在激振力作用下的持续振动，故称为稳态振动。

为简便起见，以 $F(t)$ 为简谐力为例进行分析，令 $F(t)=F_0\mathrm{e}^{\mathrm{i}\omega t}$，有

$$\ddot{x}(t)+2\zeta\omega_0\dot{x}(t)+\omega_0^2x(t)=\frac{F_0}{m}\mathrm{e}^{\mathrm{i}\omega t}=\frac{F_0}{k}\omega_0^2\mathrm{e}^{\mathrm{i}\omega t} \tag{1.20}$$

其特解为

$$x_2(t)=\frac{F_0}{k}\frac{1}{\sqrt{(2\zeta s)^2+(1-s^2)^2}}\sin(\omega t-\theta) \tag{1.21}$$

其中，$s=\dfrac{\omega}{\omega_0}$，为激振频率和固有频率之比；$\theta=\arctan\left(\dfrac{2\zeta s}{1-s^2}\right)$，为响应相位差；i 为虚数单位。

令 $\beta=\dfrac{1}{\sqrt{(2\zeta s)^2+(1-s^2)^2}}$，则有

$$x_2(t)=\beta\frac{F_0}{k}\sin(\omega t-\theta)=\beta B\sin(\omega t-\theta) \tag{1.22}$$

其中，$\beta\dfrac{F_0}{k}=\beta B$，为稳态振动的实振幅；$\beta$ 为振幅放大因子。

振幅放大因子 β 和响应相位差 θ 均与频率比 s 相关，因而分别被称为幅频特性和相频特性，如图 1.3 和图 1.4 所示。

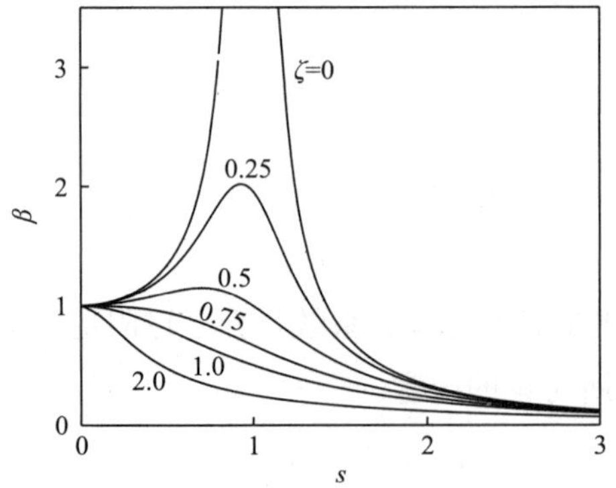

图 1.3 幅频特性曲线

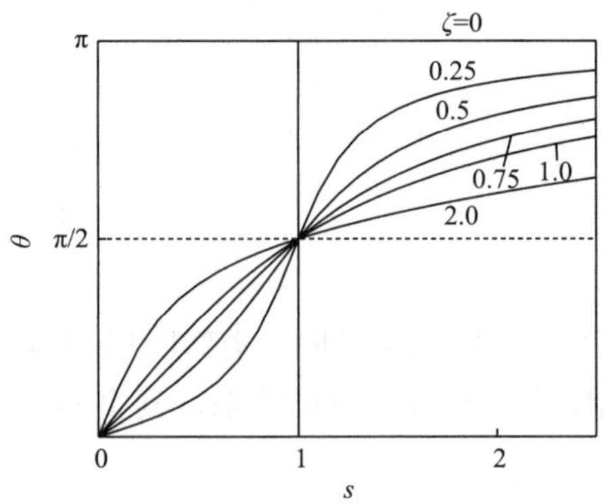

图 1.4 相频特性曲线

由式(1.22)可知，当激振频率与系统固有频率相近，即$s\to 1$时，β近于最大，此时发生共振。共振振幅受阻尼系数的影响显著，阻尼小，振幅大；阻尼大，振幅小；阻尼比为零时，β与振幅趋于无穷大。

另外，稳态响应振动频率与激振力频率相同，其振幅、相位差均由系统本身和激振力的物理性质确定，与初始条件无关。当激振力频率远小于固有频率时，$\beta\approx 1$，振幅接近于静变形；当激振力频率远大于固有频率时，$\beta\approx 0$，振幅接近于零。

当频率比$s\to 0$时，相位角$\theta\to 0$；频率比$s\to\infty$时，相位角$\theta\to\pi$；频率比$s\to 1$时，相位角$\theta\to\pi/2$，表明，受迫振动响应与激振力在低频时同相，高频时反相，阻尼越小，同反相越明显，共振时，相位差为$\pi/2$。

1.4　简谐惯性力激励的受迫振动

类似于地震，如果单自由度系统基础发生振动，振动时程为$x_f(t)$，此时，仍以基础为参考点，质量单元m上作用惯性力激励，惯性力为$F(t)=-m\ddot{x}_f(t)$。

为简便理解，假定基础沿水平方向做振幅为B、频率为ω的简谐振动，振动规律为

$$x_f(t)=B\mathrm{e}^{\mathrm{i}\omega t} \tag{1.23}$$

则质量单元m上作用的惯性力为

$$F(t)=-m\ddot{x}_f(t)=mB\omega^2\mathrm{e}^{\mathrm{i}\omega t} \tag{1.24}$$

如果质量单元m相对于基础的相对位移为$x(t)$，则运动微分方程为

$$\ddot{x}(t)+2\zeta\omega_0\dot{x}(t)+\omega_0^2x(t)=B\omega^2\mathrm{e}^{\mathrm{i}\omega t} \tag{1.25}$$

同样可求得微分方程的稳态解为

$$x=\beta_1B\mathrm{e}^{\mathrm{i}(\omega t-\theta_1)} \tag{1.26}$$

振幅放大因子和响应相位差分别为β_1,θ_1，其定义如下：

$$\beta_1=\frac{s^2}{\sqrt{(2\zeta s)^2+(1-s^2)^2}} \tag{1.27}$$

$$\theta_1=\arctan\left(\frac{2\zeta s}{1-s^2}\right) \tag{1.28}$$

其中，$s=\dfrac{\omega}{\omega_0}$，仍为激振频率和固有频率之比。

由式(1.27)和式(1.28)可知，相频特性与前述式(1.22)一致，但幅频特性不同于式(1.22)，两者相比，如图 1.5 所示，可知：

当基础振动频率远小于结构固有频率时，相对运动振幅接近于零，相位接近相同；当基础振动频率远大于结构固有频率时，相对运动振幅接近于基础振幅，但相位正好相反。

当基础振动频率接近结构固有频率时，也存在振幅急剧增大的共振现象，振幅极大值对应频率为$\omega=\omega_0/\sqrt{1-2\zeta^2}$。

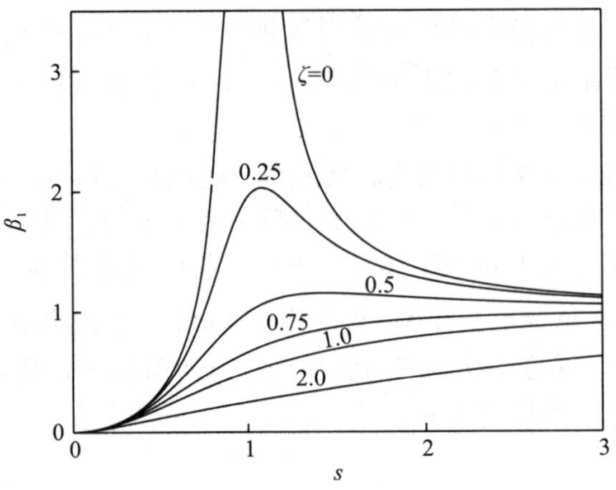

图 1.5 惯性力激励的幅频特性曲线

1.5 频率域的响应分析

受简谐力激励的单自由度有阻尼系统，动力学微分方程为

$$m\ddot{x}(t)+c\dot{x}(t)+kx(t)=F_0\mathrm{e}^{\mathrm{i}\omega t} \tag{1.29}$$

令稳态响应 $x(t)=X\mathrm{e}^{\mathrm{i}\omega t}$，其中 X 为稳态响应的复振幅，代入式(1.29)可得 $X=\dfrac{1}{k-m\omega^2+\mathrm{i}c\omega}F_0=H(\omega)F_0$。其中，$H(\omega)$为激励频率$\omega$的复函数，也称作复频响应函数，i 为虚数单位。

$$H(\omega)=\frac{1}{k-m\omega^2+\mathrm{i}c\omega}=\frac{1}{k}\left[\frac{1-s^2-2\mathrm{i}\zeta s}{\left(1-s^2\right)^2+\left(2\zeta s\right)^2}\right]=\frac{1}{k}\beta\mathrm{e}^{-\mathrm{i}\theta} \tag{1.30}$$

式中，$\beta=\dfrac{1}{\sqrt{(2\zeta s)^2+(1-s^2)^2}}$，为放大系数；$\theta=\arctan\left(\dfrac{2\zeta s}{1-s^2}\right)$，为相位角，与前面推导结果相同。

如果将系统所受激励和系统的响应分别理解为系统的输入与输出，输入和输出之比在动力学理论中称为阻抗，对应位移响应、速度响应、加速度响应的阻抗称为位移阻抗、速度阻抗和加速度阻抗，其复数表达式分别为

位移阻抗：

$$Z_x(\omega)=\frac{F(t)}{x(t)}=\frac{F_0}{X}=\frac{1}{H(\omega)}=k-m\omega^2+\mathrm{i}c\omega \tag{1.31}$$

速度阻抗：

$$Z_{\dot{x}}(\omega)=\frac{F(t)}{\dot{x}(t)}=\frac{1}{\mathrm{i}\omega}Z_x(\omega) \tag{1.32}$$

加速度阻抗：

$$Z_{\ddot{x}}(\omega)=\frac{F(t)}{\ddot{x}(t)}=-\frac{1}{\omega^2}Z_x(\omega) \tag{1.33}$$

位移阻抗 $Z_x(\omega)$ 有刚度性质，工程中称之为动刚度，位移阻抗与复频响应函数 $H(\omega)$ 互为倒数，相应的 $H(\omega)$ 可称为动柔度，也称作系统的位移导纳，同样，速度阻抗 $Z_{\dot{x}}(\omega)$、加速度阻抗 $Z_{\ddot{x}}(\omega)$ 的倒数分别称为系统的速度导纳和加速度导纳。

上述 3 个阻抗和 3 个导纳，只要通过实验测出其中一种，就能获得系统的幅频特性和相频特性，进而可分析出系统的固有频率和阻尼比等参数。

第2章　多自由度系统的振动

建立多自由度系统的动力学微分方程可以采用牛顿力学或分析力学的任何一种方法，其用矩阵表达的普遍形式为

$$\boldsymbol{M}\ddot{\boldsymbol{x}}+\boldsymbol{C}\dot{\boldsymbol{x}}+\boldsymbol{K}\boldsymbol{x}=\boldsymbol{F} \tag{2.1}$$

式中，$\boldsymbol{M}$ 为质量矩阵，$\boldsymbol{C}$ 为阻尼矩阵，$\boldsymbol{K}$ 为刚度矩阵，工程中的桥梁结构，其均为对称矩阵；$\boldsymbol{x}$ 为广义坐标列阵，对于 n 个自由度系统，阵中各自由度的位移响应用下标表示，则 $\boldsymbol{x}=\{x\}=[x_1,\ x_2,\ \cdots,\ x_n]^{\mathrm{T}}$；$\boldsymbol{F}$ 为广义激励荷载列阵，阵中各元素为各自由度所受激励，$\boldsymbol{F}=\{F\}=[F_1,\ F_2,\ \cdots,\ F_n]^{\mathrm{T}}$。

多自由度系统的动力学微分方程第一项为惯性力，第三项为弹性恢复力，第二项为非保守力，其在形式上与单自由度系统的方程类似，其动力学概念可参照前面单自由度系统，分析求解方法除了要作矩阵运算，原理也类似。

2.1　多自由度系统的固有特性

1. 固有频率

无外力作用的 n 个自由度系统，受到初始干扰后，产生自由振动，如果不考虑阻尼的影响，微分方程为

$$\boldsymbol{M}\ddot{\boldsymbol{x}}+\boldsymbol{K}\boldsymbol{x}=0 \tag{2.2}$$

系统内各个坐标偏离平衡位置，且均以同一频率 ω 和同一相角 θ 作不同振幅的简谐振动，因而自由度 j 的位移响应(方程的特解)为

$$x_j=A_j\sin(\omega t+\theta)\quad (j=1,2,3,\cdots,n) \tag{2.3}$$

可写成矩阵形式：

$$\boldsymbol{x}=\boldsymbol{A}\sin(\omega t+\theta) \tag{2.4}$$

式中，$\boldsymbol{A}=\{A\}=[A_1,\ A_2,\ \cdots,\ A_n]^{\mathrm{T}}$，下标表示各自由度。

代入方程(2.2)，有

$$(\boldsymbol{K}-\omega^2\boldsymbol{M})\boldsymbol{A}=0 \tag{2.5}$$

要使式(2.5)有解，下列行列式满足：

$$\left|\boldsymbol{K}-\omega^2\boldsymbol{M}\right|=0 \tag{2.6}$$

展开后得 ω^2 的 n 次代数方程，即特征值方程为

$$\omega^{2n}+a_1\omega^{2(n-1)}+a_2\omega^{2(n-2)}+\cdots+a_{n-1}\omega^2+a_n=0 \tag{2.7}$$

式中，各系数与刚度和质量有关。对于平衡状态为稳定的正定系统（一般工程结构均能满足），各坐标只能在平衡位置附近作简谐振动。因而，方程(2.7)中存在 ω^2 的 n 个根（特征值），每个特征值 ω_1^2 对应的 ω_i 即为系统振动的固有圆频率，其只与系统本身的刚度、质量相关。

将固有圆频率从小到大排列：$\omega_1 < \omega_2 < \omega_3 < \cdots < \omega_i < \cdots < \omega_n$，排在前的称低频，后的称高频。

一般工程结构振动分析，结构的振动响应主要由低频部分贡献，高频部分贡献很小，因而，在对大型桥梁结构进行振动分析时，由于其自由度很多，计算量很大，这时可根据需要取较少数量的低频频率进行后续分析。

2. 模态

满足方程(2.5)的非零的 n 阶列阵 $\boldsymbol{A}$ 也可视为 n 维向量，称作系统的特征向量，也称模态。

每个特征值 ω_i^2 对应的特征向量为 $\boldsymbol{A}^{(i)}$，满足：

$$(\boldsymbol{K}-\omega_i^2\boldsymbol{M})\boldsymbol{A}^{(i)}=0 \qquad (i=1,2,3,\cdots,n) \tag{2.8}$$

其中，$\boldsymbol{A}^{(i)}=\left[\varphi_1^{(i)},\ \varphi_2^{(i)},\ \cdots,\ \varphi_n^{(i)}\right]^{\mathrm{T}}\ (i=1,2,3,\cdots,n)$。

由于系数行列式为零，上面方程组各式是线性相关的，因而，与每个特征值 ω_i^2 对应的特征向量 $\boldsymbol{A}^{(i)}$ 应有无穷多，但注意到当 ω_i^2 不重根时，式(2.8)只有一个非独立的方程，也即其余 $n-1$ 个方程是独立的，此时，如令 $\boldsymbol{A}^{(i)}$ 中一个元素 $\varphi_i^{(i)}$ 为 1（也可任意数），其余 $n-1$ 个元素就是与 $\varphi_i^{(i)}$ 相关且比例关系唯一数，对应的其他 $n-1$ 个独立方程的解也唯一。

每阶特征向量 $\boldsymbol{A}^{(i)}$ 中比例关系唯一的各元素，与系统的初始条件无关，完全由系统的物理特性 $\boldsymbol{M}$、$\boldsymbol{K}$ 确定，因而称为系统以固有频率 ω_i 作第 i 阶振动的第 i 阶模态（有些书也叫振型），它与固有频率一样也是系统固有的特性。

系统以固有频率 ω_i 作第 i 阶振动也称为第 i 阶主振动，振动响应为

$$\boldsymbol{x}^{(i)}=\alpha_i\boldsymbol{A}^{(i)}\sin(\omega_i t+\theta_i) \tag{2.9}$$

其中，α_i,θ_i 为任意常数，取决于初始条件。

3. 模态的正交性

设两个固有频率 ω_i 和 ω_j 对应的模态 $\boldsymbol{\varphi}^{(i)}$ 和 $\boldsymbol{\varphi}^{(j)}$ 均满足方程(2.8)，即

$$\boldsymbol{K}\boldsymbol{\varphi}^{(i)}=\omega_i^2\boldsymbol{M}\boldsymbol{\varphi}^{(i)} \tag{2.10}$$

$$\boldsymbol{K}\boldsymbol{\varphi}^{(j)}=\omega_j^2\boldsymbol{M}\boldsymbol{\varphi}^{(j)} \tag{2.11}$$

将式(2.10)转置后右乘 $\boldsymbol{\varphi}^{(j)}$，对称矩阵 $\boldsymbol{K}$ 和 $\boldsymbol{M}$ 转置后不变，得到

$$\boldsymbol{\varphi}^{(i)^{\mathrm{T}}}\boldsymbol{K}\boldsymbol{\varphi}^{(j)}=\omega_i^2\boldsymbol{\varphi}^{(i)^{\mathrm{T}}}\boldsymbol{M}\boldsymbol{\varphi}^{(j)} \tag{2.12}$$

将式(2.11)左乘 $\boldsymbol{\varphi}^{(i)^{\mathrm{T}}}$，得到

$$\boldsymbol{\varphi}^{(i)^{\mathrm{T}}}\boldsymbol{K}\boldsymbol{\varphi}^{(j)}=\omega_j^2\boldsymbol{\varphi}^{(i)^{\mathrm{T}}}\boldsymbol{M}\boldsymbol{\varphi}^{(j)} \tag{2.13}$$

将式(2.12)减去式(2.13)，得

$$(\omega_i^2-\omega_j^2)\boldsymbol{\varphi}^{(i)^{\mathrm{T}}}\boldsymbol{M}\boldsymbol{\varphi}^{(j)}=0 \tag{2.14}$$

若$i\neq j$时$\omega_i\neq\omega_j$，从上式导出：

$$\boldsymbol{\varphi}^{(i)^{\mathrm{T}}}\boldsymbol{M}\boldsymbol{\varphi}^{(j)}=0\quad(i\neq j) \tag{2.15}$$

又有

$$\boldsymbol{\varphi}^{(i)^{\mathrm{T}}}\boldsymbol{K}\boldsymbol{\varphi}^{(j)}=0\quad(i\neq j) \tag{2.16}$$

式(2.15)和式(2.16)分别表示不同固有频率的模态关于质量阵和刚度阵正交。

当i=j时$\omega_i=\omega_j$，式(2.14)恒成立，令

$$\boldsymbol{\varphi}^{(i)^{\mathrm{T}}}\boldsymbol{M}\boldsymbol{\varphi}^{(i)}=M_{Pi}，\ \boldsymbol{\varphi}^{(i)^{\mathrm{T}}}\boldsymbol{K}\boldsymbol{\varphi}^{(i)}=K_{Pi} \tag{2.17}$$

称M_{Pi}和K_{Pi}为主质量和主刚度，同时由式(2.12)，$i=j$，有

$$\omega_i=\sqrt{\frac{K_{Pi}}{M_{Pi}}}\quad(i=1,2,3,\cdots,n) \tag{2.18}$$

调整模态$\boldsymbol{\varphi}^{(i)}$的数值，可使$M_{Pi}$=1，$K_{Pi}=\omega_i^2$，此时的模态$\boldsymbol{\varphi}^{(i)}$称为简正模态。

4. 模态叠加法

n个模态$\boldsymbol{\varphi}^{(i)}(i=1,2,3,\cdots,n)$的正交性表明它们是线性独立的，可用于构成$n$维空间的基。系统的任意$n$维自由振动可唯一地表示为各阶模态的线性组合。

$$x=\sum_{n=1}^{n}\boldsymbol{\varphi}^{(i)}x_{Pi}=\boldsymbol{\varphi}\boldsymbol{x}_P \tag{2.19}$$

其中，列阵$\boldsymbol{x}_P=\left(x_{P1},\ x_{P2},\ \cdots,\ x_{Pn}\right)^{\mathrm{T}}$，是描述系统运动的广义坐标，称为主坐标；矩阵$\boldsymbol{\varphi}=\left(\varphi^{(1)},\ \varphi^{(2)},\ \cdots,\ \varphi^{(n)}\right)$，$n\times n$矩阵。

式(2.19)表示，系统的振动为n阶主振动的线性叠加，称为模态线性叠加。

将式(2.19)代入无阻尼自由振动的动力方程，有

$$\boldsymbol{M}\boldsymbol{\varphi}\ddot{\boldsymbol{x}}_P+\boldsymbol{K}\boldsymbol{\varphi}\boldsymbol{x}_P=0 \tag{2.20}$$

方程左乘$\boldsymbol{\varphi}^{\mathrm{T}}$，并利用模态的正交性质，有

$$\boldsymbol{M}_P\ddot{\boldsymbol{x}}_P+\boldsymbol{K}_P\boldsymbol{x}_P=0 \tag{2.21}$$

其中，$\boldsymbol{M}_P=\mathrm{diag}\left(M_{P1},\ M_{P2},\ \cdots,\ M_{Pn}\right)$，为由各阶主质量组成的对角矩阵；$\boldsymbol{K}_P=\mathrm{diag}\left(K_{P1},\ K_{P2},\ \cdots,\ K_{Pn}\right)$，为由各阶主刚度组成的对角矩阵。

式(2.21)为n个完全解耦的相互独立的单自由度系统。各方程的解为以ω_i为固有频率的各阶主振动。

$$x_{Pi}=a_i\sin(\omega_i t+\theta_i)\quad(i=1,2,3,\cdots,n) \tag{2.22}$$

式中，a_i、θ_i为待定常数，由初始条件确定。设实际坐标的初始条件$(t=0)$为

$$x(0)=x_0,\ \ \dot{x}(0)=\dot{x}_0$$

转化为主坐标下的初始条件为

$$x_P(0)=\varphi^{-1}x_0,\ \ \dot{x}_P(0)=\varphi^{-1}\dot{x}_0$$

则有

$$x_{Pi} = x_{Pi}(0)\cos\omega_i t + \frac{\dot{x}_{Pi}(0)}{\omega_i}\sin\omega_i t \quad (i = 1, 2, 3, \cdots, n) \tag{2.23}$$

将式(2.23)代回式(2.19)可得系统的总响应。

5. 模态截断法

实际问题中，对于自由度 n 很大的系统，有时只需计算较低的前 r 阶($r<n$)固有频率和模态，用于近似计算系统的响应，这种近似方法称为模态截断法。为此将前 r 阶模态 $\boldsymbol{\varphi}^{(i)}$ $(i=1,2,3,\cdots,r)$ 组成的 $n\times r$ 阶截断模态矩阵，记为

$$\boldsymbol{\varphi}^* = \left(\boldsymbol{\varphi}^{(1)},\ \boldsymbol{\varphi}^{(2)},\ \cdots,\ \boldsymbol{\varphi}^{(r)}\right) \tag{2.24}$$

截断的主质量矩阵和主刚度矩阵为

$$\boldsymbol{M}_P^* = \boldsymbol{\varphi}^{*\mathrm{T}}\boldsymbol{M}\boldsymbol{\varphi}^*,\quad \boldsymbol{K}_P^* = \boldsymbol{\varphi}^{*\mathrm{T}}\boldsymbol{K}\boldsymbol{\varphi}^* \tag{2.25}$$

其中，$\boldsymbol{M}_P^*$，$\boldsymbol{K}_P^*$ 分别为前 r 个主质量和主刚度排成的 r 阶对角阵。

系统的任意 n 阶振动可近似地表示为前 r 阶模态的线性组合。

$$x = \sum_{n=1}^{r}\boldsymbol{\varphi}^{(i)}x_{Pi} = \boldsymbol{\varphi}^*\boldsymbol{x}_P^* \tag{2.26}$$

其中，列阵 $\boldsymbol{x}_P^* = \left(x_{P1},\ x_{P2},\ \cdots,\ x_{Pr}\right)^{\mathrm{T}}$，是描述系统运动的广义坐标，称为主坐标。

同前述方法，可得 r 个完全解耦的相互独立的单自由度系统，对应方程为

$$\boldsymbol{M}_P^*\ddot{\boldsymbol{x}}_P + \boldsymbol{K}_P^*\boldsymbol{x}_P = 0 \tag{2.27}$$

各方程的解为以 ω_i 为固有频率的各阶主振动。

$$x_{Pi} = a_i\sin(\omega_i t + \theta_i) \quad (i = 1, 2, 3, \cdots, r) \tag{2.28}$$

从而可得动力方程式的解。

2.2　有阻尼多自由度系统的强迫振动

由于各种结构的阻尼机理很复杂，难以给出恰当的数学表达式，但当结构阻尼力较小时，一般情况下，可将各种类型的阻尼近似化为等效黏性阻尼，假定阻尼力为广义速度的线性函数，则有阻尼多自由度系统受迫振动的动力方程为

$$\boldsymbol{M}\ddot{\boldsymbol{x}} + \boldsymbol{C}\dot{\boldsymbol{x}} + \boldsymbol{K}\boldsymbol{x} = \boldsymbol{F}(t) \tag{2.29}$$

参照前面的方法，利用无阻尼系统的模态和主坐标，对上式进行变换，将实际坐标 x 变换为主坐标 x_P，再在等式两边均左乘 $\boldsymbol{\varphi}^{\mathrm{T}}$ 后，利用模态的正交性，获得用主坐标表示的动力学方程。

$$\boldsymbol{M}_P\ddot{\boldsymbol{x}}_P + \boldsymbol{C}_P\dot{\boldsymbol{x}}_P + \boldsymbol{K}_P\boldsymbol{x}_P = \boldsymbol{F}_P \tag{2.30}$$

其中，$\boldsymbol{M}_P = \mathrm{diag}\left(M_{P1},\ M_{P2},\ \cdots,\ M_{Pn}\right)$，为由各阶主质量组成的对角矩阵；$\boldsymbol{K}_P = \mathrm{diag}\left(K_{P1},\ K_{P2},\ \cdots,\ K_{Pn}\right)$，为由各阶主刚度组成的对角矩阵；$\boldsymbol{F}_P = \boldsymbol{\varphi}^{\mathrm{T}}\boldsymbol{F}(t)$，为用主坐标表示的荷载力向量；$\boldsymbol{C}_P$ 为主坐标表示的阻尼矩阵，称作模态阻尼矩阵。

$$\boldsymbol{C}_P = \boldsymbol{\varphi}^{\mathrm{T}}\boldsymbol{C}\boldsymbol{\varphi} = \begin{pmatrix} C_{P11} & \cdots & C_{P1n} \\ \vdots & & \vdots \\ C_{Pn1} & \cdots & C_{Pnn} \end{pmatrix} \tag{2.31}$$

如果模态阻尼矩阵也是对角阵，方程(2.29)完全可以解耦为n个独立的单自由度系统，求解过程就相当简单。

工程计算中，由于结构阻尼力很小，常为了简化计算，假定原坐标下的阻尼矩阵$\boldsymbol{C}$与质量阵$\boldsymbol{M}$、刚度阵$\boldsymbol{K}$有以下比例关系：

$$\boldsymbol{C} = a\boldsymbol{M} + b\boldsymbol{K} \tag{2.32}$$

其中，a和b为比例常数。存在这种关系的阻尼称为比例阻尼，上式代入式(2.31)，模态阻尼矩阵成为主对角阵：

$$\boldsymbol{C}_P = \mathrm{diag}\left(C_{P1},\ C_{P2},\ \cdots,\ C_{Pn}\right) \tag{2.33}$$

从而，动力学方程为n个独立的单自由度主坐标微分方程：

$$M_{Pi}\ddot{x}_{Pi} + C_{Pi}\dot{x}_{Pi} + K_{Pi}x_{Pi} = F_{Pi} \quad (i = 1, 2, 3, \cdots, n) \tag{2.34}$$

于是，多自由度系统的振动分析方法变为与单自由度系统完全相同。

a和b两个比例常数可用以下方法求得，用简正模态组成的模态矩阵对式(2.32)作变换，得

$$\boldsymbol{\varphi}^{\mathrm{T}}\boldsymbol{C}\boldsymbol{\varphi} = a\boldsymbol{\varphi}^{\mathrm{T}}\boldsymbol{M}\boldsymbol{\varphi} + b\boldsymbol{\varphi}^{\mathrm{T}}\boldsymbol{K}\boldsymbol{\varphi} = aE + b\Delta = \mathrm{diag}(2\zeta_1\omega_1, 2\zeta_2\omega_2, \cdots, 2\zeta_n\omega_n) \tag{2.35}$$

任选二阶频率及对应阻尼代入，解方程即可求得此二常数。由于一般结构的振动响应主要由低频贡献，因而对于有阻尼系统采用模态截断法仍是可行的，具体方法同前。

第 3 章　梁的弯曲振动理论

前面讨论的振动系统是由有限个无弹性的质量块和无质量弹簧、阻尼器组成的离散系统。实际工程结构是由具有分布的质量以及分布弹性和阻尼的物体所组成，这种系统称为连续系统，它具有无限多个自由度，其动力方程为偏微分方程。连续系统一般只有一些简单情形才能得到精确解，对于复杂的连续系统则仍应用各种近似方法简化为离散系统求解，如有限元法等。

将未变形细直欧拉-伯努利的轴线取作 x 轴，设梁只作平面弯曲振动，梁的轴线只有横向位移 $y(x,t)$，不考虑梁有剪切变形和绕中性轴转动对弯曲振动的影响。

设梁的长度为 l，材料密度为 ρ，弹性模量为 E，截面积和截面二次矩为 $S(x)$ 和 $I(x)$，$\rho_l(x)=\rho S(x)$ 为单位长度的质量，$EI(x)$ 为梁的抗弯刚度。作用在梁上的分布载荷为 $f(x,t)$。

如图 3.1 所示，在 x 截面处取 $\mathrm{d}x$ 微段，作其受力图，利用达朗贝尔原理列出微元体沿 y 方向的动力学方程：

$$\rho_l(x)\mathrm{d}x\frac{\partial^2 y}{\partial t^2}=F_Q-\left(F_Q+\frac{\partial F_Q}{\partial x}\mathrm{d}x\right)+f(x,t)\mathrm{d}x \tag{3.1}$$

不考虑梁的剪切变形和截面转动的影响时，微元体满足力矩平衡条件，以右截面上任意点为矩心列出：

$$M+\frac{\partial M}{\partial x}-M-F_Q\mathrm{d}x-f(x,t)\mathrm{d}x\frac{\mathrm{d}x}{2}=0 \tag{3.2}$$

略去高阶小量，有

$$F_Q=\frac{\partial M}{\partial x} \tag{3.3}$$

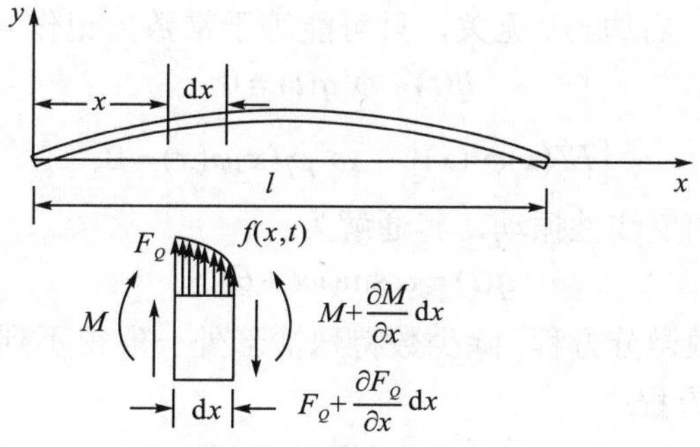

图 3.1　梁的弯曲振动

根据材料力学的分析，弯矩与挠度的关系为

$$M = EI(x)\frac{\partial^2 y(x,t)}{\partial x^2} \tag{3.4}$$

将式(3.3)和式(3.4)代入式(3.1)，得到梁的弯曲振动方程：

$$\frac{\partial^2}{\partial x^2}\left[EI(x)\frac{\partial^2 y(x,t)}{\partial x^2}\right]+\rho_l(x)\frac{\partial^2 y(x,t)}{\partial t^2}=f(x,t) \tag{3.5}$$

若梁为等截面，方程简化为

$$EI\frac{\partial^4 y(x,t)}{\partial x^4}+\rho_l\frac{\partial^2 y(x,t)}{\partial t^2}=f(x,t) \tag{3.6}$$

此方程含对空间变量 x 的四阶偏导数和对时间 t 的二阶偏导数，求解时必须列出 4 个边界条件和 2 个初始条件。

如果要考虑结构的黏滞阻尼，并假定其与运动速度成正比，阻尼系数为 $c(x)$，则微元体还受阻尼力：

$$\mathrm{d}f_D(x)=c(x)\frac{\partial y(x,t)}{\partial t}\mathrm{d}x \tag{3.7}$$

梁的弯曲振动方程变为

$$\frac{\partial^2}{\partial x^2}\left[EI(x)\frac{\partial^2 y(x,t)}{\partial x^2}\right]+\rho_l(x)\frac{\partial^2 y(x,t)}{\partial t^2}+c(x)\frac{\partial y(x,t)}{\partial t}=f(x,t) \tag{3.8}$$

1. 固有频率和模态函数

讨论梁的自由振动。令方程(3.5)中 $f(x,t)=0$，化作

$$\frac{\partial^2}{\partial x^2}\left[EI(x)\frac{\partial^2 y(x,t)}{\partial x^2}\right]+\rho_l(x)\frac{\partial^2 y(x,t)}{\partial t^2}=0 \tag{3.9}$$

将方程的解分离变量，写作

$$y(x,t)=\varphi(x)q(t) \tag{3.10}$$

代入方程(3.9)，得到

$$\frac{\ddot{q}(t)}{q(t)}=-\frac{\left[EI(x)\varphi''(x)\right]''}{\rho_l(x)\varphi(x)} \tag{3.11}$$

上式左边与 x 无关，右边与 t 无关，只可能等于常数，记作 $-\omega^2$，导出：

$$\ddot{q}(t)+\omega^2 q(t)=0 \tag{3.12}$$

$$\left[EI(x)\varphi''(x)\right]''-\omega^2\rho_l(x)\varphi(x)=0 \tag{3.13}$$

方程(3.12)为单自由度线性振动，其通解为

$$q(t)=\alpha\sin(\omega t+\theta) \tag{3.14}$$

方程(3.13)为变系数微分方程，除少数特殊情形外一般得不到解析解。对于等截面梁，则可简化为常系数微分方程：

$$\varphi^{(4)}(x)-\beta^4\varphi(x)=0 \tag{3.15}$$

其中参数定义为

$$\beta^4 = \frac{\rho_l}{EI}\omega^2 \tag{3.16}$$

以方程(3.15)的解确定梁振动的模态函数，设其一般式为

$$\varphi(x) = \mathrm{e}^{\lambda x} \tag{3.17}$$

代入方程式(3.15)导出特征值方程为

$$\lambda^4 - \beta^4 = 0 \tag{3.18}$$

特征值 4 个解分别为 $\pm\beta, \pm\mathrm{i}\beta$，对应的线性独立的基本解为 $\mathrm{e}^{\pm\beta x}$ 和 $\mathrm{e}^{\pm\mathrm{i}\beta x}$，或者写成 $\cos\beta x, \sin\beta x, \mathrm{ch}\beta x, \mathrm{sh}\beta x$，以其作为基本解，则有

$$\varphi(x) = C_1\cos\beta x + C_2\sin\beta x + C_3\mathrm{ch}\beta x + C_4\mathrm{sh}\beta x \tag{3.19}$$

积分常数 $C_i(i=1,2,3,4)$ 及参数 $\omega_i(i=1,2,\cdots)$ 应满足的频率方程由梁的边界条件确定。可解出无穷多个固有频率 $\omega_i(i=1,2,\cdots)$ 及对应的模态函数 $\varphi_i(i=1,2,\cdots)$，构成系统的主振动：

$$y^{(i)}(x,t) = \alpha_i\varphi_i(x)\sin(\omega_i t + \theta_i) \tag{3.20}$$

系统的自由振动是无穷多个主振动的叠加：

$$y(x,t) = \sum_{i=1}^{\infty} \alpha_i\varphi_i(x)\sin(\omega_i t + \theta_i) \tag{3.21}$$

其中，积分常数 α_i 和 θ_i 由系统的初始条件确定。

常见的约束状况与边界条件有以下几种：

(1)固定端处梁的挠度和转角均等于零：

$$\varphi(x_0) = 0，\ \varphi'(x_0) = 0 \qquad (x_0 = 0\text{或}l) \tag{3.22}$$

(2)简支端处梁的挠度和弯矩均等于零：

$$\varphi(x_0) = 0，\ \varphi''(x_0) = 0 \qquad (x_0 = 0\text{或}l) \tag{3.23}$$

(3)自由端处梁的剪力和弯矩均等于零：

$$\varphi'''(x_0) = 0，\ \varphi''(x_0) = 0 \qquad (x_0 = 0\text{或}l) \tag{3.24}$$

(4)弹性约束端处梁的剪力等于弹簧约束反力，弯矩等于弹簧约束反力矩：

$$Q(x) = k\varphi(x)，\ EI\varphi''(x_0) = k_M\varphi'(x) \qquad (x_0 = 0\text{或}l) \tag{3.25}$$

例题 3.1　求简支梁的固有频率和模态函数。

解：边界条件：

$$\varphi(0) = 0,\ \varphi''(0) = 0$$

$$\varphi(l) = 0,\ \varphi''(l) = 0$$

代入式(3.19)，得到：$C_1 = 0$，$C_3 = 0$

以及：

$$C_2\sin\beta l + C_4\mathrm{sh}\beta l = 0$$

$$-C_2\sin\beta l + C_4\mathrm{sh}\beta l = 0$$

因 $\mathrm{sh}\beta l \neq 0$，可得 $C_4 = 0$，频率方程化为

$$\sin\beta l = 0 \qquad \text{即 } \beta l = i\pi\ (i = 1, 2, 3, \cdots)$$

对应的固有频率为

$$\omega_i = \left(\frac{i\pi}{l}\right)^2 \sqrt{\frac{EI}{\rho_l}} \qquad (i = 1, 2, 3, \cdots)$$

模态函数为

$$\varphi_i(x) = C_2 \sin\frac{i\pi}{l}x \qquad (i = 1, 2, 3, \cdots)$$

图 3.2 为简支梁前三阶模态振型的示意。

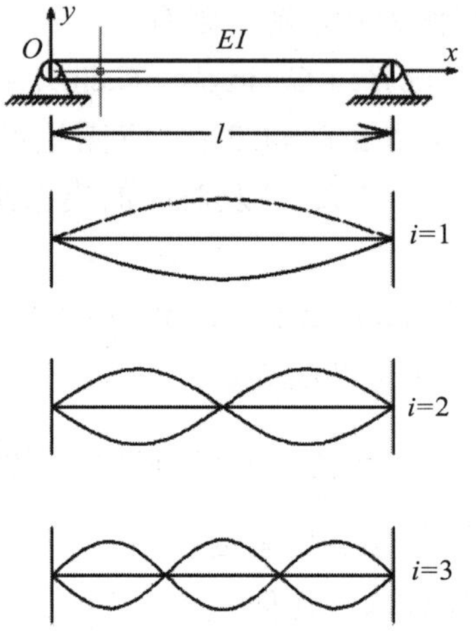

图 3.2 简支梁的模态

类似于例题 3.1 的分析，可推导出悬臂梁、两端固定梁、一端固定一端简支梁的频率方程、特征值(固有频率)以及对应的模态函数。

2. 模态的正交性

一般的细长梁，不限于等截面，如果其某两个固有频率 ω_i 和 ω_j 对应的模态函数分别为 $\varphi_i(x)$ 和 $\varphi_j(x)$，由方程(3.13)有

$$\left[EI(x)\varphi_i''(x)\right]'' = \omega_i^2 \rho_l(x)\varphi_j(x) \tag{3.26}$$

等式两边左乘 $\varphi_j(x)$，且对长度范围内积分，等式左边项写成分部积分式：

$$\begin{aligned}\int_0^l \varphi_j(x)\left[EI(x)\varphi_i''(x)\right]'' \mathrm{d}x = \varphi_j(x)\left[EI(x)\varphi_i''(x)\right]'\Big|_0^l - \left[\varphi_j'(x)EI(x)\varphi_i''(x)\right]_0^l \\ + \int_0^l EI(x)\varphi_j''(x)\varphi_i''(x)\mathrm{d}x\end{aligned} \tag{3.27}$$

当梁的端部为简支、固定和自由三种约束条件之一时，根据前述的边界条件，上面分部积分式右边的边界值均为零。从而有

$$\int_0^l EI(x)\varphi_j''(x)\varphi_i''(x)\mathrm{d}x = \omega_i^2 \int_0^l \rho_l(x)\varphi_i(x)\varphi_j(x)\mathrm{d}x \tag{3.28}$$

将下标 i 与 j 互换：

$$\int_0^l EI(x)\varphi_i''(x)\varphi_j''(x)\mathrm{d}x = \omega_j^2\int_0^l \rho_l(x)\varphi_j(x)\varphi_i(x)\mathrm{d}x \tag{3.29}$$

上两式相减得到：

$$(\omega_i^2-\omega_j^2)\int_0^l \rho_l(x)\varphi_j(x)\varphi_i(x)\mathrm{d}x = 0 \tag{3.30}$$

若 $i\neq j$ 时 $\omega_i\neq\omega_j$，则从上式导出：

$$\int_0^l \rho_l(x)\varphi_j(x)\varphi_i(x)\mathrm{d}x = 0 \qquad (i\neq j) \tag{3.31}$$

表明不同固有频率的模态关于质量正交，$\rho_l(x)$ 为权函数。将式(3.31)代入式(3.28)或式(3.29)得

$$\int_0^l EI(x)\varphi_j''(x)\varphi_i''(x)\mathrm{d}x = 0 \qquad (i\neq j) \tag{3.32}$$

表明模态函数关于刚度正交，$EI(x)$ 为权函数。

3. 主质量和主刚度

若 i=j 时 ω_i=ω_j，引入参数 M_{Pi} 和 K_{Pi}，分别定义为

$$M_{Pi}=\int_0^l \rho_l(x)[\varphi_j(x)]^2\mathrm{d}x\,,\quad K_{Pi}=\int_0^l EI(x)[\varphi_i''(x)]^2\mathrm{d}x \tag{3.33}$$

M_{Pi} 和 K_{Pi} 分别称为第 i 阶主质量和主刚度。且有

$$\omega_i=\sqrt{\frac{K_{Pi}}{M_{Pi}}} \tag{3.34}$$

当 $M_{Pi}=1$ 时，对应的模态函数 $\varphi_i(x)$ 称为简正模态函数。

4. 模态叠加法

根据模态函数的正交性，可将多自由度系统的模态叠加法思想应用于连续系统。即将弹性体的振动表示为各阶模态的线性组合，用于计算连续系统的振动规律。

以承受分布载荷作用的细直梁的弯曲振动方程为例，给定初始状态 $y(x,0)$ 和 $\dot{y}(x,0)$。将方程的解表示为模态函数的线性组合。

$$y(x,t)=\sum_{j=1}^{\infty}\varphi_j(x)q_j(t) \tag{3.35}$$

如其中的模态函数已简正化，将上式代入方程(3.5)得

$$\sum_{j=1}^{\infty}\rho_l(x)\varphi_j(x)\ddot{q}_j(t)+\sum_{j=1}^{\infty}[EI(x)\varphi_j''(x)]''q_j(t)=f(x,t) \tag{3.36}$$

将上式各项与 $\varphi_j(x)$ 相乘后沿梁的全长积分，利用正交性条件及分部积分公式，导出完全解耦的方程组。

$$\ddot{q}_j(t)+\omega_j^2 q_j(t)=Q_j(t) \qquad (j=1,2,\cdots) \tag{3.37}$$

其中，$Q_j(t)$ 是与广义坐标 $q_j(t)$ 对应的广义力：

$$Q_j(t)=\int_0^l f(x,t)\varphi_j(x)\mathrm{d}x \qquad (j=1,2,\cdots) \tag{3.38}$$

方程(3.37)的解可用杜哈梅积分写出(此处为无阻尼时)：

$$q_j(t)=\frac{1}{\omega_j}\int_0^l Q_j(t)\sin\omega_j(t-\tau)\mathrm{d}\tau+q_j(0)\cos\omega_j t+\frac{\dot{q}_j(0)}{\omega_j}\sin\omega_j t \tag{3.39}$$

其中，$q_j(0)$ 和 $\dot{q}_j(0)$ 为广义坐标和广义速度的初始值，由初始条件确定，令式(3.35)中 $t=0$，得到：

$$y(x,0)=\sum_{j=1}^{\infty}\varphi_j(x)q_j(0)\text{，}\quad \dot{y}(x,0)=\sum_{j=1}^{\infty}\varphi_j(x)\dot{q}_j(0) \tag{3.40}$$

将上式各项与 $\varphi_j(x)$ 相乘后沿梁全长积分，利用正交性条件，导出：

$$q_j(0)=\int_0^l \rho_l(x)y(x,0)\varphi_j(x)\mathrm{d}x \qquad (j=1,2,\cdots) \tag{3.41}$$

$$\dot{q}_j(0)=\int_0^l \rho_l(x)\dot{y}(x,0)\varphi_j(x)\mathrm{d}x \qquad (j=1,2,\cdots) \tag{3.42}$$

将满足此初始条件的解(3.39)代入式(3.35)，即得到梁在初始条件和载荷激励下的弯曲振动响应。

一般来讲，基于实际桥梁结构复杂的形式布置、主梁的截面变化等原因，导致其难以基于连续弯曲梁理论进行分析，其固有动力特性(频率、周期及振型)一般还是需要通过建立桥梁有限元模型，基于数值计算求得。

两主缆平行且主梁两端简支的悬索桥，其竖弯动力特性(频率及振型)与两铰抛物线拱桥(拱肋平行，拱肋在竖平面内)十分相似。区别在于悬索桥的主缆受拉力而拱桥的拱肋受压力，在计算式中与轴力相关项只是正负号之差。该类桥梁横截面一般左右对称，质量分布也左右对称，因而，桥梁的平面竖向挠曲振动、侧向弯曲振动、扭转振动耦合程度相当低，可分开考虑。

抛物线拱桥或悬索桥的第一阶竖向振型往往是反对称的，而第二、第三竖向振型是对称的，且随着矢跨比减少，第一阶反对称竖向振型的频率与第二阶对称竖向振型的频率靠近，当矢跨比小于 1/12 时，第一阶竖向振型可能变为对称的。

参考拱桥(或悬索桥)相关书籍，根据二阶理论，桥梁反对称振动的频率计算式为

$$\omega_k=\left(\frac{k\pi}{l}\right)^2\sqrt{\frac{EI\lambda_k}{\rho_l}} \qquad (k=2,4,\cdots) \tag{3.43}$$

式中，EI 为梁的抗弯刚度；ρ_l 为单位长度质量；k 为振型阶次，等于 2 是最低的一阶反对称振型；$\lambda_k=1\pm\dfrac{H_g L^2}{k^2\pi^2 EI}$，为因水平拉力(或压力)作用而使竖弯刚度增大(或减少)的系数，对于拱桥为减号，悬索桥为加号；H_g 为恒载的主缆的水平拉力(或拱的水平压力)；L 为跨度。

第4章　随机振动

海浪、地震地面运动、大气边界层内湍流阵风、路面不平度等随机载荷所激起的桥梁结构系统的振动也是随机的，随机激励和响应都不能用时间的确定函数来描述，其对于某一特定时刻取值不确定，但多次作用的结果却有统计规律，当然，统计规律也可能是随时间变化的。

随机振动理论用概率与统计方法来研究承受随机载荷的结构系统的稳定性、响应及可靠度。随机振动问题包括两大类：一类为结构系统确定，激励随机；一类为结构系统随机，激励随机或确定。实际工程中，随机振动现象是十分普遍的，严格地说，一切实际系统的振动都是随机的，只不过有些振动随机的成分很小，可以忽略，当作确定性系统来研究。

本教材主要介绍随机载荷作用下确定性结构的随机响应、稳定性和可靠度等相关基础知识，如果考虑结构参数的随机性，则问题更为复杂，可参考其他相关书籍。

4.1　随机过程特征参数与描述

随机过程是对在空间和时间上不规则、事先无法预估、变化无法重复、其统计规律随时间演化的物理现象的一种数学描述。工程振动系统的参数、激励、响应等物理量，基于某空间特征或时间特征进行集合，构成一系列样本集，所有这些可能的样本集合又构成随机过程。

从时间维度上看，如 $t_i(i=1,2,3,\cdots,\infty)$ 时刻的样本 $x(t_i)$ 集合构成一维随机过程为 $x(t)$，其小于每一个 $x\in(-\infty,\infty)$ 的概率用分布函数 $F(x)$ 表示：

$$F(x,t)=P\{x(t)\leqslant x\} \tag{4.1}$$

显然，$F(x,t)$ 是非减函数，$0\leqslant F(x,t)\leqslant 1$。

设分布函数 $F(x,t)$ 连续且可微，则连续型随机变量 $x(t)$ 还可以用概率密度函数 $f(x,t)$ 来描述，有

$$f(x,t)=\frac{\mathrm{d}}{\mathrm{d}x}F(x,t) \tag{4.2}$$

或

$$F(x,t)=\int_{-\infty}^{x}f(x,t)\mathrm{d}x \tag{4.3}$$

$$P\{x<x(t)\leqslant x+\mathrm{d}x\}\approx f(x,t)\mathrm{d}x \tag{4.4}$$

可见，概率密度函数 $f(x,t)$ 是非负函数，且 $\int_{-\infty}^{\infty}f(x,t)\mathrm{d}x=1$。

随机过程 $x(t)$ 的主要统计特征包括平均值、方差、根方差和变差系数、功率谱等，它们的定义如下。

平均值(或数学期望)定义为一阶统计矩，用以表示静态分量，其平方即为静态分量的能量：

$$E\left[x(t)\right]=\int_{-\infty}^{+\infty}x(t)f(x,t)\mathrm{d}x=\mu_x(t) \tag{4.5}$$

式中，$f(x,t)$ 为一阶概率密度函数。

方差(或离散度)是二阶中心矩，也是动态分量的能量：

$$D^2\left[x(t)\right]=E\left[\left\{x(t)-E\left[x(t)\right]\right\}^2\right]=\int_{-\infty}^{+\infty}\left\{x(t)-E\left[x(t)\right]\right\}^2 f(x,t)\mathrm{d}x=\sigma_x^2(t) \tag{4.6}$$

根方差是方差的平方根(通常记作 RMS)，即 $\sigma_x(t)=D\left[x(t)\right]$。

均方值：$E[x^2(t)]=\int_{-\infty}^{+\infty}x^2 f(x,t)\mathrm{d}x=\psi_x^2(t)=\sigma_x^2(t)+\mu_x^2(t)$。

变差系数是根方差与平均值的无量纲比值：

$$C(t)=\frac{D\left[x(t)\right]}{E\left[x(t)\right]} \tag{4.7}$$

随机过程的特征量(平均值、方差、根方差和变差系数)统称为一阶统计特征量。二阶统计特征量表达了 t_1 和 t_2 两个时刻，两个过程 $x(t)$ 和 $y(t)$ 之间的关系，称为相关函数，也是 t_1 和 t_2 两个时刻的均值，也称为二维分布统计矩：

$$R_{xy}\left(t_1,t_2\right)=E\left[x(t_1)y\left(t_2\right)\right] \tag{4.8}$$

当 $x(t)=y(t)$ 时，$R_{xx}\left(t_1,t_2\right)$ 或记为 $R_x\left(t_1,t_2\right)$，称为自相关函数。

如果随机过程 $x(t)$ 的概率密度函数满足以下关系：

$$f(x_1,t_1)=f(x_1,t_1+a) \tag{4.9}$$

其中，a 为任意实常数，则 $x(t)$ 称为平稳过程。

平稳随机过程的平均值、方差均为常量，与时间原点的选择无关。而自相关函数取决于 t_1 和 t_2 两个时刻的差值，这也是平稳随机过程的判断依据。

$$\begin{cases}\mu_x(t)=\mu_x=C & (\text{常数})\\ R_x(t_1,t_2)=R_x(\tau) & (\tau=t_2-t_1)\end{cases} \tag{4.10}$$

典型平稳随机过程的自相关函数曲线如图 4.1 所示。由图中可以看出，平稳随机过程的自相关函数 $R_x(\tau)$ 具有以下性质：

(1) $R_x(\tau)$ 是偶函数，即 $R_x(\tau)=R_x(-\tau)$。

(2) $\tau=0$ 时，$R_x(0)=\psi_x^2=R_{x\max}(\tau)$，时差为零时的自相关函数是均方值，为最大值，表明时差为零时随机过程的自相关程度最大。$\tau=\infty$ 时，$R_x(\infty)\to\mu_x^2$，即均值的平方。

(3) $R_x(\tau)$ 的值在 $[\mu_x^2-\sigma_x^2,\mu_x^2+\sigma_x^2]$ 内变化。

如果平稳随机过程的统计特征与样本函数序号无关，称为各态历经随机过程，其是平稳随机过程的一个特例。

各态历经随机过程必须是平稳随机过程，其基于单样本计算而得的所有统计特征值等于从全体样本函数计算出的特征值。装载不等重货物的列车、轨道不平顺、常态风等可以近似地视为各态历经随机过程。

不符合平稳条件的随机过程称为非平稳随机过程。桥梁结构动力学中，地震作用、非常态风等是非平稳的随机过程。

两个平稳随机过程 $x(t)$ 和 $y(t)$ ，它们之间时隔为 τ 的相关性由互相关函数描述，定义为

$$R_{xy}(\tau)=E\left[x(t)y(t+\tau)\right] \tag{4.11}$$

$$R_{yx}(\tau)=E\left[y(t)x(t+\tau)\right] \tag{4.12}$$

互相关函数 $R_{xy}(\tau)$ 为非奇、非偶函数， $R_{xy}(\tau)=R_{yx}(-\tau)$ ，且 $\left|R_{xy}(\tau)\right|\leqslant\sqrt{R_x(0)R_y(0)}$ ，还有 $R_{xx'}(0)=E\left[x(t)\dot{x}(t)\right]=0$ ，表明平稳随机过程 $x(t)$ 与它的导数过程 $\dot{x}(t)$ 在同一时刻互不相关。

功率谱密度函数用以表征随机过程频率成分及其能量分布，其定义为相关函数的傅里叶积分变换。自相关函数的傅里叶变换称为自功率谱密度函数，互相关函数的傅里叶变换称为互功率谱密度函数。

因而，自功率谱密度函数定义为

$$S_x(\omega)=F[R_x(\tau)]=\int_{-\infty}^{\infty}R_x(\tau)\mathrm{e}^{-\mathrm{i}\omega\tau}\mathrm{d}\tau \tag{4.13}$$

图 4.2 为某随机过程的自功率谱密度函数曲线示意图。

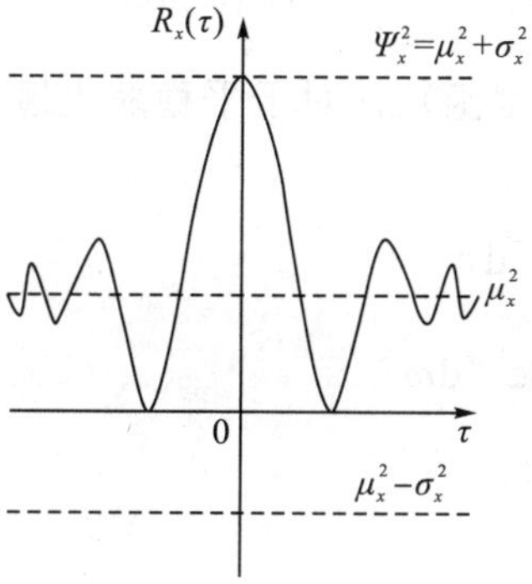

图 4.1　平稳过程自相关函数性质的示意图

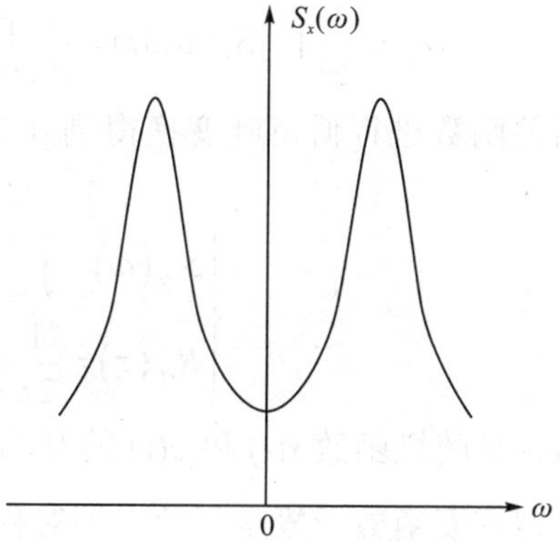

图 4.2　随机过程自功率谱密度函数的示意图

当然，自相关函数也是自功率谱密度函数的逆傅里叶变换，即

$$R_x(\tau)=\frac{1}{2\pi}\int_{-\infty}^{+\infty}S_x(\omega)\mathrm{e}^{\mathrm{i}\omega\tau}\mathrm{d}\omega \tag{4.14}$$

当 $\tau=0$ 时， $R_x(0)$ 即为均方值：

$$R_x(0)=\psi_x^2=\frac{1}{2\pi}\int_{-\infty}^{+\infty}S_x(\omega)\mathrm{d}\omega=\int_{-\infty}^{+\infty}S_x(f)\mathrm{d}f \tag{4.15}$$

$S_x(\omega)$， $S_x(f)$ 分别为用圆频率 ω 或用频率 f 表达的功率谱。 $S_x(f)$ 表示 $x(t)$ 在单位带宽内的能量，具有能量(或功率)的密度的概念，所以称为功率谱密度。其也可以作如下的定义：

$$S_x(f)=\lim_{T\to\infty}\frac{1}{T}\left|x(f)\right|^2 \tag{4.16}$$

功率谱密度也表示振动功率按频率的分布，且有

$$S_x(\omega) \geqslant 0 \tag{4.17}$$

$$R_x(0) = \frac{1}{2\pi}\int_{-\infty}^{+\infty} S_x(\omega)\mathrm{d}\omega \tag{4.18}$$

所以 $S_x(\omega)$ 表示单位频带上信号的能量。

对于实际的信号，一般没有负频率的概念，前述的功率谱在 $(-\infty,+\infty)$ 上仅仅是理论上的定义，工程上为便于应用，把负频率的谱密度折算到正的频率上去。自功率谱 $S_x(\omega)$ 是偶函数：

$$S_x(-\omega) = S_x(\omega) = 2\int_0^{+\infty} R_x(\tau)\cos\omega\tau\mathrm{d}\tau \tag{4.19}$$

定义单边自谱密度函数：

$$G_x(\omega) = \begin{cases} 2S_x(\omega) & (0 \leqslant \omega \leqslant +\infty) \\ 0 & (\omega < 0) \end{cases} \tag{4.20}$$

对应的 $S_x(\omega)$ 称双边自谱密度函数。

$$G_x(\omega) = 2S_x(\omega) = 4\int_0^{+\infty} R_x(\tau)\cos\omega\tau\mathrm{d}\tau \qquad (\omega \geqslant 0) \tag{4.21}$$

单边自谱下的面积同样等于均方值，因为：

$$\psi_x^2 = \frac{1}{2\pi}\int_{-\infty}^{+\infty} S_x(\omega)\mathrm{d}\omega = \frac{1}{2\pi}\int_0^{+\infty} 2S_x(\omega)\mathrm{d}\omega = \frac{1}{2\pi}\int_0^{+\infty} G_x(\omega)\mathrm{d}\omega \tag{4.22}$$

对互相关函数进行傅里叶变换得到互功率谱密度函数，对于平稳随机过程，下式恒成立：

$$\begin{cases} S_{xy}(\omega) = \int_{-\infty}^{+\infty} R_{xy}(\tau)\mathrm{e}^{-\mathrm{i}\omega\tau}\mathrm{d}\tau \\ R_{xy}(\tau) = \dfrac{1}{2\pi}\int_{-\infty}^{+\infty} S_{xy}(\omega)\mathrm{e}^{\mathrm{i}\omega\tau}\mathrm{d}\omega \end{cases} \tag{4.23}$$

式中，$S_{xy}(\omega)$ 是随机函数 $x(t)$ 和 $y(t)$ 的互功率谱密度。

互功率谱密度函数一般是复数，不对称，且有

$$S_{xy}(\omega) = S_{yx}(-\omega) = S_{yx}^*(\omega) \tag{4.24}$$

类似地，单边互谱密度函数：

$$G_{xy}(\omega) = \begin{cases} 2S_{xy}(\omega) & (\omega \geqslant 0) \\ 0 & (\omega < 0) \end{cases} \tag{4.25}$$

对应的 $S_{xy}(\omega)$ 称为双边互谱密度函数。

在时域内用相关系数表示两个随机变量的相关程度，同样在频域内也定义一个类似的无量纲数来表示随机函数的相关程度。

$$\gamma_{xy}^2(\omega) = \frac{\left|S_{xy}(\omega)\right|^2}{S_x(\omega)S_y(\omega)} \tag{4.26}$$

可以证明：

$$0 \leqslant \gamma_{xy}^2(\omega) \leqslant 1 \tag{4.27}$$

相干函数可以用来检查系统是否有随机干扰和非线性干扰，即如果 γ_{xy}^2 接近于 1，表

示所经过的系统非线性程度很小，噪声干扰也很小，反之干扰比较大，得到的谱密度函数不可信，因为输出 y 不完全是由输入 x 引起的。一般要求：$\gamma_{xy}^2 \geqslant 0.9$。

随机变量的特定概率密度函数对应着特定的取值分布，常见的分布有均匀分布、高斯分布(正态分布)等。

均匀分布的概率密度函数为

$$p(x)=\begin{cases}\dfrac{1}{b-a} & (a<x<b)\\ 0 & (\text{其他})\end{cases} \tag{4.28}$$

高斯分布的概率密度函数为

$$p(x)=\frac{1}{2\pi\sigma_x}\mathrm{e}^{-\frac{(x-\mu_x)^2}{2\sigma_x^2}} \tag{4.29}$$

与桥梁结构抗风相关的年最大风速分布的概率模型较多地采用极值分布，极值分布又有极值 I 型(双指数型、Gumbel 分布)、极值 II 型(柯西(Cauchy)分布)和极值 III 型(威布尔(Weibull)分布)。

极值 I 型：

$$F(x)=\exp\left[-\exp\left(-\frac{x-b}{a}\right)\right] \quad (-\infty<x<\infty,-\infty<b<\infty,0<a<\infty) \tag{4.30}$$

极值 II 型：

$$F(x)=\begin{cases}\exp\left(-\left(\dfrac{x-b}{a}\right)^{-\gamma}\right) & x>b\\ 0 & x\leqslant b\end{cases} \quad (0<a<\infty,\gamma>0) \tag{4.31}$$

极值 III 型：

$$F(x)=\begin{cases}\exp\left(-\left(-\dfrac{x-b}{a}\right)^{\gamma}\right) & x\leqslant b\\ 1 & x>b\end{cases} \quad (0<a<\infty,\gamma>0) \tag{4.32}$$

式中，a,b,γ 为与样本相关的参数，当 $\gamma\to\infty$ 时，极值 II 型分布趋于极值 I 型分布。

基于概率统计理论，某样本(如风速、地震加速度)大于 T 年重现期期望值(如设计基本风速、地震设计基本加速度)的超越概率为 $1/T$，则非超越概率为 $1-1/T$。

连续 N 年样本小于 T 年重现期的期望值的概率则为

$$Q=\left(1-\frac{1}{T}\right)^N \quad \text{或有} \quad T=\frac{1}{1-Q^{1/N}} \tag{4.33}$$

当 T 较大时，近似地有

$$Q\approx\exp\left(-\frac{N}{T}\right) \tag{4.34}$$

如果 $N=T$，则 $Q\approx 0.368$，也就是说，当重现期与设计基准期相等时，在设计基准期内超越概率将是 $1-0.368=0.632$。

对于 n 维随机变量 $(X_1,X_2,\cdots,X_n)$，其联合分布函数为

$$F_n(x_1, x_2, \cdots, x_n)=P\{X_1 \leqslant x_1 \cap X_2 \leqslant x_2 \cdots \cap X_n \leqslant x_n\} \tag{4.35}$$

相应的联合概率密度函数定义为

$$f_n(x_1, x_2, \cdots, x_n) = \frac{\partial^n}{\partial x_1 \partial x_2 \cdots \partial x_n} F_n(x_1, x_2, \cdots, x_n) \tag{4.36}$$

随时间变化的 n 维随机过程 $X_1(t), X_2(t), \cdots, X_n(t)$，其统计特征参数如下：

均值：$E[X_i(t)] \qquad i=1,2,\cdots,n$

均方值：$E[X_i^2(t)] \qquad i=1,2,\cdots,n$

相关函数矩阵：

$$\boldsymbol{R}_{X_iX_j}(t_1,t_2)=\begin{bmatrix} R_{X_1X_1}(t_1,t_2) & R_{X_1X_2}(t_1,t_2) & \cdots & R_{X_1X_n}(t_1,t_2) \\ R_{X_2X_1}(t_1,t_2) & R_{X_2X_2}(t_1,t_2) & \cdots & R_{X_2X_n}(t_1,t_2) \\ \vdots & \vdots & & \vdots \\ R_{X_nX_1}(t_1,t_2) & R_{X_nX_2}(t_1,t_2) & \cdots & R_{X_nX_n}(t_1,t_2) \end{bmatrix} \tag{4.37}$$

矩阵中的对角元素为自相关函数，非对角元素为互相关函数。由于互相关函数 $R_{X_1X_2}(t_1,t_2) \neq R_{X_2X_1}(t_1,t_2)$，因此 n 维随机过程的相关函数矩阵为非对称阵。

4.2 桥梁工程中的随机振动问题

1. 不平路面上行驶的车辆

将车辆简化为单自由度质量-弹簧-阻尼系统，由于路面不平引起接触处的位移激励 $x_1(t)$，如图 4.3 所示，动力学方程为

$$m\ddot{x}(t)+c\dot{x}(t)+kx(t)=c\dot{x}_1(t)+kx_1(t) \tag{4.38}$$

式中，$x(t)$ 是车辆质量的随机响应过程。

在空间坐标系中，路面沿纵向路程 s 的不平度以 $h(s)$ 表达，形成空间随机场，并假定其是局部均匀、零均值、各态历经的高斯随机场。随机场与随机过程名称的不同是由于将时间变量 t 改为空间坐标 s，时间频率 $\omega=2\pi/T$ 也改为波数 $n=2\pi/\lambda$，即以波长 λ 代替周期 T。相应地，平稳过程改称为均匀随机场。设 ξ 为路程差，则路面不平度相对空间的自相关函数和功率谱密度定义为

$$R_h(x)=E\left[h(s)h(s+x)\right] \tag{4.39}$$

$$S_h(n)=\int_{-\infty}^{\infty} R_h(\xi)\mathrm{e}^{-\mathrm{i}n\xi}\mathrm{d}\xi \tag{4.40}$$

当车辆以匀速行驶时，空间与时间之间有以下转换关系：

$$s=vt,\ \xi=v\tau,\ \lambda=vT,\ n=\omega/v \tag{4.41}$$

将随机场 $h(s)$ 转换为随机过程 $X_1(t)=h(vt)$，其自相关函数完全相同：

$$R_{x1}(\tau)=R_h(\xi) \tag{4.42}$$

而随机场与随机过程的功率谱密度之间满足以下关系：

$$S_{x1}(\omega)=\int_{-\infty}^{\infty}R_{x1}(\tau)\mathrm{e}^{-\mathrm{i}\omega\tau}\,\mathrm{d}\tau=\frac{1}{v}\int_{-\infty}^{\infty}R_h(\xi)\mathrm{e}^{-\mathrm{i}n\xi}\,\mathrm{d}\xi=\frac{1}{v}S_h(n) \tag{4.43}$$

计算波数功率谱密度 $S_h(n)$ 的经验公式为

$$S_h(n)=\alpha n^{-m} \tag{4.44}$$

其中，m=1.5～2，系数 α 根据不同等级的路面不平度而不同。从而有

$$S_{x1}(\omega)=\frac{1}{v}\alpha n^{-m}=\alpha v^{m-1}\omega^{-m} \tag{4.45}$$

可见功率谱密度与速度相关。

若将汽车悬挂装置的上下部分质量分别考虑，则可将车辆简化为串联质量的二自由度系统的随机振动问题。若分别考虑车辆前后轮承受地面激励，也可将车辆简化为在对称平面内运动的刚体，归结为另一种类型的二自由度系统的随机振动。若考虑更多因素，包括间隙和干摩擦等非线性因素，则车辆模型将更为复杂，工程中多用等效线性化方法分析其统计特性。

2. 风浪作用下的波高功率谱密度

对于开阔洋面上充分发展了的风浪，其波高 h 在同一位置和不太长时间内可认为是零均值的平稳高斯随机过程。关于波高功率谱密度的计算，国际上广泛采用的 P-M 谱公式为

$$S_h(\omega)=\frac{\alpha}{\omega^5}\mathrm{e}^{-\beta/\omega^4} \tag{4.46}$$

式中，$\alpha=8.1\times10^{-3}g^2$；$\beta=3.11/h_{1/3}^2$；$g$ 为重力加速度；$h_{1/3}$ 为名义波高，与风速有关。如图 4.4 所示。

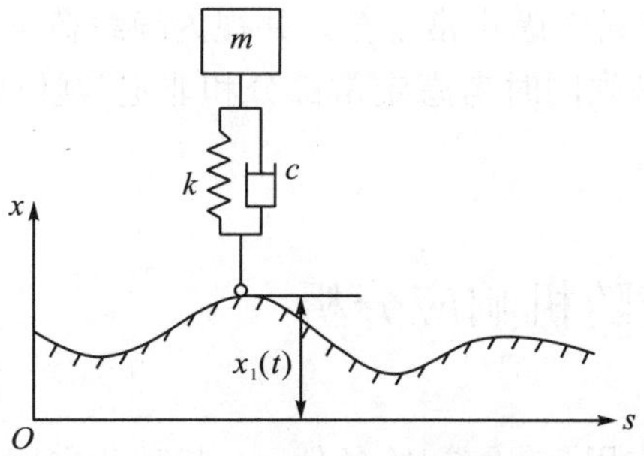

图 4.3　不同路面上的车辆简化模型

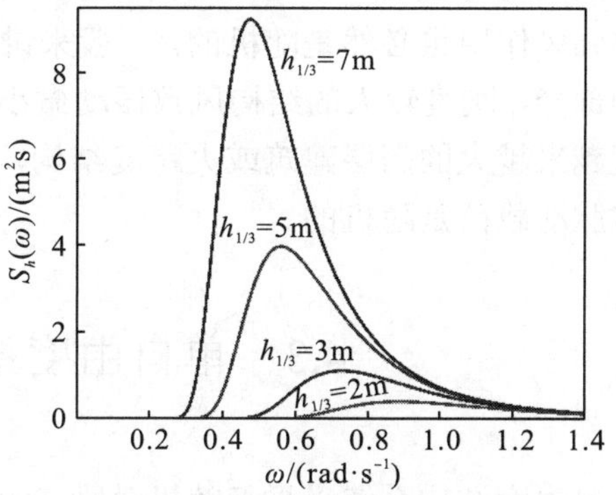

图 4.4　海浪的波高功率谱密度

一般来讲，海浪能量主要分布在圆频率为 0.3～1.2rad/s，且随着风速增加，波高变高，能量向低频转移，谱宽变窄，谱峰频率降低。随机波浪对船舶产生的随机激励与波高功率谱密度、船舶的吃水深度、尺寸、形状及水动力学等因素有关。因而船舶在随机波浪作用下的横摇问题归结为单自由度线性系统的随机振动问题。当横摇幅度较大时，还必须考虑

恢复力矩和阻尼力矩的非线性因素。当横摇运动与船舶其他运动耦合时就成为多自由度系统的随机振动问题。

3. 地震作用下的结构振动

地震影响区的重要建筑物如原子能反应堆、水坝、桥梁等必将受到地震地面运动的作用，地震波传至地表时产生铅垂方向和水平方向的地面运动。其中，水平运动对结构的破坏作用尤为巨大，一次大地震，有初震、强震和衰减三个阶段，地震动是明显的不平稳随机过程。

计算地震动作用下结构的振动响应，工程中常有两种方法。一种为确定性方法，即采用尽可能接近一次强地震加速度 $\ddot{x}_g(t)$ 的记录作为输入，计算结构的响应，但由于地震动的不可重复与不可预知性，严格意义上，两次地震作用的结构响应是不可能相同的。

另一种为随机振动方法，即探讨地震随机过程的一般规律，强震阶段的水平分量常视为零均值平稳高斯随机过程。如采用金井清-田治见宏(Kanai-Tajimi)模型，其加速度的功率谱密度为

$$S_{\ddot{x}_g}(\omega)=\frac{[1+4\zeta_g^2(\omega/\omega_g)^2]S_0}{[1-(\omega/\omega_g)^2]^2+4\zeta_g^2(\omega/\omega_g)^2}\qquad(\omega>0)\tag{4.47}$$

式中，参数 ω_g 和 ζ_g 取决于震源至地面的介质性质，对硬土层可取 ω_g=5π 和 ζ_g=0.6；S_0 为一常数。为考虑地震过程的非平稳性，也可使 $S_{\ddot{x}_g}(\omega)$ 与确定的时间函数 $A(t)$ 相乘，称作渐进谱密度。

4. 自然风作用下的结构振动

自然风速时程是一个随机过程，因而塔架、烟囱等高层建筑和大跨度桥梁等大跨结构，所受的强风作用也必然是随机的。一般来讲，结构上作用的风载荷可分为定常部分和非定常脉动部分，刚度较大的结构风致振动微小，可只考虑定常部分，并视为静载荷考虑。对于柔度越来越大的高层建筑或大跨度结构，则必须同时考虑定常部分和非定常脉动部分，非定常脉动载荷是随机的。

4.3 单自由度系统随机响应分析

单自由度结构系统受平稳随机激励 $f(t)$ 的作用，在零初始条件下，其微分方程与初始条件为

$$\begin{cases}m\ddot{x}+c\dot{x}+kx=f(t)\\ x(0)=\dot{x}(0)=0\end{cases}\tag{4.48}$$

如果平稳随机激励 $f(t)$ 的均值 μ_f、平稳过程自相关函数 $R_f(\tau)$、自功率谱密度函数 $S_f(\omega)$ 已知，则随机响应采用杜哈梅积分的形式表达为 $x(t)=\int_{-\infty}^{+\infty}h(\tau)f(t-\tau)\mathrm{d}\tau$，则有：

(1)响应均值：

$$\mu_x = E\left[x(t)\right] = \mu_f H(0) = \frac{1}{k}\mu_f \tag{4.49}$$

(2)响应自相关函数：

$$R_x(\tau) = E\left[x(t)x(t+\tau)\right] = \int_{-\infty}^{+\infty}\int_{-\infty}^{+\infty} R_f(\tau+\tau_1-\tau_2)h(\tau_1)h(\tau_2)\mathrm{d}\tau_1\mathrm{d}\tau_2 \tag{4.50}$$

(3)激励与响应的互相关函数：

$$R_{fx}(\tau) = E\left[f(t)x(t+\tau)\right] = \int_{-\infty}^{+\infty} R_f(\tau-\tau_1)h(\tau_1)\mathrm{d}\tau_1 = R_f(\tau)*h(\tau) \tag{4.51}$$

激励与响应的互相关函数等于激励的自相关与单位脉冲响应函数的卷积。

(4)响应均方值的激励力相关函数表示：

$$\psi_x^2 = R_x(0) = \int_{-\infty}^{+\infty}\int_{-\infty}^{+\infty} R_f(\tau_1-\tau_2)h(\tau_1)h(\tau_2)\mathrm{d}\tau_1\mathrm{d}\tau_2 \tag{4.52}$$

(5)响应的自功率谱密度函数：

$$S_x(\omega) = \int_{-\infty}^{+\infty} R_x(\tau)\mathrm{e}^{-\mathrm{i}\omega\tau}\mathrm{d}\tau = \left|H(\omega)\right|^2 \cdot S_f(\omega) \tag{4.53}$$

(6)激励与响应的互谱：

$$S_{fx}(\omega) = F\left[R_{fx}(\tau)\right] = F\left[R_f(\tau)*h(\tau)\right] = S_f(\omega)\cdot H(\omega) \tag{4.54}$$

注意，通过激励与响应互谱以及激励的自谱的测量，通过式(4.54)可以用实验的方法估计 $H(\omega)$，通过式(4.53)也可估计 $|H(\omega)|^2$，但仅仅幅频特性，所以式(4.54)更有用。

(7)响应的均方值的激励力功率谱表示：

$$\psi_x^2 = R_x(0) = \frac{1}{2\pi}\int_{-\infty}^{+\infty} S_x(\omega)\cdot\mathrm{d}\omega = \frac{1}{2\pi}\int_{-\infty}^{+\infty}\left|H(\omega)\right|^2 S_f(\omega)\cdot\mathrm{d}\omega \tag{4.55}$$

对小阻尼线性结构系统 $|H(\omega)|$ 在共振点有一尖峰，对能量的贡献只在尖峰左右的带宽内是主要的，为此可认为该系统是个窄带滤波器，响应谱变成一个窄带过程，主要集中在 $\omega=\omega_n$ 附近；有时工程上可近似地以 $S_f(\omega_n)$ 代替 $S_f(\omega)$ 简化计算。

(8)激励和响应的谱相干函数：

$$\gamma_{fx}(\omega) = \frac{\left|S_{fx}(\omega)\right|^2}{S_f(\omega)\cdot S_x(\omega)} = \frac{\left|S_f(\omega)\cdot H(\omega)\right|^2}{S_f(\omega)\cdot\left|H(\omega)\right|^2\cdot S_f(\omega)} = 1 \tag{4.56}$$

若 $\gamma_{fx}(\omega)\neq 1$，则可能是系统非线性，或者测量数据的噪声影响。

4.4 多自由度系统随机响应分析

线性多自由度系统的运动微分方程为

$$\boldsymbol{M}\ddot{\boldsymbol{x}} + \boldsymbol{C}\dot{\boldsymbol{x}} + \boldsymbol{K}\boldsymbol{x} = \boldsymbol{F} \tag{4.57}$$

式中，$\boldsymbol{M}$ 为质量矩阵；$\boldsymbol{K}$ 为刚度矩阵；$\boldsymbol{C}$ 为比例阻尼矩阵；$\boldsymbol{F}$ 为随机激励向量。系统的前

n 阶固有频率为 $\omega_1,\omega_2,\cdots,\omega_n$，对应的振型列阵为 $\boldsymbol{\varphi}_1,\boldsymbol{\varphi}_2,\cdots,\boldsymbol{\varphi}_n$，由 n 阶振型向量组成的振型矩阵：

$$\boldsymbol{\Phi}=\{\boldsymbol{\varphi}_1,\boldsymbol{\varphi}_2,\cdots,\boldsymbol{\varphi}_n\} \tag{4.58}$$

它关于质量阵 $\boldsymbol{M}$、刚度阵 $\boldsymbol{K}$ 正交，引入模态坐标 q，$\boldsymbol{x}=\boldsymbol{\Phi}q$，利用模态正交性进行模态分解，第 r 个模态下的振动微分方程为

$$m_r\ddot{q}_r+c_r\dot{q}_r+k_rq_r=f_r \qquad (r=1,2,\cdots,n) \tag{4.59}$$

其中，

$$\begin{Bmatrix} f_1\\ f_2\\ \vdots\\ f_n \end{Bmatrix}=\boldsymbol{\Phi}^{\mathrm{T}}\boldsymbol{F}=\{\boldsymbol{\varphi}_1,\boldsymbol{\varphi}_2,\cdots,\boldsymbol{\varphi}_n\}^{\mathrm{T}}\boldsymbol{F}=\begin{Bmatrix} \boldsymbol{\varphi}_1^{\mathrm{T}}\\ \boldsymbol{\varphi}_2^{\mathrm{T}}\\ \vdots\\ \boldsymbol{\varphi}_n^{\mathrm{T}} \end{Bmatrix}\boldsymbol{F} \tag{4.60}$$

如果在任意的第 j 个自由度上施加单位脉冲力 $\delta_j(t)$，此时第 r 阶模态下各自由度上的振型力为

$$f_r=\boldsymbol{\varphi}_r^{\mathrm{T}}\boldsymbol{F}=\{\varphi_{1r},\varphi_{2r},\cdots,\varphi_{nr}\}\begin{Bmatrix} 0\\ \vdots\\ \delta_j(t)\\ \vdots\\ 0 \end{Bmatrix}=\varphi_{jr}\delta_j(t) \tag{4.61}$$

在该激励作用下，系统式(4.59)的第 r 阶模态响应为

$$q_r=\frac{\varphi_{jr}}{m_r\omega_r}\mathrm{e}^{-\zeta_r\omega_r t}\sin\omega_r t \tag{4.62}$$

系统在第 j 个自由度上单位脉冲激励作用下，全部自由度上的响应为

$$\begin{Bmatrix} x_1(t)\\ x_2(t)\\ \vdots\\ x_n(t) \end{Bmatrix}=\boldsymbol{x}(t)=\sum_{r=1}^{n}q_r\boldsymbol{\varphi}_r=\sum_{r=1}^{n}\begin{Bmatrix} \varphi_{jr}\varphi_{1r}\\ \varphi_{jr}\varphi_{2r}\\ \vdots\\ \varphi_{jr}\varphi_{nr} \end{Bmatrix}\frac{1}{m_r\omega_r}\mathrm{e}^{-\zeta_r\omega_r t}\sin\omega_r t \tag{4.63}$$

或者，系统在第 j 个自由度上单位脉冲激励作用下，第 i 个自由度的响应为

$$h_{ij}(\tau)=\sum_{r=1}^{n}\frac{\varphi_{ir}\varphi_{jr}}{m_r\omega_r}\mathrm{e}^{-\zeta_r\omega_r\tau}\sin\omega_r\tau \tag{4.64}$$

如果对全部 n 个自由度，依次施加单位脉冲激励，便可以得到多自由度系统的单位脉冲响应函数方阵。

另外，就是从模态分解以后的方程(4.59)可知，该单自由度系统的单位脉冲响应函数为

$$h_r(t)=\frac{1}{m_r\omega_{\mathrm{d}r}}\mathrm{e}^{-\zeta_r\omega_r\tau}\sin\omega_{\mathrm{d}r}\tau \tag{4.65}$$

则根据杜哈梅积分有

$$q_r(t)=\int_{-\infty}^{+\infty}h_r(\tau)f_r(t-\tau)\mathrm{d}\tau=\int_{-\infty}^{+\infty}h_r(\tau)\boldsymbol{\varphi}_r^{\mathrm{T}}F(t-\tau)\mathrm{d}\tau \tag{4.66}$$

系统的响应为

$$\boldsymbol{x}(t)=\sum_{r=1}^{n}q_r\boldsymbol{\varphi}_r=\int_{-\infty}^{\infty}\sum_{r=1}^{n}\boldsymbol{\varphi}_r h_r(\tau)\boldsymbol{\varphi}_r^{\mathrm{T}}F(t-\tau)\mathrm{d}\tau \tag{4.67}$$

即令

$$h(t)=\sum_{r=1}^{n}\boldsymbol{\varphi}_r h_r(\tau)\boldsymbol{\varphi}_r^{\mathrm{T}}=\sum_{r=1}^{n}\frac{\boldsymbol{\varphi}_r\boldsymbol{\varphi}_r^{\mathrm{T}}}{m_r\omega_{\mathrm{d}r}}\mathrm{e}^{-\zeta_r\omega_r\tau}\sin\omega_{\mathrm{d}r}\tau \tag{4.68}$$

可见，式(4.68)中任意一个元素的表达式即为式(4.64)。而

$$x(t)=\int_{-\infty}^{\infty}h(t)F(t-\tau)\mathrm{d}\tau$$

所以，由多自由度系统的单位脉冲响应函数矩阵，可以获得任意自由度上的响应，计算式的形式与单自由度系统的一样，只不过原变量成了矩阵与向量。

定义多自由度系统频率响应函数矩阵 $\boldsymbol{H}(\omega)$，其中任意一个元素为

$$H_{ij}(\omega)=\sum_{r=1}^{n}\frac{\varphi_{ir}\varphi_{jr}}{k_r-m_r\omega^2+jc_r\omega} \tag{4.69}$$

由于 $x(t)=h(t)*F(t)\Rightarrow X(\omega)=H(\omega)F(\omega)$，即 $H_{ij}(\omega)$ 是 $h_{ij}(t)$ 的傅里叶变换。

4.5　随机响应分析的虚拟激励方法

线性系统受到自谱密度为 $S_f(\omega)$ 的单点平稳激励 $f(t)$，并假设作用在任意的第 j 个自由度上，则在任意的第 i 个自由度上的响应 $x_i(t)$ 的自谱为

$$S_{x_i}(\omega)=\left|H_{ij}(\omega)\right|^2\cdot S_{f_j}(\omega) \tag{4.70}$$

当随机激励为单位简谐激励 $\mathrm{e}^{\mathrm{i}\omega t}$ 时，系统稳态响应为

$$x_i(t)=H_{ij}(\omega)\cdot\mathrm{e}^{\mathrm{i}\omega\mathrm{t}} \tag{4.71}$$

如果激励为(构造一个虚拟激励(pseudo-excitation))：

$$\tilde{f}_j(t)=\sqrt{S_{f_j}(\omega)}\cdot\mathrm{e}^{\mathrm{i}\omega t} \tag{4.72}$$

式中，$\sqrt{S_{f_j}(\omega)}$ 是关于 ω 的实函数，与 t 无关，故可看作一个常数，则在该虚拟激励作用下，系统的响应为

$$\tilde{x}_i(t)=\sqrt{S_{f_j}(\omega)}\cdot H_{ij}(\omega)\cdot\mathrm{e}^{\mathrm{i}\omega t} \tag{4.73}$$

对式(4.73)求共轭：

$$\tilde{x}_i^*(t)=\sqrt{S_{f_j}(\omega)}\cdot\left(H_{ij}(\omega)\cdot\mathrm{e}^{\mathrm{i}\omega t}\right)^*=\sqrt{S_{f_j}(\omega)}H_{ij}^*(\omega)\cdot\mathrm{e}^{-\mathrm{i}\omega t} \tag{4.74}$$

将式(4.73)与式(4.74)相乘得

$$\tilde{x}_i^*(t)\tilde{x}_i(t)=S_{f_j}(\omega)\cdot\left|H_{ij}(\omega)\right|^2 \tag{4.75}$$

由式(4.70)可知，式(4.75)虚拟响应与虚拟响应共轭的乘积即为在 $f_j(t)$ 作用下第 i 个自由度上响应的功率谱密度函数，即

$$\tilde{x}_i^*(t)\cdot\tilde{x}_i(t)=S_{x_i}(\omega) \tag{4.76}$$

可见，系统在式(4.72)的虚拟激励作用下的响应，其模值的平方即为系统真实的待求响应的功率谱密度函数。

从上述推导可知，只要激励与响应满足线性的关系，虚拟激励法就能应用。虚拟激励荷载因子 $e^{i\omega t}$ 与其复共轭 $e^{-i\omega t}$ 在自功率谱和互功率谱密度求解过程中总是成对出现，且在最终相乘抵消，有力地反映了平稳问题的自谱互谱非时变性。

思 考 题

1. 结构动力学与结构静力学的主要区别是什么？两者结构的平衡方程有什么不同？

2. 系统的初始条件和外激励对系统的固有频率有没有影响？

3. 振型叠加法用到了叠加原理，在结构动力响应计算中，什么情况下能用这个方法?什么情况下不能应用?

4. 结构在振动过程中产生阻尼的原因有哪些？什么叫临界阻尼？什么叫阻尼比？怎样测量结构振动过程中的阻尼比？

5. 阻尼对结构的自振频率有什么影响？阻尼变大，结构的自振周期如何变化？

6. 为什么说自振周期是结构的固有特性？它与结构哪些固有量有关？

7. 什么是共振？什么是共振频率？结构位移反应、速度反应和加速度反应的共振频率是否相同？

8. 无阻尼体系和有阻尼体系的自振频率和共振频率是否相同？分别为多少？

9. 什么是振型的正交性？振型关于刚度矩阵正交的物理意义是什么？振型关于质量矩阵正交的物理意义是什么？

10. 构造结构阻尼矩阵的目的是什么？为什么采用 Rayleigh 阻尼假设？

11. 等质均匀梁自振频率与哪些因素有关？

12. 轴力对弯曲梁和剪切梁的自振频率有什么影响，对振型有没有影响？轴力对杆的自振频率是否有影响？

13. 试导出一端固定、一端简支均质等截面梁的弯曲振动的频率方程及振型表达式。

14. 以两端固支均匀等截面梁为例，证明梁弯曲主振型的正交性。

15. 什么是随机样本的均值、方差、根方差、变异系数？

16. 功率谱密度函数的物理意义是什么？

17. 什么是自相关函数？

18. 什么是自功率谱密度函数？什么是互功率谱密度函数？

19. 什么是超越概率？

20. 随机荷载与确定性动荷载有何异同点？

参 考 文 献

方同. 1995. 工程随机振动[M]. 北京: 国防工业出版社.

哈里斯 C M, 克瑞德 C E. 1990. 冲击和振动手册[M]. 众师, 译. 北京: 科学出版社.

胡津亚, 曾三元. 1981. 现代随机振动[M]. 北京: 中国铁道出版社.

胡人礼. 1988. 普通桥梁结构振动[M]. 北京: 中国铁道出版社.

克拉夫 R, 彭津 J. 2006. 结构动力学(第二版)[M]. 王光远, 等译. 北京: 高等教育出版社.

李国豪. 1992. 桥梁结构稳定与振动[M]. 北京: 中国铁道出版社.

刘延柱. 1998. 振动力学[M]. 北京: 高等教育出版社.

欧进萍, 王光远. 1998. 结构随机振动[M]. 北京: 高等教育出版社.

星谷胜. 1997. 随机振动分析[M]. 常保琦, 译. 北京: 地震出版社.

徐兆鑫. 1990. 随机振动[M]. 北京: 高等教育出版社.

Bathe K J. 1991. 工程结构分析中的有限元法[M]. 傅子智, 译. 北京: 机械工业出版社.

Ladislav Fryba. 2007. 铁路桥梁动力学[M]. 齐法琳, 等译. 北京: 科学出版社.

第二篇

桥梁抗风设计

概　述

工程结构设计理论大多是伴随结构在不同作用下的破坏或损伤而发展的，桥梁抗风设计理论也不例外。人类在不断总结桥梁受风毁事故的经验教训并分析原因基础上，不断推进桥梁结构抗风理论的进步。早期19世纪初，桥梁建设并没有考虑强风的作用，因而发生了一些桥梁风毁事故。最早的桥梁风毁事故记载可以追溯到1818年，随后又有一些桥梁由于风的作用遭到破坏，尤为典型的是1874年苏格兰的Tay桥的风毁事故，Tay桥是当时世界上最长的铁路桥梁，总长3km，因为暴风雨的袭击，85跨桁架中的13跨连同其上行驶的列车一起坠入河中，此后，人们开始用风压产生的静荷载来考虑风对桥梁结构的作用。

1940年11月7日，位于美国华盛顿州，才建成四个月，主跨度为853m、桥宽11.9m、梁高2.4m，当时是世界上第三大跨径的Tacoma Narrows悬索桥，在19m/s左右的风速作用下发生强烈的风致振动而破坏，该桥在设计时将风的作用作为静荷载来考虑，且静荷载对应风速达45m/s。该事件引起了流体力学专家、工程人员对桥梁风致振动的重视，并针对风对桥梁的动力作用、气流与桥梁结构相互作用机理开展研究，逐渐形成了一门结合桥梁工程与空气动力学的交叉学科——桥梁风工程学，近80年来，桥梁风工程学已得到了很大的发展并日趋成熟和完善。

随着桥梁跨度的不断增加，桥梁结构的基阶频率越来越低，人们加强了针对桥梁空气动力稳定性的研究，重视了桥梁的抗风动力设计，因而，没有发生像Tacoma Narrows桥那么严重的风毁事故，但是仍有其他形式的风致病害发生。如1962年日本木曾川桥在架设桁架时的风毁，1963年日本的简易人行吊桥风毁事故，1964年英国福斯桥因风振产生的桥塔塔柱接头部位的损伤，部分斜拉桥中斜拉索发生的风雨振动，局部杆件风致振动而产生疲劳裂缝等。

进入21世纪后，大跨度桥梁的跨径不断增加，悬索桥的主跨跨径已突破2000m，斜拉桥的主跨径也近1500m，因而，大跨度桥梁结构越发轻柔，桥梁的风振问题也越发突出，超千米跨度的桥梁或在强风区的桥梁，其风致振动问题往往会控制设计，桥梁抗风设计成为大跨度桥梁的关键环节。

风对桥梁的作用是一个十分复杂的流固耦合振动现象，它受到风的自然特性、桥梁结构动力特性、风与结构相互作用三方面的制约，因而，桥梁风工程学需要针对上述三方面进行研究分析。

第5章　自然风的基本特性

5.1　风的定义

由于地球表面海陆分布、地形差异分布、纬度分布及地球自转等原因，太阳对地球表面存在日照差及温度的水平不均匀分布，在同一水平面上形成水平压力梯度，空气从高压区向低压区相对于地球表面移动，即形成了风。另外，太阳光照射在地球表面上，使地表温度升高，地表的空气受热膨胀变轻而往上升，热空气上升后，低温的冷空气横向流入，上升的空气因逐渐冷却变重而降落，这样，空气在地表以上一定高度内产生对流气旋。

工程意义上的风是指空气流动的水平分量，它是矢量，以风向、风速或风力表示。风向指气流的流动方向，风速是空气在单位时间内移动的水平距离，以 m/s 为单位。

描述大气运动过程的六个要素包括：水平风速、竖向风速、气压、气温、密度和湿度，这六个要素的特征取决于以下六个方程：状态方程、热力学第一定律、质量和湿度连续方程、水平和竖直运动方程。如果有足够的基本数据，可对这六个方程进行积分，就可获得大气状态的定量描述。然而，由于实际大气及大地环境的复杂性，对大气状态的定量描述十分困难。

桥梁所受的自然风为靠近地面的风(即近地风)，由于地表的地形、各种障碍物、温度及高度的影响，近地风的流动发生紊乱，其风速大小和方向等随时间和空间不断发生变化。一般来讲，桥梁抗风设计主要是考虑风对桥梁产生的作用，而这一作用与风速直接相关，因而风速是桥梁抗风分析中的主要素。从风速仪的实测记录中可以看出，不同空间位置同一时刻或同一空间位置不同时刻的风速均不尽相同，风速的时程曲线是一个非平稳的随机过程，如图 5.1 所示。

一般情况下，为研究方便，桥梁风工程学常把随机的风速时程分解为平均风速 U 和均值为零的脉动风速 u 两部分，平均风速的数据与平均时距的大小密切相关，时距越短，平均风速越大，越接近瞬时风速。我国相关规范参照气象学的办法将平均风时距取 10min，其远大于一般结构的自振周期，故可按静力作用考虑；脉动风是由紊流或物体的尾流产生的，周期相对较短，其对结构的作用需按动力方法来进行分析。

风速参数是重要的气象资料之一，在气象学中，以风力等级(或风级)描述风的大小。最常用的风力等级是英国人蒲福(Francis Beaufort)于 1805 年提出的，称为“蒲氏风级”，共分为 0～17 级，见表 5.1。

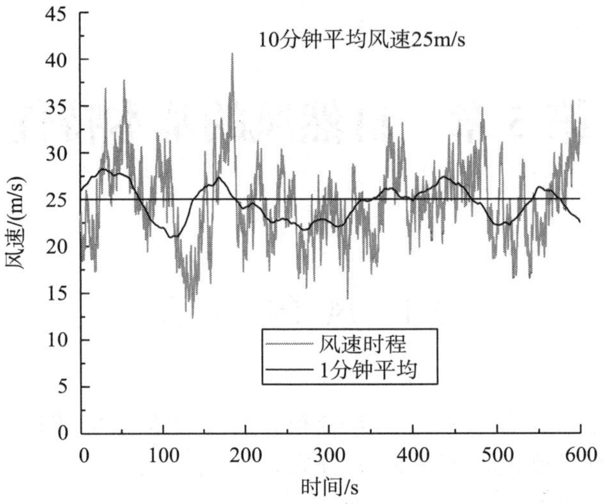

图 5.1 强风记录示意图

表 5.1 蒲氏风力等级表

风级	风的名称	风速/(m/s)	风速/(km/h)	陆地上的状况	海面现象
0	静风 calm	0～0.2	<1	静，烟直上	平静如镜
1	软风 light air	0.3～1.5	1～5	烟能表示风向，但风向标不能转动	微浪
2	轻风 light breeze	1.6～3.3	6～11	人面感觉有风，树叶有微响，风向标能转动	小浪
3	微风 gentle breeze	3.4～5.4	12～19	树叶及微枝摆动不息，旗帜展开	小浪
4	和风 moderate breeze	5.5～7.9	20～28	能吹起地面灰尘、纸张和地上的树叶，树的小枝微动	轻浪
5	清劲风 fresh breeze	8.0～10.7	29～38	有叶的小树枝摇摆，内陆水面有小波	中浪
6	强风 strong breeze	10.8～13.8	39～49	大树枝摆动，电线呼呼有声，举伞困难	大浪
7	疾风 near gale	13.9～17.1	50～61	全树摇动，迎风步行感觉不便	巨浪
8	大风 gale	17.2～20.7	62～74	微枝折毁，人向前行感觉阻力甚大	猛浪
9	烈风 strong gale	20.8～24.4	75～88	建筑物有损坏(烟囱顶部及屋顶瓦片移动)	狂涛
10	狂风 storm	24.5～28.4	89～102	陆上少见，见时可使树木拔起将建筑物损坏严重	狂涛
11	暴风 violent storm	28.5～32.6	103～117	陆上很少，有则必有重大损毁	风暴潮
12	飓风 hurricane	32.7～36.9	118～133	陆上绝少，其摧毁力极大	风暴潮
13	台风	37.0～41.4	134～149	陆上绝少，其摧毁力极大	海啸
14	强台风	41.5～46.1	150～166	陆上绝少，其摧毁力极大	海啸
15	强台风	46.2～50.9	167～183	陆上绝少，其摧毁力极大	海啸
16	超强台风	51.0～56.0	184～202	陆上绝少，范围较大，强度较大，摧毁力极大	大海啸
17	超强台风	≥56.1	≥203	陆上绝少，范围最大，强度最大，摧毁力超级大	特大海啸

注：本表所列风速是指平地上离地 10 米处的风速值。

5.2 风的类型

受气压、温度、湿度、密度的影响，大气运动(包括水平或竖向流动)状态复杂多变，产生许多类型的风，如大气环流、热力二级环流、温带气旋、地方性风等。

大气环流主要是由于地球的自转或摩擦力的共同影响的结果。一年中，季节变化和太阳辐射加热不均导致地球表面温度和气压不同。夏季，海洋表面温度低于陆地，冬季，陆地表面温度低于海洋表面。这种温差导致气压梯度的形成，引起大气环流。

太阳辐射等因素引起空气温度不均匀而造成上空的空气从赤道向两极移动，近地表的空气沿两极向赤道移动形成大气环流，由于地球自转，流动的空气在科氏力的作用下，形成季风与气旋。季风是季节性风，冬季形成大陆高压，夏季为大陆低压，亚洲大陆地缘辽阔，受季风影响十分明显。热带气旋是发生在热带、亚热带地区海面上的气旋性环流。热带气旋在北半球基本沿逆时针方向旋转，在南半球则常以顺时针旋转。习惯上，不同的地区热带气旋有不同的称呼。人们称西北太平洋及其沿岸地区(例如中国东南沿岸等地)的热带气旋为台风，而大西洋和东北太平洋及其沿岸地区的热带气旋则依强度称为热带低气压、热带风暴或飓风(hurricane)。

当对流气旋在局部地区形成强涡旋时，可能会引发龙卷风或雷暴。由于气流的水平速度随高度增加，当流动时由于大尺度气流受山脉的阻挡或局部地形的影响，两侧气团之间的相互作用，易产生旋转，旋转气流与向上气流叠加可能引起强涡旋。

地方性风是小尺度的、局部的，但有时对结构抗风仍可能是决定性的。地方性风包括：焚风、雷暴、龙卷风、下击暴流、下坡风(布拉风)等。

焚风是由于气流遇山被迫抬升，温度下降，达某一高度时凝结降雨，气流过山顶后又下降温升引起的。

雷暴是伴有雷击和闪电的局地对流性天气。它通常伴随着滂沱大雨或冰雹，而在冬季时甚至会随暴风雪而来，因此属强对流天气系统，对桥梁等结构物具有极大的危害。

龙卷风是从积雨云中伸向地面的一种范围很小，破坏力极大的空气涡旋。发生在陆地上的叫陆龙卷，发生在海洋上的叫海龙卷，又叫水龙卷。龙卷风是一种旋转力很强的猛烈风暴，风速最大可达 100m/s 以上。

下击暴流是地面上水平风速较大、中空气流向下、地面气流为辐散或直线型的灾害性风。根据外流的灾害性范围大小，下击暴流又分为(大)下击暴流和微下击暴流。灾害性风的范围小于 4km 称为微下击暴流，尽管水平尺度小，但灾害性风速可高达 75m/s。

下坡风(布拉风)是由于坡面与其附近空气之间的昼夜热力差异而形成的一种地方性风。多发生在近地表面，在日落之后的 15～45min 内开始起风，一直到次日的日出，从山顶刮向峡谷的底部，山区峡谷桥梁结构会经常遭遇此类风的作用。

5.3 基本风速的定义

地球表面的地形地貌形态各异，在近地一定高度范围内，地表对空气流动存在摩阻力影响，且地表越粗糙、地形越复杂，摩阻作用越强；越接近地表，高度越低、摩阻作用越强，风速越小。因此，风速的平均值随高度增加而增加，到了离地面 300～500m 以上高度，基本不受地表摩阻的影响，风速沿等压线以梯度风速流动，该高度称为梯度风高度，梯度风高度以下称为大气边界层，如图 5.2 所示。

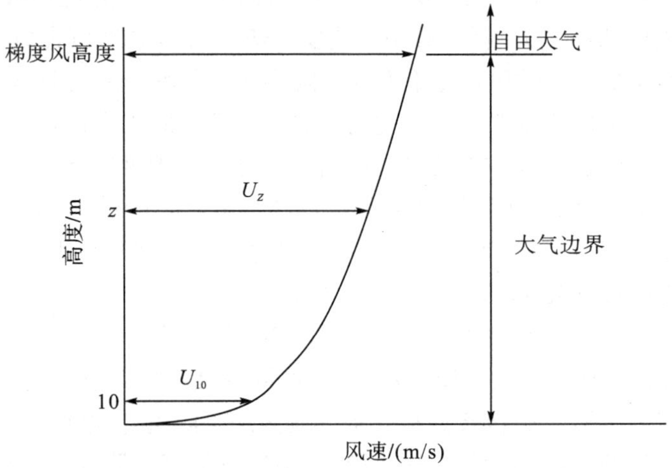

图 5.2 大气边界层与风速沿高度变化

受地球表面的地形地貌的影响，大气边界层内的气流是紊流，空气流动包含各种大小的涡旋，并沿高度或地貌不同而不同。大多数土木工程结构都浸没在大气边界层内，因此，大气边界层以内风的特性是桥梁结构设计者最为关心的。

为了标准化规范化桥梁抗风设计，保证一定的可比性，常常根据桥梁结构的重要性、功能要求、桥梁寿命需求及经济性等，定义一个基本风速或标准风速来描述桥梁抗风设计的需求。由于风速与平均时距、高度、地表类别等相关，因此，定义基本风速时要确定标准时距、标准高度、标准地表。另外，自然界风速是随机不确定的，其大小与发生概率有关，因而，还需要从概率的角度确定最大平均风速的标准重现期。

桥梁风工程学中，基本风速所用的标准时距多取 10min，标准高度取 10m，标准地表取一般空旷平坦地表，最大风速样本为 1 年，最大平均风速的重现期世界各国规范的规定不尽相同，有 10 年、30 年、50 年和 100 年不等，也有按结构的重要性规定不同的重现期的。我国大多数大跨度桥梁的设计基准寿命为 100 年，所以我国桥梁相关抗风设计规范取 100 年重现期作为标准重现期。受英国标准的影响，香港地区桥梁抗风设计重现期则取 120 年。

《公路桥梁抗风设计规范》（JTG/T 3360-01—2018）对基本风速的定义为：平坦空旷地面，离地面 10m 高，重现期为 100 年的 10min 时距的年最大平均风速。

桥梁结构抗风设计主要是要考虑强风对桥梁的作用，工程上的作用一般是以荷载的形式来描述，所以需要建立风速与荷载作用的关系。根据流体力学的伯努利方程，风速与风压之间的关系为

$$W=\frac{1}{2}\rho U^2\approx\frac{1}{1.6}U^2 \tag{5.1}$$

式中，ρ 为空气质点密度，为 1.225kg/m^3；W 为风压(N/m^2)；U 为风速(m/s)。

5.4　平均风速沿高度的分布

通过对大气边界层内风速实测数据统计分析，不同的学者提出了不同的风速沿高度的分布规律，风工程界较多采用的是对数法则和幂指数法则两种，我国桥梁风工程学中采用幂指数法则，即有，在高度 z 处风速为

$$U(z)=U_0\left(\frac{z}{z_0}\right)^\alpha \tag{5.2}$$

式中，z_0 为参考高度，一般可取基本风速对应的标准参考高度 10m；U_0 为 z_0 高度处的平均风速，一般取基本风速值；α 为与地表粗糙度相关的常数，我国《公路桥梁抗风设计规范》(JTG/T 3360-01—2018)将地表分为 4 类，如表 5.2 所示，除有专门研究成果外，幂指数可依据该表取值。

根据对数法则，在高度 z 处风速为

$$U(z)=\frac{U_*}{k}\ln\left(\frac{z-H}{\tilde{z}_0}\right) \tag{5.3}$$

式中，H 为地表粗糙源障碍物平均高度；U_* 为摩擦速度；$\tilde{z}_0$ 为粗糙度常数；k 为卡尔曼常数，约为 0.4。

表 5.2　地表粗糙度分类

地表类别	地表状况	地表粗糙度系数 α	粗糙度常数 $\tilde{z}_0$ /m
A	海面、海岸、开阔水面、沙漠	0.12	0.01
B	田野、乡村、丛林、平坦开阔地及低层建筑物稀少地区	0.16	0.05
C	树木及低层建筑物等密集地区、中高层建筑物稀少地区、平缓的丘陵地	0.22	0.3
D	中高层建筑物密集地区、起伏较大的丘陵地	0.30	1.0

5.5　脉动风速的几个重要特征参数

自然风中的脉动成分使结构承受随时间变化的随机风荷载或引发柔性结构响应的共振放大，脉动成分是反映大气边界层风的紊乱度和随机性的重要因素，在进行脉动风引起

的随机振动分析时，必须首先确定脉动风的概率特性。

一般常态的大气紊流强风，如果忽略初始阶段的严重非平稳区域，其脉动风接近于平稳随机过程，而且每一样本的概率分布也接近相同，因而在结构风工程分析中，常常近似认为脉动风是平稳或是弱平稳随机过程。

风速是一个三维矢量，以平均风速流动方向、水平横向和竖向三个方向定义三维坐标，用 $u(t)$、$v(t)$、$w(t)$ 表示脉动风速沿该三个方向的速度分量，对脉动风进行平稳化处理后，它们均是均值为零的随机过程，其概率密度曲线接近于高斯正态分布。假定脉动风速由极值的概率分布确定，则顺风向瞬时风速为

$$U(t)=U+u(t)=U+\mu\sigma_u \tag{5.4}$$

式中，$U(t)$ 为瞬时风速；U 为平均风速；μ 为峰值因子；σ_u 为根方差。

随机脉动风速的主要特征参数有：紊流强度、阵风因子、紊流积分尺度、紊流功率谱密度和空间相关性。

1. 紊流强度

紊流强度描述风速随时间和空间变化的紊乱程度，如果沿平均风速方向、水平横向和竖向三个速度分量的根方差分别为$\sigma_u,\sigma_v,\sigma_w$，则三个正交风速分量的紊流强度可表示为

$$I_u=\frac{\sigma_u}{U}\ ,\quad I_v=\frac{\sigma_v}{U}\ ,\quad I_w=\frac{\sigma_w}{U} \tag{5.5}$$

风速与高度有关，紊流强度随高度的增大而减小，它与平均风速大小、时距以及地面粗糙度均有关。顺风向紊流强度随高度的变化一般可按式(5.6)计算。图 5.3 为不同粗糙度类别顺风向紊流强度沿高度变化曲线。

$$I_a=1.5\alpha\left(\frac{z}{10}\right)^{-1.7\alpha} \tag{5.6}$$

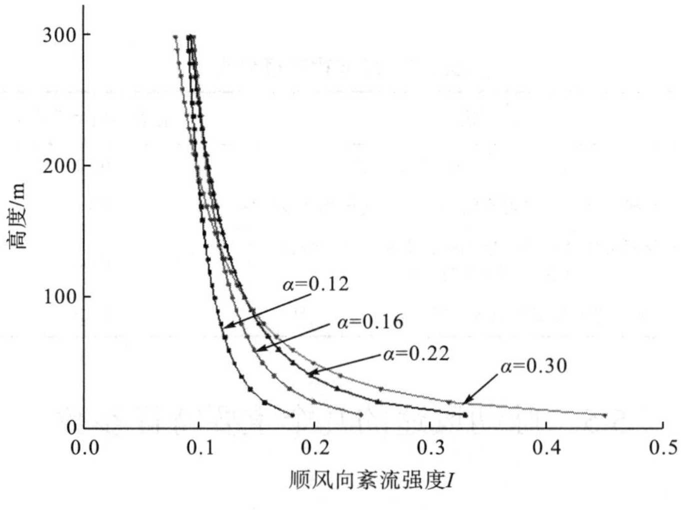

图 5.3　顺风向紊流强度沿高度变化

我国规范中建议：不同粗糙度类别地表的顺风向紊流强度 I_u 的平均值可参考表 5.3 所示，水平横向和竖向紊流强度可参照关系式 $I_v=0.88I_u$，$I_w=0.50I_u$ 计算。

表 5.3　顺风向紊流强度

高度/m	地表粗糙度类别			
	A	B	C	D
$10<z\leqslant 20$	0.14	0.17	0.25	0.29
$20<z\leqslant 30$	0.13	0.16	0.23	0.29
$30<z\leqslant 40$	0.12	0.15	0.21	0.28
$40<z\leqslant 50$	0.12	0.15	0.20	0.26
$50<z\leqslant 70$	0.11	0.14	0.18	0.24
$70<z\leqslant 100$	0.11	0.13	0.17	0.22
$100<z\leqslant 150$	0.10	0.12	0.16	0.19
$150<z\leqslant 200$	0.10	0.12	0.15	0.18

2. 紊流积分尺度

空间上某一点的脉动气流，可以看成是由平均风所输运的一些理想旋涡叠加而成，每个旋涡在该点作周期脉动，且脉动频率为 n，参考行波理论，定义旋涡的波长 $\lambda=U/n$ 来表达旋涡的大小。

紊流积分尺度表征旋涡平均尺度，在顺风向（x 方向）、横向（y 方向）和竖直（z 方向）三个方向上，每个脉动分量的旋涡又各有三个方向，因而，脉动风速共有 9 个紊流积分尺度。

如果以 L_u^x，L_u^y 和 L_u^z 分别表示与顺风向脉动风速沿 x、y、z 三个方向上的平均尺寸，其数学表达式为

$$L_u^x=\frac{1}{\sigma_u^2}\int_0^{\infty}R_{u_1u_2}(x)\mathrm{d}x,\ L_u^y=\frac{1}{\sigma_u^2}\int_0^{\infty}R_{u_1u_2}(y)\mathrm{d}y,\ L_u^z=\frac{1}{\sigma_u^2}\int_0^{\infty}R_{u_1u_2}(z)\mathrm{d}z \tag{5.7}$$

式中，$R_{u_1u_2}(\gamma)$（$\gamma=x,y,z$）分别是沿 x,y,z 三个方向上两个纵向速度分量 u_1 和 u_2 的互协方差函数。横向或竖向两个速度分量沿 x,y,z 三个方向上的各 3 个紊流积分尺度的定义类似。

3. 紊流功率谱密度

脉动风功率谱是随机振动分析的输入，是基于频率域的函数。紊流功率谱密度函数表征了紊流中各频率成分的贡献多少，其可根据实测风速时程样本，基于数理统计理论计算而得，将风速时程记录经过相关分析获得相关函数 $R(\tau)$，然后由傅里叶变换即可求得功率谱密度函数。

不同研究者根据各自的实测数据，分析获得紊流功率谱密度函数，但由于风速时程样本受地表地貌等因素的影响，基于不同实测数据所获得的功率谱密度函数各有差别。下面介绍较为常用的几个紊流功率谱密度函数表达式。

Davenport 在统计了大量的气象资料后，于 1961 年提出了大气边界层中水平脉动风功率谱经验公式，称为 Davenport 谱：

$$\frac{nS_u(n)}{U_*^2}=\frac{4x^2}{\left(1+x^2\right)^{4/3}} \tag{5.8}$$

式中，$x=\dfrac{1200n}{U_{10}}$，为莫宁坐标；U_{10} 为 10m 高度处的平均风速；n 为脉动风速频率；$S_u(n)$ 为纵向脉动风速功率谱；U_* 为摩擦速度，$U_*=\sqrt{k_a}U_{10}$，k_a 为与地面粗糙度有关的系数，k_a 的变化范围从水面的 0.003 至大城市的 0.03，对应 A、B、C、D 四类地表，分别可取 0.0042、0.0063、0.0094、0.0260。

Davenport 谱是离地 10m 高度处水平脉动风速谱，并且假定风速谱沿高度不变。然而，后期不少研究成果均表明，风速谱沿高度是变化的。

Kaimal 认识到风速谱与高度是相关的，提出了水平脉动风功率谱密度函数，即 Kaimal 谱：

$$\frac{nS_u(n)}{U_*^2}=\frac{200x}{(1+50x)^{5/3}} \tag{5.9}$$

式中，$x=\dfrac{nz}{U(z)}$，为折算频率；n 为脉动频率(Hz)；$U_*=\dfrac{kU(z)}{\ln\dfrac{z-z_d}{\tilde{z}_0}}$，为气流摩擦速度(或称剪切速度)(m/s)，采用对数法则风剖面；k 为卡尔曼常数，$k\approx0.4$；z 为地面以上高度(m)；$U(z)$ 为高度 z 处的平均风速(m/s)；$z_d=H-\tilde{z}_0/k$；H 为周围建筑物的平均高度(m)；$\tilde{z}_0$ 为粗糙度常数(m)，对应 A、B、C、D 地表分别为 0.01m、0.05m、0.3m、1.0m，如表 5.2 所示。

Panofsky 提出了竖向脉动风功率谱密度函数，称为 Panofsky 谱：

$$\frac{nS_w(n)}{U_*^2}=\frac{6x}{(1+4x)^2} \tag{5.10}$$

式中，$x=\dfrac{nz}{U(z)}$，其他意义同前。

4. 阵风因子

阵风因子又称为阵风系数，是描述脉动风速峰值大小的一个重要参数，它是顺风向阵风风速(或为瞬时风速)与 10min 平均风速的比值：

$$G_u=\frac{U(t)_{\max}}{U}=1+\mu\frac{\sigma_u}{U} \tag{5.11}$$

阵风系数同紊流强度有关，紊流强度越大，则阵风系数越大。另外，它还取决于阵风的持续时间，持续时间越长，则阵风系数越小。根据顺风向紊流强度的定义：

$$I_u=\frac{\sigma_u}{U}=\frac{1}{U}\left[\int_{-\infty}^{\infty}S_u(n)\mathrm{d}n\right]^{1/2} \tag{5.12}$$

式中，$S_u(n)$ 为水平脉动风谱，如取用 Davenport 风速谱代入计算，则有

$$I_u = \sqrt{6k_a}\frac{U_{10}}{U(z)} = \sqrt{6k_a}\left(\frac{10}{z}\right)^{\alpha} \tag{5.13}$$

阵风因子：

$$G_u = \frac{U(t)_{\max}}{U} = 1 + \mu\sqrt{6k_a}\left(\frac{10}{z}\right)^{\alpha} \tag{5.14}$$

式中，μ 为峰值因子；k_a 为与地面粗糙度有关的系数。

相同类别的地表，其阵风系数随基本风速变化较小；随高度虽略有变化，但亦很小；不同地表类别，阵风系数则有较明显的差别。

我国公路桥梁抗风规范，以时距为 1s 的平均风速定义瞬时风速，并给出不同地表类别不同加载长度时的阵风系数，如表 5.4 所示。风速加载长度越大，阵风系数越小，风速沿加载长度越不均匀。

表 5.4　阵风系数

水平加载长度/m	地表类别			
	A	B	C	D
<20	1.29	1.35	1.49	1.56
60	1.28	1.33	1.48	1.54
100	1.26	1.31	1.45	1.51
200	1.24	1.29	1.41	1.47
300	1.23	1.27	1.39	1.44
400	1.22	1.26	1.37	1.42
500	1.21	1.25	1.36	1.41
650	1.20	1.24	1.34	1.39
800	1.19	1.23	1.33	1.37
1000	1.18	1.22	1.31	1.35
1200	1.17	1.21	1.30	1.34
>1500	1.16	1.20	1.29	1.32

5. 空间相关性

强风观测表明，在紊流风场中，各点的风速和风向不可能是完全同步的，当空间一点的脉动风速达到最大值时，与其相距一定距离的另一点的脉动风速一般不会达到最大值，且相隔距离越远，同时达到最大值的可能性越小，这种性质称为空间相关性。对于水平方向有一定长度的大跨度桥梁，跨向相关性尤其重要。

大跨度桥梁沿跨向(或桥塔塔高方向)尺寸大，同一时刻，大气紊流风速沿跨向(或高度)是不同的，其相关性对桥梁结构的动力响应会有很大的影响，因而，需要考虑风速水平或竖向相关性。Davenport 提出了指数形式的经验公式：

$$\mathrm{Coh}(r,n) = \mathrm{e}^{-f} \tag{5.15}$$

$$f=\frac{n\left[C_z^2\left(z_1-z_2\right)^2+C_y^2\left(y_1-y_2\right)^2\right]^{1/2}}{\frac{1}{2}\left[U\left(z_1\right)+U\left(z_2\right)\right]} \tag{5.16}$$

式中，$\mathrm{Coh}(r,n)$为相干函数的平方根；(y_1,z_1)和(y_2,z_2)为两点的坐标；n为脉动风频率；$U(z_1)$和$U(z_2)$为两点高度处的平均风速；C_z和C_y为指数衰减系数，其取值与地形粗糙度、离地高度和风速有关，可基于桥位现场实测风速资料确定，缺乏资料时，建议值分别为C_z=10和C_y=16。

5.6 设计基本风速与设计基准风速的确定

桥梁设计基本风速的确定一般有两种途径：一是依据桥梁抗风设计规范附录查取桥位区标准平坦地表的基本风速，然后根据桥址局部场地地表类别进行地表类别换算，从而确定桥梁设计基本风速；二是在桥址处设立测风塔，实测桥址处风速样本，并计算各年的年最大平均风速，再基于统计分析计算100年重现期的桥梁设计基本风速，为保证统计分析结果的合理性，一般应有30年以上的实测样本资料。实在没有条件实测时，可根据桥址附近气象站实测资料，统计计算出气象站处的基本风速，由于气象站的地表一般是标准平坦地表，所以还需根据桥址局部场地地表类别进行地表类别换算。

由于工期原因，桥址处实测风速资料难有30年以上，这时可根据有限的实测资料，近似建立桥址处风速与附近气象站风速的相关关系，再借助气象站资料进行近似推算确定。

我国《公路桥梁抗风设计规范》(JTG/T 3360-01—2018)第4.1.4条规定，当从气象台站统计分析或依据本规范获得的基本风速小于24.5m/s时，基本风速取24.5m/s，这主要是从能力设计的思想出发，为确保桥梁具有基本的抗风能力而要求的。

受地表地貌及复杂气候条件的影响，用于统计分析的极值风速概率分布规律没有一个统一的表达式，不同重现期的极值风速有多种统计方法，最常用的有极值Ⅰ型、极值Ⅱ型、极值Ⅲ型等概率分布类型。

如果年最大风速分布的概率模型采用极值Ⅰ型，则风速样本的数学期望$E(x)=b+0.577a$，根方差$\sigma=\frac{\pi}{\sqrt{6}}a$。

如果已获得某桥位处n年的年最大平均风速样本$U_i(i=1,2,\cdots,n)$，则有：数学期望$E(U)=\frac{1}{n}\sum_{i=1}^{n}U_i$，根方差$\sigma=\sqrt{\frac{\sum_{i=1}^{n}[U_i-E(U)]^2}{n-1}}$，从而，可求得参数$a,b$。如果设计基本风速$U_{10}$的重现期取100年，则其非超越概率为$F(U_{10})=1-\frac{1}{100}$=0.99，根据概率统计原理，可得

$$U_{10}=b-a\ln(-\ln F(U_{10}))=b+4.6a=E(U)-0.577\frac{\sqrt{6}}{\pi}\sigma+4.6\frac{\sqrt{6}}{\pi}\sigma \\ =E(U)+3.138\sigma \tag{5.17}$$

大多数国家桥梁设计的重现期为 100 年，也有部分国家采用 120 年，为便于应用，我国桥梁抗风设计规范给出了不同重现期年最大平均风速的换算比例系数，如表 5.5 所示(以 100 年重现期为基准)。

桥梁设计基本风速定义为桥址处 100 年重现期 10min 时距 10m 高度处年最大平均风速，其可通过地表类别换算从标准 B 类地表的基本风速换算而得

$$U_{s10}=K_cU_{10} \tag{5.18}$$

式中，U_{s10} 是桥梁设计基本风速；K_c 是基本风速地表类别换算系数，如表 5.6 所列；U_{10} 是基本风速。

表 5.5　重现期系数

重现期/年	5	10	20	30	50	100	120
η	0.78	0.84	0.88	0.92	0.95	1	1.03

表 5.6　地表类别换算系数

地表类别	A	B	C	D
换算系数	1.174	1.00	0.785	0.564

设计基准风速定义为构件基准高度处 100 年重现期 10min 时距的年最大平均风速，桥梁设计基准风速的基准高度则是主梁离地或离最低水位高度，可根据平均风速沿高度变化率依据桥梁设计基本风速推算而得。我国《公路桥梁抗风设计规范》(JTG/T 3360-01—2018)考虑到基本风速高的区域，一般都处于强风、台风多发地区，抗风风险较高，为了确保桥梁的抗风能力，引入风险系数对设计基准风速进行调整提高。

桥梁或构件的设计基准风速为

$$U_d=K_f\left(\frac{z}{10}\right)^{\alpha_0}U_{s10}=K_fK_tK_hU_{10} \tag{5.19}$$

式中，U_d 为桥梁或构件的设计基准风速；K_f 为抗风风险系数，当桥位区基本风速大于 32.6m/s 时(R1 类风险区)，取 1.05，基本风速小于 24.5m/s 时(R3 类风险区)，取 1.00，基本风速界于 32.6m/s 与 24.5m/s 之间时(R2 类风险区)，取 1.02；K_t 为地形条件系数，当桥梁位于峡谷或山口时，风速有局部加速效应，可根据加速效果取 1.2～1.5，其余地区取 1.0；K_h 为地表类别及高度换算系数，见表 5.7。

表 5.7　地表类别换算及高度修正系数

离地面或水面高度/m	地表类别			
	A	B	C	D
5	1.08	1.00	0.86	0.79

续表

离地面或水面高度/m	地表类别			
	A	B	C	D
10	1.17	1.00	0.86	0.79
15	1.23	1.07	0.86	0.79
20	1.28	1.12	0.92	0.79
30	1.34	1.19	1.00	0.85
40	1.39	1.25	1.06	0.85
50	1.42	1.29	1.12	0.91
60	1.46	1.33	1.16	0.96
70	1.48	1.36	1.20	1.01
80	1.51	1.40	1.24	1.05
90	1.53	1.42	1.27	1.09
100	1.55	1.45	1.30	1.13
150	1.62	1.54	1.42	1.27
200	1.73	1.62	1.52	1.39
250	1.73	1.67	1.59	1.48
300	1.77	1.72	1.66	1.57
350	1.77	1.77	1.71	1.64
400	1.77	1.77	1.77	1.71
≥450	1.77	1.77	1.77	1.77

需要指出的是，当桥梁位于阵风强烈、紊流强度大、风场空间分布复杂的地形时(如山区峡谷)，应根据桥址处的实测风速或桥址附近气象站的风速用统计方法计算桥梁的设计基准风速。

风速是有方向的空气流动速度，工程中常用风玫瑰图即风速与风向的分布图给出年最大风速与大地坐标方向的关系。桥梁为线长型结构，根据桥梁轴向和风玫瑰图可确定桥梁可能受到的最不利作用风速及其来流方向，图 5.4 为某典型风玫瑰图示意。

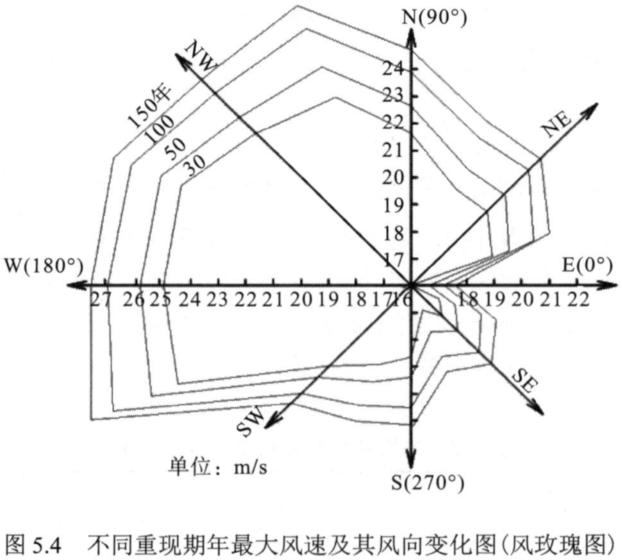

图 5.4 不同重现期年最大风速及其风向变化图(风玫瑰图)

桥梁施工期需要根据桥梁所处的风险区域、施工工期、抗风设计目标以及风险损失经济性等因素确定设计基准风速，其依据式(5.20)进行换算：

$$U_{sd}=K_{sf}U_d \tag{5.20}$$

式中，U_{sd} 是桥梁或构件的施工阶段设计基准风速；U_d 是桥梁或构件成桥运营阶段的设计基准风速；K_{sf} 是施工期抗风风险系数，可依据表 5.8 取值。

表 5.8　施工期抗风风险系数 K_{sf}

桥梁施工年限/年	R1 风险区	R2 风险区	R3 风险区
≤3	0.88	0.84	0.78
>3	0.92	0.88	0.84

5.7　自然风场的数值模拟

桥梁风工程中，一般将桥位处的自然风速场时程近似等效为多维多变量的平稳高斯随机过程进行研究。在笛卡儿坐标系下，大跨度桥梁的三维空间风场可表示为

$$\begin{cases} U=\overline{U}(z)+u(x,z,t) & (0<x\leqslant 桥长,0<z\leqslant 塔高(墩高)) \\ v=v(x,z,t) & (0<x\leqslant 桥长,0<z\leqslant 塔高(墩高)) \\ w=w(x,z,t) & (0<x\leqslant 桥长,0<z\leqslant 塔高(墩高)) \end{cases} \tag{5.21}$$

式中，U 的方向为风的主流方向(横桥向)；x 轴为顺桥向，与风的主流方向垂直；z 轴为竖桥向，与风的主流方向垂直；$\overline{U}(z)$ 为主流方向平均风速；u、v、w 为横桥向、顺桥向和竖桥向的脉动风速；t 为时间。

在对桥梁进行风致响应空间分析或风车桥耦合振动空间分析时，需要先进行空间风场人工模拟，通过离散化将连续的风场离散为有限个点的三维风场。实际应用时，由于自然风在三个方向上的脉动分量间的相关性较弱，通常将其忽略，而仅考虑平均风速场的空间相关性。这样在理论上就可将具有三维相关性的风场简化为三个独立的一维风场。

目前模拟脉动风速时程的方法主要有三种：线性滤波法、小波变换法和谐波合成法等。线性滤波法的优点是效率高，但其并不是无条件收敛的，需要依靠经验选取参数，模拟精度相对较差；小波变换法在模拟非平稳信号时具有一定的优势，但参数的选取和估计对模拟精度有较大的影响，不适合模拟平稳随机过程；谐波合成法是一种利用谱分解和三角级数叠加来模拟随机过程样本的传统方法，因为其理论简单清晰、结果精度较高、适用范围较广，所以在脉动风场模拟中得到了广泛的应用，但计算效率不高，特别是当点数较多时，需要消耗较多的计算资源。

考虑一个一维 n 变量的平稳随机过程 $f_j^0(t)(j=1,2,\cdots,n)$，其互功率谱密度矩阵为

$$\boldsymbol{S}^0(\omega)=\begin{bmatrix} S_{11}^0(\omega) & S_{12}^0(\omega) & \cdots & S_{1n}^0(\omega) \\ S_{21}^0(\omega) & S_{22}^0(\omega) & \cdots & S_{2n}^0(\omega) \\ \vdots & \vdots & & \vdots \\ S_{n1}^0(\omega) & S_{n2}^0(\omega) & \cdots & S_{nn}^0(\omega) \end{bmatrix} \tag{5.22}$$

其中，$S_{jm}^0(\omega)=\sqrt{S_{jj}^0(\omega)S_{mm}^0(\omega)}\mathrm{Coh}_{jm}(\omega),\quad j,m=1,2,\cdots,n$。

对 $\boldsymbol{S}^0(\omega)$ 进行 Cholesky 分解：

$$\boldsymbol{S}^0(\omega)=\boldsymbol{H}(\omega)\boldsymbol{H}^{*\mathrm{T}}(\omega) \tag{5.23}$$

其中，T 表示矩阵的转置，$\boldsymbol{H}(\omega)$ 为下三角矩阵：

$$\boldsymbol{H}(\omega)=\begin{bmatrix} H_{11}(\omega) & 0 & \cdots & 0 \\ H_{21}(\omega) & H_{22}(\omega) & \cdots & 0 \\ \vdots & \vdots & & \vdots \\ H_{n1}(\omega) & H_{n2}(\omega) & \cdots & H_{nn}(\omega) \end{bmatrix} \tag{5.24}$$

式(5.24)中对角线元素为 ω 的实非负函数，非对角线元素一般为 ω 的复函数。

$$H_{jj}(\omega)=H_{jj}(-\omega)\quad (j=1,2,\cdots,n) \tag{5.25}$$

$$H_{jk}(\omega)=H_{jk}^*(-\omega)\quad (j>k) \tag{5.26}$$

$$H_{jk}(\omega)=\left|H_{jk}(\omega)\right|\mathrm{e}^{\mathrm{i}\theta_{jk}(\omega)}\quad (j>k) \tag{5.27}$$

$$\theta_{jk}(\omega)=\tan^{-1}\left\{\frac{\mathrm{Im}\left[H_{jk}(\omega)\right]}{\mathrm{Re}\left[H_{jk}(\omega)\right]}\right\} \tag{5.28}$$

当 $N\to\infty$时，随机过程的样本可由下式模拟：

$$f_j(t)=2\sqrt{\Delta\omega}\sum_{m=1}^{j}\sum_{l=1}^{N}\left|H_{jm}(\omega_{ml})\right|\cos\left(\omega_{ml}t-\theta_{jm}(\omega_{ml})+\phi_{ml}\right)\quad (j=1,2,\cdots,n) \tag{5.29}$$

$$\omega_{ml}=l\Delta\omega-\frac{n-m}{n}\Delta\omega=(l-1)\Delta\omega+\frac{m}{n}\Delta\omega \tag{5.30}$$

$$\Delta\omega=\frac{\omega_u}{N} \tag{5.31}$$

$$\theta_{jm}(\omega_{ml})=\tan^{-1}\left\{\frac{\mathrm{Im}\left[H_{jm}(\omega_{ml})\right]}{\mathrm{Re}\left[H_{jm}(\omega_{ml})\right]}\right\} \tag{5.32}$$

式中，n 为模拟点数；N 为频率等分点数；$\Delta\omega$ 为频率增量；ω_{ml} 为双索引频率；$_{ml}$ 为均布在[0,2π]间的相互独立的随机相位角；ω_u 为截止频率；$\theta_{jm}(\omega_{ml})$ 为 $H_{jm}(\omega_{ml})$ 的复角。

模拟的随机过程为周期函数，周期公式如下：

$$T_0=n\frac{2\pi}{\Delta\omega} \tag{5.33}$$

应用 FFT 技术，公式(5.29)可改写成如下形式：

$$f_j(p\Delta t)=\mathrm{Re}\left\{\sum_{m=1}^{j}h_{jm}(p\Delta t)\exp\left[\mathrm{i}\left(\frac{m\Delta\omega}{n}\right)(p\Delta t)\right]\right\}\quad (p=0,1,\cdots,M\times n-1) \tag{5.34}$$

$$h_{jm}\left(p\Delta t\right)=\begin{cases}g_{jm}(p\Delta t) & (p=0,1,\cdots,M-1)\\ g_{jm}[(p-M)\Delta t] & (p=M,\cdots,2M-1)\\ \cdots & \cdots\\ g_{jm}\{[p-(n-1)\times M]\Delta t\} & (p=(n-1)\times M,\cdots,n\times M-1)\end{cases} \tag{5.35}$$

$$g_{jm}\left(p\Delta t\right)=\sum_{l=0}^{M-1}B_{jml}\cdot\exp\left[\mathrm{i}\left(l\Delta\omega\right)\left(p\Delta t\right)\right]\quad (p=0,1,\cdots,M-1) \tag{5.36}$$

$$B_{jml}=\begin{cases}\sqrt{2\left(\Delta\omega\right)}\left|H_{jm}\right|\cdot\exp\left(-\mathrm{i}\theta_{jm}\right)\cdot\exp\left(\mathrm{i}\phi_{ml}\right) & (0\leqslant l\leqslant N-1)\\ 0 & (N\leqslant l\leqslant M-1)\end{cases} \tag{5.37}$$

式中，Δt 为时间步长；i 为虚数单位；其他符号意义同前。

时间步长 Δt 须满足式(5.38)，等效条件为式(5.39)：

$$\Delta t\leqslant\frac{2\pi}{2\omega_u} \tag{5.38}$$

$$M\geqslant 2N \tag{5.39}$$

风场模拟时，可以选取桥位处的风速谱或规范建议的风速谱作为所模拟的目标风速谱，结合桥位处的地表粗糙度类别、相关函数、紊流强度、积分尺度等风特征参数，选取适当的截止频率、频率点数及时间步长，基于 MATLAB 软件编制脉动风速时程模拟程序，并将所模拟风速时程的功率谱、相关性和紊流强度与目标值进行检验，以保证模拟的风场符合要求。

第 6 章　风对桥梁的作用及抗风设计准则

6.1　钝体绕流特性

相对于固体来讲，流体(包括气体和液体)的重要特征是其易变形、黏性，当流体流过固体时，由于流体的质量惯性、黏性、内摩擦及固体表面粗糙度的影响，在固体表面形成较薄的附面边界层，且流固接触面上的切向相对速度为零，流速随离接触面的距离变远而增大，边界层内充满动量和涡量的交换，流动形式体现为紊流特征。

有一定速度的流体流过固体，先与固体接触而附着，然后又由于流动惯性而分离，根据伯努利方程，流体在固体表面形成压力，在固体表面的流速不同，压力也就不同，由于黏性的作用，表面分离也将产生作用力。

当流体经过固体表面形态变化处(如尖角、孔等)，由于流动惯性效应，流线无法随固体表面形态变化，边界层内动量涡量交换就不连续，形成压力梯度，从而流体在该表面形态变化处与固体分离，又由于空气的黏性作用，流固分离后，气流呈逆向流动，其边界层内厚度增加，在分离点后面形成一个旋涡尾流区，如图 6.1 给出了流体流经方形截面或矩形截面时的流动分离及尾流区。

在一定的条件下，已经分离了的边界层又可能重新再附着于固体表面，而且重新附着层大多是紊流的。如果在边界层分离之前流动已处于紊流状态，那么边界层增厚，且以紊流边界层的形式重新附着于物面，形成一种气泡式的局部分离流动，这种紊流重新附着，将带来动量厚度急剧增加，图 6.1(b)为流体流经矩形截面的流动分离与再附着现象。

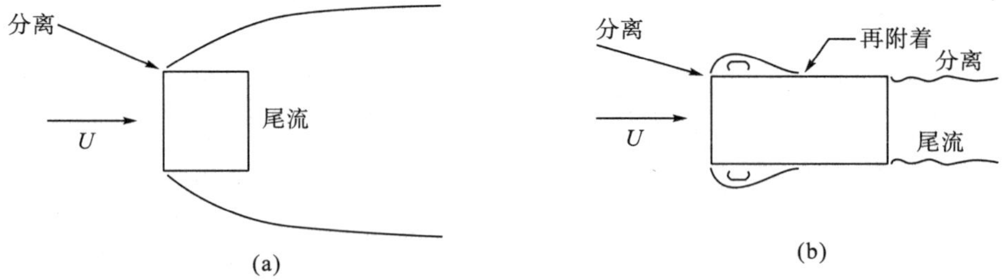

图 6.1　方形截面或矩形截面的流动分离及尾流区

从图 6.1 可知，流体流经方形截面、矩形截面等钝体截面时，流体在角点处与固体产生流动分离，形成较宽的紊流尾流；当截面宽高比较大时，如扁形矩形截面，却可能先在前缘拐角处流固分离，然后在其下游处发生再附着，最后在后缘再次分离。可见，固体迎着流体的钝形面、固体的流向长度、总体形状等均会对尾流形式产生明显的影响。另外，研究表明，钝体截面的流动分流点基本不变，均是发生在拐角点处。

流体力学理论研究表明，空气流经固体的绕流特性不仅与固体形状、流速有关，还与流动惯性效应、流动黏性效应及其相对关系有关。为了描述这些因素的影响规律，流体力学理论引入了一无量纲量——雷诺数，将雷诺数定义为惯性力与黏性力之比，其表达式为

$$Re=\frac{\text{惯性力}}{\text{黏性力}}=\frac{\rho U^2/l}{\mu U/l^2}=\frac{\rho Ul}{\mu}=\frac{Ul}{\nu} \tag{6.1}$$

式中，l 是固体的特征长度；ρ 是流体的密度；U 是流体的速度；μ 是流体黏性系数；ν 是流体运动黏性系数。在自然风条件下，空气的密度和运动黏性系数分别为：$\rho \approx 1.225\text{kg}/\text{m}^3$，$\nu = 1.45\times10^{-5}\text{m}^2/\text{s}$。

雷诺数 Re 较大时，惯性效应起主要作用；Re 较小时，则黏性效应较强，随着雷诺数从小增大，流体将会出现一系列变化很大的流动现象。

雷诺数不同，黏性流体运动有两种形态，即层流和紊流。层流的特征是流体运动规则，各部分分层流动互不掺混，质点的轨线是光滑的，而且流场稳定。紊流的特征则完全相反，流体运动极不规则，各部分激烈掺混，质点的轨线杂乱无章，而且流场极不稳定。这两种截然不同的运动形态可以互相转化，雷诺数 Re 是层流向紊流过渡的决定参数。层流刚好变为紊流时所对应的雷诺数称为临界雷诺数。

与钝体截面边界层分离点固定在棱角的前缘的绕流特性不同，圆截面等流线型断面的绕流，其分离点会随风速大小或雷诺数大小变化，尾流中的剪切层的发展也与雷诺数有很大关系。图 6.2 为不同雷诺数时圆截面的绕流图，不同雷诺数的气流在圆柱体上的脱落点不同，因而其对圆柱体的作用也不同，尾流也明显不同。研究表明，无论是钝体截面还是流线型断面，流动分离及尾流区的旋涡脱落现象与截面的宽高比相关。

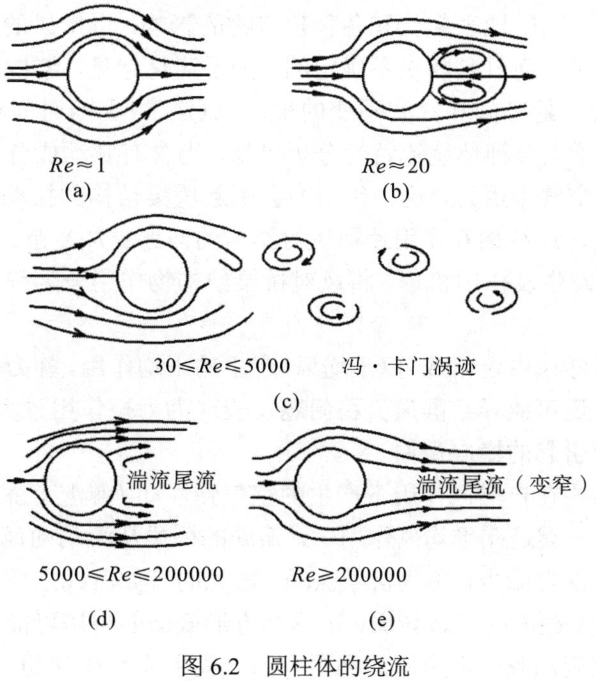

图 6.2　圆柱体的绕流

斯托罗哈(Strouhal)基于研究指出，流固绕流的旋涡脱落现象可以用一个无量纲的参数来描述，流体经过一确定的固体，分离产生的旋涡脱落频率与来流风速间存在正比关系，并定义无量纲参数 St 如下，该参数即为斯托罗哈数：

$$St = \frac{fD}{U} \tag{6.2}$$

式中，D 是物体的特征尺度；U 是流体的速度；f 是旋涡脱落频率。由公式可知，如果斯托罗哈数是常数，那么对应一个风速，就有一个固定的旋涡脱落周期。试验表明，旋涡脱落的频率或斯托罗哈数 St 与气流的雷诺数 Re 有关，当固体断面形状及尺寸确定，在常规雷诺数范围内，斯托罗哈数 St 是个常数。

当平均风带着脉动风绕过一般是非流线型截面的桥梁结构时，在主梁断面周边形成剪切流、气流附着、流动分离，进而产生旋涡和尾流，这些都对主梁表面的风压大小与分布产生很大的影响，且风压是随时间变化的。通过对风压积分可获得空气气动力，该气动力包括定常部分与时变非定常部分。

非定常气动作用会引起桥梁的振动(风致振动)，而振动起来的桥梁又将反过来影响流场，改变空气作用力，引起风与结构的相互作用机制，更加深了问题的复杂性。

综上所述，影响结构气动力的因素有：截面形状、截面相对来流的姿态角、流体的三维流动、摩擦效应、紊流度、结构振动效应、尺寸效应等。其中摩擦效应主要体现在物体表面粗糙度、雷诺数等的影响。另外，结构的振动又改变了结构与气流的相对速度与姿态。

6.2 风对桥梁的作用

前面已经介绍过，由于地表起伏和各种建筑物的影响，近地风的风速、风向及其空间分布都是随时间变化的，而且是随机不确定的。为了简化起见，结构风工程学在进行风荷载分析时，常将其看作随时间和空间不变的平均风(定常)和随时间和空间变化的脉动风(非定常)的叠加。基于上节钝体绕流特性分析可知，当含有脉动成分的紊流风绕过桥梁结构时，会形成复杂的空气作用力，这种作用力会引起桥梁结构的振动，而结构的振动又反过来引起流场的改变，这种相互作用使得风对结构的问题更加复杂。

通常，根据作用发生及作用机理，将风对桥梁结构物作用分为静力作用和动力作用两部分。

静力作用是指自然风中定常成分(平均风)产生的平均作用，静力作用除了会使结构产生静内力和静变形，还可能导致静风失稳问题，表现为力矩作用过大而引起的扭转发散，或为阻力作用过大而引起的横向屈曲。

动力作用是指结构在自然风作用下产生的空气弹性动力响应，桥梁的空气弹性动力响应可以分为两大类：一类是在平均风作用下，振动的桥梁从流动的风中吸收能量，产生一种由自身运动而产生的自激力，称为自激振动。常见的有如流线型桥面可能发生的弯扭古典耦合颤振，非流线型截面的扭转颤振，矩形和方形截面的桥塔可能发生挠曲振动占主导的驰振，以及结构因旋涡脱落而引起的涡振。另一类主要是在脉动风作用下的强迫振动，如抖振。涡振也带有自激性质，但它与颤振或驰振等发散性振动的现象不完全相同，其振动响应是一种强迫型的限幅振动，因而具有强迫、自激双重性质。

风对桥梁结构的作用可以归纳为表 6.1，对应的作用下风速与结构风致响应的概念图如图 6.3 所示。

表 6.1　风对结构的作用分类表

<table>
<tr><th>分类</th><th colspan="4">现象</th><th>作用机制</th></tr>
<tr><td rowspan="3">静力作用</td><td colspan="4">静风荷载引起的内力和变形</td><td>平均风引起的阻力、升力和力矩作用</td></tr>
<tr><td colspan="2" rowspan="2">静力不稳定</td><td colspan="2">扭转发散</td><td>静(扭转)力矩作用</td></tr>
<tr><td colspan="2">横向屈曲</td><td>静阻力作用</td></tr>
<tr><td rowspan="5">动力作用</td><td colspan="2">抖振(紊流风响应)</td><td colspan="2" rowspan="2">限幅振动</td><td>紊流风引起的脉动力</td></tr>
<tr><td rowspan="4">自激振动</td><td>涡振</td><td>旋涡脱落引起的涡激力</td></tr>
<tr><td>驰振</td><td rowspan="2">单自由度</td><td rowspan="3">发散振动</td><td rowspan="2">自激力动力驱动</td></tr>
<tr><td>扭转颤振</td></tr>
<tr><td>古典耦合颤振</td><td>二自由度</td><td>自激力气动刚度驱动</td></tr>
</table>

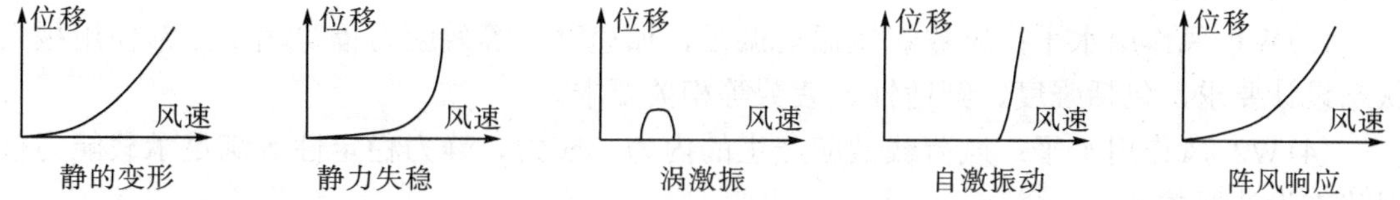

图 6.3　结构风致响应的概念图

6.3　桥梁抗风设计准则

桥梁抗风设计应考虑风的静力作用与动力作用，并根据不同的抗风性能要求按承载能力极限状态和正常使用极限状态进行设计与检验，保证桥梁结构在强风及其他荷载共同作用下，具有足够的安全性能与可使用功能。

我国《公路桥梁抗风设计规范》(JTG/T 3360-01—2018)考虑到基本风速高的区域，一般都处于强风、台风多发地区，抗风风险较高，为了确保桥梁的抗风能力，引入风险系数对设计基准风速进行调整，并规定：桥位区基本风速大于 32.6m/s 时属于 R1 类风险区；基本风速小于 24.5m/s 时属于 R3 类风险区；基本风速介于 32.6m/s 与 24.5m/s 之间属于 R2 类风险区。

桥梁抗风设计按 W1、W2 两级作用水平确定相应的设计目标，当风作用水平为 W1 级时(相当于 10 年重现期设计风速水平)，要求风荷载与车辆荷载等作用组合，满足强度、刚度、静力稳定性及耐久性要求；满足疲劳、行车或行人的安全性与舒适度要求；在不大于该风速水平范围内，不应发生影响正常使用的涡激振动。当风作用水平为 W2 级时(相当于 100 年重现期设计风速水平)，桥梁结构应：满足强度、刚度、静力稳定性要求；满足静风稳定性、气动稳定性要求；在不大于该风速水平范围内，不应发生影响正常使用的涡激振动。

风荷载作为主要可变作用与汽车荷载及其他相关作用组合时，风荷载按 W1 作用水平确定，当在 W2 作用水平下进行相关极限状态设计时，汽车荷载不参与荷载组合。就现行的极限状态而言，各荷载的分项系数及抗力系数都必须视不同情况(如施工阶段、成桥阶段等)予以确定，其中：当按承载能力极限状态设计时，W2 风作用水平，风荷载是主要可变作用，其分项系数取 1.4；当按承载能力极限状态设计时，W1 风作用水平，风荷载分项系数取 1.1；按正常使用极限状态设计时，风荷载频遇系数、准永久值系数取 1.0。

对大跨度桥梁等这类较为柔性的结构，由于风的动力效应明显，仅仅验算静风荷载作用效应是不够的，且有时其动力效应更为重要。

为了确保大跨度桥梁的安全性、使用性，使其满足 W1、W2 两级作用水平对应的设计目标，通常制定如下准则：

(1) W1 风作用水平：风荷载参与组合作用，内力、应力、静力稳定性等满足承载能力极限状态设计要求。

(2) W1 风作用水平：风荷载参与组合作用，结构挠度、裂缝宽度等满足正常使用极限状态设计要求。

(3) W1 风作用水平：风致涡激振动振幅、加速度、等效应力幅等满足正常使用极限状态设计要求，包括强度、舒适性、疲劳等相关要求。

(4) W2 风作用水平：风荷载效应产生的内力、应力、静力稳定性等满足承载能力极限状态设计要求。

(5) W2 风作用水平：静风稳定性临界风速、涡激振动起振风速、颤振及驰振临界风速等满足承载能力极限状态设计要求，即临界风速＞安全系数×设计风速。

涡振、抖振等属于限幅振动，其响应包括振幅响应、内力响应、加速度响应等，目前，限幅振动的容许值还未有完善的确定原则，针对抖振响应，一般是将其在设计风速下的内力、位移响应与其他荷载组合，进而进行极限状态的验算。针对涡振响应，由于它涉及构件的疲劳性能和对人体舒适度的影响，可以从疲劳强度或舒适性(如振动加速度)方面来确定限值。

人体舒适度要求，现已得到越来越多的重视。人体舒适度常采用加速度限值进行评估，由于该问题比较复杂，目前也还没有统一的标准，常用的有：Goldman 标准、ISO 标准，还有 Jenaway 标准和狄克曼(Diekman)指标等。

狄克曼指标 K 定义如下：

对于竖向振动：

$$\begin{cases} K = Af^2 & (f < 5\text{Hz}) \\ K = Af & (5\text{Hz} \leqslant f \leqslant 40\text{Hz}) \\ K = 200A & (f > 40\text{Hz}) \end{cases}$$

对于横向振动：

$$\begin{cases} K = 2Af^2 & (f<2\text{Hz}) \\ K = 4Af & (2\text{Hz}\leqslant f\leqslant 25\text{Hz}) \\ K = 100A & (f>25\text{Hz}) \end{cases}$$

其中，A 为全振幅；f 为振动频率。K=100 为一般人对振动疲劳的上限；K=10 为能忍受短期振动；K=1.0 为能忍受任意长期时间的振动；K=0.1 为能感觉到振动的上限。

稳定问题包括静力稳定和动力稳定，一般认为目前跨度的桥梁其静力稳定问题没有动力稳定问题突出。动力稳定包括颤振和驰振，日本规范要求，临界风速必须大于设计风速的 1.2 倍，即安全系数取 1.2，而英国规范则取 1.3。

第7章　风对桥梁的静力作用

7.1　静力三分力

风对结构的静力作用是自然风中定常成分(即平均风)产生的平均作用。如果在风的作用下结构保持静止不动，或结构刚度很大，风速所引起的振动很小，或结构振动不影响空气力，此时风对结构的平均作用是定常的，称为风对结构的静力作用。

气流绕过主梁，在主梁表面形成黏性剪切层，伴随附着、分离、涡脱等现象，导致主梁断面周围风压分布不均匀，由于主梁是一个水平方向的线状结构，在横桥向来流时，流场可近似看作是二维的，此时将气流产生的动压力沿断面周边表面积分合成(纵桥向取单位长度)，可得到三个分量，其中：沿顺风向的合力称为阻力，沿与风向垂直方向的合力称为升力，绕主梁断面形心的合力矩称为扭转力矩，阻力、升力、扭转力矩统称为静力三分力。三分力的坐标系以来流风向及其垂直方向定义，称为风轴系，如图7.1(a)所示。

由于风的来流方向不一定水平，多数情况下风向与桥面有一定夹角，我们称风向与水平桥面的夹角为风的攻角 α，且当风向斜向上时攻角为正，斜向下时攻角为负。

从而，主梁上作用的在风轴坐标系下的定常气动力定义为：

阻力：

$$F_D(\alpha)=\frac{1}{2}\rho U^2 HC_D(\alpha) \tag{7.1a}$$

升力：

$$F_L(\alpha)=\frac{1}{2}\rho U^2 BC_L(\alpha) \tag{7.1b}$$

扭转力矩：

$$M_T(\alpha)=\frac{1}{2}\rho U^2 B^2 C_M(\alpha) \tag{7.1c}$$

式中，$F_D(\alpha)$、$F_L(\alpha)$、$M_T(\alpha)$分别为风轴坐标系下的阻力、升力与扭转力矩，有时也用 D、L、M 表示；α 为来流攻角；ρ 为空气密度；H、B 分别为主梁的高度和宽度；$\frac{1}{2}\rho U^2$ 为气流的动压；$C_D(\alpha)$、$C_L(\alpha)$、$C_M(\alpha)$分别为攻角 α 的情况下主梁在风轴坐标系下的阻力系数、升力系数和扭转力矩系数，统称为静力三分力系数，通常情况下需要通过风洞模型试验获得。

在建立桥梁结构计算模型时，一般是根据结构体系，取水平横桥向、竖向和桥纵轴向作为三个主坐标方向建立坐标系，该坐标系称为体轴系，同时，风的静力作用需根据该坐标系进行描述，如图 7.1(b)所示。由于攻角 α 的存在，风向与桥横轴向又常常不一致，因此，作用于主梁断面上的静力三分力按所取坐标系不同，就有两种表示方法，即按体轴坐标系表示或按风轴坐标系表示，如图 7.1 所示。

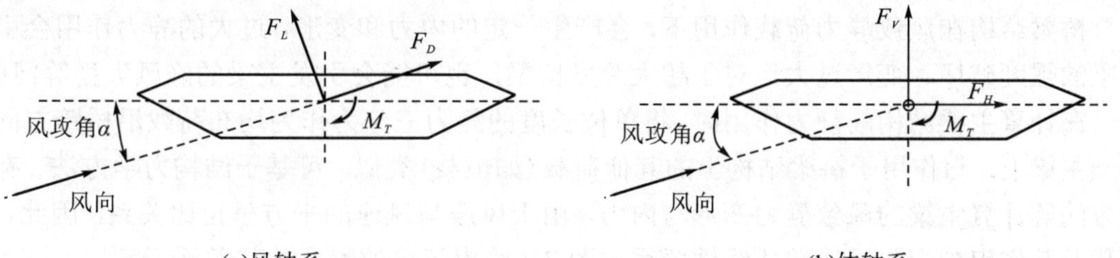

图 7.1　作用在主梁上不同坐标系的三分力

按体轴坐标系定义的三分力分别用 $F_H(\alpha)$、$F_V(\alpha)$、$M_T(\alpha)$表示。$M_T(\alpha)$在两种坐标系下是相同的，两组坐标系之间的阻力、升力可依下式进行变换：

$$\begin{pmatrix} F_V(\alpha) \\ F_H(\alpha) \end{pmatrix} = \begin{pmatrix} \cos\alpha & \sin\alpha \\ -\sin\alpha & \cos\alpha \end{pmatrix} \begin{pmatrix} F_L(\alpha) \\ F_D(\alpha) \end{pmatrix} \tag{7.2}$$

静力三分力系数是无量纲气动力参数，其只与结构的形状有关，与其尺寸大小无关，因此，实桥断面的三分力系数与基于缩尺风洞试验模型所测量得到的三分力系数是相等的。研究表明，静力三分力系数与雷诺数有一定的关系，当截面较钝时，雷诺数对三分力系数的影响较小，工程上常忽略该影响；当截面为流线型时，雷诺数对三分力系数的影响较大，不能忽略该影响。

图 7.2 为由风洞试验获得的不同宽高比时矩形断面的阻力系数。

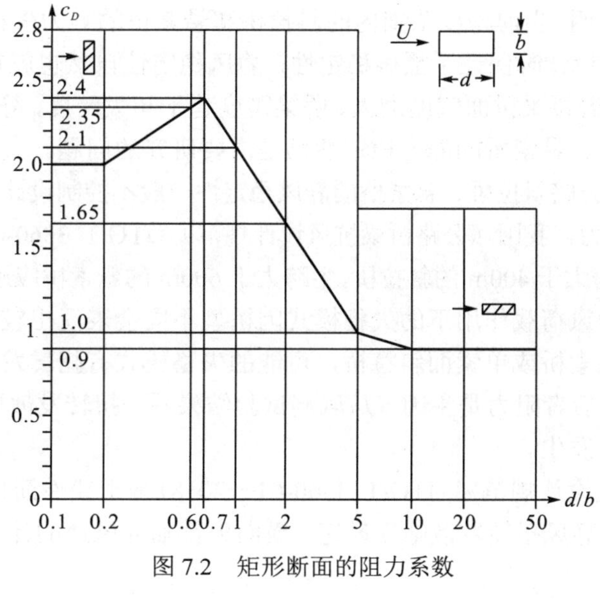

图 7.2　矩形断面的阻力系数

7.2 风致静力作用效应

桥梁结构在风致静力荷载作用下，会产生一定的内力和变形，过大的静力作用会引起桥梁的强度破坏、变形过大，对于超大跨度桥梁，也可能会引发主梁的静风失稳等问题。

在计算主梁结构的静力作用时，将单位长度的静力三分力作为均布荷载沿桥跨方向施加于主梁上，与作用于桥梁结构上的其他荷载(如恒载)类似，可基于结构力学方法、有限元方法等计算主梁的风致静力变形与内力。由于风压与风速的平方呈正比关系，因此，风荷载及其作用效应与风速并非线性关系。图 7.3 给出了风致静力位移关系示意。

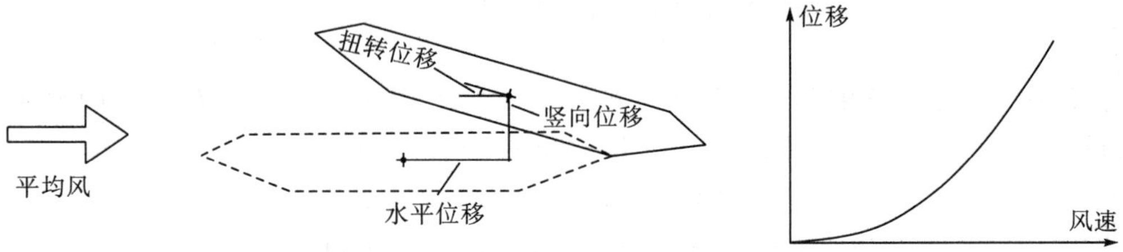

图 7.3 静风荷载作用下主梁的静位移

大跨度桥梁在强风作用下可能发生的主梁静风失稳，主要表现有两种类型：①主梁在空气静力扭转力矩作用下，当风速超过某一临界值时，主梁的扭转变形产生附加攻角，导致所产生的空气力矩增量超过了结构抵抗力矩的增量，会发生主梁的扭转角不断增大的发散现象。②当作用于主梁上的横向静风荷载超过主梁侧向屈曲的临界荷载时，会发生主梁静力屈曲失稳现象。

研究分析结果表明，当前跨度范围内的斜拉桥和悬索桥的静力失稳风速往往大于颤振临界风速，桥梁抗风设计时保证了颤振稳定性，静风稳定性自然也就得到保证，静力稳定问题并不突出，但随着桥梁桥面宽度加大、桥梁跨度趋于超大跨度，静力失稳风速将降低，因而超大跨度斜拉桥、悬索桥的静力稳定性仍是需要研究的问题。

虽然目前已建的公路斜拉桥、悬索桥的静风稳定性一般不控制设计，但为了保证新建桥梁具备足够的抗风能力，我国《公路桥梁抗风设计规范》(JTG/T 3360-01—2018)第 7.2.1 条仍偏安全地规定，主跨大于 400m 的斜拉桥、主跨大于 600m 的悬索桥应进行静风稳定性检验。

大跨度桥梁在静风荷载作用下的失稳模式因桥型不同会表现出较大的差异。对于缆索承重结构如大跨度悬索桥或单索面斜拉桥，可能的失稳模式有扭转发散与侧向弯扭屈曲，前者升力矩是主因，后者阻力是主因，从风洞试验结果看，扭转发散更为危险，而且有可能在颤振失稳发生前发生。

《公路桥梁抗风设计规范》(JTG/T 3360-01—2018)基于线性简化的方法，推导并给出了斜拉桥、悬索桥静风扭转发散临界风速、横向失稳临界风速的计算式，以及相应的检验标准。

1. 静风扭转发散

主梁发生静风扭转发散现象，其临界状态是扭转力矩增量大于或等于主梁结构抵抗力矩的增量，基于此，可以推导出静风扭转发散临界风速计算式。

我们考虑如图 7.4 所示的一个主梁结构断面，设截面绕弹性中心转动，抵抗扭转的等效弹簧刚度为K_a，其含义为梁段发生单位转角所需的气动力矩。截面的扭转角为α，其相对于来流就是风攻角的增量，平均来流风速为U，桥面宽为B，则单位长度的气动力矩为

$$M_\alpha = \frac{1}{2}\rho U^2 B^2 C_M(\alpha) \tag{7.3}$$

式中，$C_M(\alpha)$为绕扭转轴转动的气动力矩系数。

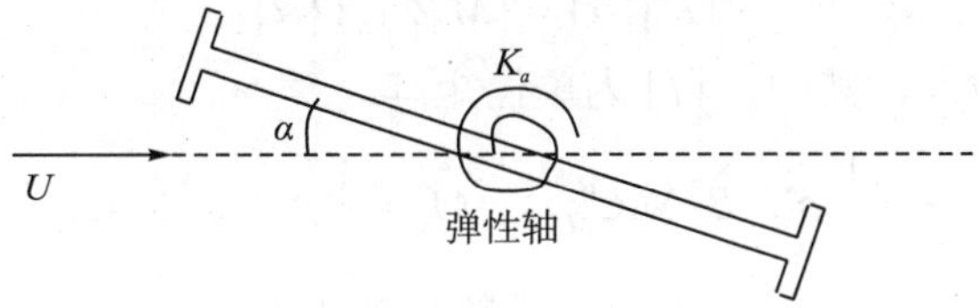

图 7.4　扭转发散问题的几何位置与参数

当$\alpha = 0$时，$M_0 = \frac{1}{2}\rho U^2 B^2 C_M(0) = \frac{1}{2}\rho U^2 B^2 C_{M0}$。

对于风攻角α=0 位置的微小变化，M的一阶近似为

$$M = \frac{1}{2}\rho U^2 B^2 \left(C_{M0} + \left.\frac{\mathrm{d}C_M}{\mathrm{d}\alpha}\right|_{\alpha=0} \alpha \right) = \frac{1}{2}\rho U^2 B^2 \left(C_{M0} + C'_{M0}\alpha \right) \tag{7.4}$$

令气动力矩与结构的抵抗力矩相等，得方程：

$$\frac{1}{2}\rho U^2 B^2 \left(C_{M0} + C'_{M0}\alpha \right) = K_a \alpha \tag{7.5}$$

又令$\lambda = \frac{1}{2}\rho U^2 B^2$，上式变为$\lambda\left(C_{M0} + C'_{M0}\alpha \right) = K_a\alpha$或$\alpha = \frac{\lambda C_{M0}}{K_a - \lambda C'_{M0}}$，可见，当$K_a = \lambda C'_{M0}$时，$\alpha \to \infty$，即扭转发散。

由此有

$$U_{\mathrm{td}} = \sqrt{\frac{2K_a}{\rho B^2 C'_{M0}}} \tag{7.6}$$

其中，C'_{M0}为气动力矩系数关于$\alpha = 0$处的一阶导数，可由静力三分力系数风洞模型试验获得，而主梁截面等效扭转弹簧刚度为

$$K_a = \omega_t^2 I_m$$

式中，ω_t为与发散模态相对应的主梁扭转固有频率；I_m为等效质量惯矩，对于悬索桥有$I_m = m_d r^2 + 2m_c b_c^2 = m_{eq} r^2$，其中，$m_d$为单位长度主梁的质量，$m_c$为单位长度主缆的质量，$r$为截面的回转惯性半径，$b_c$为两主缆间距的一半，$m_{eq}$为等效质量。

代回风速计算式(7.6)：

$$U_{\mathrm{td}}=\sqrt{\frac{2\left(2\pi f_t\right)^2 m_{eq}r^2}{\rho 4b^2C'_{M0}}}=f_tB\sqrt{\frac{\pi^2}{2}\frac{m_{eq}}{\rho b^2}\left(\frac{r}{b}\right)^2\frac{1}{C'_{M0}}}=f_tB\sqrt{\frac{\pi^3}{2}\mu\left(\frac{r}{b}\right)^2\frac{1}{C'_{M0}}} \tag{7.7}$$

也可将主梁等分为 n 个长度为 ΔL 的单元(或用有限元法)，则可得全桥结构的刚度矩阵，经静力凝聚后得主梁扭转刚度矩阵 $[K]$，从而有

$$[K]\{\alpha\}=\{M\} \tag{7.8}$$

式中，$\{M\}$ 为节点气动力矩的列向量，其各元素分别表示节点 i 处的气动力矩，不同节点处的扭转角可能不同，分别用 α_i 表示；$\{\alpha\}$ 为节点扭转角 α_i 的列向量。

$$M_i=\frac{1}{2}\rho U^2B^2\Delta LC_M\left(\alpha_i\right),\quad C_M\left(\alpha_i\right)\approx C_{M0}+C'_{M0}\alpha_i$$

式(7.8)又变为

$$[K]\{\alpha\}=\{M_0\}+\lambda\{\alpha\} \tag{7.9}$$

或 $\left([K]-\lambda[I]\right)\{\alpha\}=\{M_0\}$，其中，$[I]$ 为单位矩阵，

$$\lambda=\frac{1}{2}\rho U^2B^2\Delta LC'_{M0},\quad M_0=\frac{1}{2}\rho U^2B^2\Delta LC_{M0}$$

当发生扭转发散时，$\alpha\to\infty$，必须有系数行列式为零：

$$\det\left\|[K]-\lambda[I]\right\|=0 \tag{7.10}$$

即变为解特征值问题，且有多个解，其中最小特征值 $\lambda_{\min}$ 对应的就是扭转发散临界风速：

$$U_{\mathrm{td}}=\sqrt{\frac{2\lambda_{\min}}{\rho B^2\Delta LC'_{M0}}} \tag{7.11}$$

式中，$\lambda_{\min}=K_a\Delta L$，式(7.11)与前面推导结果式(7.7)相同。

上述分析推导均在线性条件下进行，实际结构特别是悬索桥应是非线性的，因 α 变化会引起 M 的变化，而 M 变化反过来又引起 α 变化，甚至有些吊杆会退出工作，因而其刚度也是变化的。

2. 横向屈曲失稳

悬索桥在风致静力作用下，当结构的竖向弯曲刚度和扭转刚度较小时，有可能发生与窄梁类似的侧倾静力失稳现象，该现象称为横向屈曲失稳。对单跨悬索桥，其横向失稳形态常为反对称形式(类似于反对称横向弯曲振型)，其横向失稳临界风速的计算公式为

$$U_{\mathrm{lb}}=f_tB\sqrt{\frac{\pi^3\dfrac{B}{H}\mu\dfrac{r}{b}}{1.88C_H\varepsilon\sqrt{4.54+\dfrac{C'_LB_c}{C_HH}}}} \tag{7.12}$$

式中，B 为主梁特征宽度(m)；b 为主梁特征宽度的一半(m)；H 为主梁特征高度(m)；B_c 为主缆中心距(m)；r 为主梁的惯性半径(m)；μ 为桥梁单位长度质量与空气质量比 $m/\left(\pi\rho b^2\right)$；$f_t$ 为主梁扭转频率(Hz)；ε 为主梁扭弯频率比；C_H 为主梁的阻力系数；C'_L 为主梁断面升力系数在零度风攻角处的斜率。

斜拉桥在横向风荷载下的静力稳定性由于其失稳形式较复杂，难以用公式表达，只能通过数值方法和必要的风洞试验进行验算。

对于主跨大于 800m 的斜拉桥、主跨大于 1200m 的悬索桥除了应根据前面的线性方法确定静风临界风速外，还应考虑结构几何非线性及风荷载非线性对静风稳定性的影响，必要时可通过全桥气弹模型试验进行确定与检验。

通常情况下，桥梁结构的抗风稳定性研究可通过全桥模型风洞试验的方法进行，也可基于节段模型风洞试验获取气动力系数，再建立桥梁数值计算模型，通过非线性计算分析方法进行，计算时要充分考虑结构的几何非线性与风荷载非线性或材料非线性。

桥梁静风稳定性检验应满足以下要求：

$$U_{jd} > \gamma U_d \tag{7.13}$$

式中，U_{jd} 为静风稳定临界风速(m/s)，分别取静风扭转发散临界风速或横向失稳临界风速；U_d 为设计基准风速(m/s)；γ 为静风稳定分项系数，其与静风稳定临界风速方法有关。

如果基于线性近似方法确定静风稳定临界风速，其静风稳定分项系数取 2.0。研究表明，考虑几何非线性与风荷载非线性后，所获得的静风稳定性临界风速一般比前面的线性方法所得到的临界风速小 60%～70%，综合考虑各种不确定因素，取 1.2 的不确定性系数，当采用仅考虑气动力非线性与几何非线性的数值计算方法分析静风稳定临界风速时，静风稳定分项系数取 1.6。当采用考虑气动力非线性、几何非线性及材料非线性的计算方法分析静风稳定临界风速时，静风稳定分项系数取 1.3。当采用更能反映实际的全桥气弹模型风洞试验获取静风稳定临界风速时，由于其考虑了气动力非线性与几何非线性，但无法考虑材料非线性，其静风稳定分项系数取 1.4。

7.3　静力三分力系数的气动特征

桥梁截面的静力三分力系数与截面形状、来流方向以及雷诺数有关，在桥梁结构中，除了流线型截面外，大部分非流型截面都带有明显的棱角，气流通过截面时的分离点基本上都固定在这些棱角处，而不会随风速的变化而变化，因此，在针对桥梁结构或构件的风效应研究时，除了像斜拉索等圆形截面构件或流线型截面构件，需考虑雷诺数的影响外，其他结构或构件可近似地认为雷诺数的影响可忽略不计。

虽如此，在进行节段模型风洞试验测量桥梁的静力三分力系数时，仍应进行不同风速来流时的静力气动力系数测量，并进行对比分析，以考查雷诺数的影响，同时也能校验试验结果。

图 7.5 给出了三种典型截面的静力三分力系数随风攻角变化规律。

图 7.5(a)对应的是平板型截面或流线型截面，可见，对于该类截面，在一定的正负攻角范围内，其 C_L、C_M 曲线的斜率均为正。在正攻角时，升力系数 C_L、力矩系数 C_M 也是正的，在负攻角时，升力系数、力矩系数是负的，阻力系数 C_D 基本是在 0 攻角时为最小。

图 7.5(b)对应的是 H 形截面，该类截面，其 C_L、C_M 曲线的形状取决于截面的高宽比 H/B，当高宽比 H/B 较小时，其接近于平板的特性，在 0 攻角附近，C_L、C_M 曲线的斜率均为正，但随着高宽比 H/B 的加大，在 0 攻角附近出现负斜率。

图 7.5(c)对应矩形截面，C_L、C_M 曲线的变化特性与 H 形截面相似，矩形截面的高宽比 H/B 对 C_L、C_M 曲线影响较大，对于较为扁形的矩形截面，尾流的再附着会降低其阻力系数，但力矩则略有升高。在一定的高宽比 H/B 范围内，阻力系数 C_D 在 0 攻角附近不一定是最小值。

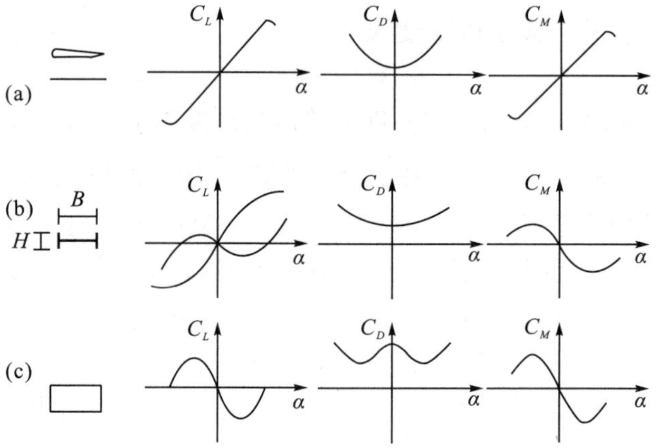

图 7.5　三种典型截面的三分力系数

静力三分力系数虽然只是描述定常空气力与攻角的关系，但与结构的风致振动也有密切关系。因为按照准定常的空气动力学理论，当结构在气流中发生横风向振动时，其振动变位速度与来流平均风速会形成一个相对的附加攻角，从而又反过来影响到静力三分力。

设水平来流风速为 U，结构截面横风向(此为竖向)振动位移为 h，扭转振动位移为 α，b 为截面半宽。

竖向振动位移为 h，振动速度则为 $\dot{h}$，其与水平风形成了相对附加攻角：

$$(\alpha_{re})_h = \mathrm{tg}^{-1}\frac{\dot{h}}{U} \approx \frac{\dot{h}}{U} \tag{7.14a}$$

由扭转振动形成的相对攻角：

$$(\alpha_{re})_\alpha = \mathrm{tg}^{-1}\frac{\dot{\alpha}b}{U} \approx \frac{\dot{\alpha}b}{U} \tag{7.14b}$$

由静力三分力与攻角的关系式可得出振动结构截面上(单位长度)由附加攻角产生的准定常附加升力和附加力矩分别为

$$F_V = \frac{1}{2}\rho U^2(2b)\frac{\partial C_V}{\partial \alpha}(\alpha_{re})_h \approx \rho U b\frac{\partial C_V}{\partial \alpha}\dot{h} \tag{7.15a}$$

$$M = \frac{1}{2}\rho U^2(2b^2)\frac{\partial C_M}{\partial \alpha}(\alpha_{re})_\alpha \approx \rho U b^3\frac{\partial C_M}{\partial \alpha}\dot{\alpha} \tag{7.15b}$$

式中，F_V 为单位跨长的准定常附加升力；M 为单位跨长的准定常附加力矩；$\dfrac{\partial C_V}{\partial \alpha}$ 为升力系数的斜率，当 α 很小时，且阻力系数与升力系数的特征尺寸均以梁宽定义时，$\frac{\partial C_V}{\partial \alpha} \approx \frac{\partial C_L}{\partial \alpha} + C_D$；$\frac{\partial C_M}{\partial \alpha}$ 为力矩系数 C_M 的斜率。

可见，振动截面的附加升力、附加力矩分别与截面竖向振动速度、扭转振动速度成正比，表现为空气阻尼力的特征，当升力系数的斜率或力矩系数的斜率为正时，为正阻尼，能量耗散，振动有衰减趋势；而当升力系数的斜率或力矩系数的斜率为负时，为负阻尼，振动体系会从空气中吸收能量，振动有增长趋势，由此可简单判断截面的气动稳定性。

上面三类典型截面中，平板截面：$\frac{\partial C_L}{\partial \alpha} > 0$，$\frac{\partial C_M}{\partial \alpha} > 0$，升力系数的斜率或力矩系数的斜率均为正，空气阻尼力为正，竖向挠曲与扭转振动都是稳定的。H 形截面和矩形截面：当 B/H 较大时，$\frac{\partial C_L}{\partial \alpha} > 0$，与横风向振动相关的阻尼为正，竖向挠曲振动是稳定的，$\frac{\partial C_M}{\partial \alpha} < 0$，与扭转振动相关的阻尼为负，可能发生不稳定的扭转振动；当 B/H 较小时，$\frac{\partial C_L}{\partial \alpha} < 0$，$\frac{\partial C_M}{\partial \alpha} < 0$，升力系数的斜率或力矩系数的斜率均为负，空气阻尼力为负，可能发生不稳定的弯曲或扭转振动。

以上只是基于线性简化分析的结果，实际上，由于空气与结构相互作用问题十分复杂，桥梁主梁截面所受的气动力具有强非线性特征，因而，基于升力系数斜率或力矩系数斜率的正负判别主梁截面气动稳定性只是初步的简化判式。

第8章　风对桥梁的动力作用

桥梁结构刚度相对较大的中小跨度桥梁，在流动自然风作用下几乎不发生振动，这时，风的作用主要是静力作用；而当桥梁结构的刚度相对较小时，自然风作用下桥梁受激振动，这时风的作用除了有静力作用外，还有动力作用。

风对结构的动力作用是一个复杂的现象，桥梁在紊流风作用下产生气动弹性动力响应，是由许多因素共同作用的结果。为了便于研究风对桥梁的动力作用及其空气动力机制，桥梁风工程学根据动力响应现象将其进行了分类，包括：

(1)气动自激现象：桥梁在平均风作用下，振动的桥梁从流动的风中吸收能量，产生一种自激的振动。表现在：流线型截面可能发生弯扭耦合的古典颤振，非流线型截面的分离流扭转颤振，矩形截面和方形截面的桥塔可能发生横风向挠曲振动占优势的驰振，以及伴随着上述振动同时发生的因旋涡脱落而引起的涡激振动。涡激振动虽也有自激性质，但它与颤振或驰振的发生性质不同，其振动响应是一种强迫型的限幅振动。

(2)随机振动现象：在随机脉动风荷载作用下桥梁受迫振动，这种随机振动响应称为抖振。抖振也是一种限幅振动，不具有自激振动及发散的特性，但频繁的抖振响应可能使杆件的接头或支座等构造细节发生局部疲劳损伤，过大的抖振还可能会危及结构和行车安全。

8.1　颤　　振

气流在通过主梁断面时会产生气流分离、再附着现象，并伴随旋涡产生，气流的这种分离附着及涡脱会产生动力效应，并可能激发大跨度柔性桥梁或构件的振动。

气流与结构之间的相互作用会产生自激力，该相互作用也是气流与结构之间的能量交换过程。振动的结构会通过气流的反馈作用吸取能量，且随着风速的增加，能量交换加大。当风速达到某一临界风速时，结构吸收的能量大于系统阻尼在振动中所耗散的能量时，运动幅度放大，运动发散，甚至可能引起结构的破坏，这种空气动力失稳现象就是颤振。1940年，著名的Tacoma悬索桥就是因为发生颤振而坍塌，因此，颤振性能评价是桥梁抗风设计的一个重点。

颤振一旦发生便可能造成结构的破坏。桥梁结构颤振失稳按其形态划分主要有两种，一种是竖向振动与扭转振动相耦合的经典颤振，称为弯扭耦合颤振，另一种是以单纯的扭转为振动形态的扭转颤振。一般来说，宽高比比较大的流线型箱梁断面主要发生耦合颤振，钝体断面主要发生扭转颤振，其余断面则可能发生耦合颤振和扭转颤振中的任意一种。

对于桥梁结构来说，确定其颤振发生时的临界风速具有十分重要的工程价值。桥梁颤振发生的临界条件即是颤振稳定性判据，一般都是用颤振临界风速来表示的。

目前，颤振临界风速的确定可通过理论计算和风洞试验两种途径，对于重要的桥梁结构，仍以风洞模型试验为主要手段。为了保证桥梁结构具有足够的动力稳定性，颤振临界风速必须大于其检验风速。

当弯曲和扭转两个自由度按一定的相位差发生耦合振动时，就可能在一定的临界风速下发生危险性的耦合颤振。图 8.1 示出了耦合颤振的发散机理。可见，两种振动相互配合的结果使桥面可以从空气中吸收能量，从而形成振幅发散的耦合颤振。图 8.2 表示在均匀流和紊流风作用下的典型颤振位移反应概念。

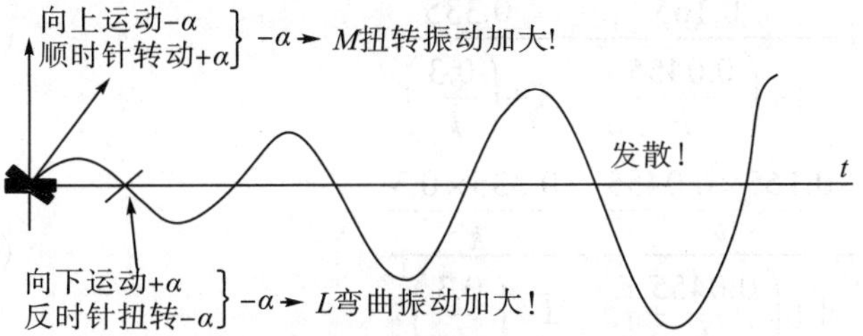

图 8.1　耦合颤振的发散机理

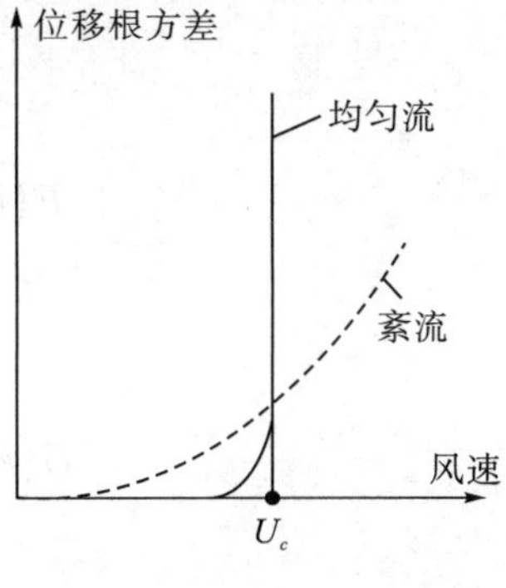

图 8.2　桥梁颤振反应

8.1.1　古典耦合颤振理论

1. Theodorson 平板气动力表达式

1935 年，T.Theodorson 基于势能原理，从理论上研究了振动薄平板上的气动力，并认为，如图 8.3 所示理想的二维薄平板在均匀水平流场中作微小幅振动时，所受的单位长度的非定常气动升力和力矩(沿纵向均匀分布)可表示为：

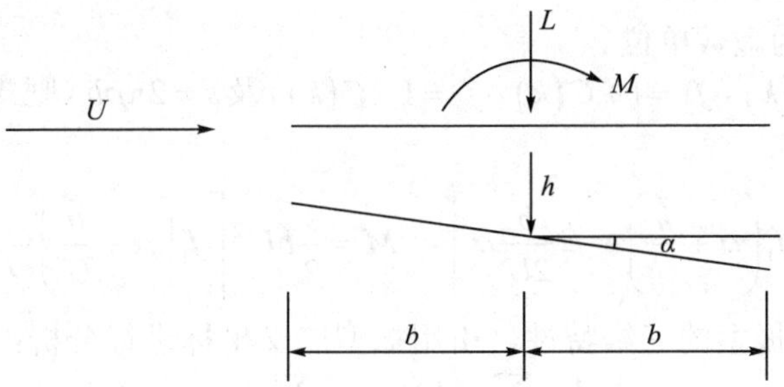

图 8.3　二维理想平板

$$L=-2\pi\rho bU^2\left\{C(k)\left(\alpha+\frac{\dot{h}}{U}\right)+\left(1+C(k)\right)\frac{b}{2}\frac{\dot{\alpha}}{U}\right\} \tag{8.1a}$$

$$M=\pi\rho b^2U^2\left\{C(k)\left(\alpha+\frac{\dot{h}}{U}\right)-\left(1-C(k)\right)\frac{b}{2}\frac{\dot{\alpha}}{U}\right\} \tag{8.1b}$$

式中，ρ 为空气密度；b 为平板的半宽；U 为来流风速；h 和 α 分别为截面振动竖向位移和扭转角；$k=\dfrac{\omega b}{U}$，为折算风速，ω 为振动圆频率；$C(k)$ 为 Theodorson 函数，当用 Bessel 函数表示时，可写成 $C(k)=F(k)+\mathrm{i}G(k)$，i 为虚数单位，实用上可用 R.T.Jonse 的近似表达式：

$$C(k)=1-\frac{0.165}{1-\dfrac{0.0455}{k}\mathrm{i}}-\frac{0.335}{1-\dfrac{0.3}{k}\mathrm{i}} \tag{8.2a}$$

或

$$F(k)=1-\frac{0.165}{1+\left(\dfrac{0.0455}{k}\right)^2}-\frac{0.335}{1+\left(\dfrac{0.3}{k}\right)^2} \tag{8.2b}$$

$$G(k)=-\frac{\dfrac{0.165\times0.0455}{k}}{1+\left(\dfrac{0.0455}{k}\right)^2}-\frac{\dfrac{0.335\times0.3}{k}}{1+\left(\dfrac{0.3}{k}\right)^2} \tag{8.2c}$$

由式(8.2)可知，当 $k\to\infty$ 时，$F(k)\to0.5$，而 $G(k)\to0$。

2. Bleich 的带平板桥道的悬索桥颤振理论

1948 年 Fr.Bleich 第一次采用 Theodorson 的平板气动力公式分析悬索桥的颤振问题。他认为在悬索桥中常用的桁架加劲梁的上承桥面接近于一块平板，而空腹桁架上受到的空气力相对较小可忽略不计，主梁气动力沿跨向完全相关，此时悬索桥主梁的弯扭耦合颤振微分方程可写成：

$$m\ddot{h}+m\omega_h^2(1+\mathrm{i}g_h)h=L,\quad I\ddot{\alpha}+I\omega_\alpha^2(1+\mathrm{i}g_\alpha)\alpha=M \tag{8.3}$$

式中，m、I 为主梁单位长度的质量和质量惯矩；ω_h、ω_α 分别为悬索桥的弯曲基频和扭转基频；$g_h=2\zeta_h$、$g_\alpha=2\zeta_\alpha$，分别为弯曲及扭转振动的复阻尼系数；ζ_h 和 ζ_α 分别为弯曲及扭转阻尼比；i 为虚数单位。

引入符号：$f_1=C(k)$，$f_2=1+C(k)$，$f_3=1-C(k)$，及 $s=2\pi\rho b$，则式(8.1)中的 Theodorson 平板气动力可改写为

$$L=-sU^2\left[f_1\left(\alpha+\frac{\dot{h}}{U}\right)+f_2\frac{b}{2U}\dot{\alpha}\right],\quad M=\frac{s}{2}bU^2\left[f_1\left(\alpha+\frac{\dot{h}}{U}\right)-f_3\frac{b}{2U}\dot{\alpha}\right] \tag{8.4}$$

考虑到实际桥梁振型的三维特性，引用振型广义坐标进行分析：

$$h=\sum p_i\phi_i,\quad \alpha=\sum q_i\varphi_i \tag{8.5}$$

式中，h 和 α 分别为截面振动竖向位移和扭转位移；ϕ_i 和 φ_i 分别为对应竖弯与扭转的第 i

阶振型；p_i 和 q_i 分别为竖弯、扭转广义坐标变量。

悬索桥耦合颤振，一般是相互相似的弯曲基频与扭转基频耦合，高阶振型影响较小，一般可只取第一阶对称或反对称弯曲振型和第一阶对称或反对称扭转振型来分析。

令

$$h = bp_1\varphi_1 ，\quad \alpha = q_1\phi_1 \tag{8.6}$$

并注意到：$I = mr^2$，于是有

$$\ddot{p}_1 + \omega_h^2(1+\mathrm{i}g_h)p_1 + \frac{sbU^2}{mb^2}\left[f_1\left(q_1D + \frac{b}{U}\dot{p}_1\right) + f_2\frac{b}{2U}\dot{q}_1D\right] = 0 \tag{8.7a}$$

$$\ddot{q}_1 + \omega_\alpha^2(1+\mathrm{i}g_\alpha)q_1 - \frac{sbU^2}{2mr^2}\left[f_1\left(q_1 + \frac{b}{U}D\dot{p}_1\right) - f_3\frac{b}{2U}\dot{q}_1\right] = 0 \tag{8.7b}$$

式中，$D = \int_l \varphi_1\phi_1 \mathrm{d}x$，为考虑振型影响的代换因子。若令 $\int_l \varphi_1{}^2 \mathrm{d}x = 1$，$\int_l \phi_1{}^2 \mathrm{d}x = 1$，即为简正模态。

当桥梁系统趋近弯扭耦合颤振临界状态时，主梁的弯曲振动频率与扭转振动频率趋于相同；当系统处于颤振临界状态时，主梁的弯曲振动与扭转振动以同一频率简谐恒幅振动，所以其竖弯振动、扭转振动的广义坐标变量可以写为

$$p_1 = h_0\mathrm{e}^{\mathrm{i}\omega t} ，\quad q_1 = \alpha_0\mathrm{e}^{(\mathrm{i}\omega t+\theta)} \tag{8.8}$$

式中，ω 为颤振频率；h_0 和 α_0 为振幅。

将式(8.8)代入式(8.7)，可得关于 h_0 和 α_0 的复系数联立方程组，其系数行列式应为零，基于此，可求得发生耦合颤振时的临界风速。

Bleich 将上述方法应用到塔可马桥的颤振分析中，遗憾的是，所得到的颤振临界风速远大于塔可马桥破坏当天的实际风速。显然，基于平板的颤振理论不能直接用于气动现象更复杂的钝体截面，如要应用，则需修正。

在对桥梁颤振性能进行评价时，主梁节段模型风洞试验是常用而有效的方法，我们将主梁刚性节段模型用弹簧悬挂支承，模拟主梁的竖弯振动或扭转振动，根据相似率确定弹簧刚度与模型质量，进而直接测量模型发生颤振时的临界风速。

基于主梁节段模型风洞试验进行颤振性能评价的理论依据就是假定桥梁三维振型的影响很小，可以忽略不计，可以简化为二维系统，且弯曲振型和扭转振型完全相似，当弯曲振型和扭转振型完全相似时，$\varphi_1 = \phi_1$，代换因子 D=1，式(8.7)简化为二维颤振方程。当然，实际桥梁的弯曲振型与扭转振型不可能完全相似，则 $\varphi_1 \neq \phi_1$，代换因子 D<1，因此，基于节段模型风洞试验实测的颤振临界风速将稍低于实际，基于该试验结果进行颤振性能评价是偏于保守的。

3. Kloppel/Theile 诺模图

Bleich 的悬索桥二维颤振理论，其求解途径是一个逐次逼近的计算过程，并且要多次用到特殊函数(Bessel 函数)的求值，计算很烦琐。1967 年 Kloppel 和 Theile 将上述解题步骤编成计算机程序，取无量纲参数计算了一套便于应用的诺模图，并且揭示了各参数对临界风速的影响，具有重大意义。

对于非平板的实际主梁截面，Kloppel 通过系列的风洞模型试验，提出了在 Bleich 二维颤振分析基础上，再考虑折减修正的方式来计算实桥主梁断面的颤振临界风速。

基于 Kloppel/Theile 诺模图可以直接求解颤振临界风速，同时也可以发现，颤振临界风速与桥梁的扭弯频率比、主梁质量与空气的密度比、主梁的惯性半径、阻尼比等无量纲参数相关，同时也与桥梁断面形状等相关。

一般来讲，扭弯频率比 ε 或质量密度比 μ 或惯性半径比 r/b 越大，临界风速 U_{cr} 越大，因而提高扭转频率、减小主梁质量、加大回转半径均是颤振有利的。阻尼比增大，临界风速 U_{cr} 也增大，但影响不是十分敏感。

4. 颤振临界风速近似计算公式

1963 年，Selberg 在 Bleich 的悬索桥二维颤振理论基础上提出了悬索桥颤振临界风速计算公式：

$$\frac{U_{\mathrm{cr}}}{f_t b}=3.72\sqrt{\left(\frac{m}{\rho b^2}\frac{r}{b}\right)\left(1-\left(\frac{f_b}{f_t}\right)^2\right)} \tag{8.9}$$

式中，U_{cr} 为颤振临界风速；b 为半桥宽；f_b 为弯曲振动频率；f_t 为扭转振动频率；r 为惯性半径；m 为单位长度质量。

1976 年，van der Put 注意到在影响平板耦合颤振临界风速的诸参数中，可以偏安全地忽略阻尼的影响，同时他发现，折算风速 $\dfrac{U_{\mathrm{cr}}}{\omega_b b}$ 和主要参数扭弯频率比 ε 之间接近直线关系，并且考虑其余二参数 μ 和 $\dfrac{r}{b}$ 的影响所形成的一群直线可近似地看作交会于一点 $\left(\varepsilon=0.5,\ \dfrac{U_{\mathrm{cr}}}{\omega_b b}=1\right)$。于是有：$\dfrac{U_{\mathrm{cr}}}{\omega_b b}=1+K(\varepsilon-0.5)$，且 $K\approx\sqrt{\left(\dfrac{r}{b}\right)0.72\mu}$。

从而，平板颤振临界风速的计算公式可简化为

$$U_{\mathrm{cr}}=\left[1+(\varepsilon-0.5)\sqrt{\left(\frac{r}{b}\right)0.72\mu}\right]\omega_b b \tag{8.10}$$

式中，U_{cr} 为耦合颤振临界风速；b 为半桥宽，ω_b 为弯曲振动圆频率；ε 为扭弯频率比，$\varepsilon=\dfrac{\omega_t}{\omega_b}$；$\omega_t$ 为扭转振动圆频率；r 为惯性半径；μ 为桥面质量与空气的密度比，$\mu=\dfrac{m}{\pi\rho b^2}$；$m$ 为单位长度质量。

对于实桥非平板断面，需引入修正系数对颤振临界风速折减修正，先根据前面两个近似式计算颤振临界风速，同时根据截面形状及来流攻角选取形状系数 η_s 和攻角效应系数 η_α，如表 8.1 所示。然后将计算所得的颤振临界风速乘以折减系数即为实桥的颤振临界风速。一般情况下，两个折减系数均不大于 1.0，且截面越钝，系数值越小，比较扁平的流线型断面折减系数往往在 0.7 以上，钝体截面，折减系数较小。

表 8.1　形状系数 η_s 和攻角效应系数 η_α

截面形状	形状系数 η_s			攻角效应系数 η_α
	主跨材质			
	钢	钢混结构	混凝土	
平板	1	1	1	—
矩形截面	0.50	0.55	0.6	0.80
带挑臂及竖腹板箱梁	0.65	0.70	0.75	0.70
带挑臂及斜腹板箱梁	0.60	0.70	0.90	0.70
带风嘴流线型箱梁	0.70	0.70	0.80	0.80
风嘴处带分流板的流线型箱梁	0.80	0.80	0.80	0.80
开口板梁(边主梁)	0.35	0.40	0.50	0.85
分离双箱梁	1.0	—	—	0.80
桁架梁	0.35	—	—	0.70

强调一点：耦合颤振必须是相互相似的振型耦合，如第一对称竖弯与第一对称扭转耦合，第一反对称竖弯与第一反对称扭转耦合，相似程度越高的振型耦合的可能性越大，不同类型的振型不可能耦合。

分离流扭转颤振或简称扭转颤振，其临界风速计算式可表示如下：

$$V_{cr} = T_h^{-1} B f_t \tag{8.11}$$

式中，T_h^{-1} 为 Theodorson 数的倒数，由风洞试验得到；f_t 为扭转振动频率；B 为桥面宽。

由于桥梁主梁断面的变化(形状或尺寸)对颤振临界风速的影响很大，因此在实际进行桥梁抗风稳定性评价时，一般均应进行风洞试验(节段模型或者全桥模型等)，以确定计算颤振临界风速所需的折减系数或 Theodorson 数，或直接测量临界风速。

基于大量的研究分析表明：

颤振临界风速与扭转频率成正比，扭转频率越大，颤振临界风速越大。由于扭转模态是颤振分析中不可缺少的因素，发生颤振必须要有扭转模态的参与，而不一定要有竖向模态的参与(如分离流颤振或扭转颤振)，因此扭转模态对颤振影响很大。

对于经典颤振(弯扭耦合颤振)，扭弯频率比决定了颤振发生的难易程度，扭弯频率比接近于 1.0，说明弯曲频率与扭转频率数值越接近，就越容易发生弯扭耦合，颤振就越容易发生，颤振临界风速当然就越低。

主梁质量或质量惯性矩数值越大，表明单位时间内结构耗散所需要的气动力能量越多，气动力做功也要相应增加，可见在其他参数同等的条件下，主梁质量或质量惯性矩数值越大，需要更大的风速才能激发颤振发生。

8.1.2 主梁气动力表达式

1. 气动力表达式

分析自然风对主梁的作用效应，需要给出主梁上气动力的数学描述，前面已经介绍过，自然风对桥梁的作用十分复杂，因而需要作简化假设，桥梁风工程中假设主梁上的非定常气动力可以作准定常处理，且符合片条理论。

目前，具有代表性的传统的桥梁结构颤抖振分析理论有三种：Davenport 理论、Scanlan 理论和 Y.K.Lin 理论。

Davenport 最先采用随机振动理论来分析桥梁抖振响应，为了考虑自然风的非定常特性，提出了准定常抖振力经气动导纳函数修正后的公式，他建议的准定常气动力表达式(其中包括静风力)如下：

$$\begin{cases} D_{bu}(t) = D + 2D\chi_1(t)\dfrac{u(t)}{U} \\ L_{bu}(t) = L + 2L\chi_2(t)\dfrac{u(t)}{U} + \dfrac{\mathrm{d}L}{\mathrm{d}\alpha}\chi_3(t)\dfrac{w(t)}{U} \\ M_{bu}(t) = M + 2M\chi_4(t)\dfrac{u(t)}{U} + \dfrac{\mathrm{d}M}{\mathrm{d}\alpha}\chi_5(t)\dfrac{w(t)}{U} \end{cases} \tag{8.12}$$

式中，U 为平均风速；$u(t)$、$w(t)$ 为主梁横桥向和竖向脉动风速；$\chi_1(t) \sim \chi_5(t)$ 为时域气动导纳函数；D、L、M 分别为平均风作用下的单位长度阻力、升力和力矩；

$$D = \frac{1}{2}\rho U^2 BC_D(\alpha),\quad L = \frac{1}{2}\rho U^2 BC_L(\alpha),\quad M = \frac{1}{2}\rho U^2 B^2 C_M(\alpha)$$

其中，ρ 为空气密度；$C_D(\alpha)$、$C_L(\alpha)$、$C_M(\alpha)$ 分别为对应的阻力系数、升力系数和力矩系数。

若假定脉动风速时程是平稳随机过程，基于随机振动原理，对式(8.12)进行傅里叶变换，可得到抖振力功率谱密度：

$$\begin{cases} S_D(n) = 4D^2\left|\chi_1(\xi)\right|^2\dfrac{S_u(n)}{U^2} \\ S_L(n) = 4L^2\left|\chi_2(\xi)\right|^2\dfrac{S_u(n)}{U^2} + \left(\dfrac{\mathrm{d}L}{\mathrm{d}\alpha}\right)^2\left|\chi_3(\xi)\right|^2\dfrac{S_w(n)}{U^2} \\ S_M(n) = 4M^2\left|\chi_4(\xi)\right|^2\dfrac{S_u(n)}{U^2} + \left(\dfrac{\mathrm{d}M}{\mathrm{d}\alpha}\right)^2\left|\chi_5(\xi)\right|^2\dfrac{S_w(n)}{U^2} \end{cases} \tag{8.13}$$

式中，$S_u(n)$、$S_w(n)$ 分别为水平和竖向脉动风速谱；$\chi_1(\xi) \sim \chi_5(\xi)$ 通常称为“气动导纳”。

若将桥面运动的振型进行分解，可以得到横桥向、顺桥向和竖桥向三个不同方向上的广义力，第 r 阶振型的抖振力功率谱为

$$\begin{cases} S_{Dr}(n)=\dfrac{4D^2}{U^2}\left|\chi_1(n)\right|^2\left|J_{1r}(n)\right|^2S_u(n) \\ S_{Lr}(n)=\dfrac{4L^2}{U^2}\left|\chi_2(n)\right|^2\left|J_{2r}(n)\right|^2S_u(n)+\left(\dfrac{\mathrm{d}L}{\mathrm{d}\alpha}\right)^2\left|\chi_3(n)\right|^2\left|J_{3r}(n)\right|^2\dfrac{S_w(n)}{U^2} \\ S_{Mr}(n)=\dfrac{4M^2}{U^2}\left|\chi_4(n)\right|^2\left|J_{4r}(n)\right|^2S_u(n)+\left(\dfrac{\mathrm{d}M}{\mathrm{d}\alpha}\right)^2\left|\chi_5(n)\right|^2\left|J_{5r}(n)\right|^2\dfrac{S_w(n)}{U^2} \end{cases} \tag{8.14}$$

式中，$|J_{1r}(n)|\sim|J_{5r}(n)|$ 为联合接受函数，用以描述紊流风空间相关性；$|\chi_1(n)|\sim|\chi_5(n)|$ 为频域内的气动导纳。桥梁响应的总功率谱可按各振型响应谱线性叠加得到。

Davenport 为了修正静态空气力系数(准定常气动力)引入了气动导纳函数，为了修正各振型空气力的跨向相关性，引入了联合接受函数，这些都是对抖振力的修正。对自激力仅考虑了气动阻尼的影响，而忽略了气动刚度的影响及气动耦合效应。实际上，对于主梁竖向弯曲和侧向弯曲振动，气动刚度的影响较小，而对于扭转运动及风速较大时的耦合运动，气动刚度是不容忽视的。

1967 年，Scanlan 认为风对桥梁的动力作用力表示为自激力与抖振力之和，将基于颤振理论的气动自激力和脉动风作用于桥梁结构的抖振力相结合，考虑了气动刚度和气动阻尼的影响，建立了颤抖振理论，但该理论没有考虑气动导纳函数对抖振力的影响。

Scanlan 颤抖振理论认为，风对桥梁的动力作用力可以表示为

$$\text{升力：}L=L_{\mathrm{se}}+L_{\mathrm{b}}\text{，力矩：}M=M_{\mathrm{se}}+M_{\mathrm{b}}\text{，阻力：}D=D_{\mathrm{se}}+D_{\mathrm{b}} \tag{8.15}$$

式中，下标 se 表示自激力；下标 b 表示抖振力。

自激力表达式为

$$L_{\mathrm{se}}=\frac{1}{2}\rho U^2B\left[KH_1^*\frac{\dot{h}}{U}+KH_2^*\frac{B\dot{\alpha}}{U}+K^2H_3^*\alpha+K^2H_4^*\frac{h}{B}+KH_5^*\left(\frac{\dot{p}}{U}\right)+K^2H_6^*\left(\frac{p}{B}\right)\right] \tag{8.16a}$$

$$M_{\mathrm{se}}=\frac{1}{2}\rho U^2B^2\left[KA_1^*\frac{\dot{h}}{U}+KA_2^*\frac{B\dot{\alpha}}{U}+K^2A_3^*\alpha+K^2A_4^*\frac{h}{B}+KA_5^*\left(\frac{\dot{p}}{U}\right)+K^2A_6^*\left(\frac{p}{B}\right)\right] \tag{8.16b}$$

$$D_{\mathrm{se}}=\frac{1}{2}\rho U^2B\left[KP_1^*\left(\frac{\dot{p}}{U}\right)+KP_2^*\frac{B\dot{\alpha}}{U}+K^2P_3^*\alpha+K^2P_4^*\left(\frac{p}{B}\right)+KP_5^*\frac{\dot{h}}{U}+K^2P_6^*\frac{h}{B}\right] \tag{8.16c}$$

其中，$K=\dfrac{B\omega}{U}=2k$，为折算频率；$B=2b$，为桥宽；U 为风速；ρ 为空气密度；h、α、p 分别为桥梁的竖向位移、扭转角、横向位移，其上加点表示相应的速度；H_i^*、A_i^*、P_i^* (i=1,2,3,4,5,6) 为 K 的无量纲函数，称为气动导数或颤振导数。

气动导数的物理意义分别是描述气动刚度或气动阻尼，其中与速度相关项即为气动阻尼项，与位移相关项是气动刚度项，还有关于竖弯、扭转、横向振动相互耦合的刚度项与阻尼项。其中 H_1^*、A_2^*、P_1^* 分别为竖弯、扭转、横向振动的气动阻尼相关系数，H_4^*、A_3^*、P_4^* 分别为竖弯、扭转、横向振动的气动刚度相关系数，其余的气动导数为相互耦合的刚度系数与阻尼系数。

基于上述理论，Scanlan 还于 1971 年提出了基于自由振动识别气动自激力的风洞模型试验方法，而后得到了广泛的应用，该方法初期并未考虑阻力自激力的影响，这对于钝体

断面主梁结构而言，其应该是不可忽略的。

颤振导数的精确分析或测量是困难的，尤其是横向振动与扭转、横向振动与竖向振动的耦合项对应的颤振导数，在分析时常将式(8.16)中的后两项略去，这对于斜拉桥，或者主梁截面扭转中心与几何中心不重合的截面，或者振动模态耦合严重的桥梁来说会有一定的误差。另外，由于 H_4^*、A_4^*、P_i^* 的测量也不易实现，且假定其影响很小，因而常常被忽略。有些文献采用下式来计算 P_i^* (i=1,2,3)：

$$P_1^* = -\frac{2}{K}C_D,\quad P_2^* = \frac{1}{K}\frac{\partial C_D}{\partial \alpha_w},\quad P_3^* = \frac{1}{K^2}\frac{\partial C_D}{\partial \alpha_w} \tag{8.17}$$

式中，C_D 为阻力系数；α_w 为风的攻角。对于桥梁的多模态耦合振动来说，上述处理所产生的影响有多大，仍需要进一步评估。

抖振力的表达式可以近似地按准定常理论写成：

$$L_b = \frac{1}{2}\rho U^2 B\left[2C_L(\alpha_0)\frac{u(t)}{U} + \left[C_L'(\alpha_0) + C_D(\alpha_0)\right]\frac{w(t)}{U}\right] \tag{8.18a}$$

$$D_b = \frac{1}{2}\rho U^2 B\left[2C_D(\alpha_0)\frac{u(t)}{U} + C_D'(\alpha_0)\frac{w(t)}{U}\right] \tag{8.18b}$$

$$M_b = \frac{1}{2}\rho U^2 B^2\left[2C_M(\alpha_0)\frac{u(t)}{U} + C_M'(\alpha_0)\frac{w(t)}{U}\right] \tag{8.18c}$$

式中，$u(t)$ 为顺风向分量；$w(t)$ 为竖直向分量；其余符号意义同前。Scanlan 建议的抖振力表达式与 Davenport 公式(8.12)较接近，只是未考虑气动导纳影响，分析过程也基本相似。

Y.K. Lin 构造了一种新的自激力模型，将自激力统一表示为脉冲响应函数的卷积，建立了用来分析桥梁抖振响应的随机分析法，求解过程与 Davenport 及 Scanlan 的基本相似，但他较多地运用了随机振动理论，较为复杂。

主梁颤振临界风速的理论求解，可基于平板截面古典耦合颤振理论所导出的颤振临界风速计算公式，进行修正。也可基于 Scanlan 自激力模型，通过风洞模型试验或数值计算求得颤振导数，再建立系统能量吸收与耗散平衡状态方程，进而计算颤振临界风速。

2. 颤振导数的测定

主梁颤振导数可通过节段模型风洞试验测量而得，试验方法有自由振动法与强迫振动法。基于强迫振动法的振动信号一致性好，且折算风速范围较宽，但模型激振装置复杂。自由振动法激振装置简单，但信号一致性差。

对于任意二维桥梁断面，将其刚性节段通过弹簧悬挂在风洞中，在均匀来流中进行风洞试验，节段模型在仅考虑竖向与扭转两自由度运动时，其二维振动方程可表述为

$$m(\ddot{h} + 2\zeta_h\omega_h\dot{h} + \omega_h^2 h) = L_{se}\ ,\quad I(\ddot{\alpha} + 2\zeta_\alpha\omega_\alpha\dot{\alpha} + \omega_\alpha^2\alpha) = M_{se} \tag{8.19}$$

式中，m 和 I 分别为模型单位长度的等效质量和等效质量惯矩；ζ_h 和 ζ_α 分别为竖弯振动和扭转振动的阻尼比；h 和 α 分别为竖弯振动和扭转振动的位移；$\dot{h}$ 和 $\dot{\alpha}$ 分别为竖弯振动和扭转振动的速度；$\ddot{h}$ 和 $\ddot{\alpha}$ 分别为竖弯振动和扭转振动的加速度。

将式(8.16)自激力(此仅考虑前三项)代入式(8.19)，并进行简化变换，得

$$\ddot{h}+2\zeta_h\omega_h\dot{h}+\omega_h^2 h=H_1\dot{h}+H_2\dot{\alpha}+H_3\alpha+H_4 h \tag{8.20a}$$

$$\ddot{\alpha}+2\zeta_h\omega_h\dot{\alpha}+\omega_h^2\alpha=A_1\dot{h}+A_2\dot{\alpha}+A_3\alpha+A_4 h \tag{8.20b}$$

式中，$H_1=H_1^*\dfrac{\rho b^2\omega}{m}$；$H_2=H_2^*\dfrac{\rho b^3\omega}{m}$；$H_3=H_3^*\dfrac{\rho b^3\omega}{m}$；$H_4=H_4^*\dfrac{\rho b^2\omega^2}{m}$；

$A_1=A_1^*\dfrac{\rho b^3\omega}{I}$；$A_2=A_2^*\dfrac{\rho b^4\omega}{I}$；$A_3=A_3^*\dfrac{\rho b^4\omega^2}{I}$；$A_4=A_4^*\dfrac{\rho b^3\omega^2}{I}$。

式(8.20)就是两个有阻尼单自由度系统振动微分方程，其解可写为

$$h=h_0\mathrm{e}^{\lambda t}\sin\omega t\text{，}\quad \alpha=\alpha_0\mathrm{e}^{\lambda t}\sin(\omega t+\theta) \tag{8.21}$$

代入式(8.20)，由 $\sin\omega t$ 和 $\cos\omega t$ 的系数分别为零可得以下四个方程：

$$H_1\lambda+H_2\frac{\alpha_0}{h_0}(\omega\sin\theta+\lambda\cos\theta)+H_3\frac{\alpha_0}{h_0}\cos\theta=(\lambda^2-\omega^2)+2\zeta_h\omega_h\lambda+\omega_h^2 \tag{8.22a}$$

$$H_1\omega+H_2\frac{\alpha_0}{h_0}(\omega\cos\theta-\lambda\sin\theta)+H_3\frac{\alpha_0}{h_0}(-\sin\theta)=2\lambda\omega+2\zeta_h\omega_h\omega \tag{8.22b}$$

$$\begin{aligned}&A_1\frac{h_0}{\alpha_0}\lambda+A_2(\omega\sin\theta+\lambda\cos\theta)+A_3\cos\theta\\&=(\lambda^2-\omega^2)\cos\theta+2\lambda\omega\sin\theta+2\zeta_\alpha\omega_\alpha(\omega\sin\theta+\lambda\cos\theta)+\omega_\alpha^2\cos\theta\end{aligned} \tag{8.22c}$$

$$\begin{aligned}&A_1\frac{h_0}{\alpha_0}\omega+A_2(\omega\cos\theta-\lambda\sin\theta)+A_3(-\sin\theta)\\&=(\lambda^2-\omega^2)(-\sin\theta)+2\lambda\omega\cos\theta+2\zeta_\alpha\omega_\alpha(\omega\cos\theta-\lambda\sin\theta)+\omega_\alpha^2(-\sin\theta)\end{aligned} \tag{8.22d}$$

基于弹簧悬挂支承的刚性节段模型风洞试验，基于方程(8.22)，测量得到主梁断面的颤振导数。方程(8.22)中竖向振动与扭转振动是相互影响相互耦合的，试验时，可分别仅激发模型系统的竖向振动或仅激发模型系统的扭转振动，并分别测量系统竖向衰减振动响应时程或扭转衰减振动响应时程，并进行相应的频率、阻尼、振幅分析，这样方程得以解耦。

其具体步骤如下：

(1)先进行零风速状态下的自由振动试验，分别测得二自由度节段模型系统非耦合竖向频率、扭转频率及相应的阻尼比 ω_h，ζ_h，ω_α，ζ_α。

(2)锁住扭转自由度，使节段模型仅作竖向振动，此时，$\alpha_0=0$，通过自由振动法测定不同风速下系统的阻尼 $\lambda=\lambda_1$，并代入式(8.22)，得

$$H_1=2(\lambda_1+\zeta_h\omega_h) \tag{8.23}$$

(3)锁住竖向振动自由度，使模型仅作纯扭转振动，此时 $h_0=0$，测定不同风速下系统的阻尼 $\lambda=\lambda_2$ 和频率 $\omega=\omega_2$，由式(8.22)得

$$A_2=2(\lambda_2+\zeta_\alpha\omega_\alpha) \tag{8.24}$$

$$A_3=\omega_\alpha^2-\omega_2^2-\lambda_2^2 \tag{8.25}$$

(4)激振使节段模型作弯扭耦合振动，测定在不同风速下的阻尼 λ、频率 ω、相位角 θ 以及两个自由度的幅度比 $\dfrac{\alpha_0}{h_0}$，并利用已求得的三个系数 H_1、A_2 和 A_3，即可求得余下的另三个系数：

$$A_1=\frac{\alpha_0}{h_0}(\omega\cos\theta)\left[\frac{\omega^2+\lambda^2+A_3-\omega_\alpha^2}{\lambda\omega+\sin\theta\cos\theta\left(\lambda^2+\omega^2\right)}\right] \tag{8.26}$$

$$H_2=\frac{h_0}{\omega\alpha_0}\left[\sin\theta\left(\lambda^2+\omega_h^2-\omega^2-H_1\lambda+2\zeta_h\omega_h\lambda\right)+\cos\theta\left(2\omega\lambda-H_1\omega+2\zeta_h\omega_h\omega\right)\right] \tag{8.27}$$

$$H_3=\frac{h_0}{\alpha_0\cos\theta}\left(\lambda^2-\omega^2+\omega_h^2+2\zeta_h\omega_h\lambda-H_1\lambda\right)-\frac{H_2}{\cos\theta}\left(\lambda\cos\theta+\omega\sin\theta\right) \tag{8.28}$$

为了提高精度，采用基于节段模型风洞试验方法进行颤振导数识别时，通常要进行多次同等风速条件下系统激振试验，并记录相应的振动信号，再将多次识别所得的阻尼值与刚度值进行平均处理(或加权平均)。

图 8.4 给出了几种典型实腹式主梁截面气动导数及其与机翼气动导数对比。图 8.5 为空腹桁架桥横截面的气动导数及其与机翼气动导数对比。可见，实腹桥梁横截面或空腹桁架桥横截面，除了气动导数 A_2^* 外，其余各气动导数与流线型机翼截面对应的气动导数差别并不十分明显。

典型主梁截面的气动导数与流线型机翼截面的气动导数的主要差别主要表现在 A_2^* 上，这是与 $\dot{\alpha}$ 有关的扭转阻尼项，流线型截面的 A_2^* 随风速的增大而单调减小(负的 A_2^* 增大)，即风速越大，空气对扭转振动的阻尼越大，使振动衰减更快。相反，对于非流线型截面，或者桁架高度较小透空度不大时，A_2^* 值将随风速的增大由负值变为正值，即由正阻尼变为负阻尼，这正是导致分离流扭转颤振的主要原因。A_2^* 在水平轴上的截距点也就是折算风速的临界点，由此可近似估算扭转颤振的临界风速。

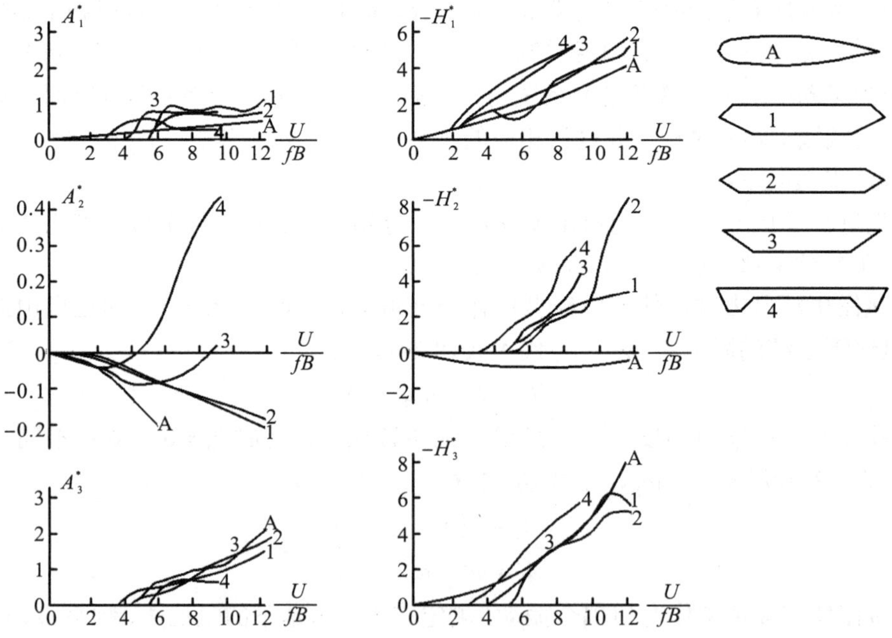

图 8.4 实腹桥梁横截面的气动导数

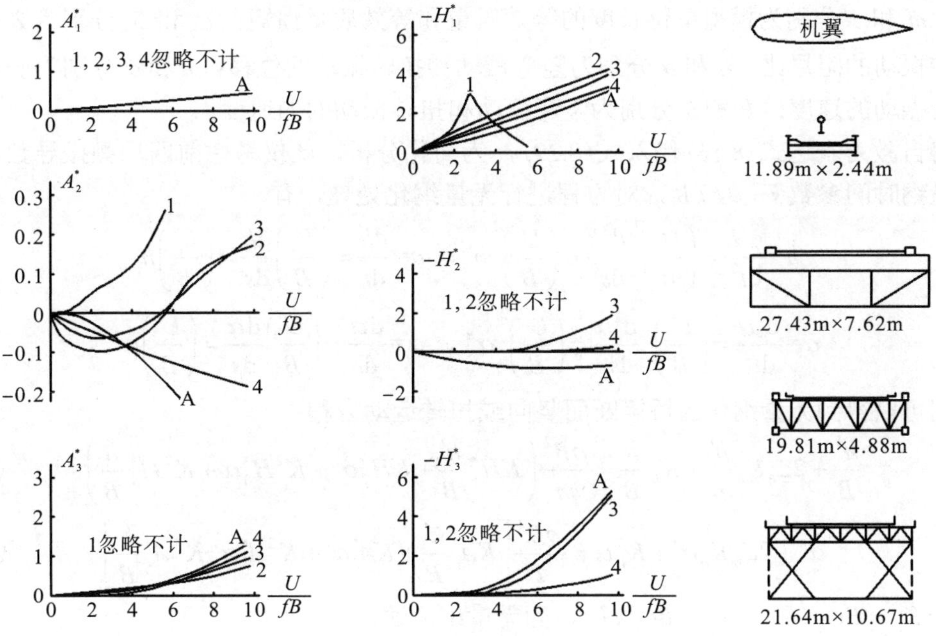

图 8.5　空腹桁架桥横截面的气动导数

8.1.3　弯扭耦合颤振分析理论

基于平板理论的二维颤振分析近似公式，虽然引入了体型修正和攻角修正系数，但结果与实际桥梁还是有较大的区别；而采用三维的计算方法，因其计算理论和冗长的计算过程也不利于实践运用。

Scanlan 等基于风洞模型试验测量并识别出截面的颤振导数，在振动平衡方程中仅考虑非定常气动自激力(式(8.16))，基于模态坐标下的主梁运动方程，考虑竖弯、扭转两自由度的模态耦合效应，建立了经典的线性框架颤振分析模型，推导出计算颤振临界风速的简化公式，并采用半逆解法进行颤振求解。

当空气流经任意二维桥梁断面时，在风轴坐标系下，其受力如图 8.6 所示。

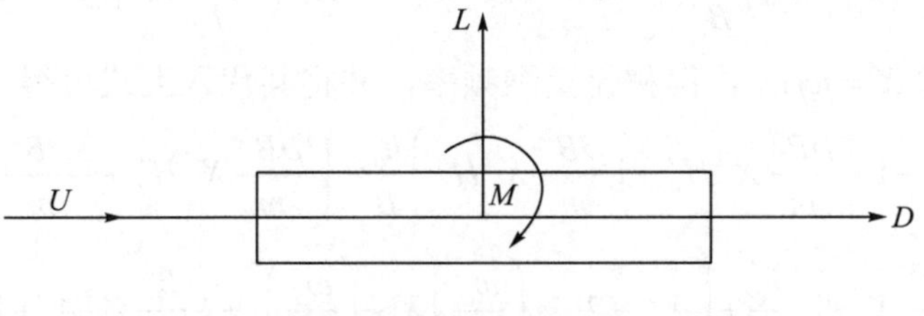

图 8.6　桥梁断面结构所受气动力示意图

当仅考虑截面的竖向与扭转两自由度运动及自激力作用时，$L=L_{\text{se}}$，$M=M_{\text{se}}$，其振动方程为

$$m(\ddot{h}+2\zeta_h\omega_h\dot{h}+\omega_h^2 h)=L_{\text{se}}，\quad I(\ddot{\alpha}+2\zeta_\alpha\omega_\alpha\dot{\alpha}+\omega_\alpha^2\alpha)=M_{\text{se}} \tag{8.29}$$

式中，m 和 I 分别为模型单位长度的等效质量和等效质量惯矩；ζ_h 和 ζ_α 分别为竖弯振动和扭转振动的阻尼比；h 和 α 分别为竖弯振动和扭转振动的位移；$\dot{h}$ 和 $\dot{\alpha}$ 分别为竖弯振动和扭转振动的速度；$\ddot{h}$ 和 $\ddot{\alpha}$ 分别为竖弯振动和扭转振动的加速度。

将自激力表达式(8.16)代入式(8.29)，为简化分析，此仅考虑前四项颤振导数，且引入无量纲时间参数 $s=tU/B$，对方程进行无量纲化处理，有

$$\ddot{h}=\frac{\mathrm{d}^2h}{\mathrm{d}t^2}=\left(\frac{U}{B}\right)^2\frac{\mathrm{d}^2h}{\mathrm{d}s^2}=\left(\frac{U}{B}\right)^2h''，\quad \dot{h}=\frac{\mathrm{d}h}{\mathrm{d}t}=\left(\frac{U}{B}\right)\frac{\mathrm{d}h}{\mathrm{d}s}=\left(\frac{U}{B}\right)h'$$

$$\ddot{\alpha}=\frac{\mathrm{d}^2\alpha}{\mathrm{d}t^2}=\left(\frac{U}{B}\right)^2\frac{\mathrm{d}^2\alpha}{\mathrm{d}s^2}=\left(\frac{U}{B}\right)^2\alpha''，\quad \dot{\alpha}=\frac{\mathrm{d}\alpha}{\mathrm{d}t}=\left(\frac{U}{B}\right)\frac{\mathrm{d}\alpha}{\mathrm{d}s}=\left(\frac{U}{B}\right)\alpha'$$

则可以得到无量纲化的桥梁断面竖向或扭转运动方程：

$$\frac{h''}{B}+2\zeta_hK_h\frac{h'}{B}+K_h^2\frac{h}{B}=\frac{\rho B^2}{m}\left(KH_1^*\frac{h'}{B}+KH_2^*\alpha'+K^2H_3^*\alpha+K^2H_4^*\frac{h}{B}\right) \tag{8.30a}$$

$$\alpha''+2\zeta_\alpha K_\alpha\alpha'+K_\alpha^2\alpha=\frac{\rho B^4}{I}\left[KA_1^*\frac{h'}{B}+KA_2^*\alpha'+K^2A_3^*\alpha+K^2A_4^*\frac{h}{B}\right] \tag{8.30b}$$

其中，$K_h=B\omega_h/U$，$K_\alpha=B\omega_\alpha/U$，为无量纲风速。

假定主梁断面在弯扭耦合颤振临界状态的振动是线性小振幅振动，竖弯与扭转以同一频率振动，且相互耦合的竖弯振型与扭转振型完全相似(意味着假定两振型相似参数为1)，弯扭耦合颤振系统可看作是完全二维颤振问题，在此假定基础上，可将三维空间相关的主梁振动近似简化为竖弯与扭转二维振动，基于动力支撑的刚性节段模型风洞试验理论得以成立。实际桥梁结构其风致振动的三维效应必然存在，振型相似参数也必然小于 1，基于动力节段模型风洞试验结果也就偏于保守。

发生弯扭耦合颤振时，系统以单频率振动，其运动方程的解可以用以下方式描述：

$$\frac{h}{B}=\frac{h_0}{B}\mathrm{e}^{\mathrm{i}\omega t}=\frac{h_0}{B}\mathrm{e}^{\mathrm{i}Ks}，\quad \alpha=\alpha_0\mathrm{e}^{\mathrm{i}\omega t}=\alpha_0\mathrm{e}^{\mathrm{i}Ks} \tag{8.31}$$

将式(8.31)代入式(8.30)可得

$$\left(-K^2+2\mathrm{i}\zeta_hK_hK+K_h^2-\frac{\rho B^2}{m}K^2\left(\mathrm{i}H_1^*+H_4^*\right)\right)\frac{h_0}{B}-\frac{\rho B^2}{m}K^2\left(\mathrm{i}H_2^*+H_3^*\right)\alpha_0=0 \tag{8.32a}$$

$$-\frac{\rho B^4}{I}K^2\left(\mathrm{i}A_1^*+A_4^*\right)\frac{h_0}{B}+\left(-K^2+2\mathrm{i}\zeta_\alpha K_\alpha K+K_\alpha^2-\frac{\rho B^4}{I}K^2\left(\mathrm{i}A_2^*+A_3^*\right)\right)\alpha_0=0 \tag{8.32b}$$

定义未知函数 $X=\omega/\omega_h$，简称无量纲频率，并将其代入上式可得

$$\left(X^2-2\mathrm{i}\zeta_hX-1+\frac{\rho B^2}{m}X^2H_4^*+\mathrm{i}\frac{\rho B^2}{m}X^2H_1^*\right)\frac{h_0}{B}+\left(\frac{\rho B^2}{m}X^2H_3^*+\mathrm{i}\frac{\rho B^2}{m}X^2H_2^*\right)=0 \tag{8.33a}$$

$$\left(\mathrm{i}\frac{\rho B^4}{I}X^2A_1^*+\frac{\rho B^4}{I}X^2A_4^*\right)\frac{h_0}{B}+\left(X^2-2\mathrm{i}\zeta_\alpha\left(\frac{\omega_\alpha}{\omega_h}\right)X-\left(\frac{\omega_\alpha}{\omega_h}\right)^2+\frac{\rho B^4}{I}X^2A_3^*+\mathrm{i}\frac{\rho B^4}{I}X^2A_2^*\right)\alpha_0=0 \tag{8.33b}$$

上述方程组有解的条件是系数行列式为零，从而可整理得到一个关于 X 四次方的复数多项式方程，该方程除了与结构固有特性(质量、质量惯矩、刚度、频率、阻尼)相关外，

还与颤振导数等相关，方程的两个未知数为无量纲频率 X 与折算风速 K，实际上为 ω 与 U。此方程的求解是一个关于双参数逐步搜索的过程，数学上有不少方法，如非常经典的半逆解法等。

半逆解法假设，系统处于颤振状态时 X 总是实数，因此将 X 四次方多项式方程中的虚部与实部分别整合，得到关于实部和虚部的两个方程：

$$A_{4R}X^4 + A_{3R}X^3 + A_{2R}X^2 + A_{1R}X + A_{0R} = 0 \tag{8.34a}$$

$$A_{3I}X^3 + A_{2I}X^2 + A_{1I}X + A_{0I} = 0 \tag{8.34b}$$

式中，

$$\begin{cases} A_{4R} = 1 + \dfrac{\rho B^2}{m}H_4^* + \dfrac{\rho B^4}{I}A_3^* + \dfrac{\rho^2 B^6}{mI}\left(H_4^*A_3^* - H_3^*A_4^* + H_2^*A_1^* - H_1^*A_2^*\right) \\ A_{3R} = 2\zeta_\alpha \dfrac{\omega_\alpha}{\omega_h}\dfrac{\rho B^2}{m}H_1^* + 2\zeta_h \dfrac{\rho B^4}{I}A_2^* \\ A_{2R} = -\left(\dfrac{\omega_\alpha}{\omega_h}\right)^2\left(1 + \dfrac{\rho B^2}{m}H_4^*\right) - \left(1 + \dfrac{\rho B^4}{I}A_3^*\right) - 4\zeta_h\zeta_\alpha\dfrac{\omega_\alpha}{\omega_h} \\ A_{1R} = 0 \\ A_{0R} = \left(\dfrac{\omega_\alpha}{\omega_h}\right)^2 \\ A_{3I} = \dfrac{\rho B^2}{m}H_1^* + \dfrac{\rho B^4}{I}A_2^* + \dfrac{\rho^2 B^6}{mI}\left(H_4^*A_2^* - H_2^*A_4^* + H_1^*A_3^* - H_3^*A_1^*\right) \\ A_{2I} = -2\zeta_\alpha\dfrac{\omega_\alpha}{\omega_h}\left(1 + \dfrac{\rho B^2}{m}H_4^*\right) - 2\zeta_h\left(1 + \dfrac{\rho B^4}{I}A_3^*\right) \\ A_{1I} = -\dfrac{\rho B^2}{m}H_1^*\left(\dfrac{\omega_\alpha}{\omega_h}\right)^2 - \dfrac{\rho B^4}{I}A_2^* \\ A_{0I} = 2\zeta_h\left(\dfrac{\omega_\alpha}{\omega_h}\right)^2 + 2\zeta_\alpha\dfrac{\omega_\alpha}{\omega_h} \end{cases} \tag{8.35}$$

给定一个风速或折算风速 K，代入式(8.34a)或式(8.34b)，分别求得 X 值。当基于两个方程所求得的 X 值相等时，X 值即为颤振临界状态的无量纲频率，对应的风速为颤振临界风速。

采用半逆解法进行颤振分析时，可先基于节段模型风洞试验，测定主梁截面在不同折算风速下的颤振导数，然后选定不同的 K 值及其对应的气动导数，分别基于实部方程(8.34a)和虚部方程(8.34b)，求出相应的无量纲频率 $X_R(K)$ 和 $X_I(K)$，然后绘出 X_R - K 和 X_I - K 曲线，这两条曲线的交点 (K_C, X_C) 对应的状态即为颤振临界状态，此时颤振圆频率和颤振临界风速为

$$\omega_C = X_C\omega_h \tag{8.36}$$

$$U_{\text{cr}} = \frac{B\omega_C}{K_C} = \frac{B\omega_h}{K_C}X_C \tag{8.37}$$

上述分析是基于片条假定，认为主梁振动沿轴向是完全相关的，如果要考虑实际桥梁

结构振动的三维效应，可针对竖弯基频和扭转基频，分别采用不同的广义坐标来考虑振型的三维效应的影响。假定主梁竖弯振动、扭转振动响应分别可表示为

$$h=p(t)\varphi(x),\quad \alpha=q(t)\phi(x) \tag{8.38}$$

式中，$p(t)$、$q(t)$ 分别为主梁竖弯振动、扭转振动响应的广义坐标；$\varphi(x)$、$\phi(x)$ 分别为主梁竖弯基频、扭转基频的振型函数。则竖弯振动方程、扭转振动方程写成：

$$M_1(\ddot{p}+2\zeta_h\omega_h\dot{p}+\omega_h^2p)=\left(\frac{1}{2}\rho U^2\right)(2B)\left(KC_{11}H_1^*\frac{\dot{p}}{U}+KC_{12}H_2^*\frac{B\dot{q}}{U}+K^2C_{12}H_3^*q+K^2C_{11}H_4^*\frac{p}{B}\right) \tag{8.39a}$$

$$I_1(\ddot{q}+2\zeta_\alpha\omega_\alpha\dot{q}+\omega_\alpha^2q)=\left(\frac{1}{2}\rho U^2\right)(2B^2)\left(KC_{12}A_1^*\frac{\dot{p}}{U}+KC_{22}A_2^*\frac{B\dot{q}}{U}+K^2C_{22}A_3^*q+K^2C_{12}A_4^*\frac{p}{B}\right) \tag{8.39b}$$

式中，$M_1=\int_0^L m(x)\varphi^2(x)\mathrm{d}x$，$I_1=\int_0^L I(x)\phi^2(x)\mathrm{d}x$，分别为广义质量与广义质量惯矩；$C_{11}=\int_0^L\varphi^2(x)\mathrm{d}x$，$C_{12}=\int_0^L\varphi(x)\phi(x)\mathrm{d}x$，$C_{22}=\int_0^L\phi^2(x)\mathrm{d}x$，分别为振型积分参数。

对比式(8.39)与式(8.19)，可见，考虑全桥振动影响及三维效应后，主梁振动的动力学微分方程形式上与刚性节段模型的运动方程相似。只要用广义质量 M_1、广义质量惯矩 I_1 及广义气动系数 $C_{11}H_1^*$、$C_{12}H_2^*$、$C_{12}H_3^*$、$C_{11}H_4^*$、$C_{12}A_1^*$、$C_{22}A_2^*$、$C_{22}A_3^*$、$C_{12}A_4^*$ 代替质量 m、质量惯矩 I 及气动导数 H_1^*、H_2^*、H_3^*、A_1^*、A_2^*、A_3^*，颤振方程的解法是完全相同的。

8.1.4 分离流扭转颤振理论

分离流扭转颤振或简称扭转颤振。对于一些非流线型的桥梁截面，由于 A_2^* 曲线的负阻尼倾向，容易发生扭转形式的颤振，此时 $f_c=f_\alpha$，即颤振频率接近于扭转频率，系统总阻尼从正变负，即结构阻尼和气动阻尼总和为零的条件，有

$$I_1\cdot 2\zeta_\alpha\omega_\alpha-\frac{1}{2}\rho U^2\left(2B^2\right)KC_{22}A_2^*\frac{B}{U}=0 \tag{8.40}$$

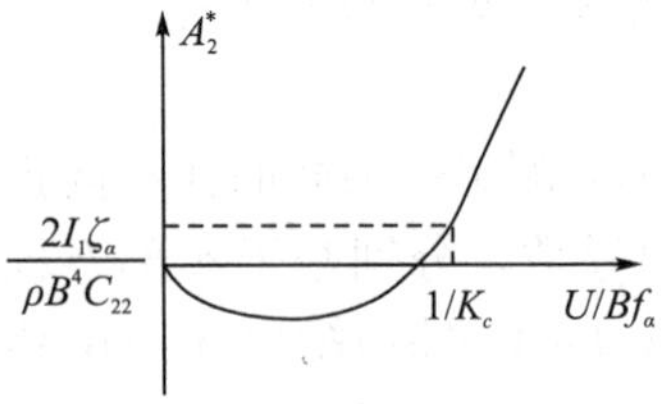

图 8.7 扭转颤振临界值

可得：$A_2^*\approx\frac{2I_1\zeta_\alpha}{\rho B^4C_{22}}$，此时的折算风速即为临界值 K_c，如图 8.7 所示，相应的颤振临界风速为

$$U_c=\frac{Bf_\alpha}{K_c} \tag{8.41}$$

无量纲的 K_c 值称为截面的 Theodorson 数(T_h)，于是有

$$U_c=T_h^{-1}Bf_\alpha \tag{8.42}$$

即为 Herzog 提出的用于计算分离流扭转颤振临界风速的近似公式。

8.1.5　主梁颤振稳定性检验

确定桥梁主梁颤振临界风速后，需要对桥梁的颤振稳定性进行检验。《公路桥梁抗风设计规范》(JTG/T 3360-01—2018) 第 7.5.8 条要求桥梁或构件的颤振稳定性必须满足：

$$U_f > \gamma_f \gamma_t \gamma_\alpha U_d$$

其中，U_f 为桥梁或构件的颤振临界风速 (m/s)；U_d 为桥梁或构件的设计基准风速 (m/s)；γ_f 为颤振稳定分项系数，当采用经验公式计算颤振临界风速时，颤振稳定分项系数取 1.4，当采用风洞模型试验法确定颤振临界风速时，颤振稳定分项系数取 1.15，采用数值模拟计算方法确定颤振临界风速时，颤振稳定分项系数取 1.25；γ_t 为风速脉动空间影响分项系数，由于颤振临界风速一般是在均匀流中得到的，所以颤振检验风速需要考虑紊流的影响，γ_t 随基本风速变化影响较小，随桥面高度虽有变化，也不敏感，随水平相关系数的变化也不大，但受地表类别变化的影响较大，表 8.2 给出了风速脉动空间影响分项系数与地表类别、主跨跨径的关系；γ_α 为攻角效应分项系数，国内外研究均表明，除特殊情况外，当风攻角较大时，设计风速均会有所降低，当风攻角为 +3°、0°、−3° 时，取 1.0，当风攻角为 +5°、−5° 时，取 0.7，当风攻角为 +7°、−7° 时，取 0.5。

表 8.2　风速脉动空间影响分项系数

主跨跨径/m	地表类别			
	A	B	C	D
100	1.30	1.36	1.43	1.49
200	1.27	1.33	1.39	1.44
300	1.25	1.30	1.37	1.42
400	1.24	1.29	1.35	1.40
500	1.23	1.28	1.33	1.38
650	1.22	1.27	1.31	1.36
800	1.21	1.26	1.30	1.35
1000	1.20	1.25	1.28	1.33
1200	1.20	1.24	1.27	1.31
1500	1.19	1.22	1.25	1.29
1800	1.18	1.20	1.23	1.27
2000	1.17	1.19	1.22	1.26

8.2　驰　　振

驰振现象与颤振现象相似，也是一种由气流的自激作用引起的不稳定发散振动现象，其与颤振现象不同的是，驰振只限于单自由度的弯曲振动体系，且振动位移方向是横风向，一般发生在具有棱角的方形或者接近方形的矩形截面、D 字形截面、裹冰的输电线形状截面等结构中。

前面风对结构的静力作用一节中，我们已经了解到，宽高比≤1 的矩形截面构件、边长比在一定范围内截面形状类似于矩形断面的钝体结构及构件，其截面的升力系数曲线具有负斜率现象，按照定常理论，将构件弯曲振动的速度换算为相对攻角，就可发现空气升力具有负阻尼效应，并由此可能造成弯曲振动的发散。负阻尼效应在物理意义上表示：微幅振动的结构能够从风流中不断吸收能量，当风速达到临界风速时，结构吸收的能量大于结构阻尼所消耗的能量，此时，会发生一种发散的横风向单自由度弯曲自激振动。

对于桥梁结构而言，悬吊体系中的拉索、吊杆最有可能发生驰振，处于施工状态中的自立桥塔也可能发生驰振失稳，相对混凝土桥塔，钢结构桥塔由于其阻尼比较低，更易在较低的风速下发生驰振。

《公路桥梁抗风设计规范》(JTG/T 3360-01—2018)第 7.3.1 条要求，当钢主梁的宽高比小于 4、钢桥塔、构件截面驰振力系数小于 0 的钢构件、积冰(雪)的斜拉索或吊杆(索)、积冰(雪)的钢主梁等需进行驰振检验。

驰振稳定性用驰振临界风速来表示，可通过理论计算和风洞模型试验等途径获得，驰振临界风速的计算目前仍是其于线性理论推导而建立的。

如图 8.8 所示柱体截面，在攻角为 α、来流风速为 U_r 作用下，如果柱体无振动，其所受的单位长度平均阻力为

$$D=\frac{1}{2}\rho U_r^2 BC_D(\alpha) \tag{8.43}$$

平均升力为

$$L=\frac{1}{2}\rho U_r^2 BC_L(\alpha) \tag{8.44}$$

于是，沿坐标轴 y 方向上的总气动力为

$$F_y=-D\sin\alpha-L\cos\alpha \tag{8.45}$$

或写成：$F_y=\frac{1}{2}\rho U^2 BC_{Fy}(\alpha)$，其中 $U=U_r\cos\alpha$，则应有

$$C_{Fy}(\alpha)=-\left[C_L(\alpha)+C_D(\alpha)\tan\alpha\right]\sec\alpha \tag{8.46}$$

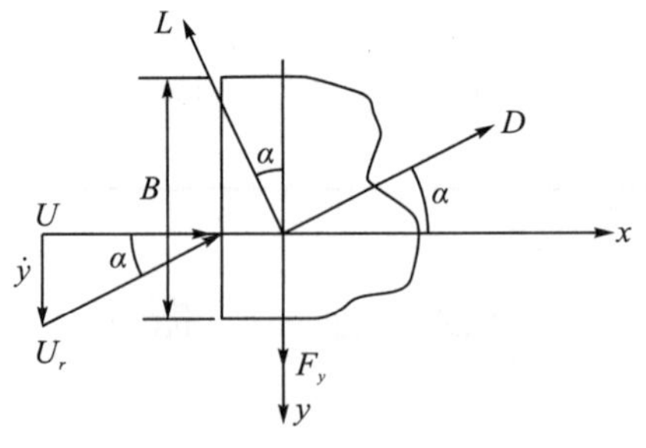

图 8.8　等截面柱体单位长度上气动力及相对攻角

如果同样的等截面柱体，在攻角为 0、来流风速为 U 的均匀气流作用下沿横风向振动，且振动位移为 y，则有，气流相对于物体的相对速度的大小记为 U_r，并写为

$$U_r = \sqrt{U^2 + \dot{y}^2} \tag{8.47}$$

由振动产生的附加攻角记作 α，为

$$\alpha = \arctan\frac{\dot{y}}{U} \tag{8.48}$$

如果等截面柱体单位长度质量为 m，其单自由度横风向弯曲振动方程可表示为

$$m\left(\ddot{y} + 2\zeta_h\omega_h\dot{y} + \omega_h^2 y\right) = F_y \tag{8.49}$$

假定柱体发生驰振时作微小振动，动力系作线体振动，这时可近似地认为其初始速度 $\dot{y}=0$，相应的初始附加攻角也为零。

当系统的振动位移为 y，由于附加攻角 α 而产生的沿振动方向的自激气动力为

$$F_y \approx \left.\frac{\partial F_y}{\partial \alpha}\right|_{\alpha=0}\alpha = -\frac{1}{2}\rho U^2 B\left(\frac{\partial C_L}{\partial \alpha} + C_D\right)_0 \frac{\dot{y}}{U} \tag{8.50}$$

代入振动微分方程，于是有

$$m\left(\ddot{y} + 2\zeta_h\omega_h\dot{y} + \omega_h^2 y\right) = -\frac{1}{2}\rho U^2 B\left(\frac{\partial C_L}{\partial \alpha} + C_D\right)_0 \frac{\dot{y}}{U} \tag{8.51}$$

由于方程右端的自激力与振动速度成正比，因而可看作是阻尼项，与方程左端第二项合并为总阻尼项，那么系统的总阻尼为

$$2m\zeta_h\omega_h + \frac{1}{2}\rho U B\left(\frac{\mathrm{d}C_L}{\mathrm{d}\alpha} + C_D\right)_0 = \delta \tag{8.52}$$

当系统的总阻尼 $\delta>0$，系统耗能，振幅衰减，振动趋于稳定，而当系统的总阻尼 $\delta<0$，系统能量积聚，振幅增加，趋于不稳定。

一般来讲，桥梁结构阻尼是正的，式(8.52)第一项恒为正，所以只有当驰振力系数

$$C_{\mathrm{g}} = \left(\frac{\mathrm{d}C_L}{\mathrm{d}\alpha} + C_D\right)_0 < 0 \tag{8.53}$$

时，系统总阻尼才有可能小于零，即 $\delta<0$，系统也才可能出现不稳定，该条件即是著名的葛劳渥-登哈托判据，它是驰振不稳定必要条件。

截面的阻力系数通常是正的，因此，当截面升力系数的斜率 $\frac{\mathrm{d}C_L}{\mathrm{d}\alpha}$ 为负值时，才有可能 $\delta<0$，系统才可能出现不稳定。

基于式(8.53)及总阻尼为零的临界条件，可得驰振临界风速计算式：

$$U_{\mathrm{cg}} = -\frac{4\zeta_h\omega_h m}{\rho B\left(\frac{\mathrm{d}C_L}{\mathrm{d}\alpha} + C_D\right)_0} \tag{8.54}$$

或以无量纲折算风速表达：

$$\frac{U_{\mathrm{cg}}}{B\omega_h} = -4\left(\frac{m\zeta_h}{\rho B^2}\right)\frac{1}{\left(\frac{\mathrm{d}C_L}{\mathrm{d}\alpha} + C_D\right)_0} \tag{8.55}$$

式中，ω_h 为结构一阶弯曲圆频率；ζ_h 为结构阻尼比；B 为迎风面宽度；m 为结构单位长度质量；$\frac{\mathrm{d}C_L}{\mathrm{d}\alpha}$ 为升力系数对攻角的斜率；C_D 为阻力系数。

由上式可见，驰振临界风速与结构的阻尼、弯曲频率成正比，与密度比成正比，而与升力曲线的斜率成反比。这就是说，提高系统的阻尼和刚度，降低升力曲线的斜率，将有效地提高驰振临界风速，这与古典耦合颤振的机理不同。

《公路桥梁抗风设计规范》(JTG/T 3360-01—2018)第 7.3.5 条要求桥梁或构件的驰振稳定性必须满足：

$$U_{\mathrm{cg}} > 1.2U_d \tag{8.56}$$

式中，U_{cg} 为桥梁或构件的驰振临界风速(m/s)；U_d 为桥梁或构件的设计基准风速(m/s)。

8.3 涡激振动

空气流经钝体断面，空气与固体断面之间会发生旋涡分离或再附着及再分离，并在断面后方产生尾流，这种旋涡分离与附着会导致空气在断面各侧产生时变且分布不均的脉动压力，当旋涡分离与附着以规律性的性状发展时，断面各侧的脉动压力的合力表现为以周期性规律变化的气动升力或气动扭矩，这两个气动力就是空气对结构作用的涡激气动力。

涡激气动力具有自激力特性，其变化频率与旋涡脱落频率相同，在结构断面形状、来流风速一定的情况下，旋涡脱落频率是单一频率，因此，涡激气动力是以单一频率作用于结构上的。当涡激气动力作用频率与结构自振频率接近或相等时，便会导致结构发生横风向弯曲共振或扭转共振，这一现象便是涡激振动，也有称涡激共振的。

风洞试验研究表明，气流流经结构断面所产生的旋涡脱落频率与结构断面形状有关，对于某一结构断面，有

$$S_t = \frac{f_U D}{U} \tag{8.57}$$

式中，S_t 为施特鲁哈尔数(Strouhal number)，对于给定形状的结构断面，其为常数，施特鲁哈尔数一般由风洞模型试验获得，常规断面可查有关规范确定；f_U 为旋涡脱落频率(Hz)；D 为结构特征尺寸(m)；U 为风速(m/s)。

从上式可见，对于一个形状和大小均确定的截面，旋涡的脱落频率 f_U 与风速 U 呈线性正比关系，当涡脱频率 f_U 等于桥梁某阶自振频率 f_s 时，可能发生以该阶频率与振型振动的涡激共振现象。显然，只有在某特定风速范围内涡脱频率与结构某阶频率才能相近或相等，因此，涡激共振只在某特定风速范围内才发生。

但风洞模型试验及研究表明：当风速达到一定数值，涡激气动力作用频率与结构的自振频率接近，结构开始涡激振动，此后，由于流固耦合机制的影响，气流的旋涡脱落频率便会被结构的振动频率控制并锁定，在一定风速范围内涡脱频率不变，涡激振动现象不随风速的增加而消失，并在某一风速下振幅达到最大值而不再增加，再而后振幅随风速的增加又减小，当风速超过某确定数值时，涡激振动现象消失，如图 8.9 所示。由于涡激气动

力是以单一频率作用于结构上的，所以涡激振动响应表现为单频谐振现象，且风速一定，谐振振幅也一定。

在实际桥梁结构上，涡激振动现象表现为主梁以某阶频率作竖弯或者扭转正弦振动，或其他构件以某阶频率横风向弯曲或扭转谐振。涡激振动响应的大小通常以位移响应均方根或振动加速度来描述。

涡激振动发生后，涡振振幅随风速增大而增大，在某一风速时达最大，而后又随风速增大而减小，可见，虽然涡激振动与颤振类似，是由自激气动力而引发的，但其不发散，是限幅振动。涡激振动虽然不是危险性的自激振动，通常不会直接引起结构的破坏，但过大的涡振振幅或加速度会影响行车行人的安全与舒适性，发生频率过多，亦可能导致结构疲劳损伤。

当来流风速进入涡激振动发生区间，以频率为 f_s 的结构振动体系将对旋涡的脱落产生反馈作用，气流的旋涡脱落频率被结构的振动频率控制并锁定，f_U 与风速 U 的线性比例关系被打破，使涡脱频率 f_U 在一定的风速范围内被 f_s 所“俘获”，产生一种“锁定”(lock-in)现象，如图 8.10 所示。

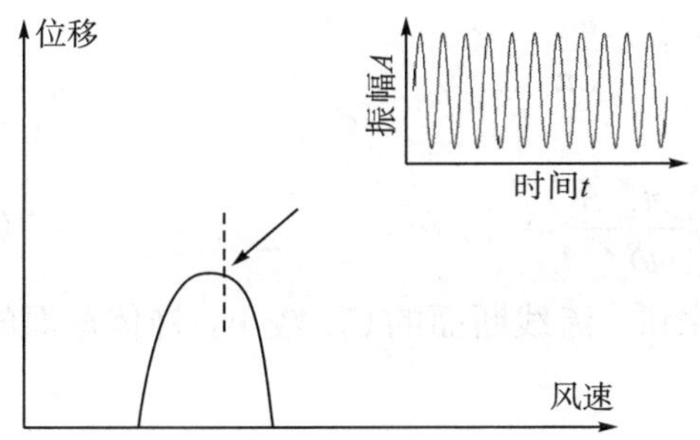

图 8.9　涡激振动概念图

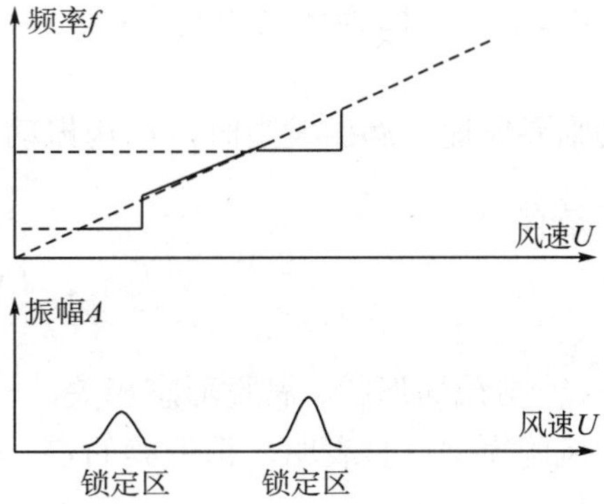

图 8.10　锁定现象

一般来讲，透风率低的扶手栏杆、防撞栏、防眩面板等易诱发旋涡脱落，其对涡激振动有不利的影响，而趋于防止或延迟气流从结构表面脱离的装置、促使分离流对结构重黏着的装置(如风嘴或导流板)、能防止大旋涡形成或能将大旋涡变成小旋涡的装置(如透风格栅栏杆等)均对防止或减少涡激振动有利。

为了保证行车安全与舒适性，防止由于过大的涡振而引起桥梁结构的疲劳问题，桥梁风工程学中一般是控制涡激振动的最大振幅。因此，如何确定或估算涡激振动的振幅是一个十分重要的问题，由于钝体结构空气力的复杂性，该问题又是个十分困难的问题。目前，钝体结构的涡激振动问题还没有完善的理论解，实际桥梁的涡激振动评价均要借助于风洞模型试验，在风洞模型上进行实测或根据风洞试验测得参数，采用一种半经验半实验的方法进行估算。

在均匀气流和旋涡脱落的作用下，结构断面将受到自激升力和涡激升力的共同作用，假定竖向模态与扭转模态不耦合，此时断面仅作竖向振动的运动方程为(仅作扭转振动的运动方程类似)：

$$m\left(\ddot{h}+2\zeta_h\omega_h\dot{h}+\omega_h^2 h\right)=\frac{1}{2}\rho U^2 B\left[KH_1^*(K)\frac{\dot{h}}{U}+C_{LV}\sin\omega t\right] \tag{8.58}$$

式中，$H_1^*(K)$为气动导数；C_{LV}是与截面形状及涡脱相关的待定系数，可通过风洞模型试验测定；其余参数的意义同前。

当风速$U=U_c$时，发生涡激共振，此时结构振动频率ω_h等于涡脱频率ω_v，等式右边自激力部分是气动阻尼力，可移至等式左边并与结构阻尼项合并，上式重新整理为

$$m\left(\ddot{h}+2\zeta\omega_v\dot{h}+\omega_v^2 h\right)=\frac{1}{2}\rho U_c^2 BC_{LV}\sin\omega t \tag{8.59}$$

式中，ζ为总阻尼比，$\zeta=\zeta_h-\dfrac{\rho U_c B}{4m\omega_v}KH_1^*(K)$，根据振动力学理论，共振时振幅等于静位移乘以放大系数β，且$\beta=\dfrac{1}{2\zeta}$，则振幅为

$$A=\frac{\frac{1}{2}\rho U_c^2 BC_{LV}}{k}\cdot\frac{1}{2\zeta}=\frac{\frac{1}{2}\rho U_c^2 BC_{LV}}{m\omega_v^2}\cdot\frac{\pi}{\delta} \tag{8.60}$$

式中，$k=m\omega_v^2$，即为体系的刚度；ζ,δ为体系的阻尼比和对数衰减率；$U_c=\dfrac{f_s B}{S_t}$，为涡激振动临界风速；涡振发生时，结构振动频率$f_s=\dfrac{\omega_v}{2\pi}$。

于是有

$$A=\left(\frac{C_{LV}}{8\pi}\right)\frac{\rho U_c^2 B}{m\delta f_s^2} \tag{8.61}$$

式中，C_{LV}与截面形状、涡脱形态相关，一般来讲，流线断面的C_{LV}较小，钝体截面的C_{LV}较大，风洞模型试验表明，箱形梁的$C_{LV}\approx 0.5$。

实际上，涡激气动力也具有自激力的特征。从式(8.61)可知，当结构尺寸已定时，涡激振动最大振幅的大小随结构阻尼的增大而减小，随结构单位长度质量增大而减小，与结构频率的平方成反比，而与涡振系数C_{LV}成正比。

根据式(8.57)可以估算出截面涡激振动的发振风速，涡激振动发振风速及振动频率与阻尼比无关。过低的发振风速，其能量不足以激起振动，过高的发振风速，其发生的概率又很低，所以工程中，常常重点关注主梁涡激振动发振风速在10～25m/s之间的情况，因为该风速发生概率高(有称为常遇风)，能量又足以激起振动，对行车行人的安全与舒适性、结构疲劳损伤等带来不利的影响。

工程中，可以通过设置阻尼器以增大阻尼，或采取适当的整流装置(如整流板、折翼板、扰流板、分流板等)以降低C_{LV}，来降低涡激振动振幅。

综上所述，涡激振动作为一种带有某些自激性质(反馈作用)的强迫振动现象，有以下特征：

(1)是一种在较低风速区发生的有限振幅振动；

(2)只在某一风速区域内发生；

(3)最大振幅对阻尼比有很大的依赖性；

(4)涡激振动响应对断面形状的微小变化很敏感；

(5)涡激振动可以是弯曲振动，也可以是扭转振动。

由于涡激振动不会直接引起结构的破坏，但过大的涡振振幅或加速度会影响行车行人的安全与舒适性，亦可能导致结构疲劳损伤，所以我国的《公路桥梁抗风设计规范》(JTG/T 3360-01—2018)主要是基于正常使用极限状态对涡激振动进行检验。

由于混凝土桥梁结构或构件的阻尼比一般比较大，因而可不进行涡激振动检验，钢桥的阻尼比相对较小，但当其频率大于 5Hz 时，经简单估算，其发生涡振的风速一般已大于设计风速，因而，也可不进行涡激振动检验。

所以只有频率小于 5Hz 的钢构件，主跨大于 100m 的钢桥，主跨大于 100m 的钢与混凝土组合桥梁，钢桥塔，或钢与混凝土混合桥塔需进行涡激振动检验。

鉴于桥梁涡激振动的复杂性及其对断面尺寸与形状的敏感性，主跨跨径大于 100m 的钢梁桥应利用全桥气弹模型风洞试验来检验涡激共振；对于更大跨度的斜拉桥或悬索桥，应采用模型尺寸较大的节段模型试验来检验，必要时要采用大比例尺寸节段模型进行检验。

研究表明，气流紊流度、黏性对涡激振动会有较明显的影响。因此涡激振动检验宜在均匀流场、0.25 倍设计紊流强度流场、桥址处设计紊流强度流场中进行，且以 0.25 倍设计紊流强度流场作为最终涡振评价依据。

为了防止由于过大的涡激振动影响行车安全与舒适性，或引起桥梁结构疲劳损伤，我国的《公路桥梁抗风设计规范》(JTG/T 3360-01—2018)基于舒适性加速度指标，换算得到控制涡激振动的最大振幅，并规定，当跨径小于 200m 时，桥梁主梁的竖向和扭转涡振振幅分别应满足：

$$h_v < \gamma_v \frac{0.04}{f_v}, \quad \theta_t < \gamma_v \frac{4.56}{Bf_t} \tag{8.62}$$

式中，h_v 和 θ_t 分别为竖向涡激振动振幅(m)和扭转涡激振动振幅(°)；f_v 和 f_t 分别为桥梁结构主梁的竖弯频率(Hz)及扭转频率(Hz)；γ_v 为涡激振动分项系数，当采用风洞模型试验获取涡激振动振幅时，取 1.0，采用虚拟风洞或线性简化公式计算涡激振动振幅时取 0.8。

对于跨径大于 200m 的桥梁，其主梁竖向或扭转涡振振幅检验标准还没有一个统一的标准，目前工程界大多是参照式(8.62)执行。国外一些国家对桥梁结构涡激振动性能的评价一般是以振动加速度进行的，如英国的抗风规范从行人对振动加速度的感知角度出发，定义了一个动力敏感参数 K_D：

$$\text{竖向 } K_D = y_{\max} f_v^2, \quad \text{扭转 } K_D = y_{\max} f_t^2 \tag{8.63}$$

式中，K_D 的量纲为 $\mathrm{mm/s^2}$；$y_{\max}$ 为涡振振幅(mm)；f_v 和 f_t 分别是竖弯及扭转频率。

当 $K_D < 7.5$ 时，涡振的影响可以忽略；当 $7.5 < K_D < 40$ 时，可以感知到涡激振动，行人会觉得轻微不适但可以接受；当 $K_D > 40$ 时，行人会感觉到不适。

桥梁结构的抗风设计时，常常采用全桥气弹模型或者节段模型风洞试验来检验桥梁的涡激振动性能。如果在风洞模型试验时发现有涡激振动发生，常通过改变主梁的气动外形(如附加或改变风嘴，增加导流板、抑流板等措施)可基本减小或者消除主梁的涡激振动现象。抗风气动措施详细见后面的章节。

8.4 抖 振

大气边界层内的自然风包含平均风与脉动风两部分，其中脉动风是随机非平稳时变风。桥梁结构受大气中风速脉动紊流成分作用而产生受迫振动，该振动称为抖振，振动响应称为紊流风响应或抖振响应。引起桥梁结构抖振除了大气边界层脉动紊流外，结构物本身引起的尾流或邻近结构物引起的尾流，也会激发抖振。

抖振响应的大小与结构固有动力特性、脉动风特性及风对结构的作用机制密切相关，其是一种限幅振动。桥梁过大的抖振会引起结构安全问题，或人感不适，或危及桥上高速行车安全，或危及施工人员和械具的安全。

大气紊流脉动风是一个不规则的宽带随机过程，桥梁结构在脉动风作用下的抖振响应也就是随机振动响应，通常以均方根的形式表示。一般来讲，在稳定的来流风条件下，结构的抖振位移响应均方根随风速的增大而增大，如图 8.11 所示。

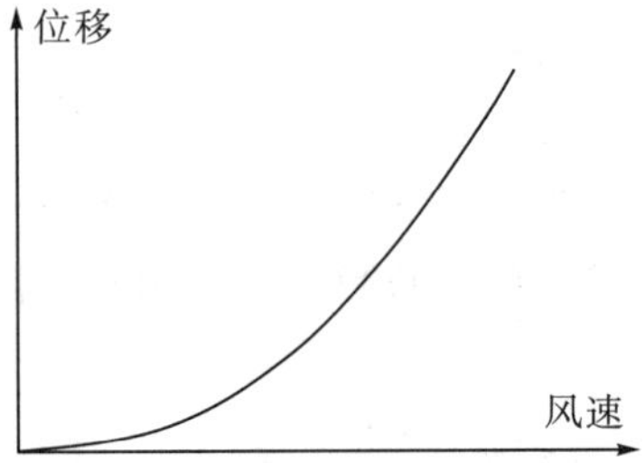

图 8.11 桥梁主梁抖振响应示意图

根据随机振动理论，桥梁抖振响应可通过时域分析或频率分析两种方法进行分析计算，也可以通过风洞模型试验获得。但由于空间紊流及结构本身的复杂性，加上对于非流线型的桥梁截面由脉动风转化成抖振空气力的机理还有许多困难和不确定因素，因此，关于大跨度桥梁的抖振计算还没有一个成熟的方法，目前只能通过一些近似假定，对抖振反应作一个粗略的估计。在实际工程应用中，桥梁结构抖振响应主要还是基于全桥气弹模型风洞试验的方法获取。

抖振响应的评价检验需要针对：W2 风作用水平的承载能力极限状态，评价其主要截面的承载能力，或结构或构件的稳定性；W1 风作用水平的正常使用极限状态，评价抖振响应对行车舒适性的影响、主梁挠度、主要截面的裂缝宽度、振动加速度及疲劳应力幅等。

自然风中随机脉动成分是无法消除的，因此，抑制桥梁抖振响应振幅通常是通过气动选型、增加阻尼器的方法来实现，桥梁施工阶段可以通过增设辅助墩、辅助抗风拉索等方法来控制结构抖振响应。

与结构随机振动响应分析方法类似，抖振响应的计算有频域法与时域法，频域法常用的有 Davenport 的抖振分析方法和 Scanlan 的颤抖振理论，时域法则基于气动力表达式及风速时程，直接对抖振力作用下桥梁结构振动微分方程进行积分求解。

1. Davenport 的抖振分析方法

对大跨度桥梁进行风致抖振响应分析研究是从 Davenport 开始的，他基于随机振动理论将机翼抖振分析方法移植到桥梁抖振分析中，基本步骤如下：

(1) 根据桥址处的地表类别及风特性，基于 Davenport 谱确定桥址处的自然风风谱。

(2) 建立桥梁结构的有限元模型，计算结构的频率、振型等动力特性。

(3) 假定脉动风在水平展向和垂直方向二点的空间相关性是恒定的，根据桥址处的地表类别及风特性，确定脉动风的空间相关函数。

(4) 基于 Davenport 抖振气动力表达式(式(8.12))及桥址处的风特性、桥梁结构参数、静力气动力、气动导纳等参数，确定桥梁的抖振气动力。其中静力气动力、气动导纳等参数可基于风洞模型试验或数值风洞获得。

(5) 进行 Fourier 变换，得到脉动阻力谱、脉动升力谱和力矩谱。

(6) 基于广义坐标原理，考虑桥跨结构上的三维气动力效应，利用振型分解法求得作用于整个桥跨上的与各阶振型相对应的脉动风引起的三维空气力的功率谱密度。

(7) 将结构的振动位移反应和脉动风引起的空气力都按广义坐标展开成振型的组合形式，则结构运动方程式将解耦，成为由广义坐标形式描述的各振型独立的方程，通过 Fourier 变换，得到任意阶振型位移反应的功率谱密度。进而，计算得到结构各振型下的抖振位移、抖振内力均方根值。

(8) 求出结构各阶振型下的抖振内力和位移响应，并进行振型组合获得脉动风引起的抖振响应。

(9) 根据分析所得的抖振位移及抖振内力统计量(功率谱密度、方差、根方差)，按适当概率分布理论推算最大期望值，再进行概率评价。

Davenport 的方法开创了桥梁风致抖振响应计算的途径，但其对气动自激力的共同作用注意不够，全桥气动弹性模型风洞试验对比验证表明：必须对空气动力阻尼，特别是扭转阻尼作适当的调整才能使理论分析结果与实际结果相吻合。

2. Scanlan 颤抖振理论

Scanlan 认为风对桥梁的动力作用力表示为自激力与抖振力之和，将基于颤振理论的气动自激力和脉动风作用于桥梁结构的抖振力相结合，考虑了气动刚度和气动阻尼的影响，建立了颤抖振理论，由于其对桥梁颤抖振分析进行了简化，使计算过程简便而更适于工程应用，但该理论没有考虑气动导纳函数对抖振力的影响。其基本思路如下：

(1) 根据桥址处的地表类别及风特性，确定自然风风谱。

(2) 建立桥梁结构的有限元模型，计算结构的动力特性。

(3) 根据桥址处的地表类别及风特性，确定风的空间相关函数。

(4) 建立与桥址处风特性相关的 Scanlan 气动力表达式，包括自激力与抖振力，基于风洞模型试验测量或数值风洞计算气动导数、静力气动力等。

(5) 基于广义坐标原理，考虑桥跨结构上的三维气动力效应，利用振型分解法求得作用于整个桥跨上的与各阶振型相对应的脉动风引起的三维空气力的功率谱密度。

(6) 基于广义坐标原理及振型分解法，对风致桥梁振动响应方程进行分解，得出以各阶振型振动的运动方程。

(7) 对各阶振型运动方程及广义气动力进行 Fourier 变换并求解。

(8) 利用解的功率谱密度及风谱求得位移反应的均方根值。

(9) 求得结构的抖振响应内力和位移，进而进行抖振性能评价。

Scanlan 认为来流的脉动风速中顺风向分量 $\mu(x,t)$ 和竖直向分量 $w(x,t)$ 的各自平方和相互乘积与平均风速的平方相比是很小的量，因此，在进行抖振分析时，必须考虑平均风引起的气动自激力的影响。Scanlan 颤抖振理论没有考虑气动导纳的影响，分析时如果不考虑抖振力部分，其可进行气动稳定性分析，故称为颤抖振理论。

8.5 斜拉桥拉索的风致振动

斜拉桥的风致振动大致可分为涡激振动、尾流驰振(wake galloping)、风雨振动(rain vibration)及参数共振等。

1. 涡激振动

斜拉索的涡激振动与主梁涡激振动现象是一样的，因此主梁涡激振动的现象在斜拉索的涡激振动中一样也会体现，区别只是断面形状不同，主梁断面是钝体截面，而斜拉索是流线型圆截面，流线型的旋涡脱落与雷诺数密切相关，而钝体断面与雷诺数相关度相对较弱。一般拉索的小振幅风致振动大多是由于涡激共振产生的，其旋涡脱落频率随风速而线性变化，当涡脱频率与拉索某阶横向振动频率相一致时会发生涡激共振，此时的风速即为涡激振动临界风速。

常规跨度斜拉桥的斜拉索直径为100～300mm，斜拉索的基阶频率一般都是小于2Hz。试验研究表明圆形截面的施特鲁哈尔数等于 0.2，根据施特鲁哈尔数计算式 $S_t = \dfrac{f_U D}{U}$，涡振发生风速为 $U = \dfrac{f_U D}{S_t} = 5 f_U D \approx 0.5 f_U \sim 1.5 f_U < 3\text{m/s}$，可见，斜拉索基阶频率对应的涡振发生风速很小，其能量不足以诱发涡激振动，因而，一般观察到的斜拉索涡激共振大都是四阶或五阶的振型。

由于斜拉桥各根拉索的索力、直径、长度不同，其振动频率也是各不相同的，因此，在不同风速条件下可能会激起不同部位斜拉索的振动。

斜拉桥的斜拉索是主要承力构件，也是易损构件，斜拉索的涡激振动易导致其疲劳损伤，因此，必须采取措施抑制斜拉索的涡激振动的发生。

斜拉索涡激振动最大振幅可依下式进行估算：

$$y_{\max} = \frac{0.008\sigma_{CL}}{S_t^{\,2} S_C} D_C = \frac{0.09}{S_C} D_C \tag{8.64}$$

式中，y_{max} 为涡激振动最大振幅(m)；D_C 为斜拉索直径(m)；S_t 为无量纲施特鲁哈尔数，圆截面为 0.2；S_C 为 Scruton 数，其与斜拉索单位长度质量 m、阻尼比 ζ 成正比，与空气密度 ρ 成反比，$S_C=m\zeta/\left(\rho D_C^2\right)$；$\sigma_{CL}$ 为升力系数根方差，圆截面取 0.45。

2. 尾流驰振

当两根斜拉索或圆吊杆并列布置，且中心间距为斜拉索或吊杆直径的 2～20 倍时，上风侧斜拉索或吊杆的尾流会激发下风侧拉索或吊杆发生椭圆形振动，该振动称为尾流驰振，如图 8.12 所示。

斜拉索或吊杆尾流驰振临界风速可按下式计算，也可以通过节段模型风洞试验或气弹模型风洞试验测量：

$$U_{wg}=C_{wg}f_nD_C\sqrt{\frac{m\zeta}{\rho D_C^2}}=C_{wg}f_nD_C\sqrt{S_C} \tag{8.65}$$

式中，U_{wg} 为尾流驰振临界风速(m/s)；D_C 为斜拉索或吊杆直径(m)；S_C 为 Scruton 数，其与斜拉索或吊杆单位长度质量 m、阻尼比 ζ 成正比，与空气密度 ρ 成反比，$S_C=m\zeta/\left(\rho D_C^2\right)$；$f_n$ 为斜拉索第 n 阶频率；C_{wg} 为与间距有关的常数，当沿风向上下游索中心距为 2～6 倍索直径时取 25，6～10 倍索直径时取 40，10～20 倍索直径时取 80。

与桥梁驰振检验要求一样，斜拉索或吊杆尾流驰振临界风速应大于 1.2 倍的设计基准风速。

3. 风雨振动

斜拉索的风雨振动是指在一定风速范围内，处于一定姿态(倾角或风向角)的斜拉索，由于风和雨的联合作用而引起的大振幅振动。

当风的来流方向与斜拉索的下坡方向基本一致且同时下雨时，斜拉索表面的水沿下坡方向流动，在斜拉索上表面、下表面形成两条流动水路(或称为雨线)，此两条水路在风的作用下还会在拉索表面产生沿风向的摆动(图 8.13)。这两条水路的存在，导致斜拉索的截面变为对空气动力不稳定的非圆截面，从而引发振动。

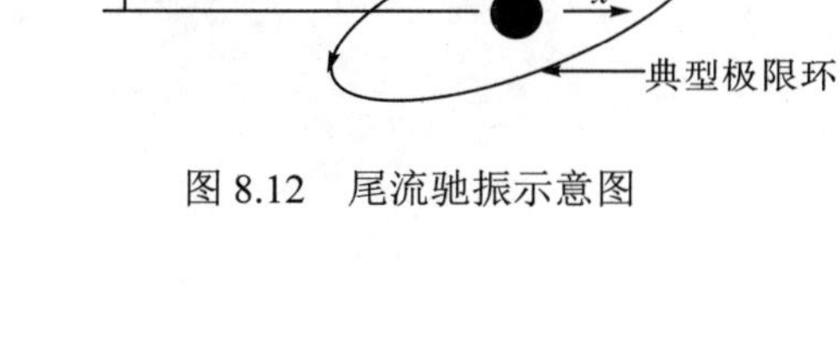

图 8.12　尾流驰振示意图

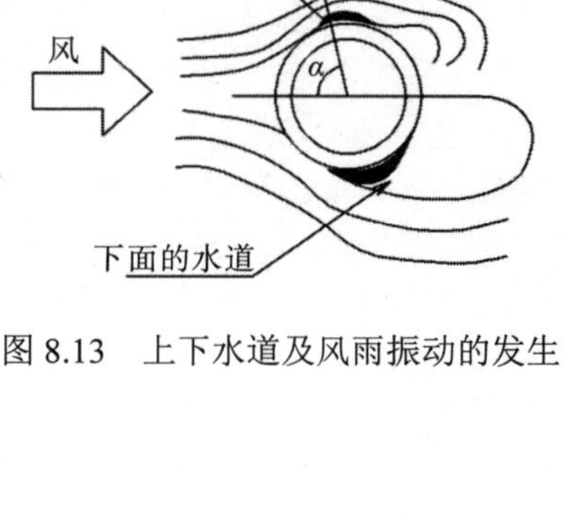

图 8.13　上下水道及风雨振动的发生

斜拉索风雨振动是目前已知的斜拉索最强烈的振动类型之一，振幅大时，临近的索会相互碰撞，拉索的持续振动会引起斜拉索端部疲劳破坏，若多根拉索同时损坏便会危及桥梁的结构安全。

研究表明，当斜拉索的 Scruton 数 S_C 大于 10 时，光圆表面的斜拉索不会发生风雨振动，当 S_C 大于 5 时，使用有效表面处理(如气动措施)的斜拉索不会发生风雨振动。

斜拉索风雨振动一般是限幅振动，具有以下特点：

(1)表面光滑的斜拉索易发生风雨振动。

(2)发生风雨振动的风速一般在 6～18m/s 的范围内，过小的风速能量不足以激发振动，过大的风速水路不易形成。

(3)发生风雨振动的斜拉索，其频率一般处于 3Hz 以下的范围内。

(4)风雨振动易受紊流的影响，紊流强度较高时有可能不发生风雨振动，因而，宽阔江面、湖面、海面上的斜拉桥，其斜拉索更易发生风雨振动。

(5)风雨振动对结构的阻尼较为敏感，阻尼增加，风雨振动振幅减小，如斜拉索阻尼的对数衰减率大于 0.02 时，风雨振动即可得到抑制。

研究表明，斜拉索的结构阻尼、气动外形等对斜拉索风雨振动有明显的影响，目前工程上抑制斜拉索风雨振动的主要途径是设置阻尼器，或在其表面作防止水路形成的处理，如表面凹坑处理、表面加螺旋线处理、表面开凹槽或加凸条等。

4. 参数共振

根据强迫振动原理，当斜拉索索端激励的频率为拉索固有频率的 2 倍时，可能激发参数共振；当斜拉索索端激励的频率与拉索固有频率接近或一致时，可能激发斜拉索的线性内共振。

斜拉桥两端分别是锚固在桥塔上或主梁上的，当桥塔或主梁受到各种外界的激励，以某阶弯曲频率振动，并带动与之连接的拉索振动，当桥塔或主梁的振动频率与拉索的横向固有频率满足 2 倍关系时，会激发拉索的振动，该振动称为参数共振；而当桥塔或主梁的振动频率与斜拉索面内振动固有频率相近时，拉索产生面内振动，该振动称为斜拉索的内共振。

对于较长的拉索，微小的桥面或桥塔的振动会激起大振幅的拉索横向振动。研究表明，斜拉索的参数共振或内共振振幅基本上与阻尼比呈反比关系，因此，设置阻尼器提高斜拉索结构阻尼是抑制参数共振或内共振最有效的措施。

第 9 章　大跨度桥梁的抗风减振措施

大跨度柔性桥梁在自然风作用下会产生各种动力效应，在结构设计时需要重视抗风设计，尤其是动力抗风设计。目前，大跨度桥梁的抗风设计一般是基于风洞模型试验与分析，根据试验成果与结论，必要时采取适当的抗风减振措施，并再基于风洞模型试验进行效果的验证，以保证其抗风性能满足相关要求。

为确保桥梁的抗风安全性和使用性，抗风设计时应遵循如下准则：

(1) 限幅振动：最大响应≤容许值；设计时需减少各种限幅振动的振幅使之小于可接受值，或在可靠性允许范围内。

(2) 静动力稳定问题：静动力失稳临界风速＞安全系数×设计基准风速；设计时需提高结构的静动力失稳临界风速，使之大于一定的安全系数乘以设计基准风速，保证不会发生危险性的发散风致振动(颤振或驰振)；或要求发生这种危险性风振的概率在可靠性允许范围内。

在桥梁上采取适当的抗风减振措施是为满足上述两个准则的主要手段，抗风减振措施包括：改善结构固有动力特性的结构措施和改善结构断面气动性能的气动措施两大类。

9.1　改善结构固有动力特性

结构的固有动力特性包括结构固有频率、振型和阻尼三个方面，根据结构动力学理论及前面介绍的内容可知，结构刚度越大，对应的频率越高；质量越大，则对应频率越小，提高结构的频率和阻尼均能提高临界风速或减小振幅，因此，桥梁抗风减振结构措施包括：

(1) 提高结构的刚度，从而提高结构固有频率，以达到提高临界风速和减小振幅的目的。当然，对于柔性的大跨度桥梁，增加主梁刚度来满足抗风要求可能是不经济的，有时也可能会带来恶化气动外形的结果。

(2) 通过压重等方式增加结构质量，提高结构的质量比，加大结构对产生风致振动的能量需求，使得在较低风速时能量不足以诱发主梁产生对结构安全有影响的振动，以达到提高主梁的颤振临界风速，或减小风致振动振幅的目的，但增加结构质量可能同时也降低了结构的固有频率，带来一些不利的影响。

(3) 有针对性地改变对主梁气动稳定影响较大的振型和固有频率，对于多数带非流线型截面主梁的大跨度桥梁，其颤振形态主要是以扭转为主的，因而，提高主梁扭转刚度或采用抗扭刚度大的结构形式，有利于提高颤振临界风速。如斜拉桥布置成斜索面的 A 型桥塔、在悬索桥设置中央扣或斜吊索、将塔梁固结、主梁采用闭口箱梁等，这些措施均可以提高主梁的扭转频率。对于弯扭耦合颤振，提高扭转频率也会提高扭弯频率比，同样会提高颤振临界风速。

(4) 除了弯扭耦合颤振以外，其他各种风致振动都可以通过提高结构的阻尼来提高抗风稳定性或减小振幅，然而结构本身的阻尼是有限的，因而可采用安装外置阻尼器的方法间接提高结构阻尼。

(5) 采用内阻尼较高的材料来建造主梁，实测数据表明，混凝土桥梁的阻尼较钢结构桥的阻尼高，混合梁或叠合梁桥的阻尼介于两者之间，另外混凝土主梁的单位长度质量或质量比也会比钢桥高。

(6) 斜拉桥斜拉索的减振制振结构措施也有很多，如在斜拉索锚固端安装阻尼器、在拉索与桥面间连接端附近安装阻尼器等，如图 9.1、图 9.2 所示。一般来讲，阻尼器的位置越靠近拉索端部，对斜拉索的阻尼比提高幅度越小，减振效果越差。

或利用制振缆绳，将斜拉索从外索至内索相互连接，通过连接件的伸缩消能，或利用不同长度各根拉索由于固有频率的不同而产生的相互振动干扰效应或相互约束效应来传递能量以达到抑振的目的，如图 9.3、图 9.4 所示。

图 9.1　南京二桥斜拉索安装的阻尼器

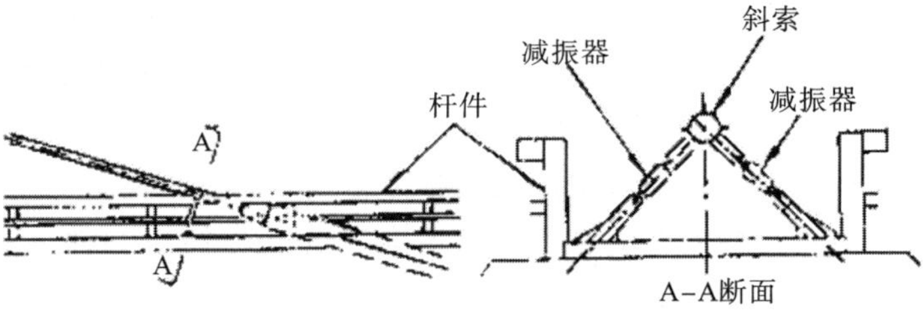

图 9.2　荒津大桥的油压阻尼器

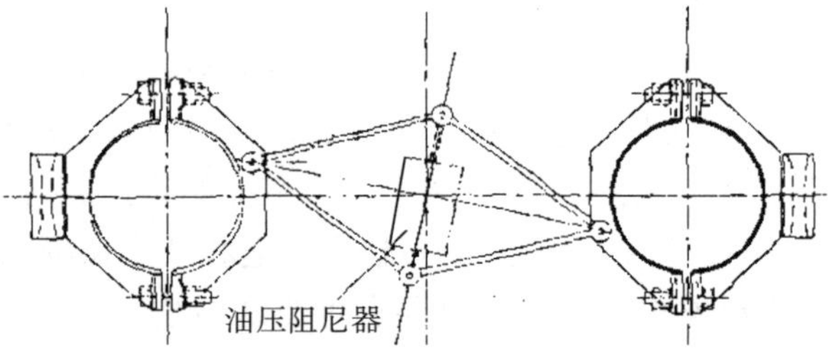

图 9.3　横滨海湾桥双股斜拉索之间的减振器

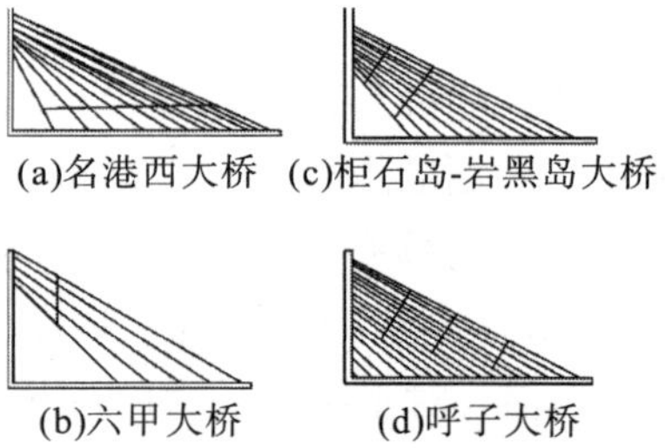

图 9.4　斜拉索制振缆绳的几种布置方式

9.2　改善截面气动性能

造成结构风致振动的空气作用力(自激力和抖振力)都是空气(平均风和脉动风)绕过桥梁断面时发生流固耦合相互作用而产生的，改变截面的气动外形必将改变流固相互作用，从而改变结构上的气动力。

由于钝体结构空气动力学理论仍不是很成熟，改变截面的气动外形对气动力的影响仍难以定量描述，但定性上一般认为：通过改变主梁截面的气动外形，以减少涡脱形成，尤其是大涡的形成，对抗风性能必是有利的。目前，各类气动措施的有效性，仍需要基于风洞模型试验来验证。

一般情况下，主梁的涡激振动几乎均为气流分离再附着型，在主梁两边外附加风嘴或安装导流板对抑制涡激振动均较有效。驰振多发生气流完全剥离，为将完全剥离的气流变为再附着型气流，在主梁上安装整流板或扰流板是抑制驰振的有效措施。颤振与驰振不同，其可能是由于气流的再附着而产生，因而设置直立的栏栅和上下贯通的通风孔是有效抑制颤振的措施。

大量的各种截面的颤振导数风洞测试结果表明：截面的宽高比是衡量截面流线型的重要标志。对于同样形状的截面，不同的扁度(宽高比)直接影响 Theodorson 数 Th 的值，扁度大，Th 越小，稳定性好，因而大跨桥梁常采用气动性能较好的断面扁平箱梁。在满足结构安全性的条件下，尽可能提高主梁截面的扁度(宽高比)，如扁度＞7 的主梁截面，对于提高截面的气动性能相对有利。

还有就是在主梁截面上附设一些装置，以改变截面周边的气流形态与其对主梁表面的风压，可以改善主梁的气动性能，具体的措施包括：

(1) 在截面两端设置风嘴、裙板等。试验研究表明，带悬臂的截面较钝头截面有较好的气动性能，且悬臂越长，气动稳定性越好。风嘴、裙板等会改善气流的流态，减少涡脱，使截面更趋于流线型，如图 9.5 所示。

(2) 在主梁上附加一些抑流板、导流板和扰流板设施，如图 9.5 所示。但有试验验证表明：由于各种风振的机理不同，一种措施并不一定能兼顾各个方面，有时，某种措施能抑制某种风致振动，而对另一种风致振动的效果不大，甚至会引起相反的效果。因而，在主梁上附加气动装置必须通过风洞模型试验验证其效果。

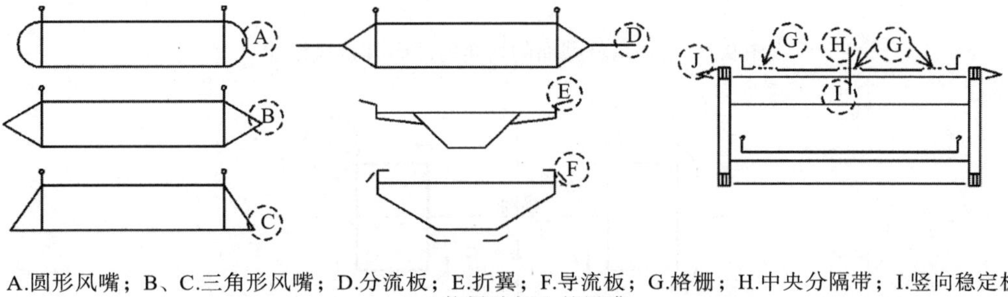

A.圆形风嘴；B、C.三角形风嘴；D.分流板；E.折翼；F.导流板；G.格栅；H.中央分隔带；I.竖向稳定板；J.桁梁弦杆上的风嘴

图 9.5　抗风减振措施

(3) 主梁桥面局部开槽等透风措施：透风能改变桥面的压力差与流态，合理的透风布置会提高主梁的气动稳定性，对于超大跨度桥梁，这种措施可能是必需的。但局部开槽也会诱发旋涡脱落，从而对涡振性能产生不利影响，如图 9.5 所示。

(4) 斜拉桥斜拉索的抑振气动措施包括：在拉索表面加纵向突出条、表面刻槽、表面加螺旋条、表面加分布凹凸斑点等，这些措施能将水道隐蔽起来或改变水路或防止水路形成等，从而改善拉索的抗雨振的性能，使振动幅值得到抑制，如图 9.6 所示。试验研究表明：拉索表面加装螺旋肋条的方式可显著降低斜拉索风雨振振幅，但该措施可能会导致斜拉索的阻力系数增加，而增加桥梁结构的侧向风荷载。

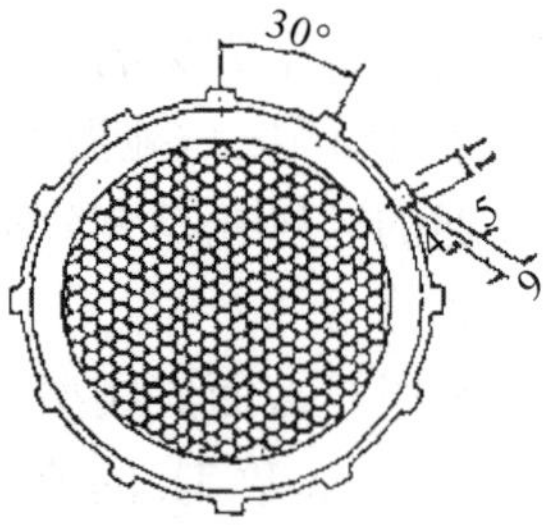

(a)纵条（神户大桥）

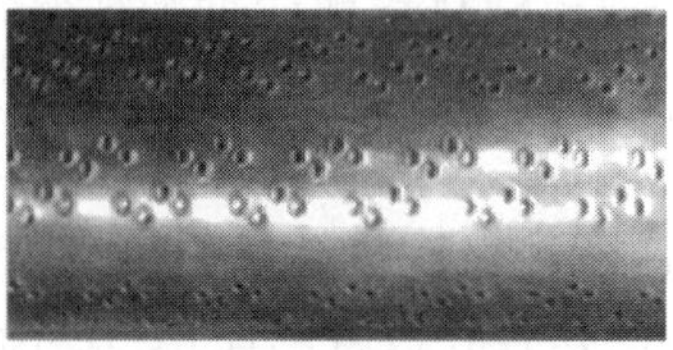

(b)凹坑花纹（多多罗桥）

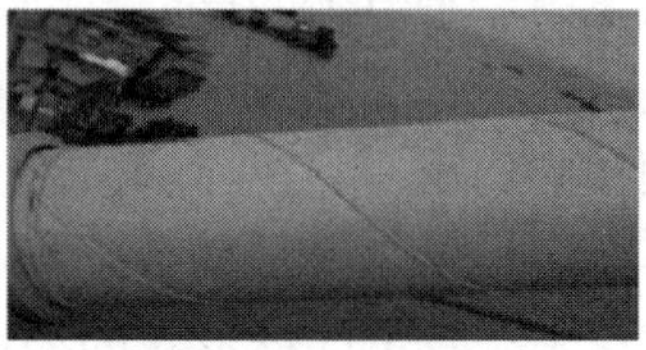

(c)螺旋条（南京二桥）

图 9.6 斜拉索表面的气动措施

(5)斜拉桥或悬索桥主塔肢断面通常为矩形，易产生完全剥离型的涡激振和驰振，采用独立单柱和独立并列双柱主塔时，横桥向刚度小，门形和 A 形主塔，随着塔高的增加，刚度减小，施工和使用期可能产生涡激振和驰振。主塔的抗风制振措施主要是将矩形断面切角成十字形或安装抑流板以减小风的动态作用，如图 9.7 或图 9.8 所示。和主梁相比，主塔振型比较明确，较易评价使用阻尼器的效果，因而主塔上安装阻尼器的应用也较多。

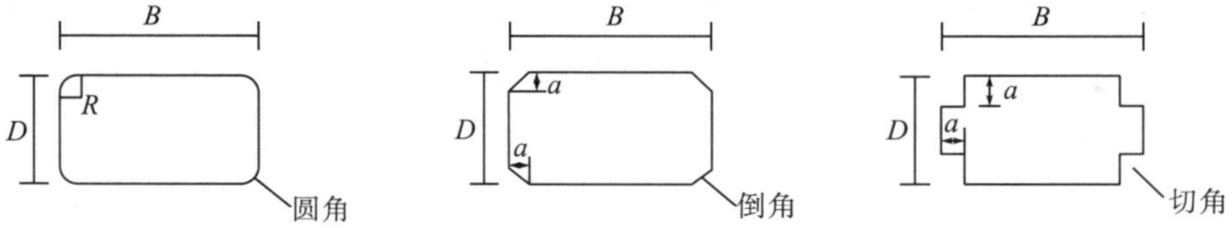

图 9.7 桥塔塔柱截面的切角能改善其抗风性能

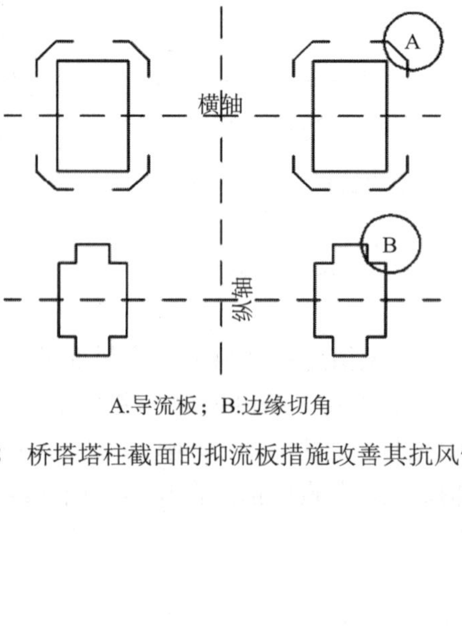

A.导流板；B.边缘切角

图 9.8 桥塔塔柱截面的抑流板措施改善其抗风性能

应该注意到：桥面上的防撞栏、透风率低的栏杆、路缘石等改变了主梁的气动外形，其对主梁的气动性能多是不利的影响，因而，对于超大跨度的桥梁，栏杆、路缘石等附属设施，应作专门的抗风设计。

当然，随着结构动力学理论与振动控制理论的发展，振动控制技术也在桥梁抗风中得到一些应用，但由于桥梁空气动力学问题的复杂性，结构抗风振动控制理论及措施虽是相关研究的热门课题，但工程实用仍相对较少，一些应用仍处于被动的附加阻尼器或简易的 TMD 或 TLD 方面。

9.3　主梁抗风抑振措施应用实例

(1) 东营黄河大桥是一座主跨为 288m 的钢斜拉桥，主梁采用两个分离矩形钢箱，风洞试验观察到主梁在风速为 12.8m/s 时有较大的竖向弯曲涡振现象。

通过风洞模型试验验证的抗风措施为：在栏杆上安装长度为 0.8 倍栏杆高度、10° 仰角的抑流板后，涡振振幅减小 16%，将抑流板的长度加长到栏杆高度的 1.2 倍，振幅可减小 50%，涡振性能得到很好的改善，抑流板设置如图 9.9 所示。

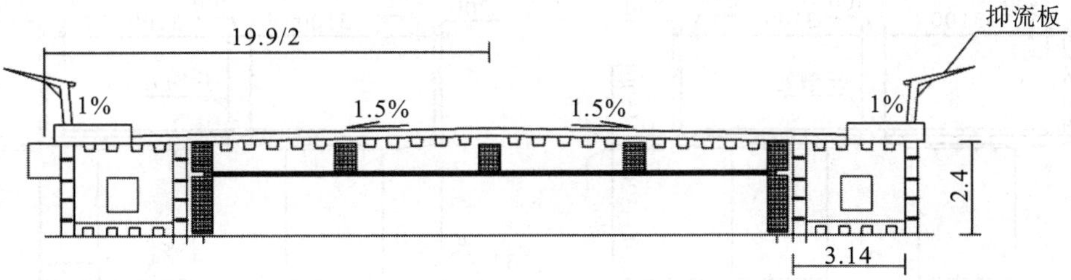

图 9.9　东营黄河大桥主梁涡振抑流板方案

(2) 青州闽江大桥是一座主跨 605m、主梁宽 29m 的双塔双索面斜拉桥，主梁为结合梁，在主梁两侧各增设宽 1m、高 1m 的倒“L”形导流板后，颤振临界风速提高 35%，如图 9.10 所示。

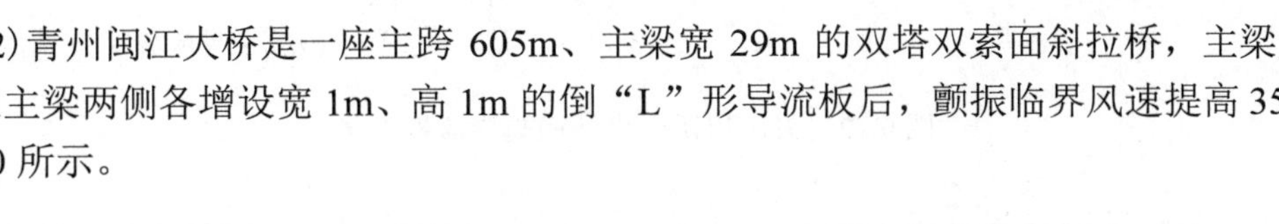

图 9.10　青州闽江大桥导流板方案

(3) 南浦大桥为主跨 423m 的斜拉桥，主梁采用两根工字型边梁叠合预应力混凝土桥面板形式，桥面宽 30.35m，在桥面两侧边缘增设竖直向下约为 1/3 梁高的裙板措施，使大桥的颤振临界风速提高了 10%以上，增大了大桥抗风稳定性的安全储备，如图 9.11 所示。

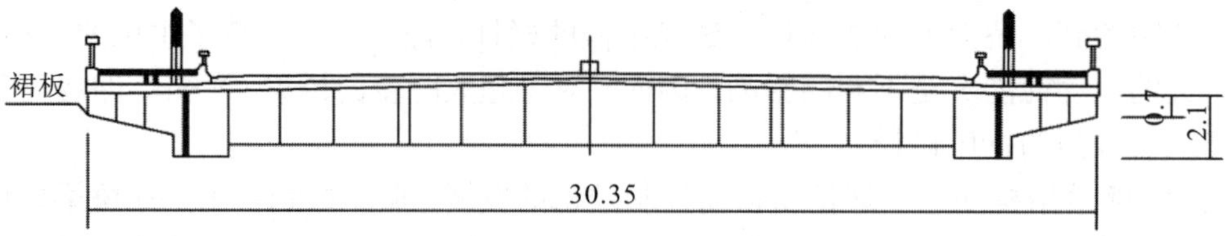

图 9.11 南浦大桥裙板方案

流迹显示试验表明：裙板与主梁之间由于有一个回流区，该回流区的外缘流与断面的主流流动方向是一致的，它能导引主流较平滑地流过迎风主梁的下缘，因而减弱分离涡的强度，同时下游主梁与裙板间的回流区也将主流导引到尾流中去，因此，裙板的作用相当于一个能主动调节外形来适应主流流动的风嘴，从而改善主梁断面的颤振特性。

(4) 矢田川桥是一座中跨为 84m 的三跨连续钢箱梁桥，梁宽 7.5m，梁上加隔音墙后高达 4.95～3.95m，宽高比仅 1.5～1.9，风洞试验观察到有驰振现象，无法满足稳定性要求，经过中央开槽以及在梁底角隅处增设导流板两个方案的比选，取得大幅降低驰振振幅的满意结果，中央开槽 40%时振幅下降 12%，中央开槽 80%时振幅下降 23%，采用导流板措施后振幅减至 71%(均匀流)和 40%(紊流)，可见后者效果更显著，如图 9.12 所示。

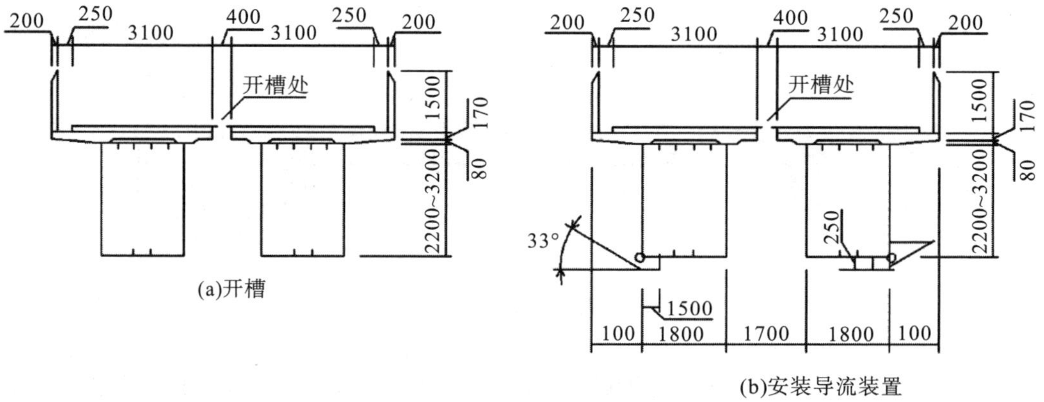

图 9.12 矢田川桥中央开槽与导流板方案

(5) 刘家峡大桥是跨径组合为 20m + 536m + 20m 的钢桁加劲主梁悬索桥，双向行车道总宽只有 11m，加劲梁宽度为 15.6m，原方案颤振稳定性不能满足要求，抗风措施为下中央稳定板+水平导流板+封闭部分防撞栏组合后，满足颤振稳定性要求，如图 9.13 所示。

还有日本的横滨大桥的附加风嘴措施，如图 9.14 所示。川崎大桥与名港西大桥的附加风嘴与导流板组合措施，如图 9.15 与图 9.16 所示。天保山大桥及末广大桥的分流板或导流板措施，如图 9.17 所示。新塔科玛大桥及关门桥主桁梁的格子桥面方案，如图 9.18 所示。

英国威尔士塞文桥，主跨 988m 悬索桥，梁高 3.0m 扁平钢箱梁，桥宽 22.86m，箱梁两侧梁高的上三分点处各设有 4.5m 宽的鱼鳍形的伸臂人行道(扰流板)，如图 9.19 所示。日本的安治川河口桥，在箱梁上附加导流板与扰流板组合的抗风措施，如图 9.20 所示。

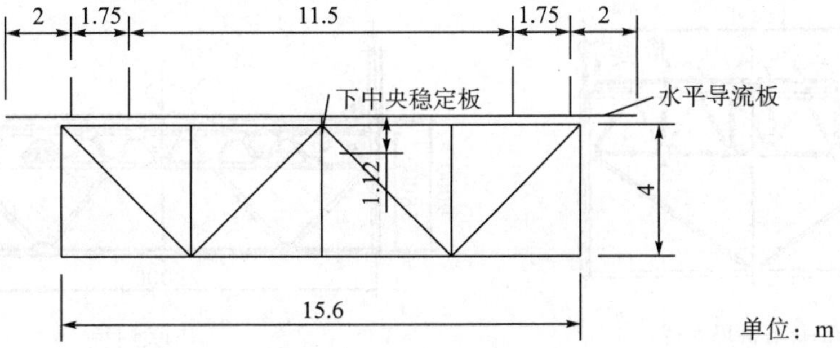

图 9.13　刘家峡大桥抗风措施

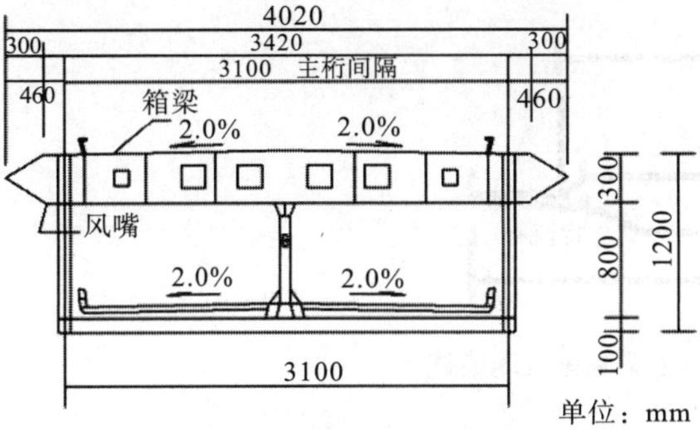

图 9.14　横滨大桥风嘴抗风措施

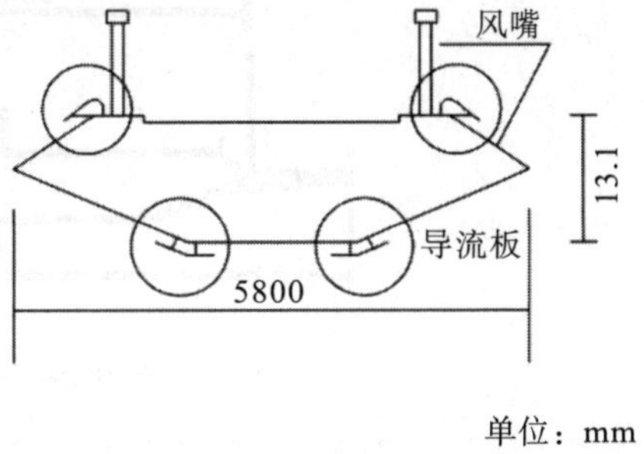

图 9.15　川崎大桥风嘴与导流板抗风措施

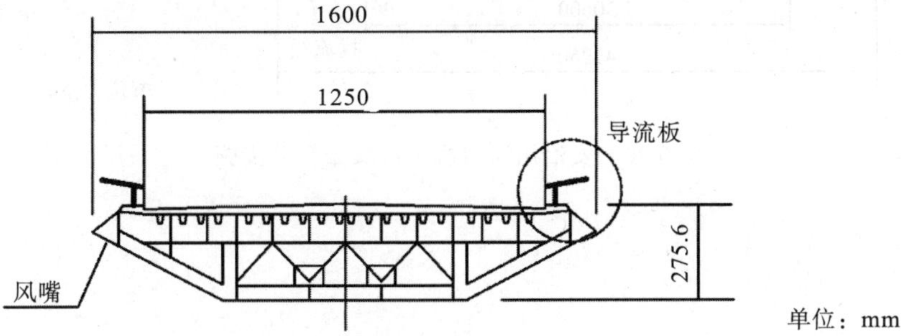

图 9.16　名港西大桥风嘴与导流板抗风措施

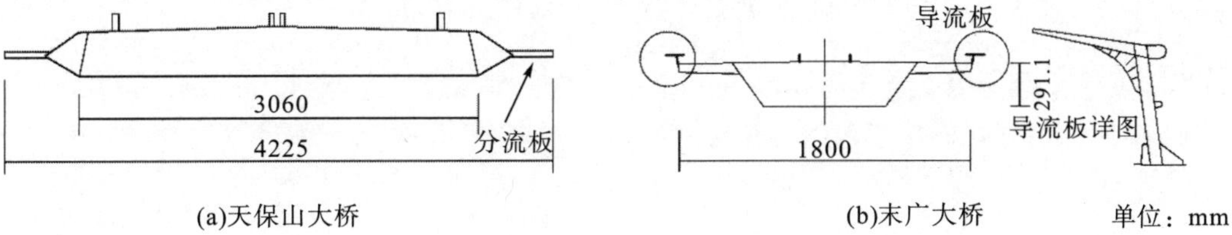

图 9.17　天保山大桥及末广大桥分流板或导流板抗风措施

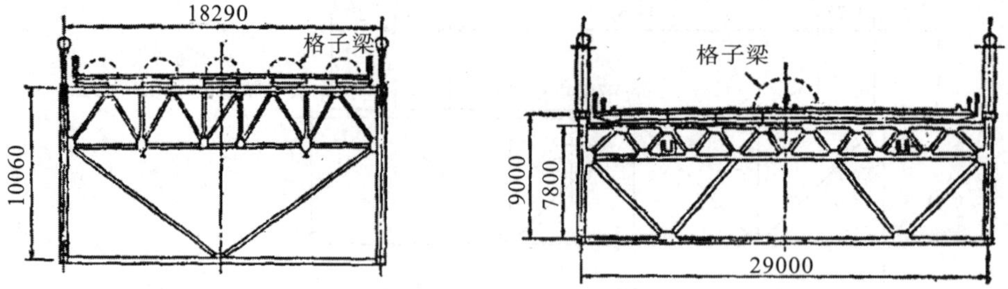

(a)新塔科玛大桥 (b)关门桥 单位：mm

图 9.18 桁梁的格子桥面措施

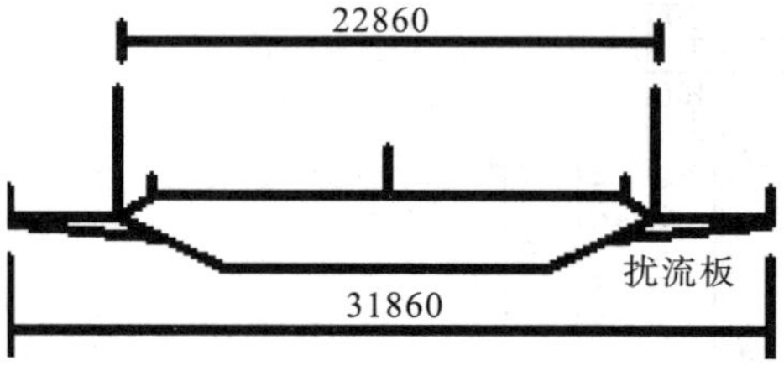

单位：mm

图 9.19 塞文桥主梁减振气动措施

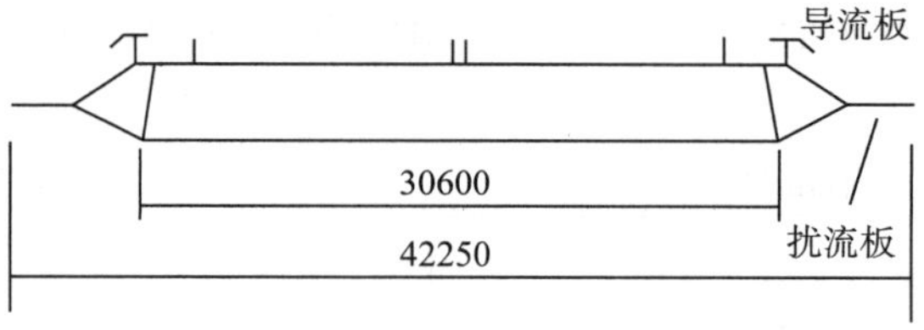

单位：mm

图 9.20 安治川河口桥主梁减振气动措施

第 10 章 风洞模型试验

由于钝体空气动力学理论还不完善、钝体截面流固耦合机制复杂、桥梁构件断面形式多样、桥梁上作用的气动力及风致振动响应难以理论估计，目前国内外对大跨度桥梁抗风性能的评价，仍主要基于风洞模型试验。桥梁风洞试验模型是根据一定的相似关系而制作的缩尺相似模型。

风洞模型试验，需在实验室中，按一定比例缩尺模拟大气边界层风场及桥梁结构，测量桥梁结构模型的振动响应，基于该响应及相似关系推测实际桥梁结构的风效应，进而评估实桥的抗风性能。对于现场条件及外形复杂的结构，用其他手段很难进行风致效应研究，风洞模型试验是目前采用最普遍的研究手段。

风洞试验模型一般都是缩尺模型，模型与实际结构的不同尺寸参数对相似参数会有影响。流体力学理论及桥梁风工程理论，采用与尺寸无关的无量纲参数来建立动力相似律，即保证模型的无量纲参数与实桥的一致。

10.1 风洞与测量装置

1. 风洞

桥梁风洞模型试验的试验装置是风洞，风洞是指一个按一定要求设计的、具有动力装置的、用于各种气动力试验的可控气流管道系统。风洞的构造一般由动力段、扩散段、收缩段、稳定段、试验段等几个部分组成。风洞试验时，在试验段中安装试验模型及各种测试设备，进行相应内容的风洞试验。

土木结构的风洞模型试验一般均需要模拟真实的大气边界层内流场，由于大气边界层流场的模拟需要有发展、形成过程，因而需要有较长的试验段，这类风洞称为边界层风洞。民用结构试验风速往往较低，用于桥梁结构风洞模型试验的风洞均为低速边界层风洞。

风洞按空气风路流动形式分直流式和回流式，图 10.1 为典型的直流式风洞，图 10.2 为回流式风洞，回流式又可分为单回、双回和环回几种。风洞按试验来流风速的大小分有：低风速、高亚音速、跨音速、超音速、高超音速等。风工程中还有许多特殊用途的风洞如尾旋风洞、高紊流度风洞、低紊流度风洞、变密度风洞、汽车风洞、露天矿通风风洞、结冰风洞等，这里不作介绍。

美国、英国、日本是利用风洞对桥梁结构开展抗风研究较早的国家。我国开展该项研究较晚，在 1990 年前后，我国的同济大学以及西南交通大学先后建造了土木工程专业风洞，此后，随着我国桥梁建设跨度的不断增加，国内很多大学均修建了专为桥梁和建筑服务的低速风洞。

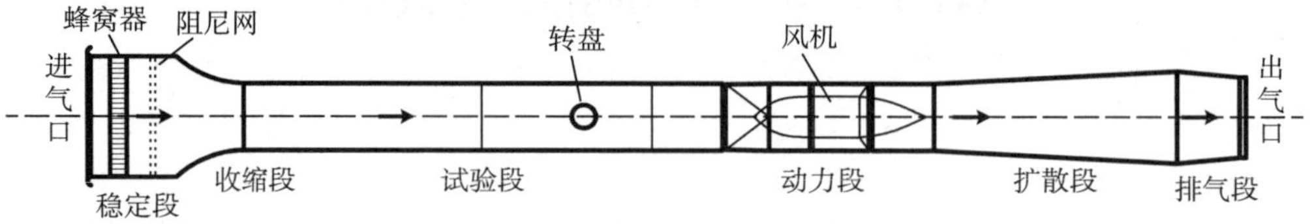

图 10.1 直流式风洞

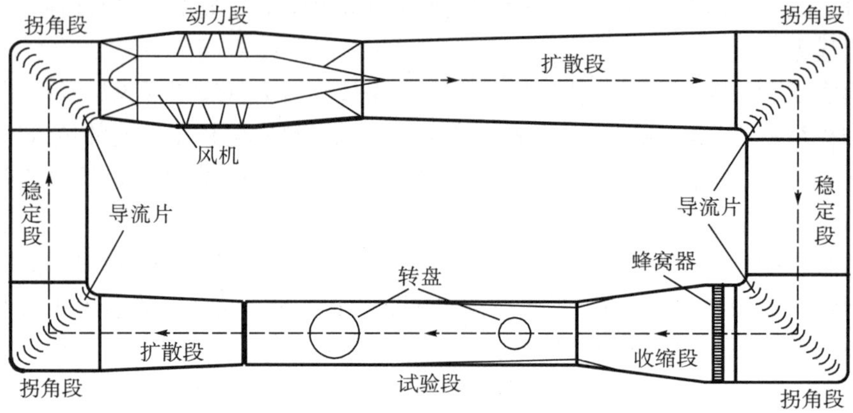

图 10.2 回流式风洞

西南交通大学于 1991 年建成了西南交大 1 号（XNJD-1）工业风洞，目前该风洞主要用于进行节段模型风洞试验，而后，又建成了西南交大 2 号（XNJD-2）风洞，主要用于进行斜拉索的风雨振动试验。XNJD-1 风洞是回流式风洞，具有双试验段，如图 10.3 与图 10.4 所示，第一试验段截面尺寸为 3.6m（宽）×3.0m（高）×8.0m（长），风速范围为 0.5～22.0m/s；第二试验段截面尺寸为 2.4m（宽）×2.0m（高）×16.0m（长），风速范围为 1.0～45.0m/s，该风洞两个试验段均配置了大气边界层模拟装置。XNJD-2 风洞（图 10.5）是直流式风洞，也是国内唯一一座斜拉索风雨振动试验专用风洞，出口截面尺寸为 1.34m（宽）×1.54m（高），风速范围为 0.5～20.0m/s，降雨量模拟范围为 1～20mm/h。

图 10.3 XNJD-1 风洞布置照片

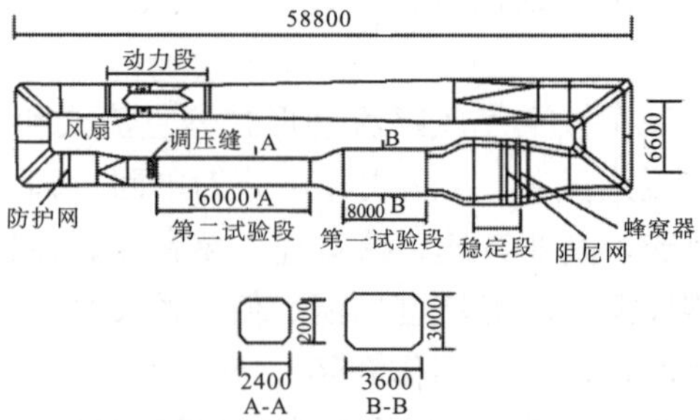

图 10.4 XNJD-1 风洞布置图

图 10.5　XNJD-2 风洞布置图

2008 年，用于结构风工程研究的大型边界层风洞西南交大 3 号(XNJD-3)投入使用，该风洞为回流式，试验段截面尺寸为 22.5m×4.5m×36m，最大来流风速为 15m/s，是目前世界上最大尺寸的边界层风洞，参见图 10.6，该风洞内可进行不同风偏角和风攻角条件下的全桥气弹模型试验、大尺度节段模型试验、建筑结构的测压和测力试验、地形地貌和风环境试验等。

图 10.6　西南交通大学 XNJD-3 大型边界层风洞内部

2. 风洞风场模拟方法

桥梁结构风洞模型试验除了要在均匀流场中进行外，还需在模拟大气边界层流场中进行，前者主要是用于测试平均风作用下的静风荷载，自激气动力作用下的颤振、驰振、涡振等性能，以及其他气动参数，后者用于考察脉动风作用下的桥梁抖振响应性能及紊流风对颤振、驰振及涡振的影响。

一般来讲边界层民用风洞在空风洞状态，风速沿风洞宽度、高度的分布与平均风速间的偏差小于 2%，风向与风洞中心轴线的夹角小于 0.5°，紊流强度在 2%以下，满足此条件的来流可近似认为是均匀流，所以均匀流场中的风洞试验，实际上就是在试验模型前后方均空置状态进行的试验。

模拟大气边界层紊流场中的风洞模型试验前，需先在来流前方设置相应的模拟装置，以使空气通过这些模拟装置后到达试验模型位置的流场达到目标要求，而流场模拟的目标则是所模拟的风场类别及特性与实际桥位处场地地表类别及风特性相似。

大气边界层中的自然风具有多种特性，如沿高度变化的风速剖面、紊流强度剖面，紊流尺度、脉动风速谱等。大气边界层模拟时，根据桥位处场地地表类别及风特性，基于风洞模型试验相似理论，设计相应的模拟装置及布置形式，以使流场的各风特性与实桥处的流场相似，从而，确保作用于桥梁模型上的风荷载动力特性与实际相似。

在实际风场模拟装置设计时，为了消除缩尺前后尺度效应的影响，一般是使风洞中流场风特性的各无量纲参数与实桥处流场相关参数相等，从而实现几何相似与运动相似条件。

风场模拟装置有主动模拟装置和被动模拟装置两大类。主动模拟装置是依靠某种运动机构调节来流风场中脉动风的各项特性来实现的，这种模拟方式精度高，但是对运动机构的调节需要复杂的振动驱动装置及控制系统，成本高，较少被采用；被动模拟装置是依靠布置在风洞中的静止障碍物来被动地调节气流，这种模拟方式主要是通过在风场中布置格栅或尖劈及粗糙元的方式来实现对目标风场的模拟，是目前风洞中模拟大气边界层最常用的方式。图 10.7 为通过等间距的格栅模拟紊流风场的装置，图 10.8 为利用尖劈和粗糙元组合的方式在边界层风洞中模拟紊流风场。

图 10.9 为利用尖劈和粗糙元组合的方式在西南交通大学 XNJD-3 风洞模拟 B 类地表时的照片，所模拟的风场风特性，需采用风速测量仪器，记录模型处的风速时程，计算相应的风特性参数，再与目标风场特性进行对比验证，图 10.10 就是模拟 B 类地表大气边界层风速剖面、紊流强度剖面及脉动风谱与理论值的比较图示。

图 10.7　利用格栅模拟紊流风场

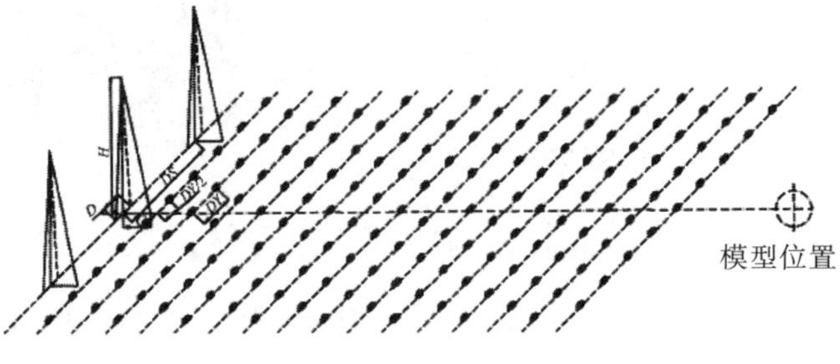

图 10.8　利用尖劈及粗糙元模拟紊流风场

图 10.9　尖劈及粗糙元在 XNJD-3 风洞中的布置示意图

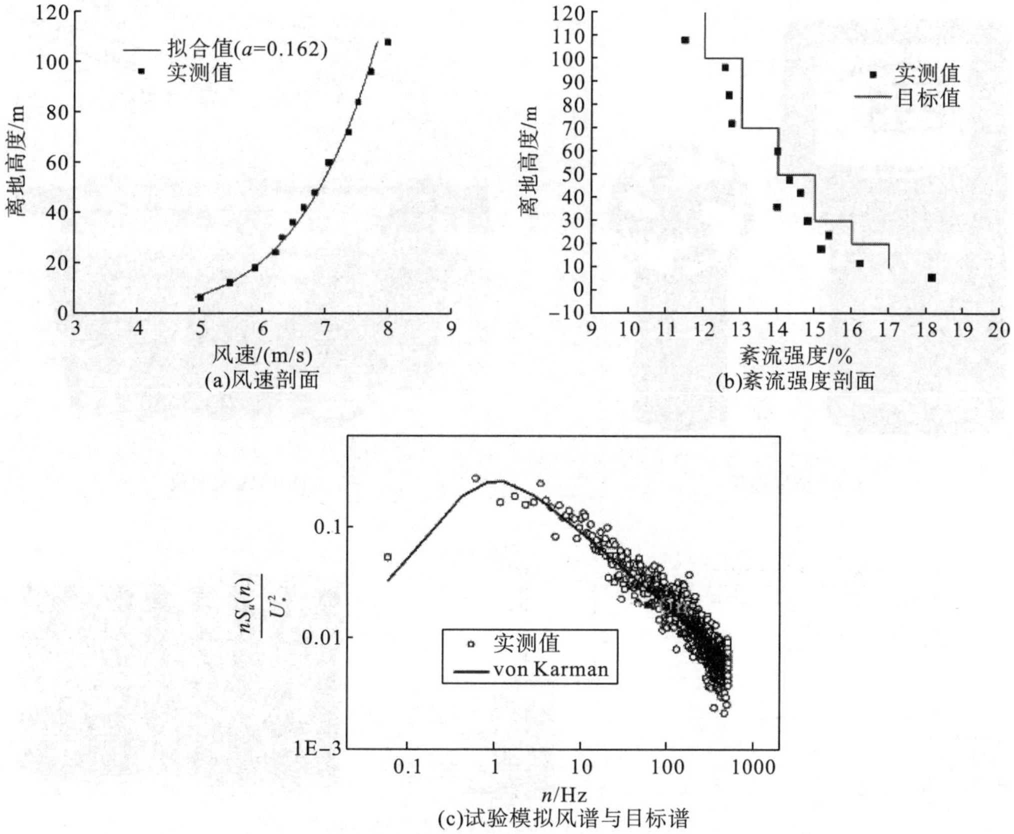

图 10.10　模拟 B 类地表风场的风特性检验

3. 风洞试验的测量设备

桥梁风洞模型试验的测量内容包括：风速测量、位移测量、加速度测量、风压测量、气动力或内力的测量等，并分别采用相应的测量设备。

风速测量是进行风洞试验的基础，无论是在均匀流场还是在模拟大气边界层紊流场中的风洞试验，均需要测量模型前方来流的风速及风特性。大气边界层风场模拟效果的校验要基于风速的测量，风洞试验过程中需要进行风速测量监控。另外，对城市或山区等局部复杂地形风环境的研究也主要通过风速测量的方式来实现。常用的风速测量设备有：手持风速仪、热线风速仪、皮托管、Irwin 探头等(图 10.11)。

试验模型受不同特性的风作用产生的风效应，是风洞模型试验的主要测试内容，包括位移响应、加速度响应、内力响应，以及模型表面的风压及气动力参数等，对应的测量设备就有位移计、加速度计、应变计或测力计，以及压力扫描阀或静动力天平等。由于经过缩尺后的桥梁结构风洞试验模型较轻柔，接触式测量装置可能会对模型作用附加刚度或附加质量，或影响流场，从而影响测量结果，因此，风洞模型试验时应尽量采用对流场影响很小的非接触式测量设备，如采用激光位移计(图 10.12)测量位移响应。加速度的测量必须采用接触式加速度计，但其质量及信号线应尽量轻，对模型的刚度、振动特性不会有明显的影响，加速度传感器如图 10.13 所示。

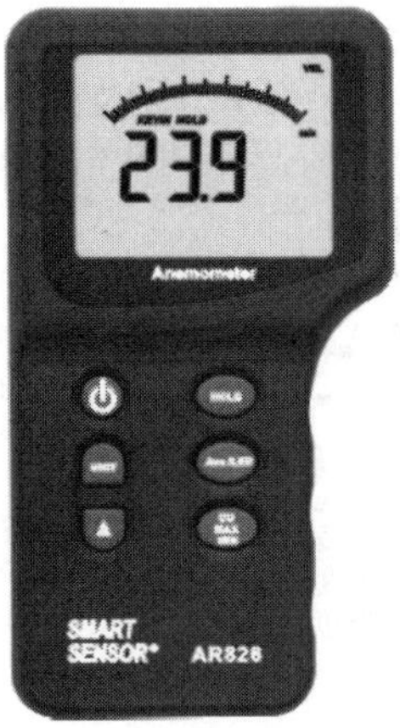

(a)手持风速仪

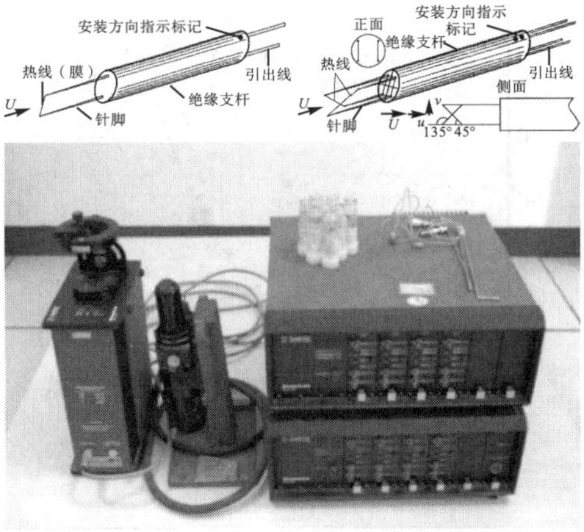

(b)热线风速仪

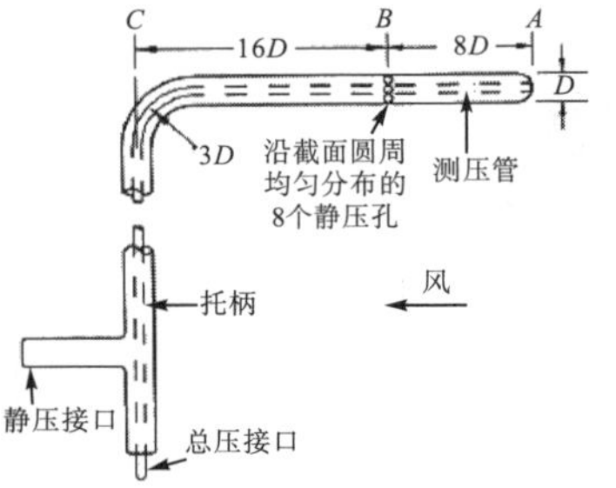

(c)皮托管

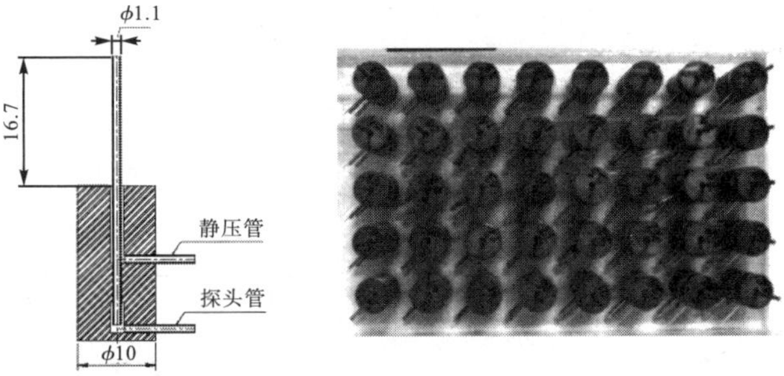

(d)Irwin探头

图 10.11 风洞中常用的风速测量设备

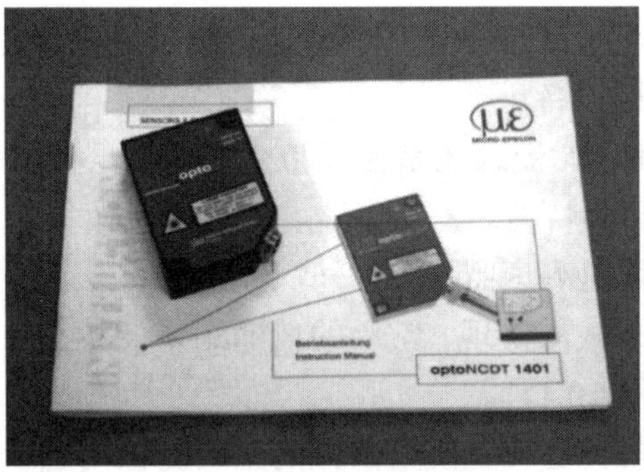

图 10.12 激光位移计

图 10.13 加速度传感器

风荷载气动力及振动内力可以采用测力天平或应变计进行测量。静力天平可以测量定常气动力，如主梁的静力三分力等。动态天平则可以测量气动力的时程，如模型整体或某一局部的非定常气动力等。测力天平按测量原理可分为机械式、应变式、磁悬浮式、压电式等。风洞试验中较常用的是应变式测力天平，它利用弹性元件的应变来实现对力的表征，根据所能测量得到的气动力分量个数，静态测力天平分单分量天平(图 10.14)、三分量天平、五分量天平，它们主要用于测量平均气动力，高频天平可用于测量气动力时程。

有时，为了了解气动风压在模型表面的分布，还需通过风洞模型试验测量模型表面平均风压和脉动风压，这时就需要用到风压测量设备。脉动压力扫描阀就是一种常见的表面气压测量设备(图 10.15)。

图 10.14　单分量测力天平

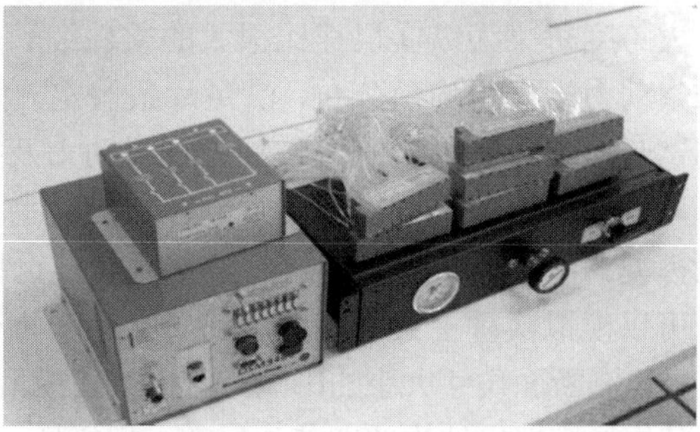

图 10.15　脉动压力扫描阀

上述测量设备只是用于数据的量测，风洞模型试验时，还需要与之对应的数据采集、记录与分析设备以及控制设备，如信号采集仪、信号放大器、滤波器、频谱分析仪等。

10.2　桥梁风洞试验的类型

桥梁结构或构件的抗风性能及相关参数可通过风洞试验或虚拟风洞试验进行检验和获取。试验模型应设置在风洞试验段的有效试验区内，必须保证试验模型的外形与实际相似，依据试验目的及相似原则，实现质量分布、约束条件、主要模态、频率和阻尼比等参数的部分相似或全部相似。在模拟大气边界层来流的风洞试验中，试验来流的紊流特性、风攻角与风偏角应同桥址处的风环境相符合，且流场特性反映桥址处的平均风速剖面、紊流强度剖面及脉动风功率谱。如桥位有风观测资料，应基于此风速资料得到的风速剖面、功率谱密度函数、紊流强度剖面、紊流尺度等风参数进行风场模拟。当桥位处无风观测资料时，可基于规范的风参数进行风场模拟。

依据试验目的的不同，选取不同类型的试验模型与试验方法，颤振、驰振、静风稳定性试验宜在均匀流场中进行；涡激共振试验宜在均匀流场或紊流场中进行；抖振试验宜在模拟大气边界层的风洞或虚拟风洞中进行。

为避免雷诺数对试验结果产生影响，拉索、吊杆等流线型构件的试验模型比例宜为 1∶1，模型阻尼比宜小于 0.15%，斜拉索风雨激振试验中雨量、风偏角、拉索倾斜角等因素的模拟宜与实际情况相符。

桥梁结构或构件可在风洞中进行静气动力试验、节段模型振动试验、桥塔模型试验、全桥气动弹性模型试验，据此检验其抗风性能，获取相关的气动参数。

根据桥梁试验模型的不同，桥梁风洞模型试验主要可分全桥气动弹性模型试验和刚性节段模型试验两大类；前者又包括成桥状态气动弹性模型试验、施工阶段气动弹性模型试验，施工阶段气动弹性模型试验一般是针对典型施工阶段，如桥塔独立状态、最大双悬臂施工状态、最大单悬臂施工状态、悬索桥主梁各拼装施工阶段等；后者包括节段模型静力气动力测量试验、节段模型动力测振试验，动力测振试验可测量气动（颤振）导数、颤振临界风速、涡激振动响应性能等。

大跨度桥梁为纵横尺寸比很大的柔性细长结构，常基于片条理论，近似认为主梁上作用的气动力沿桥跨均匀分布，满足片条假定，如此，可基于有限长度的主梁刚性节段模型风洞试验，来研究主梁的风致响应、气动力及抗风性能。

风洞中采用天平支撑的主梁刚性节段模型，可测量其静力气动力。测力天平的刚度一般比模型的刚度大很多，所以天平支撑有时也称为刚性支撑。采用弹性悬挂支撑的刚性模型，可以模拟实桥主梁的竖向或扭转振动，因而是动力性能试验。

受风洞断面尺寸大小的影响，刚性节段模型可以采用比气动弹性模型更大的缩尺比，显然，其更能模拟出结构的细节与局部，如栏杆、路缘等，所以其具有失真少、制作方便、易于修改、加工及试验费用低、在风洞中易于转动、攻角调整方便等优点。当然，限于支撑方式及模型不能变形的原因，局部刚性节段模型也有能模拟的振型较少、变化偏角不便等缺点。

气动弹性模型除了要求几何外形与实桥相似外，模型的振动动力特性（频率、振型、阻尼等）、来流风场等特性也要求与实际相似。

《公路桥梁抗风设计规范》（JTG/T 3360-01—2018）附录 C.1 对风洞试验模型作了规定：节段模型的缩尺比不小于 1/80；在闭口试验段试验时模型的宽度与有效试验区高度比不大于 0.4，长宽比大于 2；在开口试验段试验时模型的宽度与有效试验区高度比不大于 0.2，长宽比大于 3；全桥气动弹性模型的缩尺比不小于 1/300；桥塔模型的缩尺比不小于 1/200，塔柱间隔与有效试验区高度比不大于 0.2。风洞模型试验时模型在风洞中的阻塞率不能大于 5%。

风洞模型试验是在有洞壁的风洞中进行的，因而洞壁是流场边界，而实际结构在大气中是无边界的，在有界的风洞中（尤其是闭口风洞）模拟无界大气中的流场，必然会带来洞壁干扰问题，如图 10.16 所示。风洞边界对模型绕流流场的横向约束称为实体阻塞，对模型尾流流场的横向约束称为尾流阻塞。实体阻塞和尾流阻塞这两种洞壁干扰即为阻塞效应。阻塞率定义为模型在风洞断面的投影面积与风洞断面面积的比值，对于桥梁、建筑等民用结构的风洞模型试验，一般认为，阻塞率在小于 5%以内，其对试验结果产生的影响是可以接受的。美国土木工程师学会编制的 *Wind Tunnel Studies of Buildings and Structures* 中指出：当阻塞比小于 5%时，建筑结构模型风洞试验阻塞效应很小，可忽略；当阻塞比为 5%～10%时，阻塞效应将较严重，必须修正；当阻塞比大于 10%时，试验结果有效性必须通过小缩尺比模型来验证。《建筑工程风洞试验方法标准》（JGJ/T 338—2014）中规定，在实际风洞中阻塞比宜小于 5%，最大不应超过 8%。

节段模型振动试验中二元流动特性的保证是很重要的，通常是在模型两端设置端板，以消除模型端部的干扰效应的影响。当模型的长宽比大于 4.0 时，模型端部的三维绕流效应影响较小，可以忽略，但当模型的长宽比小于 4.0 时，则需要在模型两端安装端板，以保证构件的二元流动特性及减小端部的三维气动力效应（图 10.17）。必要时还应考虑作用在端板上的气动力并对结果进行修正。

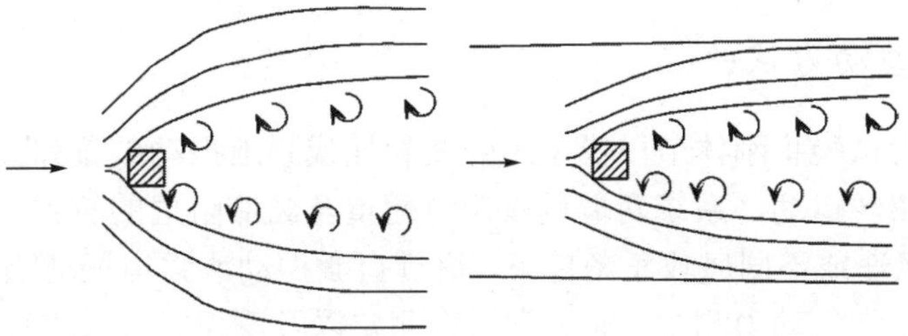

(a)自由边界流场　　(b)约束边界流场

图 10.16　二维阻塞流场示意

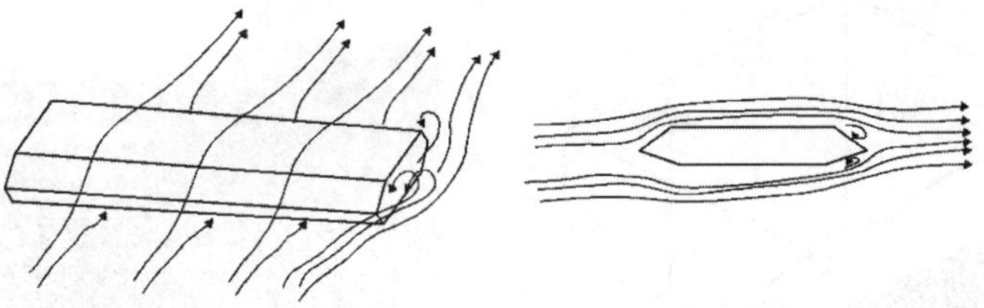

(a)端部三维绕流示意图　　(b)断面二维绕流示意图

图 10.17　端部三维绕流与断面二维绕流示意

1. 节段模型静力试验

节段模型静力试验的主要目的是测量桥梁断面的静力三分力系数，即阻力系数、升力系数、力矩系数，是计算风荷载或驰振稳定性判断等的基础资料。所用模型需要满足几何外形相似条件，同时还要有一定的刚度，试验时，刚体节段模型的支撑测力天平可以是应变式天平或者机械式天平。静力气动力主要由平均风作用而产生，静力试验一般在均匀流条件下进行。

节段模型静力试验风攻角范围一般为-10°～+10°，且每隔 1°进行测量。试验时，风攻角的改变可以通过保持气流方向不变，只旋转模型来实现。图 10.18 为箱形断面主梁静力三分力风洞试验照片。图 10.19 为风轴坐标下扁平箱梁断面的静力三分力系数随风攻角的变化。

为保证试验结果的正确性，至少应进行两个来流风速条件下的测量试验。

图 10.18　节段模型静力三分力风洞试验照片

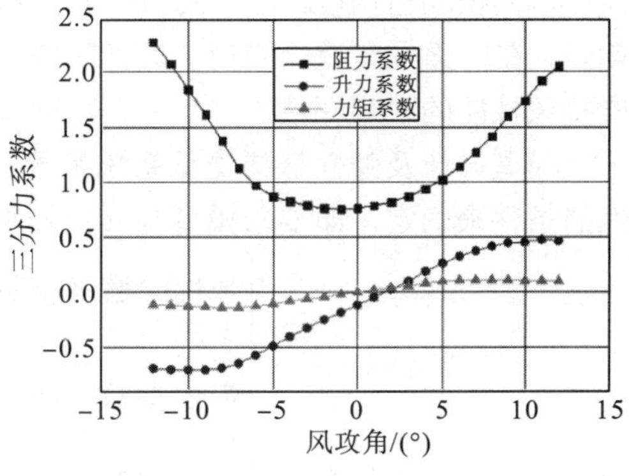

图 10.19　箱梁断面静力三分力系数

2. 节段模型动力试验

节段模型动力试验将刚体节段模型用弹簧悬挂或强迫振动装置弹性支承于风洞中，允许模型作竖向和扭转运动，系统两端设有调节配重及黏滞阻尼的装置。如图 10.20 所示，试验时，在不同风速或不同风攻角条件下，进行自激振动或强迫振动响应测试、气动导数或气动导纳等非定常气动力测定、非定常压力测定以及颤振、驰振或涡振特性测试等，该类风洞模型试验称为节段模型动力试验。

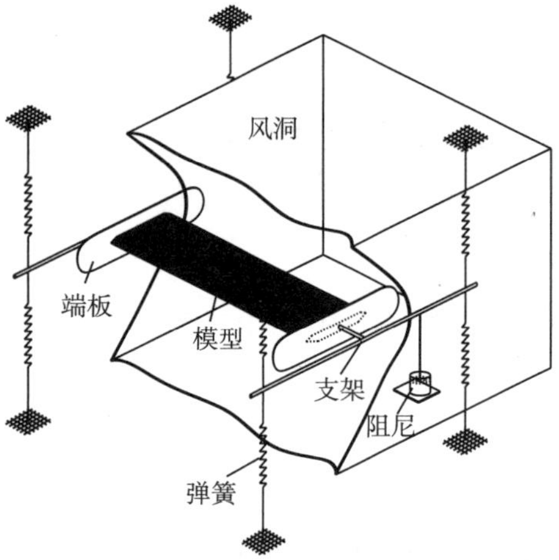

(a)动力试验示意图

(b)安装于风洞中的节段模型

图 10.20　节段模型动力风洞试验

节段模型动力试验可分别在均匀流或紊流中进行。均匀流中试验，可以获得主梁的颤振临界风速、涡激振动起振风速与振动振幅、气动导数等由气动自激力作用而产生的特性。紊流场中的节段模型振动试验可以测试模型的抖振响应，紊流场中的节段模型试验需要满足紊流强度相似的条件。

节段模型一般模拟两个方向的自由度，即竖向振动与扭转振动，也可增设水平向弹簧模拟侧向振动自由度。由于其只针对主梁的节段模型进行风洞试验，因而研究费用低，周期短，在桥梁方案设计或初步设计阶段，常用于主梁断面选型、气动优化、方案比选和桥梁抗风性能的初步评估。

模型设计及弹性悬挂支承系统参数，基于弹性参数、惯性参数、阻尼参数与实桥一致性的条件来确定，即要求模型与实桥原型之间保持下列三组无量纲参数一致：

$$\begin{cases}\text{弹性参数（折算频率）：} \dfrac{U}{f_h b}, \quad \dfrac{U}{f_\alpha b} \\ \text{惯性参数（质量相似）：} \dfrac{m}{\rho b^2}, \quad \dfrac{I_m}{\rho b^4} \\ \text{阻尼参数：} \zeta_h, \quad \zeta_\alpha \end{cases} \tag{10.1}$$

式中，U 为风速；b 为桥梁的桥面半宽度；f_h、f_α 分别为竖向振动频率和扭转振动频率；m 为单位长度质量；I_m 为单位长度质量惯矩；ζ_h、ζ_α 为阻尼比；ρ 为空气密度。下标 h 和 α 分别代表竖向运动和扭转运动。

跨越大江、跨湖或跨海桥梁，桥址区地势较平坦，实际的来流风攻角较小，试验风攻角一般控制在-3°～+3°之间，如果桥址处地形复杂或来流方向存在有产生较大攻角可能时，则需进行-5°和+5°攻角，甚至-7°和+7°攻角条件下模型的动力试验。

(1) 颤振性能试验：是直接获得桥梁主梁颤振临界风速的简便途径，在均匀流场中，测量节段模型在不同来流风速条件下的振动响应，获得模型竖向或扭转振动响应随风速的变化关系，根据颤振发生的判据，确定桥梁的颤振临界风速。

颤振发生主要是由于主梁受自激气动力作用，节段模型颤振性能试验一般在均匀流场中进行，试验来流最大风速不能低于桥梁设计基准风速的 1.5 倍以上。

图 10.21 (a) 为某大跨度桥梁主梁节段模型颤振试验结果，根据颤振发生判据，该桥梁主梁的颤振临界风速为 45m/s，风速大于该临界风速时主梁的扭转振幅突然增大，发生了颤振失稳现象。

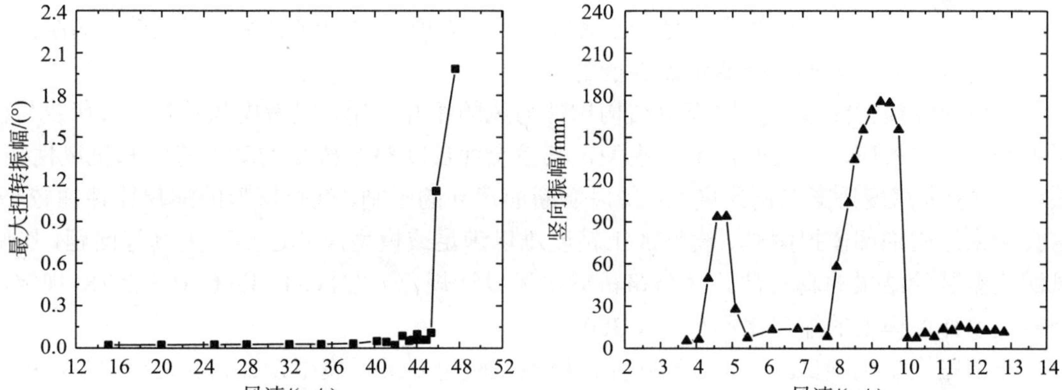

(a)颤振失稳　(b)涡激振动

图 10.21　节段模型动力试验结果示例

(2) 涡激振动试验：类似于颤振试验的弹簧悬吊支承方式，风洞试验时，在均匀流场中，通过逐级增加试验来流风速，利用位移计或加速度传感器等设备记录模型的振动响应，基于涡激振动单频谐振的特性，判定涡振的发生，并测定涡振发生风速与振幅。

涡激振动发生风速小于桥梁设计基准风速，尤其在 6～25m/s 常遇风速范围内是否发生涡激振动，是桥梁抗风设计的重点之一，因为，风速太小，其能量不足以激起涡振；风速大于 25m/s 时，桥梁已封闭而不允许行车，涡振对行车舒适性就无影响，另外，风速大其发生概率小，频度低，对结构风致疲劳影响也小。一般来讲，涡振试验最大试验风速只需大于桥梁的设计基准风速即可。

涡激振动风洞模型试验，模型系统的频率比、风速比可以与颤振试验不同，涡振试验更多地关注较低风速时模型的响应性能，颤振试验关注高风速下模型的响应，因此，涡振试验风速比一般比颤振试验的风速比小，试验来流风速递增步长小，从而实现对低风速区的涡激振动更精细化的测量。

大气紊流及黏性对涡激振动会有较明显的影响。因此，《公路桥梁抗风设计规范》(JTG/T 3360-01—2018)要求，涡激振动检验宜在均匀流场、0.25 倍设计紊流强度流场、桥址处设计紊流强度流场中进行，且以 0.25 倍设计紊流强度流场作为最终涡振评价依据。

图 10.21(b)为某大跨度桥梁主梁节段模型涡振试验结果，由试验结果可知，主梁模型在风速小于 13m/s 范围内发生了两次明显的竖向涡激振动，单边最大涡振振幅为 190mm。

(3)非定常气动力参数测量试验：基于弹性悬挂系统支承的动力节段模型试验，还可用于测定桥梁结构的非定常气动力参数，如颤振导数等。而基于动态天平支承的刚性节段模型风洞试验则用于测量主梁的气动导纳函数。

3. 气动弹性模型试验

与刚性节段模型自身不能变形不同，气动弹性模型是可弹性变形或振动的模型，其振动频率、振型、阻尼、约束条件、质量分布、刚度分布等与实桥结构是相似的。基于风洞模型试验相似律，桥梁气动弹性模型可用于研究桥梁结构在自然风作用下的静力稳定性、气动力特性，以及气动弹性响应等，包括自激气动力或气动力强迫作用产生的，涡激振动响应、抖振响应、颤振性能或驰振性能等。

气动弹性模型能较真实地模拟结构构件与风的相互作用，能考虑风特性、风荷载与桥梁振动的三维效应，相比刚性节段模型，其较全面反映整个桥梁的动力特性和抗风性能。然而，由于大跨度桥梁纵向尺度大，受风洞断面尺寸的限制，气弹模型的缩尺比往往较小，这会带来结构细部模拟困难、模型加工精度难以满足或模型尺寸过小而失真等问题，影响风洞模型试验结果的真实性。《公路桥梁抗风设计规范》(JTG/T 3360-01—2018)规定，全桥气动弹性模型的缩尺比不小于 1/300。

与节段模型风洞试验一样，气动弹性模型试验也要进行模型设计、安装和试验前的调试，并依据相似律验证模型与实桥的相似性，除了结构外形外，还包括模型的各主要频率、主要振型、阻尼比等。

风洞模型试验时，需要根据桥位处地形情况确定是否要模拟地形或考虑正负攻角的影响。试验来风除垂直于桥纵轴的横向外，必要时应考虑风向水平偏角的影响。

大跨度复杂桥梁，结构的三维振动效应明显、振动耦合较多，一般都需要通过全桥气动弹性模型试验，对其进行抗风性能评价。

1)气动弹性模型的相似律

依据结构动力学微分方程可知，要保证气动弹性模型试验结果有效可靠，且真实反映实际桥梁结构在自然风作用下的响应，必须保证模型的惯性、阻尼、弹性恢复及荷载等与实桥相似，相关条件如下：

(1)气动弹性模型的外形与实际桥梁的外形相似。

(2)试验来流流场与实际桥位处的流场相似，其通过风场模拟装置来实现。

(3)气动弹性模型的动力特性与实际桥梁结构的动力特性相似，包括固有频率、振型、阻尼、约束、质量分布、刚度分布等，简称为动力相似。

桥梁风工程理论，采用与尺寸无关的无量纲参数来建立动力相似律，即保证模型的无量纲参数与实桥的一致。

表 10.1 给出了在模拟大气边界层内气动弹性模型风洞试验需要满足的相似参数，在进行模型设计与试验时，保证表中所列的相似参数与实桥一致，基于该相似参数可得各结构参数的相似律如表 10.2 所示。

对大多数具有棱角断面的桥梁结构，可以忽略黏性参数一致性条件的影响。但对缆索、吊杆、桥面栏杆及墩柱等圆形截面或者流线型断面的结构及构件，应考虑黏性参数影响。

当结构的某些部分或者构件对结构某种振动形式的贡献可以忽略时，可适当放宽其相应的弹性参数及惯性参数的一致性条件。

严格满足阻尼参数一致性条件对于模型设计常常是非常困难的，应从模型材料的选取及装配方式上努力使其阻尼参数尽可能在合理的范围内。一般来讲，基于阻尼偏小模型，风洞试验结果偏于安全保守。

表 10.1　风洞模型试验的相似参数

<table>
<tr><td rowspan="14">紊流风场中气动弹性模型风洞试验的相似参数</td><td></td><td>无量纲参数</td><td>名称</td><td>物理意义</td></tr>
<tr><td rowspan="6">均匀流中的相似参数</td><td>$\frac{m}{\rho b^2}$，$\frac{I}{\rho b^4}$</td><td>惯性参数（密度比）</td><td>$\frac{结构物惯性力}{流体惯性力}$</td></tr>
<tr><td>$\frac{E}{\rho U^2}$，$\frac{EA}{\rho U^2 b^2}$，$\frac{EI}{\rho U^2 b^4}$，$\frac{GJ_d}{\rho U^2 b^4}$</td><td>弹性参数（Cauchy 数）</td><td>$\frac{结构物弹性力}{流体惯性力}$</td></tr>
<tr><td>bg/U^2</td><td>重力参数（Froude 数）</td><td>结构物重力/流体惯性力</td></tr>
<tr><td>$\rho Ub/\mu$</td><td>黏性参数（雷诺数）</td><td>流体惯性力/流体黏性力</td></tr>
<tr><td>ζ</td><td>阻尼参数（结构阻尼耗能比）</td><td>一个振动周期的耗散能量/振动总能量</td></tr>
<tr><td>$Z_c g/b$，$Z_c S/b$</td><td>几何参数</td><td>结构物重心及扭转中心的几何尺度比</td></tr>
<tr><td colspan="4">需要在紊流中试验时，除以上参数外，还要求以下参数相似</td></tr>
<tr><td rowspan="4">紊流中的相似参数</td><td>U_z/U_g</td><td>风速梯度</td><td>风速垂直剖面的速度变化</td></tr>
<tr><td>$\frac{\sigma_u}{U_z}$，$\frac{\sigma_v}{U_z}$，$\frac{\sigma_w}{U_z}$</td><td>紊流强度</td><td>脉流风速各分量的总能量</td></tr>
<tr><td>$\frac{nS_u(n)}{\sigma_u^2}$，$\frac{nS_v(n)}{\sigma_v^2}$，$\frac{nS_w(n)}{\sigma_w^2}$</td><td>归一化了的功率谱</td><td>紊流能量的频率分布</td></tr>
<tr><td>fL/U</td><td>施特鲁哈尔数或折算频率</td><td>时间尺度</td></tr>
<tr><td rowspan="2">结构物与脉动气流间的相似参数</td><td>L/D</td><td>尺度比</td><td>紊流边界层结构物之间的长度比</td></tr>
<tr><td>f/f_s</td><td>频率比</td><td>紊流边界层结构物之间的频率比</td></tr>
</table>

表 10.2　模型结构参数的缩尺比

参数名称	表达式	缩尺率	
		全桥模型试验（考虑重力刚度影响）	全桥模型试验（不考虑重力刚度影响）
长度	$C_L = L_m/L_P$	$1/n$	$1/n$
时间	$C_t = t_m/t_P$	$1/\sqrt{n}$	m/n
风速	$C_V = U_m/U_P$	$1/\sqrt{n}$	$1/m$
频率	$C_f = f_m/f_P$	$\sqrt{n}$	n/m
加速度	$C_a = a_m/a_P$	1	m^2/n
单位长度质量	$C_m = m_m/m_P$	$1/n^2$	$1/n^2$
单位长度质量惯矩	$C_I = I_m/I_P$	$1/n^4$	$1/n^4$
张力	$C_H = H_m/H_P$	$1/n^3$	$1/n^3$
拉伸刚度	$C_{EA}=(EA)_m/(EA)_P$	$1/n^3$	$1/m^2n^2$
弯曲刚度	$C_{EI}=(EI)_m/(EI)_P$	$1/n^5$	$1/m^2n^4$
自由扭转刚度	$C_{GJ_W}=(GJ_W)_m/(GJ_W)_P$	$1/n^5$	$1/m^2n^4$
约束扭转刚度	$C_{GJ_D}=(GJ_D)_m/(GJ_D)_P$	$1/n^7$	$1/m^2n^6$
结构阻尼	C_ξ	1	1

注：表中 m 值可取任意值，$m=\sqrt{n}$ 时表中右栏与左栏相同；在悬索桥、斜拉桥、弹簧悬挂节段模型、拉条模型试验时应取等效质量、等效质量惯矩。

2) 全桥模型的设计制作

由于自然界无法找到能同时满足刚度相似、质量相似，且经济易于加工的模型材料，风工程界在进行气动弹性模型设计制作时通行的做法是：用钢或铝合金等低阻尼金属材料制成弹性芯梁来模拟主梁、桥塔和桥墩的弯曲刚度，用木材或高密度塑料等易加工材料制作桥梁结构各部件的外衣，外衣的外形与桥梁构件外形相同，包裹在芯梁外面，分段设置，每段间设置 1mm 以内的缝隙，使其对模型刚度不产生影响，以避免了芯梁对流场的影响。芯梁与外衣质量之和应小于模型质量的需求，还需在模型内部设置配重来满足质量或者质量惯矩的相似条件。

模型外衣、芯梁、配重等的布局，必须保证构件的质量分布、重心位置、形心位置、扭转中心的位置不被改变，避免模型的竖弯、横弯及扭转振动形态与实桥产生差异。

斜拉桥的斜拉索、悬索桥的主缆及吊杆由高强度钢绞线或钢丝制成，其弯曲刚度相对很小，模型设计时可只模拟其拉伸刚度。拉伸刚度可以通过在模型缆索上设置拉伸弹簧来实现，重量用圆柱形质量块弥补。

人行道栏杆和车道防撞栏杆等附属设施缩尺后，构件尺寸很小，难以加工，可只要求其形状及透风率与实桥相似。

3) 气动弹性模型的检验

气动弹性模型加工制作，在风洞中安装完成后，需要进行模态测试，以验证模型的相似性，如果相似性不能满足要求，需要对模型进行调整，然后进行均匀流、紊流条件下的气动弹性模型风洞试验，测量模型的静动力稳定性及风致响应特性。

模态测试包括模型主要振型对应的频率、阻尼的测量，一般可采用强迫振动法或自由振动法激振模型，由激光位移传感器或加速度传感器测量模型的振动信号，进而，根据模态测试理论识别出振型频率与阻尼，并与实桥计算的频率或规范要求的阻尼比进行比较。

4) 气动弹性模型风洞试验

(1) 均匀流场下的气动弹性模型试验

针对主要由气动自激作用而产生的振动响应测试，如主梁颤振、涡振等，一般是在均匀流场下进行，以利于消除风速脉动分量对响应的干扰，也利于对振动现象的识别。

试验时，来流风速由小逐级增加，记录各级风速下试验模型各典型截面或典型位置的振动响应，根据涡激振动特性判别涡振发生风速，确定发振风速范围及最大涡振振幅，或依据颤振发生的判据得到桥梁模型的颤振临界风速，再通过相似律换算至实桥，获得实桥的涡激振动发振风速范围及最大涡振振幅，或实桥的颤振临界风速，从而，可以参照规范相关条文，评价实桥的涡振性能与使用性、实桥的颤振稳定性等。

由于涡激振动发振风速往往较低，因而试验时，在低来流风速区应特别注意，尽可能采用较小的风速梯级。

均匀流场下的全桥气动弹性模型试验还可以考察主梁的静风稳定性，及在静风荷载的作用下抵抗静力变形的能力，静风失稳临界风速的测量方法与颤振试验基本相同。

(2) 紊流场下的全桥气动弹性模型风洞试验

在模拟的大气边界层紊流场条件下，进行气动弹性模型风洞试验，主要是用以测试其抖振响应特性，同时也可用以对紊流场条件下桥梁颤振、涡振性能进行检验。

成桥或施工状态桥梁模型在模拟风场脉动风作用下的振动响应，一般也是采用位移传感器或加速度传感器进行测量，记录风致抖振响应随风速的变化特性，再依据相似律换算至实桥，确定在允许行车风速、设计基准风速条件下结构的位移或内力响应，并由此评估桥梁结构的安全性、疲劳及舒适性。

紊流场条件下风速测量、模型的振动响应测量等，所用仪器、方法同均匀流场风洞模型试验。

图 10.22 为某悬索桥气弹模型安装在西南交通大学 XNJD-3 风洞中的照片。

(3) 施工状态下气动弹性模型风洞试验

大跨度桥梁如斜拉桥、拱桥、悬索桥的施工阶段，主梁或拱肋还没有合龙，结构整体性较差，结构振动频率低，其抗风性能很可能较成桥状态差。因此，许多大跨度桥梁需要在风洞中进行典型施工状态下桥梁气动弹性模型风洞试验。

针对大跨度桥梁施工状态进行抗风评价时，需根据设计部门提供的施工方案，以桥梁架设期间风致振动可能较大或可能抗风不利的施工阶段作为典型施工状态，分别在均匀流和紊流条件下进行气动弹性模型试验。

与成桥状态的气弹模型风洞试验相同，施工状态的气弹模型也必须与实桥相应状态满足动力相似条件，即其刚度参数、质量参数、约束条件、流场特性等与实桥一致。

桥梁施工设备、施工临时结构等对桥梁结构的风致响应可能会有较大的影响，风洞模型试验时应考虑其存在。另外，施工临时设施如悬索桥的施工猫道自身的抗风性能也影响到结构安全、施工质量及施工人员的安全与舒适性，必要时也需要进行风洞模型试验。

悬索桥和斜拉桥的桥塔自立状态存在涡激振动或驰振的可能，其也是典型施工状态，需要时，应对其进行基于风洞模型试验评价。

施工状态下气动弹性模型风洞试验的试验内容、测量方法与成桥状态的风洞模型试验基本相同。

图 10.23 为某斜拉桥最大双悬臂状态气动弹性模型试验的照片。

图 10.22　安装在风洞中的气动弹性模型

图 10.23　最大双悬臂状态气动弹性模型

10.3　风环境风洞模型试验

当大跨度桥梁位于地形地貌复杂、风环境特殊的场地时，其风速特性难以依据规范等相关资料确定，现场实测在较短时间内又难以给出需要的风参数，此时，风环境风洞模型试验较常被采用。

尤其当桥址位于山区峡谷环境时，地形复杂、特殊，桥位处的风场受局部地形影响剧烈，山体在来流作用下，山顶风速加速效应、山体背风区紊流特性以及多重山脉对风场的影响等均无法确定，临近气象站的地形地貌与桥位差别大，无法确定气象站与桥位风速的相关关系，可借助大型边界层风洞，制作地形模型，进行风环境的模拟风洞试验。

因此，山区桥址风环境风洞试验的主要目标是结合地区区域风特性确定桥位处的设计风速，为大桥的抗风设计提供依据。利用大型风洞研究桥址区的风环境，需要选取桥梁周围一定范围的地形制作缩尺模型。选取范围和缩尺比的确定需要综合考虑风洞尺寸、研究目标等因素。

风环境风洞模型试验主要针对地形模型桥址附近进行风速的测量，由于地形模型缩尺比小，选取的风速测量设备一般为测量精度较高的热线风速仪。试验内容主要是：确定不同来流方向下桥址处的平均风速剖面、横向和竖向脉动风谱，进而确定桥址处的设计风速及风场特性。来流方向角的选取一般应结合当地气象资料，围绕主要来流方向进行多角度的风洞试验。

第 11 章　数值风洞在桥梁抗风设计中的应用

数值风洞技术是建立在计算流体动力学与图像显示技术基础上的一门交叉学科，其主要通过高性能计算机的数值计算来研究流体的流动问题，通过对流体流动和热传导等相关物理现象进行计算机数值分析，再采用图像显示技术展示分析结果。CFD 是计算流体动力学(computational fluid dynamics)的简称，其综合了空气动力学、流体力学、计算数学、计算机可视化等多种学科。

数值风洞技术、理论分析方法、实(试)验测量方法是研究流体流动问题的三个主要方法。理论分析方法基于严谨的数学模型，研究结果具有普遍性、各种影响因素明确，是指导实(试)验和验证新的数值方法的理论基础，但关于流体与钝体结构的相互耦合作用问题、流体流动的非线性问题等，由于理论模型还不完善，难以得到解析解。

风洞模型实(试)验，可以得到真实可信的结果，它既是理论分析与数值方法的基础，又可以验证理论分析与数值方法的结果，因而不可或缺。但它需要风洞设备及测量仪器等，受模型的设计和制作、模型尺寸、流场干扰、测量精度等的影响，研究周期长、费用高、难以显示流动特征，有时，还难以获得与缩尺模型相匹配的流场条件。

数值风洞技术可以不受固有试验条件约束的影响，将各种现象或条件分别考虑，深入认识各种流动现象机理，得到诸多非线性问题的定量结果。在工程设计中通过计算能得到大量流场信息，用于多种方案的比选等，其研究费用低、周期短、重复性好、可以模拟复杂几何外形的流场问题，且流场可视性好。

CFD 可以看作是在流动基本方程(质量守恒方程、动量守恒方程、能量守恒方程)控制下对流动的数值模拟。通过这种数值模拟，我们可以得到极其复杂问题的流场内各个位置上的基本物理量(如速度、压力、温度、浓度等)的分布，以及这些物理量随时间的变化情况，确定旋涡分布特性、空化特性及脱流区等。CFD 可用于研究桥梁结构的静力气动力、气动力特征参数、结构表面风压与相关性、结构周边的空气流动特征等。

目前，常用的数值建模软件有 Gambit、ICEM CFD、TurboGrid 等，数值求解软件有 FLuent、CFX、STAR CCM+等。

11.1　流体动力学控制方程

流动的流体要遵守基本的守恒定律，这些基本定律包括：质量守恒定律、动量守恒定律和能量守恒定律，而控制方程就是这些基本定律的数学描述。

1. 质量守恒方程

对于任何流体的流动问题，都必须满足质量守恒原则。该原则的含义为：单位时间内流入流体微元体的净质量等于该时间内微元体质量的增加。根据这一原则，可得质量守恒方程(也常被称为连续方程)为

$$\frac{\partial \rho}{\partial t}+\frac{\partial(\rho u)}{\partial x}+\frac{\partial(\rho v)}{\partial y}+\frac{\partial(\rho w)}{\partial z}=0 \tag{11.1}$$

式中，ρ 表示流体密度；t 表示时间；u,v,w 分别表示流体速度矢量在 x,y,z 方向上的分量。

引入矢量符号(即 $\operatorname{div}(\overline{a})=\frac{\partial a_x}{\partial x}+\frac{\partial a_y}{\partial y}+\frac{\partial a_z}{\partial z}$)简化式(11.1)，则有

$$\frac{\partial \rho}{\partial t}+\operatorname{div}(\rho\overline{u})=0 \tag{11.2}$$

式中，$\overline{u}$ 表示流体的速度矢量。

以上给出的是瞬态三维可压流体的质量守恒方程，若流体不可压，即 ρ 为常数。那么式(11.1)可变为

$$\frac{\partial u}{\partial x}+\frac{\partial v}{\partial y}+\frac{\partial w}{\partial z}=0 \tag{11.3}$$

若流动处于稳态，即 ρ 不随时间变化，则式(11.1)可变为

$$\frac{\partial(\rho u)}{\partial x}+\frac{\partial(\rho v)}{\partial y}+\frac{\partial(\rho w)}{\partial z}=0 \tag{11.4}$$

2. 动量守恒方程

如同质量守恒原则一样，任何流动的系统也都必须满足动量守恒原则。该原则可用牛顿第二定律来解释，即一个微元体中流体的动量对时间的变化率等于外界作用在该微元体上所有的外力之和。根据这一原则，可得 x、y 和 z 三个方向上的动量守恒方程(也常被称为运动方程或 Navier-Stokes 方程)为

$$\begin{cases}\dfrac{\partial(\rho u)}{\partial t}+\operatorname{div}(\rho u\overline{u})=-\dfrac{\partial p}{\partial x}+\dfrac{\partial \tau_{xx}}{\partial x}+\dfrac{\partial \tau_{yx}}{\partial y}+\dfrac{\partial \tau_{zx}}{\partial z}+F_x\\ \dfrac{\partial(\rho v)}{\partial t}+\operatorname{div}(\rho v\overline{u})=-\dfrac{\partial p}{\partial y}+\dfrac{\partial \tau_{xy}}{\partial x}+\dfrac{\partial \tau_{yy}}{\partial y}+\dfrac{\partial \tau_{zy}}{\partial z}+F_y\\ \dfrac{\partial(\rho w)}{\partial t}+\operatorname{div}(\rho w\overline{u})=-\dfrac{\partial p}{\partial z}+\dfrac{\partial \tau_{xz}}{\partial x}+\dfrac{\partial \tau_{yz}}{\partial y}+\dfrac{\partial \tau_{zz}}{\partial z}+F_z\end{cases} \tag{11.5}$$

式中，p 表示微元体上的压力；F_x、F_y 和 F_z 分别表示作用在微元体 x、y 和 z 三个方向上的体力；τ_{xx}、τ_{xy} 和 τ_{xz} 等分别表示作用在微元体表面上黏性应力 $\overline{\tau}$ 的分量。

式(11.5)中的动量守恒方程对任何种类的流体都适用，包括非牛顿流体(即不满足牛顿黏性实验定律的流体，其剪应力与剪切应变率之间不是线性关系的流体)。特别地，对于牛顿流体，其黏性应力 $\overline{\tau}$ 与流体变形率成比例，有如下关系：

$$\begin{cases}\tau_{xx}=2\mu\dfrac{\partial u}{\partial x}+\lambda\mathrm{div}(\overline{u}),\ \tau_{yy}=2\mu\dfrac{\partial v}{\partial y}+\lambda\mathrm{div}(\overline{u}),\ \tau_{zz}=2\mu\dfrac{\partial w}{\partial z}+\lambda\mathrm{div}(\overline{u})\\ \tau_{xy}=\tau_{yx}=\mu\left(\dfrac{\partial u}{\partial y}+\dfrac{\partial v}{\partial x}\right),\ \tau_{xz}=\tau_{zx}=\mu\left(\dfrac{\partial u}{\partial z}+\dfrac{\partial w}{\partial x}\right),\ \tau_{yz}=\tau_{zy}=\mu\left(\dfrac{\partial v}{\partial z}+\dfrac{\partial w}{\partial y}\right)\end{cases} \tag{11.6}$$

式中，μ 表示动力黏度；λ 表示第二黏度。根据 Stokes 假设，可得 $\lambda=-\dfrac{2}{3}\mu$。

将式(11.6)代入式(11.5)可得

$$\begin{cases}\dfrac{\partial(\rho u)}{\partial t}+\mathrm{div}(\rho u\overline{u})=\mathrm{div}(\mu\mathrm{grad}u)-\dfrac{\partial p}{\partial x}+S_u\\ \dfrac{\partial(\rho v)}{\partial t}+\mathrm{div}(\rho v\overline{u})=\mathrm{div}(\mu\mathrm{grad}v)-\dfrac{\partial p}{\partial y}+S_v\\ \dfrac{\partial(\rho w)}{\partial t}+\mathrm{div}(\rho w\overline{u})=\mathrm{div}(\mu\mathrm{grad}w)-\dfrac{\partial p}{\partial z}+S_w\end{cases} \tag{11.7}$$

式中，$\mathrm{grad}()=\dfrac{\partial()}{\partial x}+\dfrac{\partial()}{\partial y}+\dfrac{\partial()}{\partial z}$；$S_u$、$S_v$ 和 S_w 分别表示动量守恒方程的广义源项。

为了便于理解，式(11.7)还可以改写为

$$\begin{cases}\dfrac{\partial(\rho u)}{\partial t}+\dfrac{\partial(\rho uu)}{\partial x}+\dfrac{\partial(\rho uv)}{\partial y}+\dfrac{\partial(\rho uw)}{\partial z}=\dfrac{\partial}{\partial x}\left(\mu\dfrac{\partial u}{\partial x}\right)+\dfrac{\partial}{\partial y}\left(\mu\dfrac{\partial u}{\partial y}\right)+\dfrac{\partial}{\partial z}\left(\mu\dfrac{\partial u}{\partial z}\right)-\dfrac{\partial p}{\partial x}+S_u\\ \dfrac{\partial(\rho v)}{\partial t}+\dfrac{\partial(\rho vu)}{\partial x}+\dfrac{\partial(\rho vv)}{\partial y}+\dfrac{\partial(\rho vw)}{\partial z}=\dfrac{\partial}{\partial x}\left(\mu\dfrac{\partial v}{\partial x}\right)+\dfrac{\partial}{\partial y}\left(\mu\dfrac{\partial v}{\partial y}\right)+\dfrac{\partial}{\partial z}\left(\mu\dfrac{\partial v}{\partial z}\right)-\dfrac{\partial p}{\partial y}+S_v\\ \dfrac{\partial(\rho w)}{\partial t}+\dfrac{\partial(\rho wu)}{\partial x}+\dfrac{\partial(\rho wv)}{\partial y}+\dfrac{\partial(\rho ww)}{\partial z}=\dfrac{\partial}{\partial x}\left(\mu\dfrac{\partial w}{\partial x}\right)+\dfrac{\partial}{\partial y}\left(\mu\dfrac{\partial w}{\partial y}\right)+\dfrac{\partial}{\partial z}\left(\mu\dfrac{\partial w}{\partial z}\right)-\dfrac{\partial p}{\partial z}+S_w\end{cases} \tag{11.8}$$

其中，$S_u=F_x+s_x$，$S_v=F_y+s_y$，$S_w=F_z+s_z$。而 s_x、s_y 和 s_z 可由下式求得

$$\begin{cases}s_x=\dfrac{\partial}{\partial x}\left(\mu\dfrac{\partial u}{\partial x}\right)+\dfrac{\partial}{\partial y}\left(\mu\dfrac{\partial v}{\partial x}\right)+\dfrac{\partial}{\partial z}\left(\mu\dfrac{\partial w}{\partial x}\right)+\dfrac{\partial}{\partial x}(\lambda\mathrm{div}\overline{u})\\ s_y=\dfrac{\partial}{\partial x}\left(\mu\dfrac{\partial u}{\partial y}\right)+\dfrac{\partial}{\partial y}\left(\mu\dfrac{\partial v}{\partial y}\right)+\dfrac{\partial}{\partial z}\left(\mu\dfrac{\partial w}{\partial y}\right)+\dfrac{\partial}{\partial y}(\lambda\mathrm{div}\overline{u})\\ s_z=\dfrac{\partial}{\partial x}\left(\mu\dfrac{\partial u}{\partial z}\right)+\dfrac{\partial}{\partial y}\left(\mu\dfrac{\partial v}{\partial z}\right)+\dfrac{\partial}{\partial z}\left(\mu\dfrac{\partial w}{\partial z}\right)+\dfrac{\partial}{\partial z}(\lambda\mathrm{div}\overline{u})\end{cases} \tag{11.9}$$

式中，s_x、s_y 和 s_z 属于小量。特别地，对于不可压缩流体，有 $s_x=s_y=s_z=0$。

3. 能量守恒方程

能量守恒原则特指具有热交换的流动系统所必须满足的基本原则。该原则可用热力学第一定律来解释，即微元体中能量随时间的增加率等于该微元体中净热量加上体力和表面力对该微元体做的功。根据这一原则，可得以 T 为变量的能量守恒方程为

$$\frac{\partial(\rho T)}{\partial t}+\mathrm{div}(\rho\overline{u}T)=\mathrm{div}\left(k/c_p\mathrm{grad}T\right)+S_T \tag{11.10}$$

将式(11.10)展开可得

$$\frac{\partial(\rho T)}{\partial t}+\frac{\partial(\rho uT)}{\partial x}+\frac{\partial(\rho vT)}{\partial y}+\frac{\partial(\rho wT)}{\partial z}=\frac{\partial}{\partial x}\left(\frac{k}{c_p}\frac{\partial T}{\partial x}\right)+\frac{\partial}{\partial y}\left(\frac{k}{c_p}\frac{\partial T}{\partial y}\right)+\frac{\partial}{\partial z}\left(\frac{k}{c_p}\frac{\partial T}{\partial z}\right)+S_T \quad (11.11)$$

式中，T 表示温度；c_p表示比热容；S_T表示黏性耗散项；k 表示传热系数。

值得注意的是，式(11.11)表示流动与传热的关系，对于不可压缩流体，其热交换很小甚至可以忽略时，可不考虑能量守恒方程，仅需要联立质量守恒方程与动量守恒方程进行求解。因为桥梁处于大气边界层内，且空气流速远小于音速，故不考虑空气的密度变化，书中将其认为不可压缩流体。此外，还需要说明，式(11.11)的推导针对的是牛顿流体，对于非牛顿流体，式(11.11)不再适用。

4. 控制方程的通用形式

观察式(11.2)、式(11.7)和式(11.10)，可以发现它们具有类似的表达形式，为了方便分析，可将其改写为统一形式：

$$\frac{\partial(\rho\phi)}{\partial t}+\mathrm{div}(\rho\overline{u}\phi)=\mathrm{div}\left(\Gamma\,\mathrm{grad}\phi\right)+S \quad (11.12)$$

其展开形式为

$$\frac{\partial(\rho\phi)}{\partial t}+\frac{\partial(\rho u\phi)}{\partial x}+\frac{\partial(\rho v\phi)}{\partial y}+\frac{\partial(\rho w\phi)}{\partial z}=\frac{\partial}{\partial x}\left(\Gamma\frac{\partial\phi}{\partial x}\right)+\frac{\partial}{\partial y}\left(\Gamma\frac{\partial\phi}{\partial y}\right)+\frac{\partial}{\partial z}\left(\Gamma\frac{\partial\phi}{\partial z}\right)+S \quad (11.13)$$

式中，ϕ表示通用变量；Γ 表示广义扩散系数；S 为广义源项。对于每一具体的控制方程，ϕ、Γ 和 S 可按表 11.1 取值。

表 11.1　通用方程中各符号的取值

控制方程	Γ	ϕ	S
质量守恒方程	0	1	0
动量守恒方程	μ	u_i	$-\partial p/\partial x_i+S_i$
能量守恒方程	k/c_p	T	S_T

11.2　紊流模型与动网格

1. 紊流模型

紊流是流体运动的常见形式，也是流体力学的核心问题之一。流体试验表明，当雷诺数小于某一临界值时，流动是平滑的，相邻的流体层彼此有序地流动，称为层流。当雷诺数大于某临界值时，会出现一系列复杂的变化，最终导致流动特征的本质变化，流动呈无序的混乱状态，此时即使边界条件不变，流动也是不稳定的，速度等流动特性都随机变化，这种状态称为紊流。

从物理结构上分析，紊流可视为由许多不同尺度的涡叠加而成的流动，这些涡的大小和旋转方向都是随机的。其中，大尺度的涡是引起低频脉动的主要原因，它是由流场的边界条件决定的。而小尺度的涡是引起高频脉动的主要原因，它是由黏性力所决定的。在紊流状态下，大尺度的涡不断破裂变成较小尺度的涡，较小尺度的涡又破裂成更小尺度的涡，大尺度的涡不断从流体中获得能量传递给小尺度的涡，最后由于流体的黏性作用，小尺度的涡不断消失，从而流体的机械能转化为热能。与此同时，由于扰动、速度梯度及边界作用等因素，又有许多新的涡不断产生。这就是紊流产生的原因。

紊流是一种很复杂的非线性流动，目前学者已经通过一些数值模拟的办法来描述这种流动特性，并取得较理想的结果。一般地，紊流的数值模拟方法主要分为直接模拟法和非直接模拟法。直接模拟法就是直接求解瞬时紊流控制方程。而非直接模拟法就是不直接计算紊流控制方程，而是对紊流作一定程度的近似或简化处理。

直接数值模拟法就是利用 Navier-Stokes 方程直接进行计算，整个计算过程不需要任何简化，其计算结果可以达到很高的精度。但是该方法需要的网格数量十分庞大，这对计算机的性能要求很高，故目前该方法还不能用于实际工程的计算。

对于非直接数值模拟法，主要包括大涡模拟法和雷诺平均法。

1) 大涡模拟法

精确模拟紊流流动需要两个条件：①计算区域的尺寸足够大，大到足以包含可能出现的最大尺度涡；②计算网格的尺度足够小，小到足以区分最小尺度的涡。但是，目前计算机的性能无法满足上述第二个条件，即无法得到尺度足够小的计算网格。因此，仅对尺度较大的涡利用 Navier-Stokes 方程进行计算。对于无法直接计算的小尺度涡，则通过建立模型来近似模拟其对大尺度涡的影响。这就是大涡模拟法的基本思路。可以看出，该方法对计算机性能的要求仍比较高。

2) 雷诺平均法

雷诺平均法的核心思想是求解时均化的 Navier-Stokes 方程，而不是直接求解瞬时的 Navier-Stokes 方程。这不仅可以避免直接模拟法的大量计算，而且还可以满足工程实际应用的精度，故雷诺平均法是目前广泛采用的数值模拟法。

求解时必须对雷诺应力作出假定，建立应力的表达式，或者引入新的紊流模型方程，通过这些表达式(或紊流模型)，将紊流模型的脉动值与时均值等联系起来。常用的紊流模型有两类：雷诺应力模型和涡粘模型。

雷诺应力模型直接构建表示雷诺应力的方程，进而进行求解。涡粘模型不直接处理雷诺应力项，而是引入湍动黏度，或称涡黏系数，然后把紊流应力表示成湍动黏度的函数，根据确定湍动黏度所需微分方程的数目，涡粘模型可分为：零方程模型、一方程模型和两方程模型。目前实际工程中应用最广泛的是两方程模型，如 SST $k-\omega$ 紊流模型就是典型的两方程模型。

2. 动网格技术

动网格的生成技术主要有：刚性动网格技术、变形动网格技术、滑移动网格技术、重叠动网格技术、超限值动网格生成技术、重构动网格技术和变形/重构混合动网格生成技术等。动网格技术必须满足：精确性、效率性、易用性、稳定性和可并行性。下文对动网格生成技术作简要介绍。

1) 刚性动网格技术

刚性动网格技术的核心思想是让划分的网格与结构一起作刚体运动。该方法的优点在于，在整个计算过程中，可依据结构的运动方式直接获得计算网格，而不需要重新再生成。故其不仅可以保持初始网格的质量，而且整个过程所需的计算量还很小。该方法的缺点在于其仅适用于单个刚体的非定常运动。而对于变形体或者多个物体的相对运动，此方法不再适用。此外，由于网格与结构一起运动，这还会增加远场边界的处理难度。总而言之，刚性动网格技术多适用于外形简单且单个刚体非定常运动的数值计算。

2) 变形动网格技术

变形动网格技术的核心思想是在保证网格拓扑结构不变的基础上，将网格节点重新分配。该方法的优点在于可以保证网格之间的关联信息不变，从而避免每一步所需的插值。然而当网格作大尺度运动时，其质量会变得很差，甚至会产生负体积单元，从而无法完成计算。对于变形动网格技术，其网格更新模型的方法有三种：网格光顺法、动态层法和网格重构法。其中，网格光顺法的核心思想是在保证网格拓扑结构不变的基础上，设置特定的算法控制网格变形，从而令变形的网格质量满足要求。

11.3　CFD 软件结构与求解过程

采用 CFD 软件计算流体的流动，无论所求解的是瞬态问题还是稳态问题，其求解流程均包括如下 9 个步骤：

(1) 建立控制方程；
(2) 确定初始条件与边界条件；
(3) 划分网格；
(4) 建立离散方程；
(5) 离散边界条件与初始条件；
(6) 给定求解控制参数；
(7) 求解离散方程；
(8) 判断所得解的收敛性；
(9) 输出结果。

为方便用户使用 CFD 软件处理不同类型的工程问题，一般的 CFD 商用软件往往将复杂的 CFD 过程集成，通过一定的接口，让用户快速地输入问题的有关参数。因此，所有的商用 CFD 软件均包括三个基本环节：前处理、求解和后处理，与之对应的程序模块常简称前处理器、求解器、后处理器。

1) 前处理器

前处理器(preprocessor)用于完成向 CFD 软件输入所分析问题的相关数据，该过程一般是借助与求解器相对应的对话框等图形界面来完成的。在前处理阶段需要用户进行以下工作：

(1) 定义所求问题的几何计算域；

(2) 将计算域划分成多个互不重叠的子区域，如图 11.1 形成由单元组成的网格；

(3) 对所要研究的物理和化学现象进行抽象，选择相应的控制方程；

(4) 定义流体的属性参数；

(5) 为计算域边界处的单元指定边界条件；

(6) 对于瞬态问题，指定初始条件。

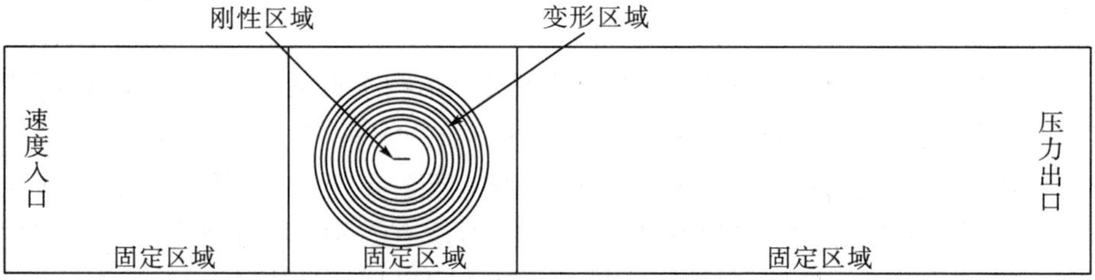

图 11.1 流场计算域

流体流动问题的解是在单元内部的节点上定义的，解的精度由网格中单元的数量所决定。一般来讲，单元越多、尺寸越小，所得到的解的精度越高，但所需要的计算机内存资源及 CPU 时间也相应增加。为了提高计算精度，在物理量梯度较大的区域，以及我们感兴趣的区域，往往要加密计算网格。在前处理阶段生成计算网格时，关键是要把握好计算精度与计算成本之间的平衡。

目前在使用商用 CFD 软件进行 CFD 计算时，有超过 50%的时间花在几何区域的定义及计算网格的生成上。我们可以使用 CFD 软件自身的前处理器来生成几何模型，也可以借用其他商用 CFD 或 CAD/CAE 软件(如 PATRAN、ANSYS、L-DEAS、Pro/ENGINEER)提供的几何模型。此外，指定流体参数的任务也是在前处理阶段进行的。

2) 求解器

求解器(solver)的核心是数值求解方案。常用的数值求解方案包括有限差分、有限元、谱方法和有限体积法等。总体上讲，这些方法的求解过程大致相同，包括以下步骤：

(1) 借助简单函数来近似待求的流动变量；

(2) 将该近似关系代入连续型的控制方程中，形成离散方程组；

(3) 求解代数方程组。

各种数值求解方案的主要差别在于流动变量被近似的方式及相应的离散化过程，其中，有限体积法是目前商用 CFD 软件广泛采用的方法。

3) 后处理器

后处理的目的是有效地观察和分析流动计算结果。随着计算机图形功能的提高，目前的 CFD 软件均配备了后处理器(postprocessor)，提供了较为完善的后处理功能，包括：

(1) 计算域的几何模型及网格显示；
(2) 矢量图(如速度矢量线)；
(3) 等值线图；
(4) 填充型的等值线图(云图)；
(5) XY 散点图；
(6) 粒子轨迹图；
(7) 图像处理功能(平移、缩放、旋转等)。

借助后处理功能，还可动态模拟流动效果，直观地了解 CFD 的计算结果。

4) CFD 在桥梁风工程中的应用

目前，数值风洞在桥梁抗风设计中可以应用于：

(1) 桥梁结构气动参数模拟分析，包括：典型桥梁断面的三分力系数计算，表面压力分布系数、Strouhal 数、速度场等的分析；
(2) 桥梁断面的气动导数(颤振导数)、气动导纳的识别；
(3) 桥梁结构局部复杂区域三维流场分析；
(4) 山区地形的三维流场分析。

思 考 题

1. 自然界常见且对桥梁等结构有影响的风有哪些类型？

2. 风产生的基本原因是什么？

3. 桥梁抗风设计基本风速是如何定义的？

4. 平均风速沿高度如何变化？变化规律与地表状况有何关系？

5. 风速与风压之间存在何关系？

6. 设计基本风速与设计基准风速有何区别？又有何联系？

7. 如何确定桥梁设计基本风速与设计基准风速？

8. 桥梁抗风风险区是如何划分的？

9. 我国规范将地面粗糙度分成几类？各类别有何特点？

10. 如何确定桥梁设计基准风速和桥梁施工阶段的设计风速？

11. 桥址地区的地表粗糙度与桥位处的地表粗糙度是否相同？桥址地区、桥位处的设计基本风速是否相同？

12. 自然风的紊流强度主要受何因素影响？它对桥梁风致效应的影响如何？

13. 请说明悬索桥静力发散(扭转发散)临界风速的近似计算方法、所需基本资料及检验准则。

14. 风对大跨度桥梁的主梁会产生静力作用，该作用会导致桥梁产生哪些力学行为？

15. 风对大跨度桥梁的主梁会产生动力作用，该作用会导致桥梁产生哪些振动现象？各有何特点？

16. 桥梁抗风承载能力极限状态需要验算哪些内容？抗风正常使用极限状态需要验算哪些内容？

17. 桥梁抗风承载能力极限状态荷载如何组合？抗风正常使用极限状态荷载如何组合？

18. 风对桥梁的主梁截面会产生哪些静力分量？其与哪些因素有关？如何确定？

19. 风对桥梁的主梁会产生两种静风稳定现象，其分别是什么？如何验算静风稳定性？

20. 涡激振动现象、颤振现象、驰振现象三者之间有何异同点？

21. 主梁颤振与哪些因素有关？如何提高颤振临界风速？简述不同设计参数对桥梁颤振的影响。

22. 悬索桥主梁架设阶段的颤振问题有何特点？

23. 确定桥梁颤振临界风速有哪些方法？如何确定桥梁颤振检验风速？

24. 采用近似计算方法确定桥梁颤振临界风速时，如何选取参与计算的频率？如何确定质量参数？

25. 影响桥梁颤振临界风速的主要因素有哪些？采用何种途径有助于提高颤振临界风速？

26. 涡激振动有哪些特点，其与哪些因素有关？采用何种途径有助于降低涡振响应？

27. 结构阻尼对风致振动如何影响？

28. 风致抖振及涡激共振分别对桥梁的安全性及使用性如何影响？

29. 涡激振动又称为涡激共振，为何又是限幅振动？

30. 对大跨度桥梁的涡激振动检验一般是基于哪些量的检验？一般标准是什么？

31. 主梁桥面上下开槽或钢桁梁采用格子桥面对主梁气动性能有何影响？为什么？

32. 桥梁主梁涡激振动的容许振幅主要基于什么来确定的？

33. 斜拉桥的斜拉索会产生哪些风致振动现象？

34. 抑制斜拉索风雨振动的措施有哪些？

35. 对桥塔结构抗风性能有利的截面形式有哪些？

36. 提高桥梁主梁抗风性能的措施有哪些？

37. 提高桥塔抗风性能的措施有哪些？

38. 桥梁风洞模型试验有哪几类？各自功能特点是什么？

39. 风洞模型试验时，大气边界层模拟的目的是什么？如何实现大气边界层的模拟？

40. 大跨度桥梁抗风设计主要包含哪些内容？

41. 风洞试验时，风速测量设备有哪些？

42. 为何位移测量时要采用非接触式位移计？

43. 节段模型、气动弹性模型的缩尺比应满足何要求？为什么？

44. 动力节段模型试验需要哪些无量纲参数相似？气动弹性模型试验需要哪些无量纲参数相似？

45. 气弹模型风洞试验时，如何确定风速比、频率比？它们与缩尺比之间的关系如何？

46. 气动弹性模型的刚度相似如何实现？外形相似如何实现？质量相似如何实现？

47. 气弹模型风洞试验前的模态测试的目的是什么？

48. 均匀流场中的气弹模型试验、紊流场中的气弹模型试验分别用以测量哪些风致响应？评价哪些风振响应性能？

49. CFD 数值计算有哪些基本步骤？

50. CFD 数值计算主要基于哪些流体力学方程？

参 考 文 献

陈政清. 2005. 桥梁风工程[M]. 北京: 人民交通出版社.

程进, 江见鲸, 肖汝诚. 2004. 悬索桥空气静力稳定性的随机分析[J]. 土木工程学报, 37(4): 41-45.

葛耀君, 项海帆. 1999. 桥梁颤振的随机有限元分析[J]. 土木工程学报, 32(04): 27-32.

葛耀君. 2011. 大跨度悬索桥抗风[M]. 北京: 人民交通出版社.

贺德馨. 2006. 风工程与工业空气动力学[M]. 北京: 国防工业出版社.

马存明. 2007. 流线箱型桥梁断面三维气动导纳研究[D]. 成都: 西南交通大学.

唐煜. 2015. 流线型箱梁断面非线性自激力与非线性颤振响应研究[D]. 成都: 西南交通大学.

王福军. 2004. 计算流体动力学分析—CFD 软件原理与应用[M]. 北京: 清华大学出版社.

王骑. 2011. 大跨度桥梁断面非线性自激气动力与非线性气动稳定性研究[D]. 成都: 西南交通大学.

吴瑾, 夏逸鸣, 张丽芳. 2007. 土木工程结构抗风设计[M]. 北京: 科学出版社.

项海帆. 2005. 现代桥梁抗风理论与实践[M]. 北京: 人民交通出版社.

阎超. 2006. 计算流体力学方法及应用[M]. 北京: 航空航天大学出版社.

郑史雄, 郭俊峰, 朱进波, 等. 2017. Π 型断面主梁软颤振特性及抑制措施研究[J]. 西南交通大学学报, 52(3): 458-465.

郑史雄, 李永乐, 陶奇. 2007. 天兴洲公铁两用长江大桥气动参数风洞试验[J]. 中国铁道科学, 28(2): 25-30.

郑史雄, 徐伟, 高宗余. 2009. 武汉天兴洲公铁两用长江大桥抗风性能研究[J]. 桥梁建设, 4: 1-4.

中国建筑科学研究院. 2014. 建筑工程风洞试验方法标准(JGJ/T 338—2014)[S]. 北京: 中国建筑工业出版社.

中华人民共和国行业推荐标准. 2019. 公路桥梁抗风设计规范(JTG/T 3360-01—2018)[S]. 北京: 人民交通出版社.

Ge Y J, Tanaka H. 2000. Aerodynamic flutter analysis of cable-supported bridges by multi-mode and full-mode approaches[J]. Journal of Wind Engineering and Industrial Aerodynamics, 86(2): 123-153.

Larsen A, Esdahl S, Andersen J E, et al. 2000. Storebælt suspension bridge–vortex shedding excitation and mitigation by guide vanes[J]. Journal of Wind Engineering and Industrial Aerodynamics, 88(2): 283-296.

Simiu E, Scanlan R H. 1996. Wind effects on structures[M]. Third edition. John Wiley & Sons.

Xu Y L, Sun D K. 2000. Fully coupled buffeting analysis of TsingMa suspension bridge[J]. Journal of Wind Engineering and Industrial Aerodynamics, 85: 97-117.

第三篇

桥梁抗震设计

概　述

地震是与地球构造运动密切相关的一种自然现象，地球表面的岩石层不是一块整体，而是由六大板块和若干小板块组成，这六大板块即欧亚板块、美洲板块、非洲板块、太平洋板块、印度洋板块和南极洲板块。由于地幔的地流，这些板块在地幔软流层上非常缓慢而又持久地相互运动着，由于它们的边界是相互制约的，因而板块之间处于张拉、挤压和剪切状态，从而产生应力并不断积蓄应变能，而当某处地应力对应的应变超过岩层的极限应变时，岩层就会发生突出断裂和错动，应变能得以释放，从而引起岩层震动，震动以波的形式传到地面，便形成构造地震。

地球上的主要地震带位于这些大板块的交界地区，构造地震与地质构造密切相关，其往往发生在地应力比较集中、构造比较脆弱的地段，体现在原有断层的端点、转折处及不同断层的交会处。

世界上的地震很多，每天都有发生，只是很多地震没被察觉。虽然造成建筑结构破坏和人员伤亡的地震为数不多，但一旦发生大地震，会对人类的生活及财产造成巨大损失，因而其是工程界主要关心的自然灾害之一。

地震是自然界中一种突发性的严重灾害，目前地震发生尚无法准确预报，地震作用难以准确描述。桥梁在地震作用下的损伤，可能引起结构倒塌而交通中断，进而产生直接或间接经济损失，或虽还没倒塌却丧失其使用功能。

桥梁抗震设计理论的发展仍处于对已发生大震震害分析、研究及总结，建立抗震设计目标、准则与方法，工程实践后又不断完善的过程。近几十年来，桥梁抗震设计理论取得了长足的进步，但由于地震发生的随机性与不确定性，每次大地震后，仍有不少桥梁出现损伤而引发震害。

地震大小等级是具有相应概率水平的随机量，大地震是小概率事件，小地震则发生概率高。桥梁抗震设计应该综合考虑地震发生概率、桥梁的重要性、经济性、桥梁使用功能等，确定相应的设防标准与设计准则。

桥梁抗震设计需要对地震作用进行描述，建立地震作用的数学表达，并施加于桥梁结构的计算分析模型中，基于结构动力学理论，计算桥梁结构在地震作用下的动力学行为与性能，进而根据预定的桥梁结构功能指标及性能指标，进行结构参数的确定或评价。

第12章 地震工程学基本知识

12.1 地震的分布与类型

由地球内部构造运动引起地下岩层错动、破裂所造成的地震称为构造地震。全球所发生的地震90%以上都属于构造地震，其破坏力最大，造成的地震灾害也最强。由于火山活动引起的地震称为火山地震。因地下岩洞或矿井顶部塌陷而引起的地震称为塌陷地震。水库蓄水、油田开采等活动所引发的地震称为诱发地震。

构造地震的分布范围广、破坏作用大，并尤以震源较浅的浅源构造地震危害最大，因此，工程结构抗震主要是针对浅源构造地震。世界范围内有两个主要地震带：

(1)环太平洋地震带：沿南、北美洲西海岸、阿留申群岛，向西南到日本列岛，再经我国台湾，达菲律宾、新几内亚和新西兰(世界上大多数地震都发生在这一地震带)。

(2)欧亚地震带：西起大西洋的亚速岛，经意大利、土耳其、伊朗、印度北部、我国西部和西南地区，经缅甸到印度尼西亚与太平洋地震带相衔接。

环太平洋地震带能量最高，包含了80%左右的浅源地震；欧亚地震带条带型不明显，情况复杂。

为了研究地震的统计规律，Gutenbury 和 Richter 对美国南加州和全球地震进行了统计研究，得到了地震的震级与频度关系：

$$\log_{10}N(M)=a-bM \tag{12.1}$$

式中，$N(M)$表示地震频度，即地震发生的频繁程度。1918 年至 1964 年 47 年间由全球地震资料统计得到的震级-频度关系如下：

$$\log_{10}N=10.40-1.15M \tag{12.2}$$

式中，N表示 10 年间隔内震级为(M，M+0.5)地震次数的均值。

我国东、西部分别位于环太平洋地震带或欧亚地震带上，地震活动区主要在华北及东南沿海地区、西部高原地区(含喜马拉雅山脉和天山山脉)，地震影响区域大，是地震多发国家之一。新中国成立以来，我国大陆发生的各大地震均具有强度大、频度高、震源浅等特点。《中国地震动参数区划图》(GB 18306—2015)给出了我国强震活动区分布及相应的不同概论水平地震动参数。

浅源构造地震可能引发断层错动或地表断层位移，在大地震中，断层地表位移的区域远小于受强地面震动影响的区域。1999 年台湾 Chi-Chi 地震，断层错动位移通过许多建筑物区，并造成破坏，断层破裂的总长度达 80km，最大水平断层位移达到约 9m，垂直深度达 1～4m。

地震还可能造成山体滑坡和雪崩，对交通设施或建筑结构带来重大破坏，或引发过大的堰塞湖形成，产生安全隐患或严重后果。2008 年汶川大地震就引发了多处山体滑坡和堰塞湖。1970 年 Peru 地震导致瓦斯卡拉山峰北端发生巨大雪崩，总计至少达 5000 万 m^3 的岩石、雪、冰和泥土以 320km/h 的速度从山上驶向 15km 远的永盖镇。在这次地震造成的雪崩中，至少有 18000 人被埋，而且包括整个 Ranrahirca 镇和永盖镇大部分地区被埋。

地震发生还可能导致海洋底部产生突然的地面位移导致一个长的水波形成，从而产生海浪或海啸。虽然海底滑坡是造成海啸的直接原因，但最一般原因还是地震促使海底断层产生脉冲位移。因为这个地震发生在环太平洋地震带，所以特别容易产生海啸。

地震引发了一系列的各种灾害，这些灾害破坏了与人类生活相关的生命线工程，危及人类，所以地震工程学是让地震学的知识为人类的工程结构服务，抵抗或减轻地震对人类带来的伤害和损伤。

12.2 地震基本术语

地震学主要研究板块运动、地震形成机理、发生的概率，以及预测未来可能发生的地震大小等，而地震工程学则研究地震对工程结构的作用与效应。常用以下术语对某次地震进行描述，包括：震源、震中、地震波、震级、地震烈度。

1. 震源和震中

地震发源的地方(即能量释放中心)称为震源，震源正上方的地面位置称为震中，地面工程场地至震中的水平距离称为震中距，震源至地面(震中)的垂直距离称为震源深度。按震源深浅，深度 60km 以内的为浅源地震，深度 60～300km 的为中源地震，深度 300km 以上的为深源地震，如图 12.1 所示。

由于震源深浅、震中距大小等不同，地震造成的破坏也不同。

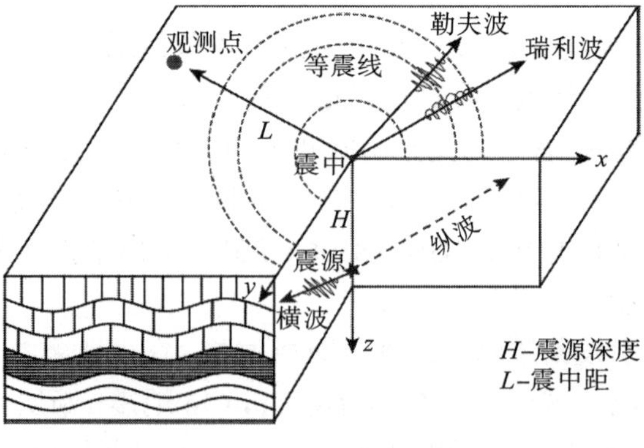

图 12.1 震源、震中及地震波示意

2. 地震波

地震引起的振动以波的形式从震源向各个方向传播并释放能量，该波称为地震波。由于受传播途径中的岩层特性、地形、地理、距离等影响，不同工程场地所测得的地震波的特性会有所不同，也即，地震波的幅值大小、频谱特性、地震持续时间等均有所不同。

3. 震级

地震震级是表示地震大小的指标，震级高低，是地震释放能量多少的尺度。1935 年，里克特(Richter.C.F)首先引入震级的概念，并提出以地震仪记录的水平向地震波最大位移来测定震级的大小。他提出的地震震级的定义为

$$M_L = \log B \tag{12.3}$$

式中，B 为标准地震仪(周期 0.8s，阻尼比 0.8，放大倍数 2800)在距震中 100km 处记录的以微米为单位两水平向分量最大地动位移(即振幅)。

由地震震级的定义可知，地震震级是由地震记录中的最大位移幅值决定的，而最大位移幅值大体上由与记录地点特性相关的某段频率范围内的能量决定。

现有的资料表明，大小不同的地震具有不同的频谱。就位移谱而言，地震越大，高频成分影响越小，频谱组成的变化决定于震源的力学特征。另外，由于地震波传播途径及地震仪记录点土层特性的不同，同一地震不同地点的地震记录，其频谱组成也有较大的不同，因此，以个别频段上能量大小定义的地震震级很难全面反映地震总能量的大小，同一地震在不同地点确定的地震震级常常不同，差别可达 0.5 左右。

震级表示一次地震释放能量的多少，所以一次地震只有一个震级。小于 2 级地震只能由精密仪器测量，震级 2～4 级为人类有感地震，破坏性地震一般为 5 级以上，震级大于 7 级称为大地震或强烈地震，8 级以上为特大地震。

4. 地震烈度

地震烈度表征地震时地面某地点震动强弱程度，某次地震释放的总能量为定值，因而，表征地震大小的震级只有一个，但由于震中距的不同，不同地点的地面震动就不同，离震中越近，震动越大，地震烈度越高；离震中越远，震动越小，烈度越低。一般来讲，震级越高，震中烈度越高，其对应关系可参考表 12.1。

地点震动的强弱决定了其对结构物的影响程度，因而，地震烈度是表示某一区域范围内地面上各种建筑物受到一次地震影响的平均强弱程度的一个指标，也是地震破坏作用大小的一个总指标。目前，除日本外，全世界基本上是将地震烈度分成 12 个等级。表 12.2 给出了我国 1980 年颁布的中国地震烈度所对应的宏观现象和地震加速度峰值指标。

由于地震烈度小于 V 度时，结构所受影响微小，工程上常只关心烈度为 VI 度以上，X 度以下的地震作用，因为，更小的烈度对工程无影响，更高的烈度既少见而且又超过人们可以经济地防御的范围。因而，烈度等震线图一般只描述 V 度到 X 度烈度范围，它们大多是根据低层房屋震害评定的。

对地震烈度产生影响的主要因素有：震中距、震级大小、震源深度、地震传播介质、地表土的性质、建筑物的动力特性等。

表 12.1　震中烈度与震级的对应表

震级 M	2	3	4	5	6	7	8	>8
震中烈度 I_0	1～2	3	4～5	6～7	7～8	9～10	11	12

表 12.2　中国的地震烈度表

烈度	人的感觉	一般房屋		其他现象	参考物理指标	
		大多数房屋震害程度	平均震害指数		水平加速度/(cm/s^2)	水平速度/(cm/s)
I	无感					
II	室内个别静止中的人感觉					
III	室内少数静止中的人感觉	门、窗轻微作响		悬挂物微动		
IV	室内多数人感觉；室外少数人感觉；少数人梦中惊醒	门、窗作响		悬挂物明显摆动，器皿作响		
V	室内普遍感觉；室外多数人感觉；多数人梦中惊醒	门窗、屋顶、屋架颤动，灰土掉落，抹灰出现微细裂缝		不稳定器物翻倒	31（22～44）	3（2～4）
VI	惊慌失措，仓皇逃出	损坏个别砖瓦，砖瓦掉落、墙体出现微细裂缝	0～0.1	河岸和松软土上出现裂缝。饱和砂层出现喷砂冒水。地面上有的砖烟囱出现轻度裂缝、掉头	63（45～89）	6（16～9）
VII	大多数人仓皇逃出	轻度破坏——局部破坏、开裂但不妨碍使用	0.11～0.30	河岸出现坍方。饱和砂层常见喷砂冒水。松软土上地裂缝较多。大多数砖烟囱中等破坏	125（90～177）	13（10～18）
VIII	摇晃颠簸，行走困难	中等破坏——结构受损，需要修理	0.31～0.50	干硬土上亦有裂缝。大多数砖烟囱严重破坏	250（178～353）	25（19～35）
IX	坐立不稳，行动的人可能摔跤	严重破坏——墙体龟裂、局部倒塌，修复困难	0.51～0.70	干硬土上有许多地方出现裂缝，基岩上可能出现裂缝。滑坡、坍方常见。砖烟囱出现倒塌	500（354～707）	50（36～71）
X	骑自行车的人会摔倒；处不稳状态的人会摔出几尺远；有抛起感	倒塌——大部分倒塌，不堪修复	0.71～0.90	山崩和地震断裂出现。基岩上的拱桥破坏。大多数砖烟囱从根部破坏或倒塌	1000（708～1414）	100（72～141）
XI		毁灭	0.91～1.00	地震断裂延续很长。山崩常见。基岩上拱桥毁坏		
XII				地面剧烈变化、山河改观		

12.3　地震动的特性与描述

地震产生的地面运动称为地震动，地震能量以波动的方式从震源处传播而来，使地基产生应变并引起地表附近土层产生振动，从而对桥梁基础产生动力作用，并将地震能量输入到桥梁结构，带动桥梁结构产生振动，这种作用称为地震作用。

桥梁结构工程师主要关心：在特定区域内地震发生的概率和强度、结构遭受强地震时损伤机理、在结构抗震分析中地震动的哪些本质特征影响结构动力响应，这需要对地震引起的地面振动进行数学描述，正确了解与描述地震动的基本特性对正确把握结构地震作用与响应具有十分重要的意义。

在地震过程中，桥梁基础与其周围的地基存在着较强的相互作用，桥梁基础的形式和土层性质的不同对该相互作用会产生很大的影响。

受传播途径中土层性质和距离等的影响，从震源处传播而来作用于结构物上的地震动特性是不同的，如图 12.2 所示。地震动在地表面表现为水平、竖向甚至扭转运动的特性，由于目前对震源、传播介质中千差万别的动力过程及裂隙构造等尚难精确估计，因而地震动难以精确预测。

地震发生时，场地地震动可由地震记录仪进行记录，其记录的是地震加速度随时间变化的曲线。二十世纪的第一年地震记录仪首次较精确地测得了远场地震波，完成了对地震动的数量描述，标志着地震学与结构工程学结合的开始。近几十年来，随着地震仪技术的进步，许多大地震发生时的地震动均有被记录。1971 年 California 的 San Fernando 发生了震级 6.5 级地震，记录有成百条地震波，且在 Pacoima 大坝测得的水平加速度地震动峰值达到 1.2g。1999 年台湾发生了震级为 7.6 级的 Chi-Chi 地震，获得了近 400 条地震记录。图 12.3 为地震仪记录的几条典型地震动加速度时程曲线。

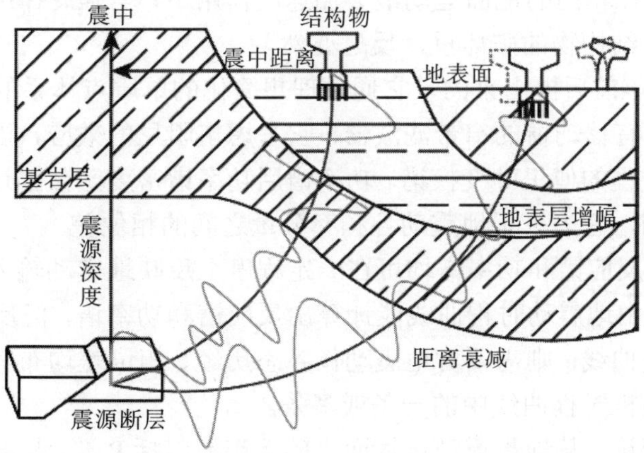

图 12.2　地震动传播及其对桥梁基础的作用示意图

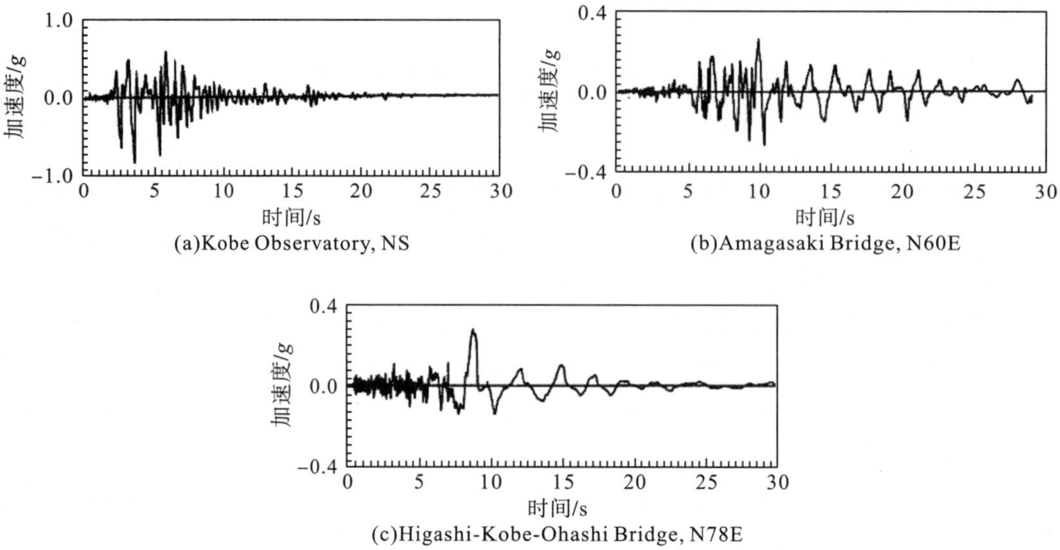

图 12.3 地震仪记录的几条典型地震动加速度时程曲线

通过对这些地震记录的研究，人们对地震动特性有了更多的了解，并逐渐注意到地形对地震波的影响，地震震源附近存在明显的断层位移。

最近一些年，由于结构动力学分析方法的进步，强地震记录常被直接应用于分析结构在地震作用下的响应。

地震动加速度时程曲线是一条非平稳随机过程，其幅值大小、频谱特性、持续时间关系到地震动对结构的作用大小与损伤程度，因而被称为地震作用的三要素。其中：幅值是地震动的加速度最大值，它描述了地震动的强弱程度，与震害有着密切关系；频谱特性反映了具有不同自振周期结构对地震动的反应特性，通常可以用反应谱、功率谱和傅里叶谱来表示，其中反应谱是工程中最常用的形式，已成为工程结构抗震设计的基础；持时是强地震作用持续时间，在相同的地面运动最大加速度作用下，当强震作用持续时间长，则该地点的地震烈度高，结构物的破坏重，反之亦然。

反应谱是 1940 年前后提出来的，它通过理想简化的单质点体系的反应来描述地震动特性，相当于一个具有移动窗的窄带滤波器，它考虑了阻尼的效应，当阻尼为零时，其滤波效果即为地震动时程的傅里叶变换谱。功率谱用功率谱密度函数描述，它有明显的统计意义，与反应谱相同，它失去了地震动各频率分量之间的相位差。

傅里叶变换谱、反应谱和功率谱均可在一定程度上反映地震动输入特性，地震动时程曲线与傅氏谱互逆，由地震动时程曲线能计算出反应谱和功率谱，但反过来由反应谱和功率谱反求地震动时程曲线，则需要对地震动作各态历经、相位差均布等假定，方可获得满足条件的无数多条随机时程曲线中的一条或多条。

根据波动传播理论，从地震震源传播而来的地震波包括 P 波、S 波和表面波三种，其中 P 波为压缩波或称体波，波速较快，最先到达场地地面，波动的质点运动方向与波的传播方向在同一标轴上，如图 12.4(a)所示，其波速为

$$v_P = \sqrt{2G(1-\mu)/\rho(1-2\mu)} \tag{12.4}$$

式中，G 为介质的剪切模量(kN/m^2)；ρ 为介质的密度($kN{\cdot}s^2/m^4$)；μ 为泊松比。

S 波为继 P 波之后到达场地地面的体波，是剪切波，S 波不能在流体中传播，在液化土中 S 波将会被削弱。S 波波动的质点运动方向与波的传播方向垂直，如图 12.4(b)所示，其波速低于 P 波波速，为

$$v_S = \sqrt{G/\rho} \tag{12.5}$$

从上面两种体波波速计算式可知，波速与传播途径中的土层特性相关，地震动在硬土层中传播速度大于软土层中的传播速度。

除了体波以外，另一种类型的地震波为表面波，面波包括两种：Love 波和 Rayleigh 波。这种波是地震波在土层中传播时逐渐形成的，是体波在不同弹性模量的土层分界面经多次反射和折射到达地表面的波。面波沿地表面传播，由质点沿水平方向振动的 L 波和沿竖向振动的 R 波组成。

在所有的地震波中，对桥梁结构影响最大的地震运动通常是 S 波，计算时一般可只考虑 S 波的影响。

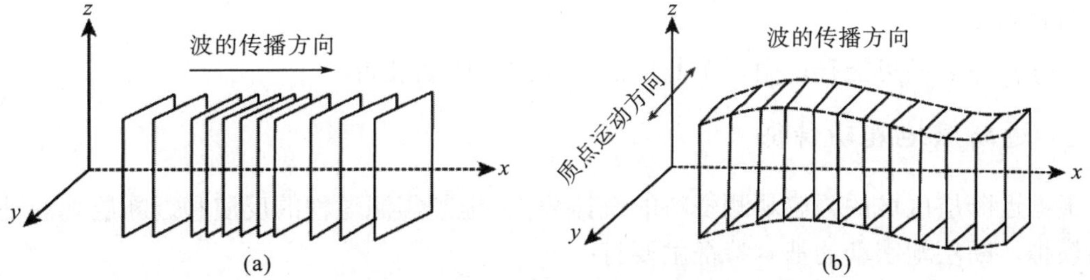

图 12.4　体波的传播示意图

12.4　断层的分类及近断层地震动特征

1. 断层的分类

断层面是岩块沿之发生相对位移的破裂面，地震时断层(fault)破裂面两侧岩块发生显著相对滑移。根据断层面(即岩石的裂缝和两块岩石运动过程中产生的裂缝)位置的不同特征，断层分为逆断层、正断层、平移断层三种类型。

(1) 逆断层(reverse fault)：位于滑移面上方的岩石块(上盘)向上移动，位于滑移面下方的岩石块(下盘)向下移动，这种类型的断层是由于板块挤压形成的，如图 12.5(a)所示。断层面倾角小于 30° 的逆断层又称冲断层。

(2) 正断层(normal fault)：位于滑移面上方的上盘向下移动，位于滑移面下方的下盘向上移动，如图 12.5(b)所示。

(3) 平移断层(strike-slip fault)：在平移断层中，滑移面两边的岩石块沿相反的水平方向移动，如图 12.5(c)所示。

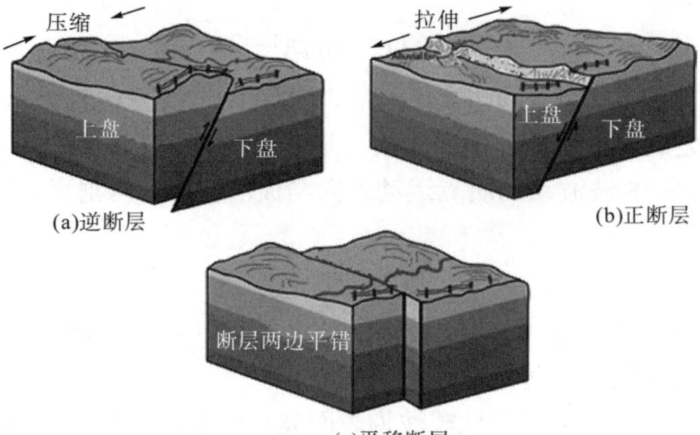

图 12.5　三种断层示意

断层两盘之间的相对位移常被叫作断层落差和平错，落差反映垂直位移，而平错反映水平位移。以上所说的断层都有一个共同的运动特点，即在运动中两盘的构造保持着平行。但也可以有这样的断层，相邻两盘块体之间发生了扭动、转动，这样的断层被称为旋转断层或剪状断层。

实际板块之间可能存在由多个断层破裂面组成的断裂带。

2. 近断层地震动特征

根据近断层区域的强震观测资料的统计分析、地震震源过程的反演和近断层地震动的数值模拟，断层地震动的基本特征主要有：

(1) 上盘效应：在相同断层距条件下，滑断层上盘的短周期地震动比下盘更强，上盘峰值加速度也要比下盘的峰值加速度值高得多，且上盘的加速度峰值衰减较缓慢，下盘则衰减很快。

图 12.6 给出了 1999 年台湾集集地震，断层周边沿东西向、南北向及竖向地震动地面峰值加速度等值线图。从图中可见，地震动地面峰值加速度值明显关于断层不对称，且断层右侧(上盘)的加速度值大于左侧。

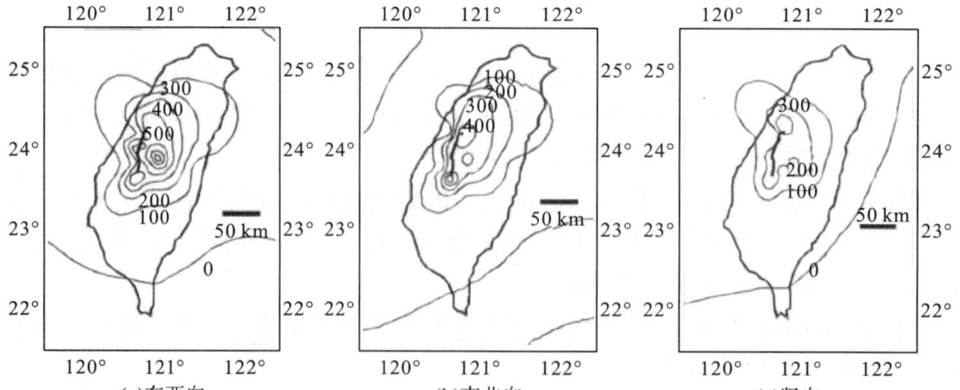

图 12.6　1999 年台湾集集地震近断层地面峰值加速度等值线图

(2) 滑冲效应：地震时，断层两边的上下盘相对运动，产生相对位移，地震后该相对位移未能完全回复而留下残余的永久地面位移，此位移被称为滑冲效应(fling-step effect)。滑冲效应发生在断层滑动的方向，在走滑破裂中，发生在平行断层走向的分量上；而在倾滑断层中，则发生在垂直走向的分量上。台湾的集集地震后明显观测到较大的永久地面位移，即滑冲效应，其对横穿断层及断层附近的建筑物和生命线工程产生了很大的影响。图 12.7 示出了 1999 年台湾集集地震 TCU052 台站记录的 EW 向地震动加速度时程、单向速度脉冲时程和滑冲效应时变特性。

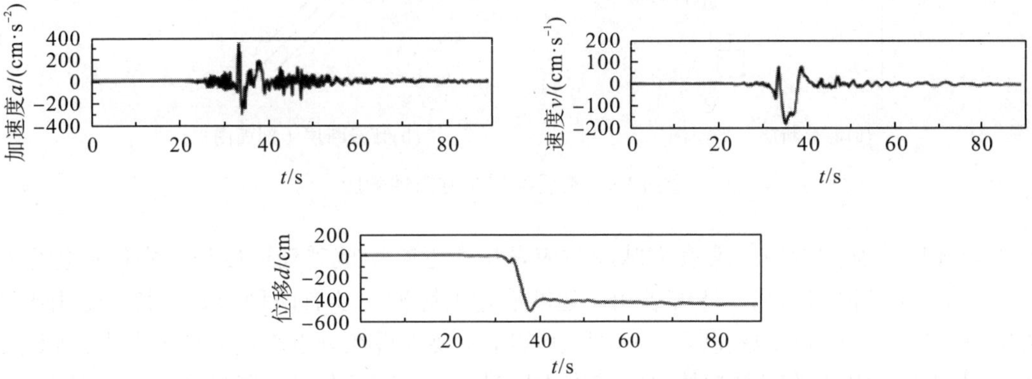

图 12.7　1999 年台湾集集地震 TCU052 台站记录的 EW 向加速度、速度脉冲时程及滑冲效应

滑冲效应沿滑移面方向发生，表现为断层两盘间单方向的速度脉冲和阶跃式的地面永久相对位移，这一物理现象在数学模型上可以用尾部具有滑冲特征的函数表示。目前，尽管国际上已获得相当数量的近场地震动，但对于包含滑冲效应的地震动记录还相对较少，因此，地震工程界针对滑冲效应的研究，还难以从定量或统计的角度给出规律。

(3) 破裂方向效应：对强地震动数据的研究发现，强地面运动的幅值并不完全遵从随着震中距的增加而逐渐衰减的规律，而是在某一方向，记录波形震相简单而幅值较高，而相反方向的记录波形却震相复杂而幅值相对较低，即使前者的震中距要大于后者。同时对一些典型近断层强震记录的研究发现，某些近断层强震记录中存在一些特殊的与以往中远场记录不同的典型大脉冲型地震动，这一现象被研究者称为地震动的方向性效应。

地震动的方向性效应是由地震断层破裂过程中的传播效应、震源辐射等因素引起的，其在单个地震动时程中表现为相对较长周期的大脉冲，而在整个地震动的空间分布场可表现为随方位角变化的地震动参数，比如峰值、频谱和持时等。

因此，在近断层区，破裂方向效应使地震动产生强烈的空间变化。一般来讲，沿着破裂传播方向，地震动振幅增加；逆破裂传播方向，地震动振幅减小，垂直断层走向的长周期分量大于平行断层走向的分量。

地震动方向性效应受到诸多因素的控制和影响，比如震源的破裂机制、断层的破裂方向与场点的夹角以及断层的破裂速度等，因而地震动的方向性效应在不同的震源机制上的特点不同。对于走滑断层，断层的能量辐射机制使得大脉冲出现在与断层走向垂直的方向上；对于倾滑断层，方向性效应出现在断层面的上倾投影处的场地与走向垂直的分量上，如图 12.8 所示。

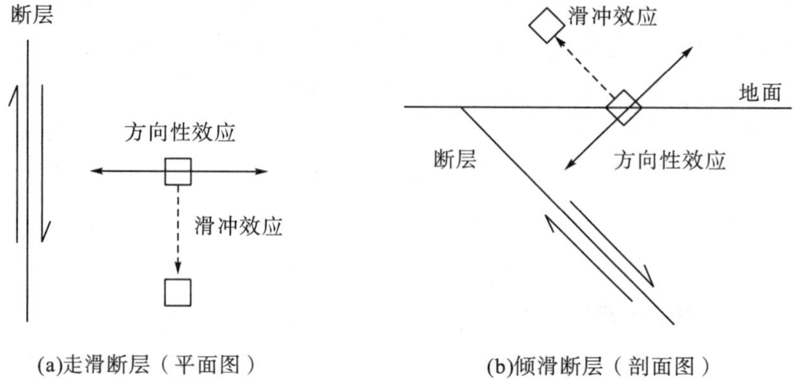

图 12.8　断层类型及方向性效应

(4) 速度大脉冲效应：速度大脉冲效应是指在近断层地震动速度记录中往往包含有较长周期的高能脉冲型运动。研究表明，近断层速度脉冲主要有两种形式：其一是由破裂传播的方向性效应引起的地震动双向速度大脉冲，主要表现在垂直断层面的方向上，如图 12.9 所示。其二是由滑冲效应引起的单向速度大脉冲，主要表现在平行断层滑动方向的分量上。

因此，对于走滑断层，方向性效应和滑冲效应引起的速度脉冲出现在垂直断层面或平行断层走向两个不同的地震动分量上。对于倾滑断层来说，破裂方向性效应引起的速度脉冲和滑冲效应引起的速度脉冲都表现在垂直断层面的方向的分量上。

对于倾角较小的断层，速度脉冲主要体现在垂直地表的方向上，而对于倾角较大的断层，速度大脉冲主要体现在垂直于断层走向的分量上。

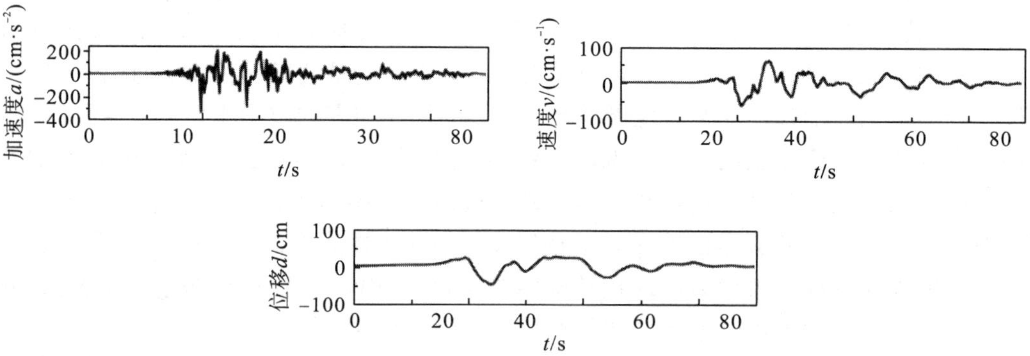

图 12.9　1999 年土耳其 Kocaeli 地震 YPT 台站记录的 NS 向的双向速度脉冲

综上所述，近断层地震动存在显著的破裂方向性效应、滑冲效应、上盘效应、速度大脉冲等特征，该特征随着断层距的增加衰减很快，主要集中在以断层为中心的一个较窄范围内。近断层地震动与远场地震动存在显著差别，近断层地震动作用下结构的地震响应和失效破坏较大。

第 13 章　结构抗震设防标准与分类

13.1　桥梁抗震设计基本参数与基本原则

桥梁结构抗震应遵循预防为主的方针，减轻桥梁结构的地震破坏，保障人民生命财产安全，减少经济损失，以更好地发挥路网交通的功能及其在抗震救灾中的作用。

桥梁结构应根据其重要性、地震破坏后修复的难易程度及对救灾的影响程度、桥址场地可能发生的地震动大小等制定相应的抗震设防标准，前两项决定了桥梁抗震设防类别，后一项由抗震设防烈度决定。因而，也可以说桥梁抗震设防标准由抗震设防烈度与桥梁抗震设防类别确定。

出于对结构抗震设计标准化、规范化的目的，国家层面分地区规定抗震设防烈度，并作为一个地区抗震设防的基本依据，该抗震设防烈度称为基本地震烈度。

基本地震烈度是指一个地区在一定的期限内，在一般场地条件下可能遇到的最大地震烈度。根据全国过去发生的地震灾害统计资料、地质构造等情况，在充分考虑了风险性与设计经济性关系的基础上，制定全国基本烈度划分图，因此，基本地震烈度的确定，直接关系到工程设计中采用的地震作用大小，对结构设计的经济性和风险性有比较大的影响。

现行结构(含桥梁)抗震设计相关规范，基于桥址地区的基本地震烈度，结合具体桥梁结构的场地特征、使用功能及重要性要求，在充分考虑风险性与设计经济性关系的基础上，确定该桥梁的抗震设防要求与目标，作为结构抗震设计的依据。

由于地震烈度是结构物破坏的总体概念性指标，难以适应定量的抗震结构分析，近年来，工程上常以与基本地震烈度对应的地震动加速度指标作为抗震设计的依据，该加速度指标称为设计基本地震加速度。我国桥梁或建筑结构的设计基本地震加速度统一取 50 年设计基准期超越概率 10%的地震加速度，在进行抗震设计时所取用的参数可根据桥位处可能发生的地震震级、震中距、场地类别、设计特征周期等因素进行调整。

《中国地震动参数区划图》(GB 18306—2015)给出了全国基本烈度分布、基本地震动峰值加速度及不同概率水平地震动参数的区划。

对于重大桥梁工程，需要单独立项研究评估地震烈度，确定其抗震设计烈度及对应的地震动加速度参数。

确定了桥梁抗震设计地震动参数后，即可对该桥进行抗震设计，在进行抗震设计时，除进行抗力计算分析外，还应根据抗震概念采用适当的结构或非结构抗震构造措施。对于抗震设防烈度为 6 度及以上地区的结构物，必须进行抗震设计。

桥梁抗震设计应确保桥梁结构有可靠与稳定的传力途径，有明确可靠的位移约束以防止落梁，有明确合理可靠的耗能部位，不至于由于构件破坏而导致结构整体破坏或倒塌。

13.2 抗震设防烈度及基本参数

桥梁结构的抗震设防烈度一般情况下可根据《中国地震动参数区划图》(GB 18306—2015)的地震基本烈度确定。《铁路工程抗震设计规范》(GB 50111—2009)、《公路桥梁抗震设计规范》(JTG/T 2231-01—2020)关于抗震设防烈度的规定相同。

桥梁结构抗震设计所取用的加速度(速度、位移)时程曲线、加速度反应谱和峰值加速度，称为设计地震动的参数。

桥梁结构所在地区可能遭受的地震影响，由与抗震设防烈度相对应的设计基本地震加速度、设计特征周期或其他设计地震动参数来表征，而设计特征周期应根据桥梁所在地的设计地震分级和场地类别来确定。

表 13.1 给出了抗震设防烈度与设计基本地震动峰值加速度值 A 的对应关系。基本地震动峰值加速度值 A 与《中国地震动参数区划图》(GB 18306—2015)所规定值相一致，是地区一般场地上地震动强烈程度的平均值，如果实际桥址的场地类别与一般场地不一致，则需进行调整修正。

表 13.1　抗震设防烈度和设计基本地震动峰值加速度值的对应关系

抗震设防烈度	6 度	7 度	8 度	9 度
设计基本地震动峰值加速度值 A	0.05g	0.10(0.15)g	0.20(0.30)g	0.40g

桥梁抗震设计基本参数可根据桥梁抗震相关规范确定，重大桥梁则需要由地震研究专门单位，依据我国《工程场地地震安全性评价技术规范》(GB 17741—1999)，对桥址区工程场地进行地震安全性评价分析来确定。地震安全性(危险性)分析的主要内容是：

(1)对以桥址为中心的大约 250～300km 区域内的地震构造和地震活动进行调查，了解大地构造情况及该区域中活动断裂带的分布，分析这些断裂带的活动性以及历史上在该区域中地震活动的空间分布及时间分布的特征，判明潜在震源区的位置、规模和地震活动频度以及可能的震源模式，确定各潜在震源的发震率。

(2)根据地震动衰减规律和地震危险性概率模型计算得到不同概率水平对应的基岩地震动参数(包括基岩目标反应谱、地震动峰值加速度和地震动持时)。

(3)用平稳随机过程的数学模式计算基岩加速度时程曲线，并将它作为基岩地震输入，用一维或者二维波动模型计算土层的地震反应，获得土层的峰值加速度、设计反应谱、人工地震波时程及其他有关参数。土层地震反应主要和土的动剪切模量、阻尼比和动剪切应变有关。这些基本的土的动力性能资料可根据波速测定以及从钻眼中取若干土样进行土的动力性能的室内试验取得。

13.3　桥梁抗震设计目标

桥梁和建筑结构采用三水平的设防目标进行抗震设防，即“小震不坏”，在低于本地区设防烈度的多遇地震作用时建筑物不损伤或震后不需修理仍可使用；“中震可修”，遭遇本地区设防烈度的地震时建筑物一般修理仍可使用；“大震不倒”，在遭遇高于本地区设防烈度的罕遇地震作用时建筑物虽损伤严重但不倒塌。

基于桥梁的投资规模、重要性、损伤后对交通影响、修复难易程度，《公路工程抗震规范》(JTG B02—2013)、《公路桥梁抗震设计规范》(JTG/T 2231-01—2020)、《城市桥梁抗震设计规范》(CJJ 166—2011)等均将桥梁结构进行抗震分类，逐级分别设定设防标准，除对次要桥梁采用一级水平抗震设防外，其余均是通过两水准抗震设计来实现三水平设防目标。

第一水准(称为 E1 水准)，一般是工程场地重现期较短的地震作用，要求各类桥梁在弹性范围内工作，结构强度与刚度基本不变，震后桥梁可正常使用，基本无损伤。

第二水准(称为 E2 水准)，一般是工程场地重现期较长的地震作用，对于特别重要的桥梁，允许局部可发生开裂，震后无须修复或简单修复即可使用，对于一般重要的桥梁，要求不发生倒塌或严重损伤，震后经临时加固可供维持应急交通使用。

《铁路工程抗震设计规范》(GB 50111—2009)规定对于新建、改建标准轨距客货共线Ⅰ、Ⅱ级铁路工程的线路、路基、挡土墙、桥梁、隧道等工程的抗震设计，按多遇地震、设计地震、罕遇地震三个地震动水准进行抗震设计，以实现三水平的设防目标。

13.4　三水平地震烈度的关系

多遇地震(俗称小震)、设计地震(中震)、罕遇地震(大震)的关系，可参照图 13.1 地震烈度的概率分布曲线(设计基准期为 50 年)。图中小震 I_m 或多遇地震，烈度对应 50 年内超越概率 63.2%；中震 I_o 或基本地震，烈度对应 50 年内超越概率 10%；大震 I_s 或罕遇地震，烈度对应 50 年内超越概率约 2%。其相互之间大小可近似由下式计算：

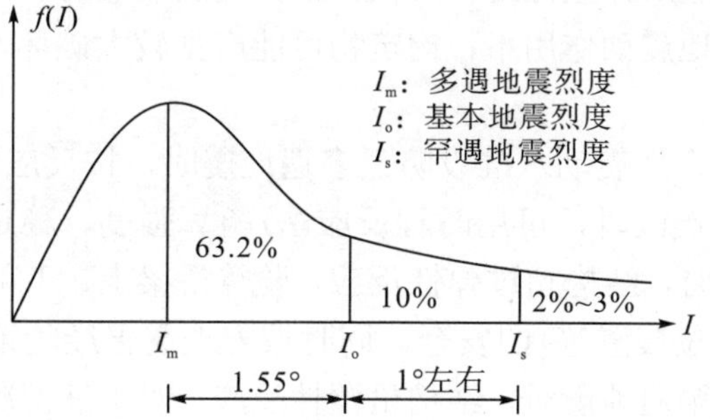

图 13.1　小震、中震、大震概率与关系

$$I_m \approx I_o - 1.55°, \ I_s \approx I_o + 1°$$

桥梁设计水准的重现期与概率水平的换算关系为

$$T = \frac{1}{1 - Q^{1/N}} \tag{13.1}$$

式中，T为重现期(年)；N为设计寿命(年)；Q为非超越概率，$=1-P$，P为超越概率，如50年超越概率10%的地震，其T=475年。

13.5 铁路桥梁的抗震分类与设防标准

《铁路工程抗震设计规范》(GB 50111—2009)适用于设防烈度为6度、7度、8度、9度地区新建、改建标准轨距客货共线Ⅰ、Ⅱ级铁路工程的线路、路基、挡土墙、桥梁、隧道等工程的抗震设计。铁路工程应按多遇地震、设计地震、罕遇地震三个地震动水准进行抗震设计，并分别满足三个性能要求Ⅰ、Ⅱ、Ⅲ。

根据桥梁所在铁路等级及其在路网中的重要性和修复(抢修)的难易程度，本着确保重点和节约投资的原则，将不同工程给予不同的抗震安全度，具体来讲，是将桥梁工程分为A、B、C、D四个抗震设防类别，并确定不同的设防标准和目标，并引入地震作用的重要性系数C_Z对地震动加速度进行修正。

如果根据《中国地震动参数区划图》(GB 18306—2015)中规定的工程所在地区基本地震动峰值加速度值用A来表示，对不同水准的地震动峰值加速度取值定义如下：

多遇地震：地震动峰值加速度取0.33A，地震重现期为50年的地震动。

设计地震：地震动峰值加速度取1.0A，地震重现期为475年的地震动。

罕遇地震：地震动峰值加速度取2.1A，地震重现期为2475年的地震动。

相对应的结构三个不同性能要求分别为：

性能要求Ⅰ：构筑物处于正常使用状态，从抗震分析角度，结构可视为弹性体系。在预期的地震动作用下，构筑物一般不受损坏或轻微损坏，但不中断行车。

性能要求Ⅱ：结构进入非弹性工作阶段，结构的非弹性变形或结构体系的损坏应控制在可修复的范围内。在预期的地震动作用下，构筑物不致产生大的破坏(大的破坏如路基崩坍或滑动、挡土墙倒毁、桥梁坠落、墩台折断、隧道错动等)，经修补后可限速通车。

性能要求Ⅲ：结构进入弹塑性工作阶段，结构发生较大的非弹性变形，但应控制在规定的范围内。在预期的地震动作用下，构筑物可能产生较大破坏，但不出现整体倒塌，经抢修后可限速通车。

对桥梁工程则按三个地震动水准设防：多遇地震时，按反应谱或线性时程反应法(当能采集到符合要求的地震波时，可用时程反应法)验算强度、稳定性，以抗震性能要求Ⅰ为设防目标；设计地震时，结构超过弹性反应，验算桥梁上、下部结构连接构造(如支座、伸缩缝、抗震挡块、限位装置等)的安全，同时按宏观震害经验采取抗震措施，以抗震性能要求Ⅱ为设防目标；罕遇地震时，结构呈塑性反应，对钢筋混凝土桥墩，计入塑性变形的耗能影响，做延性设计，以抗震性能要求Ⅲ为设防目标。

13.6　公路桥梁的抗震分类与设防标准

《公路工程抗震规范》(JTG B02—2013)、《公路桥梁抗震设计规范》(JTG/T 2231-01—2020)适用于单跨跨径不超过 150m 的混凝土梁桥、圬工或混凝土拱桥、斜拉桥、悬索桥，抗震设防烈度为 6 度、7 度、8 度、9 度地区的公路桥梁抗震设计，9 度以上地区的桥梁和有特殊要求的大跨径桥梁或特殊桥梁，其抗震设计需作专门研究。单跨跨径超过 150m 的混凝土梁桥、拱桥参照执行。抗震设防烈度为 6 度及以上地区的公路桥梁，必须进行抗震设计。

为达到各类桥梁抗震设防目标而确定的设计地震动超越概率或重现期称为抗震设防水准。公路桥梁的抗震设计一般按两阶段两水准进行，分别为重现期较短的 E1 地震作用(重现期约 475 年)和重现期较长的 E2 地震作用(重现期约 2000 年)，对应第一设防水准和第二设防水准。

第一阶段的抗震设计，以 E1 水准进行强度弹性抗震设计；第二阶段的抗震设计，以 E2 水准进行地震荷载与变形设计，引入能力保护设计原则，采用延性抗震设计方法，并根据公路桥梁的重要性及修复难易程度，将桥梁抗震设防分为 A 类、B 类、C 类和 D 类四个抗震设防类别，分别对应不同的抗震要求和设防目标，如表 13.2 所示。

表 13.2　公路桥梁抗震设防目标与要求

桥梁抗震设防类别	设防目标与要求			
	E1 地震作用		E2 地震作用	
	震后使用要求	损伤状态	震后使用要求	损伤状态
A 类	可正常使用	结构总体反应在弹性范围，基本无损伤	无须进行修复或经简单修复即可正常使用	可发生局部轻微损伤
B 类	可正常使用	结构总体反应在弹性范围，基本无损伤	经临时加固后可供维持应急交通使用	不致倒塌或产生严重结构损伤
C 类	可正常使用	结构总体反应在弹性范围，基本无损伤	经临时加固后可供维持应急交通使用	不致倒塌或产生严重结构损伤
D 类	可正常使用	结构总体反应在弹性范围，基本无损伤	—	—

A 类桥梁为单跨跨径超过 150m 的特大桥；B 类桥梁为单跨跨径不超过 150m 的高速公路、一级公路上的桥梁，单跨跨径不超过 150m 的二级公路上的特大桥和大桥；C 类为二级公路上的中、小桥，单跨跨径不超过 150m 的三、四级公路上的特大桥和大桥；D 类为三、四级公路上的中、小桥。

A 类桥梁的抗震设防目标是中震(E1 地震作用，重现期约为 475 年)不坏(不应发生损伤)，大震(E2 地震作用，重现期约为 2000 年)可修(有限损伤，但地震后应能立即维持正常交通通行)。

B、C 类桥梁的抗震设防目标是小震(E1 地震作用，重现期为 50～100 年)不坏(不应发生损伤)，中震(重现期约为 475 年)可修，大震(E2 地震作用，重现期约为 2000 年)不倒(不致倒塌或产生严重结构损伤，经临时加固后可供维持应急交通使用)。

D 类桥梁的抗震设防目标是小震(重现期约为 25 年)不坏。D 类桥梁采用一水平设防、一阶段设计。

需要指出的是，对于 B、C 类桥梁，其抗震设计只进行 E1 地震作用下的弹性抗震设计和 E2 地震作用下的延性抗震设计，满足了这两个阶段的性能目标要求后，中震(重现期约为 475 年)可修的目标即认为已隐含满足。

A 类、B 类、C 类桥梁必须进行 E1 地震作用和 E2 地震作用下的抗震设计，D 类桥梁只进行 E1 地震作用下的抗震设计，抗震设防烈度为 6 度的 B 类、C 类、D 类桥梁，可只进行抗震措施设计。

各类桥梁在不同设防烈度下的抗震设防措施等级按表 13.3 确定，由于有较高的重要性，A、B 类桥梁的抗震设防等级需适当提高，表中等级由高到低为四级、三级、二级、一级，采用高等级抗震设防措施时，低等级抗震设防措施自然必须满足。

不同桥梁抗震设防类别、不同设防目标的设计，是通过引入抗震重要性系数来实现的。各类桥梁的抗震重要性系数按表 13.4 确定，高速公路和一级公路上的大桥、特大桥，其抗震重要性系数取 B 类括号内的值。

在 E1 地震作用时 B、C、D 类重要性系数分别取 0.43(0.5)、0.34 和 0.23，对应的设计地震动重现期大约分别为 75(100)年、50 年和 25 年。对于 A 类桥梁，为保证较高的抗震设防水平，重要性系数取 1，设计地震动重现期约为 475 年。

对于 E2 地震作用，A、B、C 三类桥梁对应重要性系数为 1.7、1.3(1.7)和 1.0，设计地震动的重现期大约分别为 2000 年、1000 年(2000 年)和 475 年。国内外近年来设计的特大跨径桥梁，其抗震设防标准大致是设计地震动的重现期为 1000～2000 年，因此，A 类桥梁重要性系数取 1.7，其设计地震动重现期大约为 2000 年。

对于破坏后修复(抢修)困难的 C 类、D 类桥梁，应提高一类设防。对抗震救灾、经济或国防上具有重要意义的三、四级公路上的桥梁，按国家批准权限，报请批准后，可提高一类设防。

立体交叉的跨线桥梁，抗震设计不应低于下线桥梁的要求。各类公路桥梁抗震设计要考虑的地震作用，应采用所在地区设防烈度相应的设计基本地震加速度和反应谱特征周期及抗震重要性系数来表征。

对于需对桥梁抗震设计参数进行专门研究确定的大跨度重要桥梁，抗震设防标准可根据其重要性、经济性等来确定。桥梁抗震设计参数一般包括桥梁场地区域内地震地质特征，地震动活动性，大桥场址有影响的潜在震源及地震活动参数，地震动衰减规律，工程场地地震危险性概率分析，桥址处不同概率水准下的烈度参数、最大加速度参数(最大峰值和时程)、反应谱参数等。

表 13.3　各类公路桥梁抗震设防措施等级

桥梁抗震设防类别	6	7		8		9
	0.05g	0.1g	0.15g	0.2g	0.3g	0.4g
A 类	二级	三级	四级	四级	更高，专门研究	
B 类	二级	三级	三级	四级	四级	四级
C 类	一级	二级	二级	三级	三级	四级
D 类	一级	二级	二级	三级	三级	四级

表 13.4　各类桥梁的抗震重要性系数

桥梁抗震设防类别	E1 地震作用	E2 地震作用
A 类	1.0	1.7
B 类	0.43(0.5)	1.3(1.7)
C 类	0.34	1.0
D 类	0.23	—

第 14 章　桥梁建设场地的选择与抗震分类

《公路桥梁抗震设计规范》(JTG/T 2231-01—2020)将建设场地分为桥梁抗震有利、一般、不利和危险四种地段。抗震地段的评定是在工程地质勘查和专门工程地质、水文地质调查的基础上，按地质构造的活动性、边坡稳定性和场地的地质条件等综合考虑的。桥梁建设场地应尽可能利用抗震有利地段。

建设场地及其临近无晚近期活动性断裂，地质构造相对稳定，同时地基为比较完整的岩体、坚硬土或开阔平坦密实的中硬土等场地为抗震有利地段。

软弱黏性土层、液化土层和地层严重不均匀的地段；地形陡峭、孤突、岩土松散、破碎的地段；地下水位埋藏较浅、地表排水条件不良的地段，称为抗震不利地段。严重不均匀地层系指岩性、土质、层厚、界面等在水平方向变化很大的地层。在抗震不利地段布设桥位时，宜对地基采取适当抗震加固措施；在软弱黏性土层、液化土层和严重不均匀地层上，不宜修建大跨度超静定桥梁和其他对地基不均匀变形敏感的桥梁。

而抗震危险地段一般是指地震时可能发生滑坡、崩塌的地段；地震时可能发生塌陷、溶洞等岩溶地段和已采空的矿穴地段；河床内基岩具有倾向河槽的构造软弱面被深切河槽所切割的地段；发震断裂、地震时可能坍塌而中断交通的各种地段。

抗震一般地段是指除抗震有利、不利和危险地段以外的其他地段。

各级公路桥位宜绕避抗震危险地段，对于 C 类桥梁中的大桥和特大桥、B 类桥梁、A 类桥梁必须通过抗震危险地段时，应在工程场地地震安全性评价的基础上研究制定相应的对策。对地震时可能因发生滑坡、崩塌而造成堰塞湖的地段，应估计其淹没和溃决的影响范围，合理确定路线的标高，选定桥位，当可能因发生滑坡、崩塌而改变河流流向、影响岸坡和桥梁墩台以及路基的安全时，应采取适当措施。

14.1　桥梁工程场地分类

桥梁工程场地土层性质不同，其地震动特性也会不同。《公路工程抗震规范》(JTG B02—2013)、《公路桥梁抗震设计规范》(JTG/T 2231-01—2020)根据土层平均剪切波速和覆盖土层厚度将场地分为Ⅰ、Ⅱ、Ⅲ、Ⅳ四类，《铁路工程抗震设计规范》(GB 50111—2006)则根据土层平均剪切波速将场地分为Ⅰ、Ⅱ、Ⅲ、Ⅳ四类，分别表征土层由硬向软变化。

岩层顶面以上存在多层覆盖土层时，其平均剪切波速按式(14.1)计算：

$$v_{se} = d_0 \Big/ \sum_{i=1}^{n} \left(d_i / v_{si} \right) \tag{14.1}$$

式中，v_{se} 为土层平均剪切波速(m/s)；d_0 为计算深度(m)，取覆盖层厚度和 20m 二者的较小者；d_i 为计算深度范围内第 i 土层的厚度(m)；v_{si} 为计算深度范围内第 i 土层的剪切波速(m/s)；i 为计算深度范围内土层的分层数。

《公路桥梁抗震设计规范》(JTG/T 2231-01—2020)根据桥梁类别，规定了各覆盖土层剪切波速的确定办法，A 类桥梁通过工程场地地震安全性评价确定；B 类桥梁通过现场实测确定，且现场实测时钻孔数量要求中桥不少于 1 个、大桥不少于 2 个、特大桥宜适当增加；C 类及以下的桥梁，当无实测剪切波速时，可根据岩土名称和性状按表 14.1 估计各土层的剪切波速。与《铁路工程抗震设计规范》(GB 50111—2009)的规定相类似。

工程场地覆盖层厚度按下列要求确定，一般情况下，应按地面至剪切波速大于 500m/s 的坚硬土层或岩层顶面的距离确定。地面 5m 以下存在剪切波速大于相邻上层土剪切波速 2.5 倍的土层且其下卧岩土剪切波速不小于 400m/s 可按地面至该土层顶面距离确定。剪切波大于 500m/s 的孤石、透镜体，应视同周围土层。土层中的火山岩硬夹层，应视同为刚体，其厚度应从覆盖土层中扣除。

根据土层或岩石平均剪切波速 v_{se} 和场地覆盖土层厚度确定桥梁工程场地类别，表 14.2 为《公路桥梁抗震设计规范》(JTG/T 2231-01—2020)规定的四类场地，表中数据为场地覆盖土层厚度(m)，且 I_0、I_1 分别为 I 类场地的两个亚类。

表 14.3 为《铁路工程抗震设计规范》(GB 50111—2009)规定的四类场地。

表 14.1　土的类型划分和剪切波速范围

土的类型	岩土名称和性状	土的剪切波速 v 范围/(m/s)
岩石	坚硬、较硬且完整的岩石	$v>800$
坚硬土和软质岩石	破碎和较破碎的或软和较软的岩石、密实的碎石土	$800\geqslant v>500$
中硬土	中密、稍实的碎石土，密实、中密的砾、粗(中)砂，地基承载力基本容许值大于 200kPa 的黏性土和粉土，坚硬黄土	$500\geqslant v>250$
中软土	稍实的砾、粗(中)砂，除松散的细、粉砂外，地基承载力基本容许值小于 200kPa 的黏性土和粉土，大于 130kPa 的填土，可塑黄土	$250\geqslant v>150$
软弱土	淤泥和淤泥质土，松散砂，新近沉积的黏性土和粉土，地基承载力基本容许值小于 130kPa 的填土，流塑黄土	$150\geqslant v$

表 14.2　《公路桥梁抗震设计规范》(JTG/T 2231-01—2020)中的四类场地类别

土层或岩石的平均剪切波速	场地类别				
	I_0	I_1	II	III	IV
$v_{se}>800$	0				
$800\geqslant v_{se}>500$		0			
$500\geqslant v_{se}>250$		<5	≥5		
$250\geqslant v_{se}>150$		<3	≥3，≤50	>50	
$v_{se}\leqslant 150$		<3	≥3，≤15	>15，≤80	>80

表 14.3 《铁路工程抗震设计规范》(GB 50111—2009)的四类场地类别

场地类别	I	II	III	IV
平均剪切波速	$v_{se}>500$	$500\geqslant v_{se}>250$	$250\geqslant v_{se}>150$	$v_{se}\leqslant 150$

14.2 跨(近)断层桥梁的设计及砂土液化处理

目前，跨(近)断层地震动的描述还不完善，跨(近)断层桥梁的抗震研究也较少，相关设计理念、设计方法及规范条例还不完善。因此，跨(近)断层桥梁的抗震设计主要是采用躲或避的方式。当桥梁无法回避跨越发震断层时，应进行工程场地地震安全性评价，结合场地工程地质勘查，进行专项研究，以提出针对性的跨越发震断层措施。

一般认为，发震断层对桥梁工程的影响主要是由于发震断层引起的地表破裂或错动，发震断层引起的地表破裂与地震烈度没有直接的关系，而是与地震震级有一定的相关性。

覆盖土层的变形可以“吸收”部分下伏基岩的错动量，也就是说，土层地表的错动会小于基岩顶面的错动量。当然，这种“吸收”的程度与土层的工程性质和厚度有关，各场地土层的结构和土质条件往往会有不同，有的差别很大。

桥梁工程场地范围内存在有发震断裂层时，应对断裂的工程影响进行评价，当符合下列条件之一时，可不考虑发震断裂错动对桥梁的影响：

(1)抗震设防烈度小于Ⅷ度，或相当于 6 级以下地震时。

(2)非全新世活动断裂。

(3)抗震设防烈度为Ⅷ度和Ⅸ度时，前第四纪基岩隐伏断裂的土层覆盖厚度分别大于 60m 和 90m。地震烈度Ⅷ度和Ⅸ度实质上是指震级为 6 级和 6.7 级，基岩顶面的错动量随地震震级的增加会增大，数值可能达 1m 至若干米。土层厚度到底多大才能使地表的错动量减小到对工程结构没有显著影响，这是一个正在研究中的问题。数值 60m 和 90m，是根据近期研究成果归纳得到的。

当不能满足上述条件时，宜采取下列措施：

(1)A 类桥梁应尽量避开主断裂，抗震设防烈度为Ⅷ度和Ⅸ度地区，其避开主断裂的距离为桥墩边缘至主断裂带外缘分别不宜小于 300m 和 500m。

(2)A 类以下桥梁宜采用跨径较小便于修复的结构。

(3)当桥位无法避开发震断裂时，宜将全部墩台布置在断层的同一盘(最好是下盘)上，当不能将全部桥墩(台)布置在断层的同一盘时，表明桥梁无法回避跨越发震断裂，而目前国内外尚无成熟的跨越发震断裂的工程措施，这种情况下应进行专项研究，以提出针对性的跨越发震断裂措施。

美国加州规范的规定：一般而言，场地的避让距离应由负责场地勘察的岩土工程师与主管建筑和规划的专业人员协商确定。有足够的地质资料可以准确地确定活断裂迹线的地区，且地形并不复杂时，避让距离可规定为 50 英尺(约 16m)。复杂的断裂带要求较大的避让距离。倾滑的断层，通常会在较宽且不规则的断裂带内产生多处破裂，上盘边缘受到的影响大、下盘边缘的扰动小，避让距离在下盘边缘可稍小，上盘边缘则应较大。某些断裂带包含如挤压脊和凹陷之类的局部构造，不能揭露清晰的断裂面或剪切破碎带，应由有资质的工程师和地质师专门研究，如保证基础能抗御可能的地面变形，可修建不重要的结构。

存在饱和砂土或饱和粉土(不含黄土)的地基，除Ⅵ度设防外，应进行液化判别；存在液化土层的地基，应根据桥梁的抗震设防类别、地基的液化等级，结合具体情况采取相应措施。抗液化措施应根据桥梁重要性类别及液化等级按表 14.4 确定。

表 14.4　抗液化措施

桥梁抗震设防类别	地基的液化等级		
	轻微	中等	严重
A 类	需作专门研究，不低于 B 类桥梁相应的要求		
B 类	部分消除液化沉陷，或对基础和上部结构处理	全部消除液化沉陷，或部分消除液化沉陷且对基础和上部结构处理	全部消除液化沉陷
C 类	对基础和上部结构处理，也可不采取措施	对基础和上部结构处理，或采取更高要求的措施	全部消除液化沉陷，或部分消除液化沉陷且对基础和上部结构处理
D 类	可不采取措施	可不采取措施	对基础和上部结构处理，或采取其他经济的措施

全部消除地基液化沉降的措施有下列 5 种，每种必须符合下列要求：

(1) 采用桩基时，桩端伸入液化深度以下稳定土层中的长度(不包括桩尖部分)需通过计算保证有足够的长度。

(2) 采用深基础时，基础底面应埋入液化深度以下的稳定土层中至少 1m。

(3) 采用加密法(如振冲、振动加密、挤密碎石桩、强夯等)加固时，应处理至液化深度下界，且处理后复合地基的标准贯入锤击数不宜小于液化判别标准贯入锤击数临界值。

(4) 采用非液化土替换全部液化土层。

(5) 采用加密法或换土法处理时，在基础边缘以外的处理宽度，应超过基础底面下处理深度的 1/2 且不小于基础宽度的 1/5。

部分消除地基液化沉降的措施应符合下列要求：

(1) 处理深度应使处理后的地基液化指数减小，其值不宜大于 5。

(2) 加固后复合地基的标准贯入锤击数不宜小于液化判别标准贯入锤击数临界值。

(3) 基础边缘以外的处理宽度，应符合要求。

减轻液化影响的基础和上部结构处理，可综合采用下列各项措施：

(1) 选择合适的基础埋置深度。

(2) 调整基础底面积，减少基础偏心。

(3) 加强基础的整体性和刚度。

(4) 减轻荷载，增强上部结构的整体刚度和均匀对称性，避免采用对不均匀沉降敏感的结构形式等。

第 15 章　桥梁震害分析

已有桥梁震害表明，地震对桥梁结构产生的破坏作用相当严重，另外，由于桥梁是生命线工程之一，因其本身的破坏而引发的次生灾害也会很大。桥梁的震害可以反映在桥梁的各个部位，其中包括落梁、拱倒塌、墩台折损和压屈、主要承重构件的破碎、断裂、梁裂缝、墩台滑移断裂、严重倾斜、跨度明显变化、承载力大大降低、支座锚栓剪断等。桥梁震害可能是由于场地土液化引起的，也可能是由于桥梁结构抗震能力不足引起的。桥梁下部结构或支座的震害说明该两部分抗震能力尤为薄弱。

针对已发生震害的桥梁进行调查分析，可以明确桥梁震害特征及抗震重点，从而推动桥梁抗震学科的发展。

15.1　落　　梁

落梁震害主要表现为简支梁沿顺桥向的落梁。其主要原因有：地震时桥跨在纵向的相对位移超出支座长度，或墩(台)顶部的变位差使跨度加大，或由于地基土的变形使墩(台)移位以至梁错位并与墩(台)脱开。

图 15.1 为日本阪神地震中西宫港大桥(主跨 252m 的钢系杆拱桥)第一跨引桥脱落的震害现象，其是由于主桥和引桥的纵桥向刚度差，引起主桥与引桥之间的相对位移过大，桥墩支承面纵向太小，而支座连接限位装置又失效。

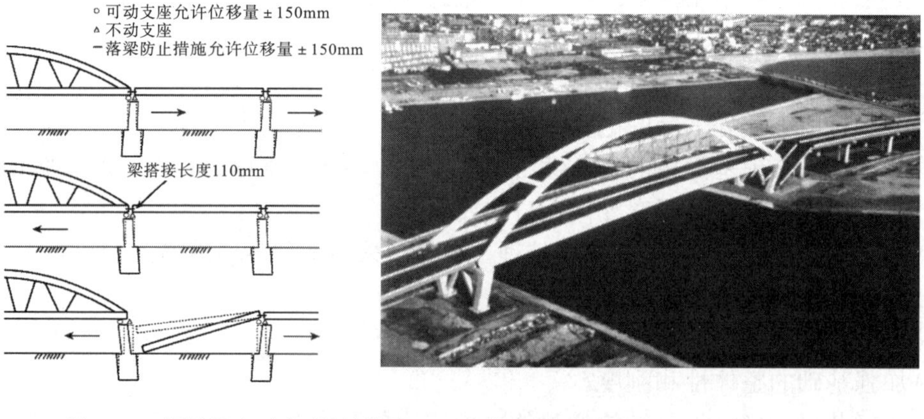

图 15.1　落梁震害示意(阪神地震，西宫港大桥引桥脱落，1995 年，M=7.2)

图 15.2 为土耳其伊兹米特地震引起的某简支梁桥落梁震害，其落梁原理见图 15.2(a)。地震时在反复的很大的纵向地震惯性力作用下，支座发生损坏或上部结构主梁从支座上滑落，同时由于反复地震动是不对称的，当墩顶支座中心离墩前缘距离小于两墩之间的相对位移量时，导致落梁。

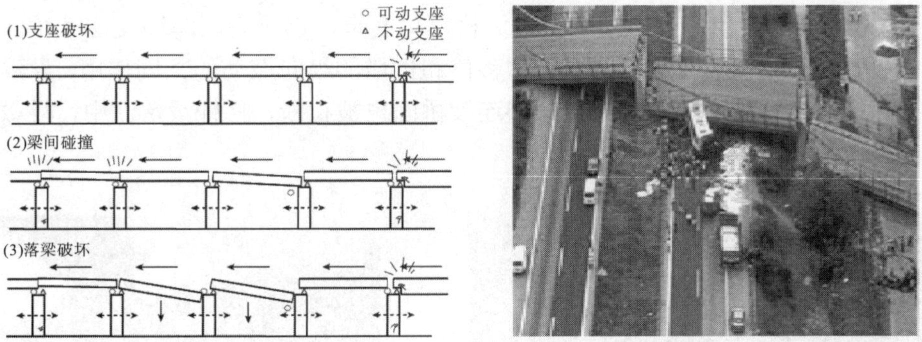

(a)　(b)

图 15.2　落梁震害示意(伊兹米特地震，1999 年，M=7.4)

图 15.3 为我国汶川地震引起的庙子坪大桥引桥震害，该桥离汶川地震断裂带仅 7～10km，桥跨结构为(2×50)m 简支梁引桥+(125+220+125)m 连续刚构桥+(5×50)m 简支梁引桥+3×(4×50)m 简支梁引桥，每联简支梁引桥的桥面连续，桥墩高约 103m，地震时水深约 90m。该桥在地震后纵向和横向均产生了较大的位移，5×50m 一联的第五孔由于桥墩变形使跨度增大了 690mm，整孔梁落入水中。绝大多数板式橡胶支座被挤出或破坏，横向挡块基本都严重损毁。落梁孔是 5×50m 一联与另一联 4×50m 相邻的一孔梁，两联间设计有桥面伸缩缝，地震时还没安装伸缩缝装置，地震时伸缩缝一端首先纵向移位脱落，然后，另一端的连续桥面铺装被拉断。

图 15.3　落梁震害示意(都汶高速庙子坪大桥，汶川地震，2008 年，M=8)

图 15.4 为我国汶川地震引起的百花大桥落梁震害，该桥位于近震中的映秀，百花大桥上部结构为(4×25)m 钢筋混凝土连续梁+(5×25)m 钢筋混凝土连续梁+50m 简支 T 梁

+(3×25) m 钢筋混凝土连续梁+(5×20) m 钢筋混凝土连续梁+(2×20) m 钢筋混凝土连续梁，桥梁平面布置为 R=150m 的圆曲线+192m 直线+R=66m 的圆曲线，下部结构为桩柱式桥墩，中间有系梁，基础为桩基，桥台为肋板式桥台。该桥位于曲线上的 5×20m 钢筋混凝土连续梁全部倒塌，其余各跨均严重受损，桥墩或系梁更是震害严重，地震后该桥无法修复，只有拆除。

图 15.5 为我国汶川地震引起的高原大桥落梁震害，该桥为四跨简支连续桥面桥梁，支座为圆板式橡胶支座，地震时由于山体移位和桥墩的纵向振动的共同作用，导致一端桥台挤压损坏，梁沿纵向滑移并导致落梁，连续桥面也被拉断，栏杆滑落江中，桥墩底出现弯曲裂缝。

图 15.4 百花大桥落梁(汶川，2008 年，M=8)

图 15.5 高原大桥落梁(汶川，2008 年，M=8)

15.2 钢筋混凝土桥墩破坏

下部结构的震害，表现在施工缝处的裂缝扩展，直至墩身被剪断或墩身混凝土局部被压溃。其主要原因为：弯曲强度不足、弯曲延性(韧性)不足、桥墩配筋过早切断、剪切强度不足等。所谓延性即为结构经过大于屈服位移的几个周期性变形，而强度不会有明显的折减的性质。

从力学概念上讲，地震引起钢筋混凝土桥墩破坏的形式可有弯曲破坏、剪切破坏与弯剪破坏三种，如图 15.6 所示。结构在水平地震作用下由于过大的弯曲变形导致混凝土保护层脱落、钢筋压屈和内部混凝土压碎、崩裂，结构失去承载能力，整个过程分为以下四个阶段，如图 15.7 所示，①当弯矩达到开裂强度时，截面出现水平弯曲裂缝，如图 15.7(a)所示；②随着裂缝的发展和荷载强度的提高，受拉侧的纵筋达到屈服，如图 15.7(b) 所示；③随着变形量的增大，混凝土保护层脱落，塑性铰范围扩大，如图 15.7(c) 所示；④钢筋压屈或拉断，内部混凝土压碎、崩裂，如图 15.7(d) 所示。

钢筋混凝土墩柱在发生弯曲损伤后，刚度会下降，同时其塑性变形会吸收地震能量，从而能够减小地震作用，如果墩柱具有比较良好的屈服后变形能力(也即具有良好的延性)，则可防止桥梁在地震发生时倒塌。桥墩弯曲破坏的实例如图 15.8、图 15.9 所示。

剪切破坏(或弯剪破坏)的力学机理如图 15.10 所示，在地震作用下，当结构受到的剪切力超过截面的抗剪强度时发生剪切破坏，表现在，当截面的弯矩达到开裂强度时，截面出现水平裂缝，如图 15.10(a)所示；随着裂缝的发展和荷载强度的提高，柱内出现斜方向的剪切裂缝，如图 15.10(b)所示；随着剪切裂缝的增大，箍筋屈服导致剪切裂缝进一步增大，如图 15.10(c)所示；发生脆性的剪切破坏，如图 15.10(d)所示。剪切破坏(或弯剪破坏)是脆性破坏，其会导致桥梁结构直接垮塌，因而抗震设计时应该避免该类破坏的发生，实例如图 15.11～图 15.13 所示。

部分建设较早的桥梁，桥墩可能采用素混凝土或圬工结构，地震时可能会发生桥墩沿施工缝平齐剪断灾害，见图 15.14。

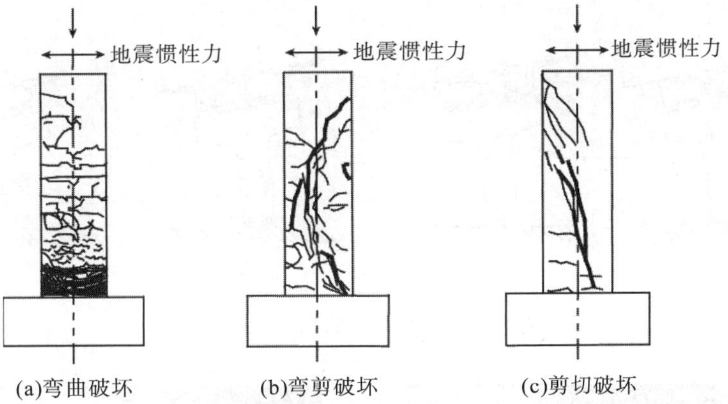

图 15.6　钢筋混凝土桥墩破坏的形式

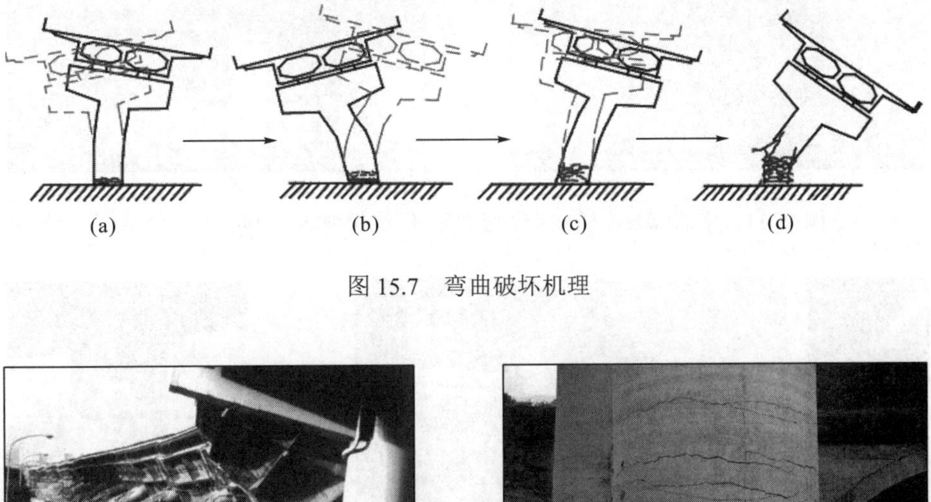

图 15.7　弯曲破坏机理

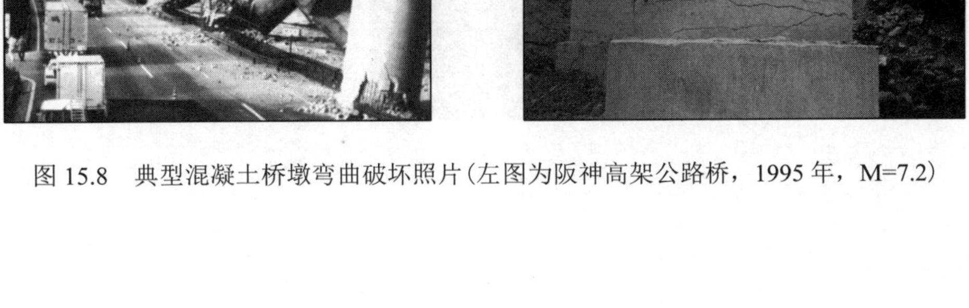

图 15.8　典型混凝土桥墩弯曲破坏照片(左图为阪神高架公路桥，1995 年，M=7.2)

图 15.9 百花大桥墩柱破坏(汶川地震，2008 年，M=8)

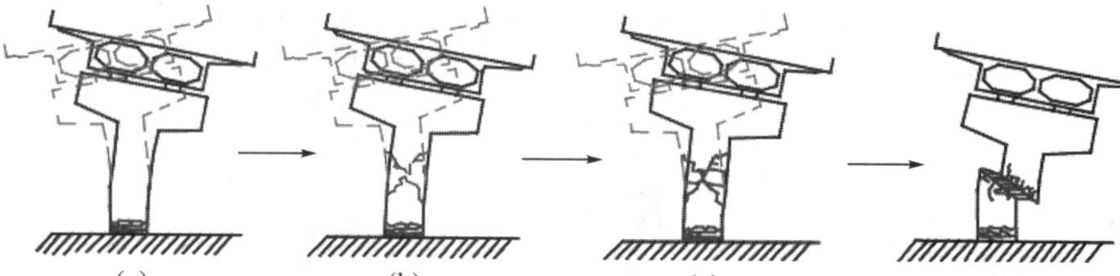

图 15.10 弯剪(或剪切)破坏机理

图 15.11 钢筋混凝土墩柱 45° 剪切破坏(汶川地震，2008 年，M=8)

图 15.12 典型混凝土桥墩剪切破坏实例图

图 15.13　钢筋混凝土墩柱 45° 剪切破坏(台湾集集地震，1999 年，M=8)

(a)

(b)

(c)

图 15.14　唐遵线陡河桥桥墩剪断(唐山地震，1976 年，M=7.8)

15.3　支座破坏或移位

地震作用通过基础传给桥墩(台)，再传给支座，直至桥梁上部结构，而上部结构的惯性又通过支座传给桥墩(台)，因而，支座受力较为复杂。分析表明，支座动力水平放大系数比桥墩底面的应力放大系数大。另外，下部结构(墩、台)的顺(横)桥向变位的不一致也会引起支座的附加反力，因而支座是抗震薄弱而又关键的环节。

在过大的往复地震作用下，主梁等上部结构会产生很大的地震惯性力，支座可能发生剪切滑移、锚钉剪断等问题。另外，由于往复地震的不对称效应，板式橡胶支座可能发生滑移而无法复位，同时滑移量太大导致梁与挡块碰撞，而导致挡块破坏，或导致梁与梁、梁与桥台发生碰撞，如图 15.15～图 15.17 所示。

图 15.15 支座移位(汶川地震，2008 年，M=8)

图 15.16 挡块破坏(汶川地震，2008 年，M=8)

图 15.17 主梁移位(汶川地震，2008 年，M=8)

15.4 拱桥垮塌

拱结构的主要承载构件是拱圈，支承拱圈结构需要有拱脚处的水平推力，如果地震时两拱脚之间产生过大的相对位移或拱脚处承载能力下降，会导致拱圈破坏，引发桥梁垮塌。图 15.18 小渔洞刚架拱桥垮塌就是典型的实例。小渔洞大桥距离断裂带很近，该桥为跨度布置 4×40m 的上承式钢筋混凝土刚架拱桥，桥墩为双柱式墩。地震时地面运动使得桥梁向彭州侧移位，由于桥梁各支承点移位大小不同，导致拱脚处过大的水平力，从而使得刚架中各斜腿在节点几乎全部被剪断。

图 15.19 中的拱桥也是由于拱脚处相对位移，导致拱顶受弯而灾损。

图 15.18　小渔洞刚架拱桥垮塌(汶川地震，2008 年，M=8)

图 15.19　拱桥拱顶损伤(汶川地震，2008 年，M=8)

15.5　桥台破坏

汶川地震发生在我国四川省西部山区，由于山区地势起伏大，地震时会引发山体移位，位于河流两岸的桥台随山体沿桥轴向移动，上部结构梁体在地震作用下发生纵向振动，桥台与梁体之间沿纵向就会有相互挤推作用，过大过快的地震动会导致桥台胸墙与主梁碰撞，从而引发桥台或台后土体破坏，如图 15.20～图 15.22 所示。

图 15.20　高原大桥桥台或台后土体破坏(汶川地震，2008 年，M=8)

图 15.21　小渔洞桥台后土体破坏
（汶川地震，2008 年，M=8）

图 15.22　寿江大桥桥台胸墙破坏
（汶川地震，2008 年，M=8）

15.6　其 他 破 坏

地震时，由于墩高的不一致、各墩底地震动的不同，桥梁不同跨、不同墩(桥台)之间的振动位移不协调，上部结构(特别是简支梁桥)在伸缩缝处、梁端等处，可能会发生梁间或梁与台之间的碰撞，导致梁端破坏，如图 15.23 所示。

图 15.23　梁间碰撞引起的梁端或伸缩缝破坏(汶川地震，2008 年，M=8)

另外，山区地震引起的山体滑坡、崩塌、滚石等，会推动桥梁整体移位，或掩埋、冲毁桥梁，或冲击桥梁，引发桥梁的破坏，如图 15.24 所示。

图 15.24　山体崩塌桥梁被埋或被砸破坏(汶川地震，2008 年，M=8)

另外，还有桥梁基础震害，包括地震时地基沉降和水位移动引发基础下降或移位，饱和砂土液化使地基丧失或部分丧失承载力，桥梁结构随之塌陷等。

大跨度桥梁的震害实例相对较少，其原因主要为：①大跨度桥梁近期发展较快，其经历强大地震的机会相对较少。②大跨度桥梁的抗震设计工作一般均会比较重视，往往进行了专题研究，从而保证了有较高的抗震能力。③大跨度桥梁等柔性结构的振动基频往往较低，周期较长，而地震作用高频率成分较多，地震作用的动力放大现象不突出，但也会产生较大的位移。④桥梁设计时，对结构上的一些连接部位等采取了相应构造措施或者采用抗震支座等。

15.7　桥梁震害分析与抗震概念设计

分析总结既有桥梁地震灾害的原因与特征，可以发现，桥梁地震灾害与桥梁布置形式、刚度质量分配、结构造型、连接构造等相关，因此，在地震区进行桥梁结构选型、布置及设计时，应该从利于抗震的概念上进行考虑，保证桥梁结构具有可靠和稳定的传力途径；有明确可靠的位移约束，减少位移，防止落梁；有明确合理可靠的耗能部位；有避免因局部结构构件损伤而导致结构倒塌的能力。

一般认为：

(1) 直桥、连续桥面桥、小跨径桥、正交桥抗震相对有利，曲梁桥会使地震响应复杂化而不利于抗震，在高烈度区，宜尽量避免采用曲率半径较小的曲线桥、斜交角过小的斜桥等对抗震不利的桥型。桥面连续的桥伸缩缝少，不易落梁；大跨径桥梁会导致墩柱的轴向力大，使得墩柱的延性能力降低；桥台、桥墩与桥轴向斜交会引起主梁在地震作用下转动反应从而增大位移。

(2) 整体性、规则性好的桥梁结构抗震性能较优，在高烈度地震区桥梁结构的设计，应力求几何尺寸、质量和刚度均匀、对称、规则，避免突然变化，直线桥梁的几何线形简单，受力也明确，利于准确的描述与分析。

(3) 水平地震的惯性作用也主要在上部结构，上部结构的地震水平惯性作用通过上、下部结构之间的连接构造(支座等)传递给墩柱，再由墩柱传递给基础，进而传递给地基承受，墩柱在地震作用下将会受到较大的剪力和弯矩作用，且一联桥梁各墩的地震作用主要是依其刚度进行分配，因此，合理、均匀对称地设置上、下部结构之间的连接构造可以使各下部结构均匀地分担地震作用，有利于提高桥梁结构的整体抗震性能。

(4) 合理的连接形式，对桥梁抗震性能也十分重要，对于高桥墩的桥梁，建议采用上部结构与下部结构有选择性的刚性连接(固接方式)；对于矮墩桥梁，上部结构和下部结构连接建议采用支座连接方式，且不宜设固定支座，而宜设置活动支座或板式橡胶支座，同时合理设置梁墩的搭接长度。

(5) 地震作用下梁体的惯性作用按桥墩的刚度分配给下部结构，对于上部结构连续的桥梁，各桥墩高度宜尽可能相近，如相邻桥墩刚度相差较大，水平地震作用在下部结构间的分配一般不理想，这时可以通过在刚度较大的墩处设置活动支座或弹性支座(橡胶支座)来减小刚度较大桥墩所受水平地震作用。矮墩一般刚度较大，在矮墩设置固定支座会导致其承担过大的地震作用，而矮墩设置活动支座或板式橡胶支座可减小其承担地震作用力。

(6) 地震时，固定支座的强度不足、活动支座的位移能力不足或橡胶支座的梁底与支座发生滑动，会引起支承连接的失效，产生较大的梁体位移，引起抗震挡块破坏和落梁震害，因而，需有相应的足够搭接长度、合理设计防落梁措施和限位装置。

当然，梁底与支座间滑动，实际上起到了一定的隔震作用，混凝土挡块在地震中破坏，也可以有效减小下部结构所受地震作用。因此，这种类型桥梁抗震设计的关键是防落梁。

(7) 桥梁墩柱破坏的主要原因是横向约束箍筋配置不足而导致墩柱延性不足。横向约束箍筋间距过大，搭接失效，纵筋过早切断，锚固长度不足，箍筋端部没有弯钩等可能致使抗弯破坏，抗剪强度不足或横向箍筋配置不足等构造缺陷，会导致墩柱剪切破坏。剪切破坏是脆性破坏，应尽量避免。

(8) 斜拉桥的抗震性能主要取决于结构体系，在地震作用下，塔、梁固结体系斜拉桥的塔柱内力与所有其他体系相比是最大的，在烈度较高的地区要避免采用。飘浮体系的塔柱内力反应较小，建在抗震设防烈度 8 度、9 度地区的斜拉桥宜优先考虑飘浮体系方案，但飘浮体系可能导致过大的位移反应，如梁端位移反应过大，则伸缩缝的设置就比较困难，还可能会引起碰撞。这时，可在塔与梁之间增设弹性约束装置或阻尼约束装置，形成塔、梁弹性约束体系或阻尼约束体系，以有效降低地震位移反应。

(9) 拱桥的主拱圈在强烈地震作用下，不仅在拱平面内受弯，而且还在拱平面外受扭，当地基由于强烈地震产生不均匀沉陷时，主拱圈还会发生斜向扭转和斜向剪切。因此，大跨径拱桥的主拱圈宜采用抗扭刚度较大、整体性较好的断面形式。一般以采用箱形拱、板拱等闭合式断面为宜，不宜采用开口断面。当采用肋拱时，不宜采用石肋或混凝土肋，宜采用钢筋混凝土肋，并加强拱肋之间的横向联系，以提高主拱圈的横向刚度和整体性。

在拱平面内，从拱桥的振动特性看，地震作用下，拱圈与拱上建筑之间振动变形的不协调性将更加突出。为了消除或减少这种振动变形的不协调，可在拱上立柱或立墙端设铰，允许这些部位有一些转动或变形。

在强烈地震作用下，为了保证大跨度拱桥不发生侧向失稳破坏，应采取提高拱桥整体性和稳定性的措施。如下承式和中承式拱桥设置风撑，并加强端横梁刚度；上承式拱桥加强拱脚部位的横向联系，等等。

(10) 主要承重结构(塔、墩及拱桥主柱等)宜选择有利于提高延性变形能力的结构形式及材料，避免发生脆性破坏。

(11) 特殊桥梁的结构构造比较复杂，因此地震反应也比较复杂，如高阶振型的影响不可忽略，多点非一致激励(包括行波效应)的影响可能较大等。在地震中较易遭受破坏的细部结构，其地震反应往往是由高阶振型的贡献起控制作用。在拱桥的地震反应中，多点非一致激励(包括行波效应)的影响相当大。

(12) 桥梁基础应建在岩石或坚硬冲积层上，软土放大结构位移并且易于液化或沉陷。在场地地质条件不连续、地震时地基可能产生较大的相对位移的地段，不宜修建拱桥。

(13) 跨越断裂层会引起桥梁基础移位、沉降、墩台间产生永久相对位移等，因而应尽可能避免桥梁跨断层，另外，沙土液化会引起土层承载能力下降，因而基础土层需采取防液化措施。

(14) 耗能的塑性铰应设计在柱上，而不是在盖梁上或上部结构上，并在震后易于观察与修复。

(15) 对于采用板式橡胶支座或其他耗能装置的桥梁，需设置限位装置以防止过大的相对位移及落梁震害，限位装置不能影响桥梁的正常使用功能。

(16) 一般情况下，多跨桥梁的桥台不宜作为抵抗梁体地震惯性力的构件，桥台宜设活动铰支座，在顺桥向地震作用下，纵桥向地震作用由桥墩承受。桥台处可设横向挡块，横桥梁地震作用由桥墩、桥台依据水平刚度分配，如桥台刚度过大，可允许横向挡块在一定水平地震动作用下破坏。

可见，桥梁抗震设计应基于结构性能，从强度和延性两方面同时考虑，尤其注重提高桥梁结构整体性和钢筋混凝土桥墩的延性能力；采用适当的减隔震技术，设置抗震减震构造措施，开发有效的防止落梁装置，全方位提高桥梁的抗震性能。

第 16 章　桥梁地震响应分析方法

桥梁抗震分析是研究地震时地面运动对结构物产生的动态效应，结构的地震反应取决于大地的振动和结构的动力特性两方面。

早期的结构抗震设计中，弹性静力法一直是一种基本的计算方法，尽管人们早已认识到这种方法在理论上的基本缺陷，但由于缺乏对地震动的了解，所以基于动力学的地震反应分析理论一直没有得到发展。从 1931 年开始，美国开始进行地震台网的布置，并在 1933 年长滩地震中得到了第一批强震记录，随后在 1940 年的英佩里亚尔谷（Imperial Valley）地震中成功地收集了包括埃尔森特罗（El Centro）地震在内的大量地震加速度记录资料，这些强震记录为以后抗震动力学的发展提供了宝贵的资料。1943 年比奥特（M.A.Biot）提出来反应谱的概念，并给出了世界上第一条弹性反应谱曲线，即单自由度弹性振子对应于某一个强震记录情况下，体系的周期与绝对加速度、相对速度和相对位移的关系曲线。1948 年，G.W.Honsner 提出基于反应谱理论的抗震计算动力法。至 1958 年，第一届世界地震工程会议以后，这一方法被许多国家所接受，并用于工程结构抗震设计规范中。

目前，桥梁地震反应分析方法依据所考虑的地震动的特点分为两种：一种是以地震运动为确定过程的确定性地震反应分析；另一种是考虑地面运动的随机性质，把地震运动作为随机过程分析，即为非确定性（概率性）地震反应分析。确定性方法是把地震作用作为确定性的荷载作用于结构，求解该确定性荷载作用下结构动力反应的方法。非确定性方法是基于随机振动理论，将地震动作用视为随机过程，以此随机地震动作用于结构，求出结构动力响应的统计特性。

世界各国的桥梁抗震设计规范中普遍采用确定性地震反应分析方法，确定性地震反应分析方法主要有三种，即静力法、反应谱法和时程分析法。而概率性地震反应分析方法尚不成熟，应用于工程实践中主要有功率谱法。

16.1　静　力　法

静力法也叫地震系数法，或称震度法，最早在 1899 年由日本的大房森吉提出，它假定结构物各个部分与地震动有相同的振动。此时，把地面运动加速度 $\ddot{\delta}_g$ 乘以结构质量 M 即地震产生的惯性作用，把该惯性作用作为静力施加于结构，进行结构线弹性静力分析。

因而，作用于结构物上的惯性力为

$$F(t) = M\ddot{\delta}_g(t) \tag{16.1}$$

如取地面运动加速度峰值代入，则惯性力为最大作用力，从而可以对结构进行静力计算。

根据结构动力学理论，当结构刚度很大时，地震作用的频率与结构的频率比为零，此时动力放大系数为 1.0，可见，地震系数关于结构物各个部分与地震动有相同的振动假定，实质上就是结构刚度很大，忽略其动力变形的假定，因此，对于刚度较大的笨重结构物，采用该法进行抗震分析比较合理。

当结构在地震作用下的动力变形不能忽略时，结构的振动加速度与地震动输入加速度会有很大的差别，结构的动力响应特性不能忽略，只有当结构的基本周期比地面运动卓越周期小很多时，结构物在地震作用下才可能是几乎不发生变形而近似认为刚体，静力法才成立。

弹性静力法概念简单，对于整体刚度较大的结构或构件可以应用，至今在桥台和挡土结构的抗震设计中仍然采用静力法。

16.2　反 应 谱 法

一个单质点振子体系如图 16.1 所示，其基底受到地面运动加速度为 $\ddot{\delta}_g$ 的地震作用，根据达朗贝尔原理，其振动方程为

$$m(\ddot{\delta}_g + \ddot{y}) + c\dot{y} + ky = 0 \tag{16.2}$$

式中，m、c 和 k 分别为振子的质量、阻尼和刚度；y、$\dot{y}$ 和 $\ddot{y}$ 分别为振子的相对位移、相对速度和相对加速度。

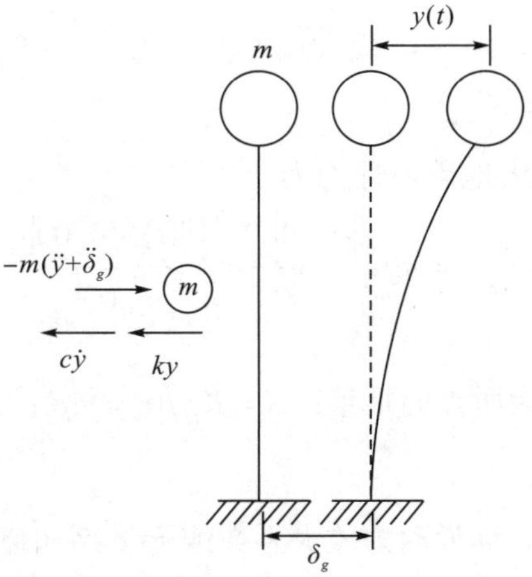

图 16.1　单自由度振子的力学图示

在式(16.2)中，惯性力 $m(\ddot{\delta}_g + \ddot{y})$（取决于绝对加速度 $\ddot{\delta}_g + \ddot{y}$）、阻尼力 $c\dot{y}$（取决于相对速度 $\dot{y}$）和弹性恢复力 ky（取决于相对位移 y）应保持平衡。经过整理后，可得

$$\ddot{y}+2\zeta\omega\dot{y}+\omega^2 y=-\ddot{\delta}_g \tag{16.3}$$

式中，阻尼比$\zeta=\dfrac{c}{c_{\rm cr}}$，其中临界阻尼$c_{\rm cr}=2\sqrt{km}$；无阻尼圆频率$\omega=\sqrt{\dfrac{k}{m}}$。

上述振动方程的解可用杜哈梅(Duhamel)积分公式表示为

$$y(t)=-\frac{1}{\omega_d}\int_0^t \mathrm{e}^{-\zeta\omega(t-\tau)}\ddot{\delta}_g(\tau)\sin\omega_d(t-\tau)\mathrm{d}\tau \tag{16.4}$$

式中，有阻尼圆频率$\omega_d=\omega\sqrt{1-\zeta^2}$。

对式(16.4)微分一次、两次即可得到单质点振子地震相对速度和加速度反应的积分公式：

$$\dot{y}(t)=-\int_0^t \mathrm{e}^{-\zeta\omega(t-\tau)}\ddot{\delta}_g(\tau)\cos\omega_d(t-\tau)\mathrm{d}\tau \tag{16.5}$$

$$\ddot{y}(t)+\ddot{\delta}_g(t)=\omega_d\int_0^t \mathrm{e}^{-\zeta\omega(t-\tau)}\ddot{\delta}_g(\tau)\sin\omega_d(t-\tau)\mathrm{d}\tau \tag{16.6}$$

式(16.5)和式(16.6)是在假定阻尼比ζ很小情况下得到的。

对不同周期和阻尼比的单自由度体系，在选定的地震加速度时程$\ddot{\delta}_g$输入下，可以获得一系列的相对位移y、相对速度$\dot{y}$和绝对加速度$\ddot{\delta}_g+\ddot{y}$响应时程曲线，并可从中找到它们的最大值，该最大值是随阻尼比、周期变化的曲线。以不同单质点体系的周期T_i为横坐标，以不同阻尼比ζ为参数，绘出最大相对位移$y_{\max}$、最大相对速度$\dot{y}_{\max}$和最大加速度$\left|\ddot{y}+\ddot{\delta}_g\right|_{\max}$与周期之间的关系曲线，分别称为相对位移反应谱$S_D=y_{\max}$、拟相对速度反应谱$S_V=\dot{y}_{\max}$和拟加速度反应谱$S_A=\left|\ddot{y}+\ddot{\delta}_g\right|_{\max}$，“拟”字是因为在推导式(16.5)和式(16.6)时忽略了ζ影响。

对于接近刚性的体系，$\omega\to\infty$，最大加速度反应$S_A\to\ddot{\delta}_{g\max}$；对于接近高柔的体系，$\omega\to 0$，最大相对位移$S_D\to\delta_{g\max}$。

作用在上述质点上的最大地震惯性力为

$$F=m\left|\ddot{y}(t)+\ddot{\delta}_g(t)\right|_{\max}=mg\left(\frac{\left|\ddot{\delta}_g(t)\right|_{\max}}{g}\right)\frac{\left|\ddot{y}(t)+\ddot{\delta}_g(t)\right|_{\max}}{\left|\ddot{\delta}_g(t)\right|_{\max}}=K_H\beta W=mS \tag{16.7}$$

式中，g为重力加速度；W为质点的重量；$S=K_H\beta g=A\beta$；$K_H=\left(\dfrac{\left|\ddot{\delta}_g(t)\right|_{\max}}{g}\right)$，为水平地震系数；$\beta=\dfrac{\left|\ddot{y}(t)+\ddot{\delta}_g(t)\right|_{\max}}{\left|\ddot{\delta}_g(t)\right|_{\max}}$，称为动力放大系数或无量纲加速度反应谱，为体系的最大反应加速度与输入的地震动峰值加速度的比值，图16.2为Housner在1941年发表的不同阻尼比的平均地震β反应谱。

(1)水平地震系数K_H的取值，应根据结构抗震设防的烈度水准选取。我国《铁路工程抗震设计规范》(GB 50111—2009)或《公路桥梁抗震设计规范》(JTG/T 2231-01—2020)

规定的桥梁抗震设防基本烈度分别为Ⅵ度、Ⅶ度、Ⅷ度、Ⅸ度，相对应的 K_H 值如表 16.1 所示。

表 16.1　抗震设防烈度和 K_H 对应值

抗震设防烈度	Ⅵ	Ⅶ		Ⅷ		Ⅸ
K_H 值	0.05	0.10	0.15	0.20	0.30	0.40

(2) 根据 β 谱曲线推导过程及结构动力学理论可知，β 谱曲线除了与结构固有周期有关(或频率)、与结构阻尼比有关外，还与输入地震动的频谱特性有关(表现在地震动有较宽的频率范围、当某些频率与结构固有频率相近时，该频段得以放大)。地震动的频谱特性又与地震传播途径及地基土层特性有关，所以，加速度 β 谱曲线应能反映不同阻尼、不同周期、不同场地土特征。

基于特定的某一地震波输入，可以得到一条不同周期不同阻尼的谱曲线，基于不同地震动输入，也可得到不同的谱曲线，如图 16.3 所示，图中，T_b 表示特征周期。由于地震动的复杂性，这些曲线往往是不同的，谱曲线也是不平滑的。各国规范为了统一设计标准，常给出一条标准化反应谱曲线，该标准化曲线规定一定的阻尼比，基于大量的地震加速度输入，获得众多反应谱曲线，经过平均化和光滑化，进而得到平均的标准化地震反应谱曲线。

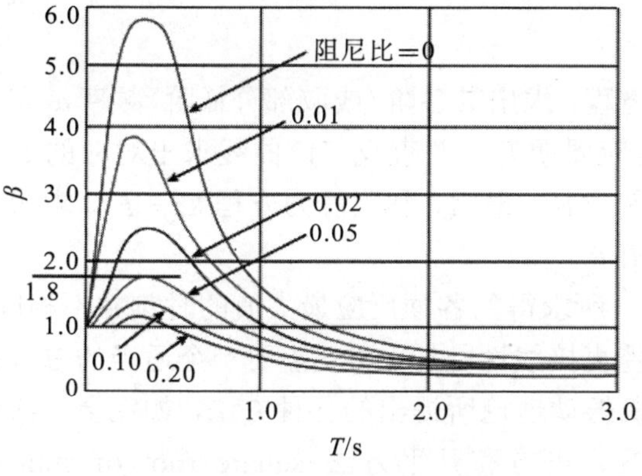

图 16.2　平均地震反应谱曲线

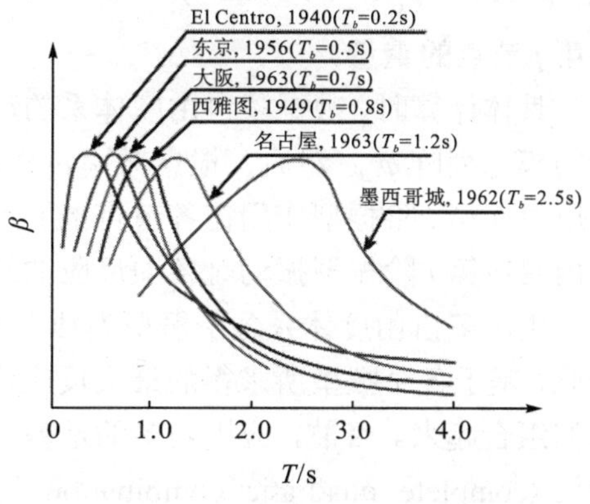

图 16.3　不同地震波的平均反应谱曲线

结构物所处的场地不同，地基土特性一般也不同，同一地震或不同地震时，地震响应不同，因而其反应谱曲线也就不同。

现行规范考虑了场地土特性的影响，将场地分为四类，设定 5%为标准反应谱阻尼比，并进行了标准化处理，绘制了相应的反应谱曲线图。详见我国《铁路工程抗震设计规范》(GB 50111—2009) 或《公路桥梁抗震设计规范》(JTG/T 2231-01—2020)。

对于多自由度体系，可利用振型的正交性质，采用振型分解法，将多自由度多振型体系的振动分解成由多个以某一振型振动的单自由度振动体系的叠加。

多自由度体系受地震加速度$\ddot{\delta}_g(t)$作用产生振动的动力方程为

$$\boldsymbol{M}\ddot{x}+\boldsymbol{C}\dot{x}+\boldsymbol{K}x=-\boldsymbol{MI}\ddot{\delta}_g(t) \tag{16.8}$$

式中，$\boldsymbol{M}$、$\boldsymbol{C}$和$\boldsymbol{K}$分别为体系的质量矩阵、阻尼矩阵和刚度矩阵。

令$x=\boldsymbol{\varphi}y$，其中$\boldsymbol{\varphi}$为模态矩阵，y为广义坐标。

利用振型分解法可得

$$\ddot{y}_i+2\zeta_i\omega_i\dot{y}_i+\omega_i^2y_i=-\frac{1}{M_{Pi}}\boldsymbol{\varphi}_i^{\mathrm{T}}\boldsymbol{MI}\ddot{\delta}_g(t) \qquad (i=1,2,\cdots,n) \tag{16.9}$$

式中，ζ_i和ω_i分别为体系以第i阶振型振动的阻尼比和圆频率；$\boldsymbol{\varphi}_i$为第i阶振型(模态列阵)；$M_{Pi}=\boldsymbol{\varphi}_i^{\mathrm{T}}M\boldsymbol{\varphi}_i$。

令

$$\gamma_i=\frac{1}{M_{Pi}}\boldsymbol{\varphi}_i^{\mathrm{T}}\boldsymbol{MI}=\frac{\boldsymbol{\varphi}_i^{\mathrm{T}}\boldsymbol{MI}}{\boldsymbol{\varphi}_i^{\mathrm{T}}M\boldsymbol{\varphi}_i} \tag{16.10}$$

γ_i称为第i阶振型参与系数。式(16.9)变为

$$\ddot{y}_i+2\zeta_i\omega_i\dot{y}_i+\omega_i^2y_i=-\gamma_i\ddot{\delta}_g(t) \qquad (i=1,2,\cdots,n) \tag{16.11}$$

容易证明：$\sum_{i=1}^{n}\gamma_i\boldsymbol{\varphi}_i=1$。

从而有，作用在第j节点上由第i阶振型振动引起的最大地震荷载为

$$F_j=K_H\beta_i\gamma_i\phi_{ij}W_j=S_i\gamma_i\phi_{ij}m_j \qquad (j=1,2,\cdots,n) \tag{16.12}$$

式中，ϕ_{ij}为对应第i阶模态第j节点的振型值；S_i为第i阶模态的加速度响应谱值；$W_j=m_jg$，为第j节点的重量。

具体计算时，根据多自由度体系的动力方程，求出其各阶(或取部分低阶)频率ω_i和对应的模态列阵$\boldsymbol{\varphi}_i$，然后，根据频率ω_i求出对应周期T_i，并查反应谱曲线求出对应的β_i，求出对应第i阶振型作用在各节点上的地震荷载F，最后，利用静力方程$Kz=F$，求得结构内对应第i阶振型振动时各项反应的最大值$R_{i,\max}$。

由于多自由度体系各个振型为独立振动，所求得的各项反应最大值的时刻并不相同，因此，基于各个振型所求得的最大反应值不能直接线性叠加，这就需要一个适当的方式把它们组合起来。目前，应用较多的是基于随机振动理论所提出的各种方法，如完全二次组合法(complete quadratic combination，CQC)、平方和开平方法(square root of sum of squares，SRSS)等。

CQC法表达式为

$$R_{\max}=\sqrt{\sum_{i=1}^{n}\sum_{j=1}^{n}\rho_{ij}R_{i,\max}R_{j,\max}} \tag{16.13}$$

式中，ρ_{ij}为模态组合系数。

$$\rho_{ij}=\frac{8\sqrt{\zeta_i\zeta_j\omega_i\omega_j}\left(\zeta_i\omega_i+\zeta_j\omega_j\right)\omega_i\omega_j}{\left(\omega_i^2+\omega_j^2\right)^2+4\zeta_i\zeta_j\omega_i\omega_j\left(\omega_i^2+\omega_j^2\right)+4\left(\zeta_i^2+\zeta_j^2\right)\left(\omega_i^2\omega_j^2\right)} \tag{16.14}$$

体系的各阶自振频率相隔较远时，ρ_{ij}值较小。当$i\neq j$，且ω_i与ω_j相距到一定距离时，

可以认为 $\rho_{ij} \to 0$，此时，式(16.13)变为

$$R_{\max} = \sqrt{\sum_{i=1}^{n} R_{i,\max}^2} \tag{16.15}$$

这就是 SRSS 法。

SRSS 法对于频率分离较好的平面结构具有很好的精度，但是对频率密集的空间结构，由于忽略了各振型间的耦合项，故时常过高或过低地估计结构的反应。

1981 年，E.L.Wilson 等人把地面运动视为一宽带、高斯平稳过程，根据随机过程理论导出了线性多自由度体系的振型组合规则 CQC 法，较好地考虑了频率接近时的振型相关性，克服了 SRSS 法的不足。目前，CQC 法以其严密的理论推导和较好的精度在桥梁结构的反应谱分析中得到越来越多的应用，而且已被世界各国的桥梁抗震设计规范所采用。

一般来说，梁式桥可选用 SRSS 法进行组合，而斜拉桥、悬索桥等大跨度桥梁由于结构复杂，振型较为密集，应选用 CQC 法进行组合。

反应谱法概念简单，计算方便，计算时少，但基于反应谱法仅能获得结构各振型反应的最大值，不能给出最大值发生的时间及最大响应的正负号，另外，在上述推导过程中，反应谱法是在以下基本假定的基础上建立的：结构的地震反应是线性的，可以采用叠加原理进行振型组合；结构物所有支承处的地震动完全相同；地震动的过程是平稳随机过程。

反应谱法一般来说只能用于对线弹性结构的弹性分析，难以考虑结构进入弹塑性状态下的耗能。特别是对大跨度结构，即使处于线弹性状态，反应谱方法计算的结果与实际结构的地震反应结果会有较大差异。

反应谱法是建立在结构响应可以分解成两正交平面分量的基础上的，其难以反映诸如大跨桥梁的地震波输入的相位差、结构的非线性二次效应、地震振动的结构-基础-土的相互作用的影响等实际问题。目前，大多数国家规范规定，常用桥梁结构形式的中小跨度桥梁可采用反应谱理论进行计算，重要的、复杂的大跨度桥梁的抗震计算均建议采用时程分析法。

16.3　时程分析法

时程分析法是一种确定性的动力分析方法，发展较为成熟。通过有限元方法或其他方法将桥梁结构离散成多自由度弹性或弹塑性体系，并建立受地震加速度 $\ddot{\delta}_g(t)$ 作用产生振动的动力方程为

$$\boldsymbol{M}\ddot{x} + \boldsymbol{C}\dot{x} + \boldsymbol{K}x = -\boldsymbol{M}\boldsymbol{I}\ddot{\delta}_g(t) \tag{16.16}$$

式中，$\boldsymbol{M}$、$\boldsymbol{C}$ 和 $\boldsymbol{K}$ 分别为体系的质量矩阵、阻尼矩阵和刚度矩阵。

选取合适的地震动输入(地震动加速度时程)，采用数值积分法直接对振动方程进行求解，计算出每一瞬时结构的位移、速度和加速度响应，从而可以分析出结构在地震作用下弹性或非弹性阶段的内力反应、构件变形形态。

目前常用的数值积分法，有龙格-库塔法、等加速度法、线性加速度法、Newmark-β

法、Wilson-θ 法等，它们均可对线性或非线性地震振动方程进行求解。各种方法都基于一个相同的思想，就是增量微分方程转换成代数方程式，在 Δt 时间间隔内，在位移、速度和加速度之间引入一个简单合理的关系，由此使得用三个未知增量表示的方程最终可化为只有一个未知增量，从而可以直接用代数方法求解，而不必再解微分方程。

对于大跨度桥梁等复杂的空间结构体系，计算模型复杂，节点多，矩阵的阶次高，直接积分方法的计算量会很大。桥梁是个纵横尺寸比相当大的结构，因而纵横两个方向上的地震响应区别很大，另外，桥梁又是多支点结构，不同支点会产生不同地震激励，因此，在分析时应考虑这些因素的影响。

时程分析方法能较准确而完整地反映空间桥梁结构在地震作用下响应的全过程，对大跨度桥梁进行时程分析时，除可以考虑地震动的空间变化、行波效应，以及相干效应等多维多点激励以外，还可以考虑各种非线性因素，比如结构在地震作用下的几何非线性、各种减隔震装置的非线性、材料非线性以及基础与结构的相互作用等，使计算结果更接近于真实的地震反应。

时程分析方法最大应用限制是如何正确合理地选择地震波。由于模拟地震波具有一定的随机性，因此该法存在以下缺点：

(1) 分析得到的结构反应存在一定的局限性，尽管该法能真实反映结构在输入地震波下的动力响应，但同样的地震不可能再次发生，且分析结果取决于选取的地震记录。此法用于多维多点地震反应计算的关键是地震动的模拟问题。较为可靠的方法是选用真实的密集台阵记录作为多维多点激励的地震波输入，但密集台阵记录仅适用于台阵场址，而实际的桥梁结构所处场地条件各异，因此，需要寻求一个合理的地震动场人工合成技术。

(2) 如果采用多条不同性质的输入地震波进行分析，可以得到结构反应的统计结果，但这也无疑会增加计算量。

(3) 由于地震作用的随机性，同一支承处地面运动需有多组时程来反映，对于多维多点的情况，计算将变得非常烦琐。

对于复杂桥梁，如悬索桥、斜拉桥、斜交支承桥、弯梁桥等桥梁，其振动模态存在着纵、横、垂直、扭转等的耦合，这些耦合效应就要求对这些桥梁的动力分析用三维时程反应分析法来进行。美国国家公路与运输协会(American Association of State Highway and Transportation Officials，AASHTO)和应用技术委员会(Applied Technology Council，ATC)、日本的公路协会都规定对于复杂的新型桥梁应进行动力时程分析。

16.4 现行规范对地震作用的描述

我国《铁路工程抗震设计规范》(GB 50111—2009)、《公路桥梁抗震设计规范》(JTG/T 2231-01—2020)等均采用设计加速度反应谱、设计地震动时程表征地震作用，《公路桥梁抗震设计规范》(JTG/T 2231-01—2020)还另外引入地震动功率谱来表征地震作用。

1. 地震作用方向与组合

地震发生在空间上和时间上均有随机性，强地震动对纵横比很大的桥梁的作用方向难以提前确定，而工程抗震时一般需要获得结构在地震作用下的最大响应，理论上，需要针对每个可能的地震动作用方向，输入地震动进行地震响应分析，以确定结构最大地震响应时的地震动主方向，这当然是困难的。目前，为简化起见，在进行结构地震响应分析时，一般是假定地震动沿桥梁的三个主轴分别作用，然后进行组合，三个正交主轴方向分别为桥梁的纵桥向、横桥向、竖直方向，组合系数由于认识的不同在各国规范中表现得有所不同。

假定地震动作用的主方向与桥梁纵、横、竖三个主方向重合可能是偏于安全的。

1) 美国规范

《美国公路桥梁抗震设计规则》(1991) 中规定两正交方向的弹性地震作用和力矩应合并成两种荷载形式，即：杆件上每一主轴方向的地震作用和弯矩是由 100%正交轴(纵向或横向)的地震分析所产生的杆件弹性地震作用和弯矩的绝对值加上 30%第二正交向(横向或纵向)的地震分析所产生的弹性地震作用和弯矩的绝对值来获得。

对于多数桥梁，运动的竖向分量效应不考虑，不需要作详细的竖向分析，但是对于设计水准要求较高桥梁，其所有支承或连续结构的铰等部件，应考虑竖向地震作用所产生的上拔力的作用，从而决定是否需要设置锚定装置。

2) 欧洲规范

1993 年起草的《欧洲规范》规定，在设计中采用的地震作用力，取下列三个组合中最不利的组合：

$$E_x + 0.3E_y + 0.3E_z \qquad 0.3E_x + E_y + 0.3E_z \qquad 0.3E_x + 0.3E_y + E_z$$

式中，E_x、E_y、E_z 分别代表顺桥向(X)、横桥向(Y)、竖向(Z)的地震作用。

对于竖向地震作用，一般可不考虑，但承受较高弯曲应力的桥墩、支座和连接部位等应考虑竖向分量的影响。

3)《公路桥梁抗震设计规范》(JTG/T 2231-01—2020)

《公路桥梁抗震设计规范》(JTG/T 2231-01—2020) 认为：地震动传播具有方向性，桥梁结构是纵横尺寸比相当大的结构，因而两个方向的地震响应区别很大，在抗震设计与分析时应考虑地震作用的方向性，规定各类桥梁结构的地震作用，应按下列原则考虑：

(1) 一般情况下，公路桥梁可只考虑水平向地震作用，直线桥可分别考虑顺桥向 X 和横桥向 Y 的地震作用。

(2) 设防烈度为 8 度和 9 度的拱式结构、长悬臂桥梁结构和大跨度结构，以及竖向作用引起的地震效应很重要时，应同时考虑顺桥向 X、横桥向 Y 和竖向 Z 的地震作用。

(3) 当采用反应谱法或功率谱法，同时需要考虑三个正交方向的地震作用时，可分别单独计算纵桥向、顺桥向、竖向在地震作用下产生的最大效应，分别为 E_x，E_y，E_z，总的设计最大地震作用效应 E 按式(16.17)求取：

$$E=\sqrt{E_x^2+E_y^2+E_z^2} \tag{16.17}$$

(4)当采用时程分析法时，应同时输入三个方向分量的一组地震动时程计算地震作用效应。

对于 A 类桥梁、桥址设防烈度为 9 度及以上的 B 类桥梁，应根据专门的工程场地地震安全性评价确定地震作用；桥址设防烈度为 8 度的 B 类桥梁，宜根据专门的工程场地地震安全性评价确定地震作用。

当考虑地震动空间变化影响时，各桥台和桥墩的反应谱或功率谱值可能不同，此时，如果采用反应谱法分析，可近似采用等效一致激励方式处理，各桥台和桥墩的反应谱值统一取最大值，这样得到的反应谱为包络反应谱，计算结果偏大偏安全。当采用功率谱法分析时，可直接采用多点非一致激励方式进行分析。

2. 设计加速度反应谱

我国公路、铁路规范均规定标准化设计加速度谱对应的阻尼比为 0.05，《公路桥梁抗震设计规范》(JTG/T 2231-01—2020)水平设计加速度反应谱 S 由式(16.18)确定：

$$S=\begin{cases}S_{\max}(6.0T+0.4) & (T<0.1\text{s})\\ S_{\max} & (0.1\text{s}\leqslant T\leqslant T_g)\\ S_{\max}(T_g/T) & (T>T_g)\end{cases} \tag{16.18}$$

式中，T_g 为场地特征周期(s)；T 为结构自振周期(s)；$S_{\max}$ 为水平设计加速度反应谱最大值。如图 16.4 所示。

水平设计加速度反应谱最大值由式(16.19)确定：

$$S_{\max}=2.25C_iC_sC_dA \tag{16.19}$$

式中，C_i 为抗震重要性系数，按表 13.4 取值；C_s 为场地系数，水平向、竖向场地系数如表 16.2-1 及表 16.2-2 所列；C_d 为阻尼调整系数；A 为水平向设计基本地震动加速度峰值，按表 13.1 取值。

场地特征周期 T_g 按桥址位置在《中国地震动参数区划图》(GB 18306—2015)上查取，根据场地类别，水平向、竖向设计加速度反应谱特征周期分别按表 16.3-1、表 16.3-2 取值。

标准化的设计反应谱曲线对应的阻尼比为 0.05，当结构的阻尼比取 0.05 时，阻尼调整系数为 1.0。当结构的阻尼比按有关规定取值不等于 0.05 时，需进行阻尼比调整，阻尼调整系数 C_d 按式(16.20)取值：

$$C_d=1+\frac{0.05-\zeta}{0.08+1.6\zeta}\geqslant 0.55 \tag{16.20}$$

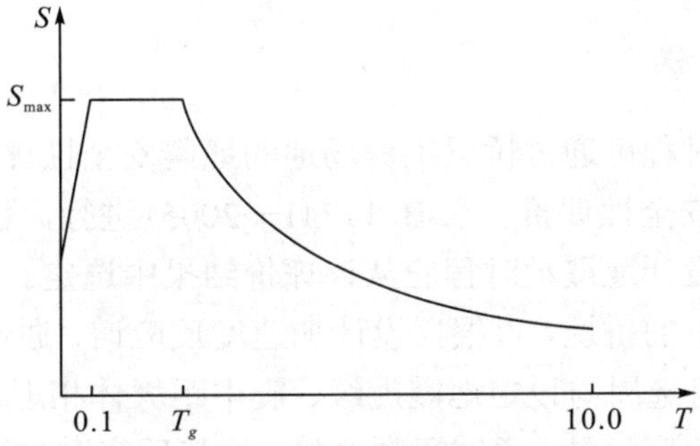

图 16.4　水平设计加速度反应谱曲线

表 16.2-1　水平向场地系数 C_s

设防烈度 场地类型	Ⅵ	Ⅶ		Ⅷ		Ⅸ
	0.05g	0.1g	0.15g	0.2g	0.3g	0.4g
I_0	0.72	0.74	0.75	0.76	0.85	0.90
I_1	0.80	0.82	0.83	0.85	0.95	1.00
Ⅱ	1.00	1.00	1.00	1.00	1.00	1.00
Ⅲ	1.30	1.25	1.15	1.00	1.00	1.00
Ⅳ	1.25	1.20	1.10	1.00	0.95	0.90

表 16.2-2　竖向场地系数 C_s

设防烈度 场地类型	Ⅵ	Ⅶ		Ⅷ		Ⅸ
	0.05g	0.1g	0.15g	0.2g	0.3g	0.4g
I_0	0.60	0.60	0.60	0.60	0.60	0.60
I_1	0.60	0.60	0.60	0.60	0.70	0.70
Ⅱ	0.60	0.60	0.60	0.60	0.70	0.80
Ⅲ	0.70	0.70	0.70	0.80	0.80	0.80
Ⅳ	0.80	0.80	0.80	0.90	0.90	0.80

表 16.3-1　水平向设计加速度反应谱特征周期调整表

区划图上的 特征周期	场地类型划分				
	I_0	I_1	Ⅱ	Ⅲ	Ⅳ
0.35	0.20	0.25	0.35	0.45	0.65
0.40	0.25	0.30	0.40	0.55	0.75
0.45	0.30	0.35	0.45	0.65	0.90

表 16.3-2　竖向设计加速度反应谱特征周期调整表

区划图上的 特征周期	场地类型划分				
	I_0	I_1	Ⅱ	Ⅲ	Ⅳ
0.35	0.15	0.20	0.25	0.30	0.55
0.40	0.20	0.25	0.30	0.35	0.60
0.45	0.25	0.30	0.40	0.50	0.75

3. 设计地震动时程

设计地震动加速度时程可通过桥梁工程场地的地震安全性评价获得，地震安全性评价可参考《工程场地地震安全性评价》(GB 17741—2005)进行，已完成专门的工程场地地震安全性评价的桥址，设计地震动时程应从该评价结果中选定。

未作地震安全性评价的桥址，可根据设计加速度反应谱，通过数值模拟合成与其兼容的设计加速度时程；也可选用与设定地震震级、震中距大体相近、场地类别相同、震源机制相似的实际地震动加速度记录，通过幅频调整，使其反应谱与设计加速度反应谱兼容而确定，兼容要求是每个周期值对应的反应谱值的相对误差小于5%，绝对误差小于0.01g。

考虑到地震动的随机性，地震响应分析所输入的设计加速度时程不得少于三组，且应保证任意两组同方向时程间的相关系数的绝对值小于 0.1，相关系数由式(16.21)计算：

$$|\rho| = \left| \frac{\sum_j a_{1j} a_{2j}}{\sqrt{\sum_j a_{1j}^2}\sqrt{\sum_j a_{2j}^2}} \right| \tag{16.21}$$

4. 设计地震动功率谱

已作工程场地地震安全性评价的桥址，设计地震动功率谱要根据评价结果确定。未作地震安全性评价的桥址，可根据设计地震震级、震中距、场地特性等，选用适当的衰减关系推算；或根据设计加速度反应谱按式(16.22)估算(单边功率谱)：

$$S_a(\omega) = \frac{T\zeta}{\pi^2} \frac{S^2}{2\ln\left[\left(-\frac{T}{2T_{\mathrm{d}}}\ln p\right)^{-1}\right]} \tag{16.22}$$

式中，S为反应谱值；p为非超越概率，一般为0.5；T_{d}为地震动持续时间，可取20～30s；T为周期；$\omega = 2\pi / T$；ζ为阻尼比。

5. 《铁路工程抗震设计规范》(GB 50111—2009)相关规定

铁路工程标准化水平设计加速度无量纲反应谱(阻尼比为 0.05)曲线如图 16.5 所示，图中的特征周期T_g可参见表16.3取用。

当结构以某i阶振型振动时，作用于构件某质心j处的水平地震作用由式(16.23)计算：

$$F_j = C\alpha\beta_i\gamma_i\phi_{ij}m_j \tag{16.23}$$

式中，C为重要性系数；α为水平地震基本加速度值，如表16.4所列；β_i为第i阶振型周期对应的反应谱值；γ_i为第i阶振型参与系数，ϕ_{ij}为对应第i阶模态第j节点的振型值；m_j为第j节点的质量。

基于振型分解法，求得结构以各阶振型振动时的地震响应，然后，通过 SRSS 法合成总的地震响应。

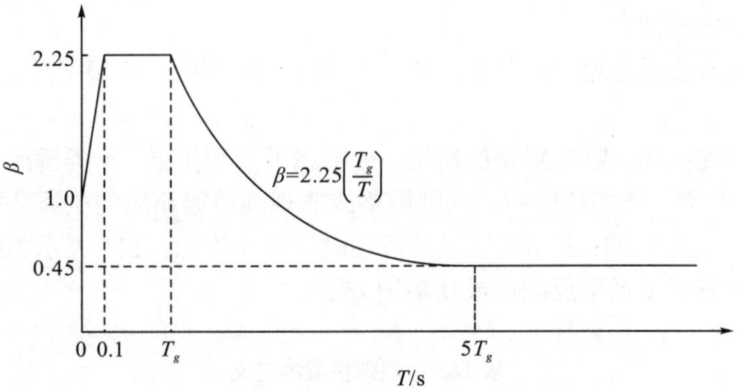

图 16.5　动力放大系数 β 曲线

表 16.4　水平地震基本加速度值

设防烈度	6	7		8		9
设计地震	0.05g	0.1g	0.15g	0.2g	0.3g	0.4g
多遇地震	0.02g	0.04g	0.05g	0.07g	0.1g	0.14g
罕遇地震	0.11g	0.21g	0.32g	0.38g	0.57g	0.64g

16.5　现行规范对抗震分析方法的相关规定

《公路桥梁抗震设计规范》(JTG/T 2231-01—2020)要求，对单跨跨径不超过 150m 的混凝土梁桥、圬工或混凝土拱桥等按常规桥梁进行抗震分析；对墩高超过 40m，墩身第一阶振型有效质量低于 60%，且结构进入塑性的高墩桥梁则应做专项研究。

借鉴国外一些桥梁抗震设计规范的规定并结合国内已有的一些研究成果，根据在地震作用下动力响应特性的复杂程度，常规桥梁分为规则桥梁和非规则桥梁两类。表 16.5 限定范围内的梁桥属于规则桥梁，不在此表限定范围内的梁桥属于非规则桥梁。

对于规则桥梁的抗震分析、设计与校核，根据目前积累的大量震害经验及理论研究成果，其地震反应以第一阶振型为主，采用简化计算方法就可以很好地把握其在地震作用下的动力响应特性，并能保证所设计的结构满足规范预期的性能要求。

对于非规则桥梁，由于其动力响应特性复杂，采用简化计算方法不能很好地把握其动力响应特性，因此，需要采用比较复杂的分析方法和设计校核过程来确保其在实际地震作用下的性能满足设计要求。

要满足规则桥梁的定义，实际桥梁结构在跨数、几何形状、质量分布、刚度分布以及桥址的地基等需要服从一定的限制。即要求实际桥梁的跨数不应太多，跨径不宜太大(避免轴压力过高)，在桥梁纵向和横向上的质量分布、刚度分布以及几何形状都不应有突变，相邻桥墩的刚度差异不应太大，桥墩长细比应处于一定范围，桥址的地形、地质没有突变，而且桥址场地不会有发生液化和地基失效的危险等；对弯桥和斜桥，要求其最大圆心角和斜交角应处于一定范围。

由于拱桥的地震反应相对较复杂，其动力响应一般不由一阶振型控制，因此，拱桥属于非规则桥梁。

安装有隔震支座和(或)阻尼器的桥梁，也不属于规则桥梁。A 类桥梁一般也不属于规则桥梁。B 类、C 类、D 类桥梁中，规则桥梁或非规则桥梁相应的抗震分析计算方法可参见表 16.6 执行。表中：TH 表示线性或非线性时程计算方法；SM 表示单振型反应谱或功率谱方法；MM 表示多振型反应谱或功率谱方法。

表 16.5 规则桥梁的定义

参数	参数值				
单跨最大跨径	≤90m				
墩高	≤30m				
单墩高度与直径或宽度比	大于 2.5 且小于 10				
跨数	2	3	4	5	6
曲线桥圆心角 ϕ 及半径 R	单跨 $\phi<30°$ 且一联累计角 $\phi<90°$，同时曲梁半径 $R\geqslant 20b$（b 为桥宽）				
跨与跨间最大跨长比	≤3	≤2	≤2	≤1.5	≤1.5
轴压比	<0.3				
跨与跨间桥墩最大刚度比	—	≤4	≤4	≤3	≤2
支座类型	普通板式橡胶支座、盆式支座(铰接约束)和墩梁固结等。 使用滑板支座、容许支座滑移、减隔震支座等属于非规则桥梁				
下部结构类型	桥墩为单柱墩、双柱框架墩、多柱排架墩				
地基条件	不易冲刷、液化和侧向滑移的场地，远离断层				

表 16.6 桥梁抗震分析可采用的计算方法

地震作用	桥梁分类					
	B 类		C 类		D 类	
	规则	非规则	规则	非规则	规则	非规则
E1	SM/MM	MM/TH	SM/MM	MM/TH	SM/MM	MM
E2	SM/MM	MM/TH	SM/MM	MM/TH	—	—

反应谱法概念简单、计算方便，可以用较少的计算量获得结构的最大反应值。但是，反应谱法是线弹性分析方法，不能考虑各种非线性因素的影响，当非线性因素的影响显著时，反应谱法可能得不到正确的结果，或判断不出结构真正的薄弱部位。因此，反应谱法只能作为一种估算方法，或一种校核手段。

不属于常规桥梁的桥梁统称为特殊桥梁。特殊桥梁大多是柔性复杂结构，第一阶振型的周期往往较长，因此特殊桥梁的地震反应中，第一阶振型的贡献非常重要，输入的地震加速度时程或反应谱曲线的频谱应包含第一阶自振周期在内的长周期成分。

在有些特殊桥梁的地震反应中，高阶振型的影响也可能比较显著。因此，采用反应谱法进行地震反应分析时，应充分考虑高阶振型的影响，即所计算的振型阶数要包括所有贡献较大的振型。根据结构复杂程度或所建立的分析模型，选择采用单振型反应谱法或多振型反应谱法进行分析，用多振型反应谱法计算时，所考虑的振型阶数应在计算方向获得90%以上的有效质量。

采用反应谱法分析，需要考虑地震动空间变化的影响时(如墩、塔、锚碇基础建在不同土质条件的地基上)，可偏安全地采用包络反应谱计算。需要进行多振型反应谱法分析时，应根据结构特点，考虑足够的振型参与，振型组合采用 CQC 法。

对于适用反应谱法计算的结构，一般也可用功率谱法计算，两种方法可作相互检验，功率法计算结果与反应谱法计算结果相差不应超过 20%。当采用功率谱法计算时，可直接考虑多点非一致输入。

国内外大多数工程抗震设计规范中都指出，对于复杂桥梁结构的地震反应分析，应采用动态时程分析法。动态时程分析法可以精细地考虑桩-土-结构相互作用、地震动的空间变化的影响、结构的各种非线性因素(包括几何、材料、边界连接条件非线性)以及分块阻尼等问题。所以，时程分析法一般认为是精细的计算方法，但时程分析法的结果，依赖于地震输入，如地震输入选择不好，也会导致结果偏小。

目前，关于时程分析时如何选地震波、选用多少条地震波等问题，国内外都还没有形成统一的认识。但由于时程分析结果又完全依赖于所输入的地震动，如果地震动选择不好，则可能导致分析结果不能反映实际。

我国规范参照欧洲规范和美国 AASHTO 规范，要求在时程分析时，采用的地震动输入时程需与设计反应谱兼容，且采用 3 组地震波参与计算时取反应的最大值验算，采用 7 组波参与计算时取反应的平均值验算。时程分析的结果必须与反应谱法分析结果相互校核，一般来说在弹性响应分析的 E1 地震作用下，时程分析结果应不小于反应谱法分析结果的 80%。

地震响应分析时，混凝土梁桥、拱桥的阻尼比不宜大于 0.05，斜拉桥的阻尼比不宜大于 0.03，悬索桥的阻尼比不宜大于 0.02，如果阻尼小，结构地震响应会大。

16.6　地震作用的计算图式与建模原则

16.6.1　公路规则桥梁

《公路桥梁抗震设计规范》(JTG/T 2231-01—2020)要求，规则桥梁的地震反应以一阶振型为主，可将结构等效为单自由度模型，选用简化计算模型进行抗震分析，但应考虑上部结构、支座、桥墩及基础等刚度的影响。

对于桥面不连续的规则简支梁桥，其顺桥向和横桥向的水平地震作用，可只考虑第一阶基本振型，按图 16.6 及式(16.24)计算。

$$\begin{cases} E_{ktp} = SM_t \\ M_t = M_{sp} + \eta_{cp} M_{cp} + \eta_p M_p \\ \eta_{cp} = X_0^2 \\ \eta_p = 0.16\left(X_0^2 + X_f^2 + 2X_{f1/2}^2 + X_f X_{f1/2} + X_0 X_{f1/2}\right) \end{cases} \tag{16.24}$$

式中，E_{ktp} 为顺桥向作用于固定支座顶面或横桥向作用于上部结构质心处的水平地震作用(kN)；S 为根据结构第一阶基本周期确定的反应谱值；M_t 为换算质量；M_{sp} 为墩顶固定支座相关的桥梁上部结构一孔梁的质量；M_{cp} 为盖梁的质量；M_p 为墩身质量，对于扩大基础，为基础顶面以上墩身的重力，对于桩基础，为一般冲刷线以上墩身的重力；η_{cp} 为盖梁的质量换算系数；η_p 为墩身质量换算系数；X_0 为考虑地基变形时，顺桥向作用于固定支座顶面或横桥向作用于上部结构质心处的单位水平力在墩身计算高度 H 处引起的水平位移与单位力作用处的水平位移之比；X_f，$X_{f1/2}$ 分别为考虑地基变形时，顺桥向作用于固定支座顶面或横桥向作用于上部结构质心处的单位水平力在一般冲刷线或基础顶面、墩身计算高度 $H/2$ 处引起的水平位移与单位力作用处的水平位移之比。

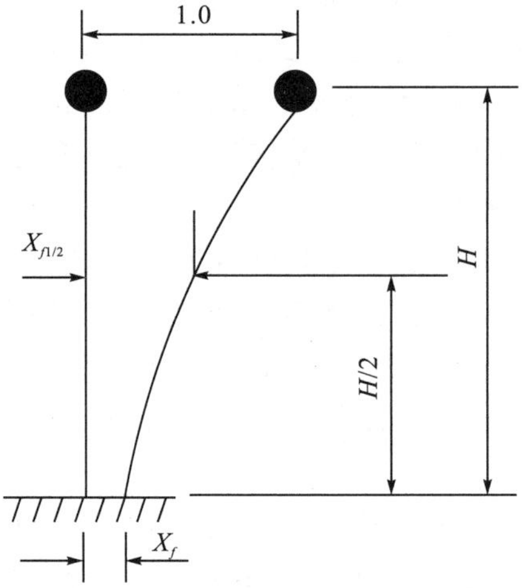

图 16.6　规则简支桥梁的简化模型

连续梁桥一联中一个墩采用顺桥向固定支座，其余墩均为顺桥向滑动支座，顺桥向作用于固定支座顶面的地震作用按式(16.25)计算：

$$E_{ktp} = SM_t - \sum_{i=1}^{N} \mu_i R_i \tag{16.25}$$

式中，μ_i 与 R_i 分别为第 i 个活动支座的摩擦系数与支反力。

全联均采用板式橡胶支座的连续梁桥或桥面连续、顺桥向具有足够强度的抗震联结措施(即顺桥向联结措施的强度大于支座抗剪极限强度)的简支梁等采用板式橡胶支座的规则桥梁，或连续刚构桥，可采用静力法计算其顺桥向、横桥向的结构刚度，基于一联桥梁的总重量(含墩、盖梁的等效质量)，计算结构基本周期，进而用反应谱法计算。

16.6.2　公路非规则桥梁与特殊桥梁

公路非规则桥梁及特殊桥梁在 E1 和 E2 地震作用下的效应分析，一般情况下需先建立能正确反映桥梁上部结构、下部结构、支座和地基的刚度、质量分布、边界连接条件及阻尼特性桥梁结构的空间动力计算模型，保证计算所得的动力特性真实反映实际桥梁结构的动力特性，在 E1 和 E2 地震作用下引起的惯性力和主要振型能得到反映。

针对公路非规则桥梁及特殊桥梁进行地震响应分析，在建立有限元计算模型时，还应满足以下要求：

(1) 特殊桥梁结构主桥一般通过过渡孔与中小跨度引桥相连，因此主桥与引桥是互相影响的；另外，大跨度桥梁结构主桥与中小跨度引桥的动力特性差异，会使主、引桥在连接处产生较大的相对位移或支座损坏，从而导致落梁震害。因而，在结构计算分析时，必须建立主桥与相邻引桥孔(联)耦联的计算模型，考虑相邻结构和边界条件的影响。

(2) 特殊桥梁的空间性决定了其动力特性和地震反应的空间性，因而必须建立三维空间计算模型。

(3) 桥梁结构的梁、墩、塔、拱肋及拱上立柱可采用空间梁单元模拟；桥面系应视截面形式选用合理计算模型；斜拉桥拉索、悬索桥主缆和吊杆、拱桥吊杆和系杆可采用空间桁架单元，单元质量可采用集中质量代表；地震时支座是关键的薄弱构件，分析时应考虑支座的影响，支座单元应反映支座的力学特性；墩柱和梁体的单元划分应反映结构的实际动力特性。

(4) 应考虑恒载作用下几何刚度和拉索垂度效应弹性模量修正等几何非线性影响。特殊桥梁的几何非线性主要来自三个方面：①(斜拉桥、悬索桥的)缆索垂度效应，一般用等效弹性模量模拟；②梁柱效应，即梁柱单元轴向变形和弯曲变形的耦合作用，一般引入几何刚度矩阵来模拟，只考虑轴力对弯曲刚度的影响；③大位移引起的几何形状变化，但研究表明：大位移引起的几何形状变化对结构地震后影响较小，一般可忽略。

(5) 进行非线性时程分析时，支承连接条件应采用能反映支座力学特性的单元模拟；如墩柱已进入非线性工作状态，则应选用适当的弹塑性单元来模拟。边界连接条件应根据具体情况进行模拟。反应谱法只能用于线性分析，因此边界条件只能采用主从关系粗略模拟；而时程分析法可以精细地考虑各种非线性因素，因此建立计算模型时可真实地模拟结构的边界条件和墩柱的弹塑性性质。

(6) 在 E1 地震作用下，宜采用总体空间模型计算桥梁的地震反应；在 E2 地震作用下，可采用局部空间模型计算，总体和局部空间模型应满足以下要求：①总体空间模型宜包括所有桥梁结构及其连接方式，通过对总体空间模型的分析，确定结构的空间耦联地震反应特性和地震最不利输入方向；②局部空间模型应根据总体模型的计算结果，取出部分桥梁结构进行计算，局部模型应考虑相邻结构和边界条件的影响。

(7) 进行直线桥梁地震反应分析时，可分别考虑沿顺桥向和横桥向两个水平方向地震输入；进行曲线桥梁地震反应分析时，可分别沿相邻两桥墩连线方向和垂直于连线水平方向进行多方向地震输入(用曲梁单元时，只需计算一联两端连线(割线)和垂直割线方向的地震输入)，以确定最不利地震水平输入方向。

(8)对于包括斜拉桥、悬索桥、单跨跨径 150m 以上的梁桥和拱桥等特殊桥梁，进行地震反应分析时，应考虑地面运动的空间变化特征，采用桩基时，应考虑桩-土-结构相互作用对桥梁地震效应的影响。

16.6.3 铁路桥梁

《铁路工程抗震设计规范》(GB 5011—2009)要求：简支梁桥墩的抗震分析一般情况下，可采用单墩力学模型计算，梁部只计质量引起惯性力影响；在多遇地震作用下，桥墩抗震计算可采用反应谱法；对 B 类桥梁或采用减隔振装置的桥梁，宜按反应谱法计算，或选用符合抗震要求的地震波，采用时程反应分析法进行分析；在罕遇地震作用下，应采用非线性时程反应分析法，对钢筋混凝土桥墩可采用简化方法进行延性验算，如表 16.7 所列。

桥墩水平地震作用计算图式如图 16.7 所示，顺桥向地震作用分析的全桥力学模型如图 16.8 所示。

表 16.7　铁路工程构筑物抗震设防目标及分析方法

地震动水准	多遇地震	设计地震	罕遇地震
构筑物	桥梁	路基、挡土墙、隧道、桥台，桥梁上、下部结构连接构造	采用钢筋混凝土桥墩的桥梁
抗震设防目标	达到抗震性能要求 I	达到抗震性能要求 II	达到抗震性能要求 III
分析方法	D 类桥梁采用反应谱法；B、C 类桥梁及新结构桥梁采用反应谱法或时程反应分析法	采用静力法；连续梁支座可采用反应谱法	简支梁钢筋混凝土桥墩采用延性设计的简化方法；B 类桥梁及新结构桥梁采用非线性时程反应分析法

注：桥梁上、下部结构连接构造含防落梁、碰撞挡块等措施；采用延性设计的钢筋混凝土桥墩，其支座应按罕遇地震验算，采用减隔振设计的桥梁不适用本表的规定。

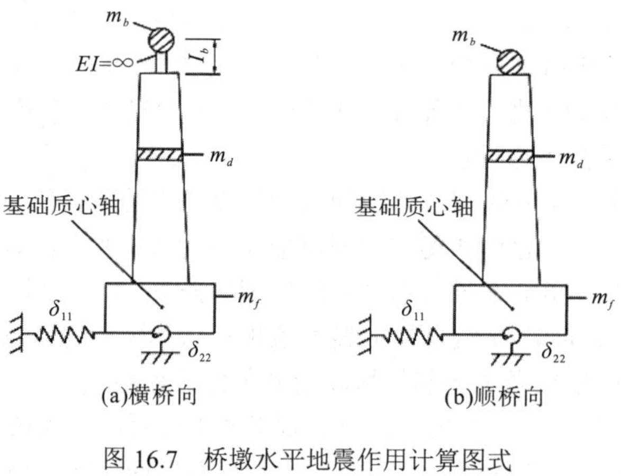

图 16.7　桥墩水平地震作用计算图式

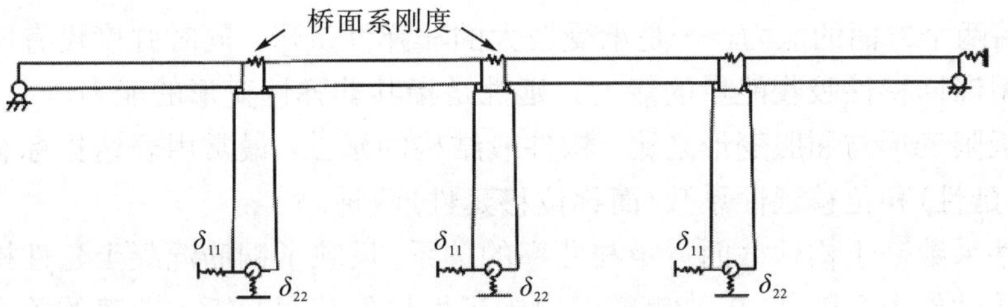

图 16.8　全桥力学模型

16.7　延性设计与能力保护设计

16.7.1　延性及延性设计

地震之所以造成结构损坏甚至倒塌，在于它激起的地震惯性作用超过了结构的抗力。从理论上讲，为了保证结构不发生损坏，结构的抗力必须设计得大于预期可能发生的最大地震动所能激起的最大弹性地震作用。对于那些结构破坏会引起人类巨大灾难的工程，如核电厂、大型水利工程的坝体等，就必须采用这种设计方法，以确保结构物在极小发生概率的大地震下也万无一失。

对于大量普通的桥梁结构，如果纯粹依靠强度来抵抗地震作用，无疑会造成材料的巨大浪费。因此，如果通过专门的设计，使结构具有能够适应大地震激起的反复弹塑性变形循环的滞回延性，则结构在遭遇设计预期的大地震时，尽管可能产生严重损坏，但结构抗震设防的最低目标——免于倒塌破坏却始终能得到保证。

为了实现“小震不坏，中震可修，大震不倒”的结构抗震设计目标，桥梁结构中各构件在中震或大震时允许发生损伤(或弹塑性)的程度应该是不同的，良好的延性是保证大震不倒的根本保证。

因此，在桥梁工程抗震设计时，可允许在大地震时，结构和构件进入弹塑性范围内工作，利于其延性耗散能量，减小地震作用，并保证结构不倒塌。这种思想即为延性抗震设计的基本思想。当然，延性抗震在经济上的优势是以允许结构出现一定程度的损坏为代价的。

1971 年美国发生圣•费尔南多地震之后，在总结震害教训和试验研究成果的基础上，提出了延性抗震设计理论、能力保护设计方法，延性抗震才真正得到重视，抗震设防从原来的单一强度设防转入强度和延性双重设防。在 1994 年美国北岭(Northridge)地震和 1995 年日本神户(Kobe)地震爆发后，强调结构总体延性能力，已成为一种共识。

目前，大多数地震国家的桥梁抗震设计规范均已采纳了延性抗震理论。延性抗震理论不同于强度理论的是，它是通过结构选定部位的塑性变形(形成塑性铰)来抵抗地震作用的，利用选定部位的塑性变形，不仅能消耗地震能量，还能延长结构周期，从而减小地震反应。

材料、构件或结构的延性，通常定义为在初始强度没有明显退化情况下的非弹性变形能力。它包括两个方面的能力，一是承受较大的非弹性变形，同时强度没有明显下降的能力；二是利用滞回特性吸收能量的能力。延性是指其非弹性变形的能力。

延性是极限变形与屈服变形之比。构件或结构的延性，最常用表达指标有曲率延性系数(简称曲率延性)和位移延性系数(简称位移延性)两种。

曲率延性系数基于构件截面弯矩与曲率的关系，反映了钢筋混凝土延性构件塑性铰区截面的塑性转动能力。图 16.9 为钢筋混凝土延性构件截面弯矩与曲率的关系。定义曲率延性系数为截面的极限曲率与屈服曲率之比：

$$\mu_\phi = \frac{\phi_u}{\phi_y} \tag{16.26}$$

式中，ϕ_u 表示塑性铰区截面的极限曲率；ϕ_y 表示塑性铰区截面的屈服曲率。

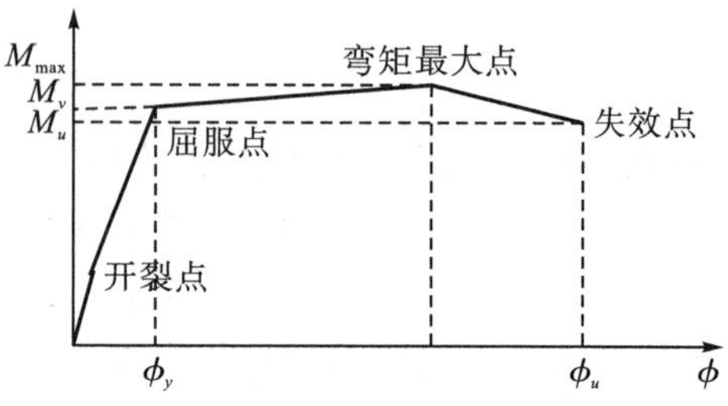

图 16.9　截面弯矩与曲率的关系

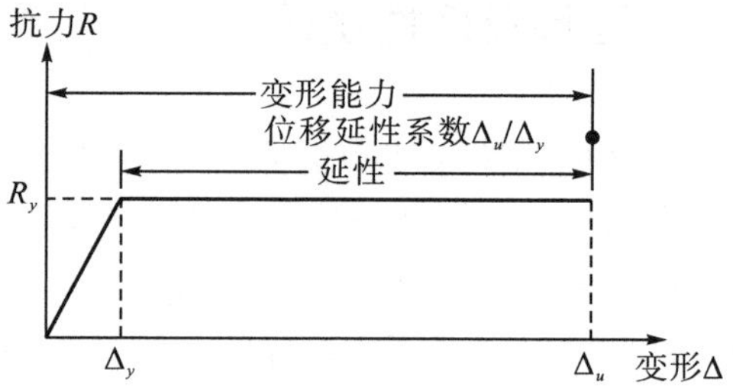

图 16.10　构件或结构抗力与变形的关系

位移延性系数根据构件的抗力与变形的关系，如图 16.10 所示，定义为构件的极限(最大)位移与屈服位移之比：

$$\mu_\Delta = \frac{\Delta_u}{\Delta_y} \tag{16.27}$$

式中，Δ_u 表示极限位移；Δ_y 表示屈服位移。

曲率延性系数与位移延性系数的关系，可以由“等效塑性铰长度”的定义得到(R.帕克提出的)，通常，截面的曲率延性系数比相应的墩顶位移延性系数要大。

钢筋混凝土结构的位移延性系数与结构体系布置有关，一般没有统一的表达式，构件或结构的延性、位移延性系数与变形能力，这三者之间存在密切的联系，但又有一定的区别。结构整体延性系数与构件延性系数不相等，当考虑支座弹性变形及基础柔度影响时，结构整体延性系数比桥墩的位移延性系数低。

考虑到地震及结构各种不确定性，为了达到延性设计的抗震结构大震不倒的目标，要求结构在预期的设计地震作用下必须具有一定可靠度保证的延性储备，即必须在概率意义上保证结构具有的延性超过预期地震动所能激起的最大非弹性变形(延性需求)，也就是延性能力必须大于延性需求。为了实现上述目标，在设计延性抗震结构时，就必须进行延性需求(ductility demand)与延性能力(ductility capacity)分析比较。

延性需求可以通过弹塑性动力时程分析来获得。目前，对于量多面广的规则桥梁，一般采用简化的延性抗震设计理论；但是对于复杂桥梁，只能进行结构弹塑性动力时程分析，以获得结构的延性需求。实际上，由于无法可靠地预测未来发生的地震地面运动，在分析中刻意追求“精确”意义不大，还不如简化计算过程，把注意力集中在选择合理的抗震结构体系和细部构造设计上面。

延性结构根据延性性能的发挥程度，可以分为三类，即完全延性结构、有限延性结构和完全弹性结构。在预期的设计地震作用下，完全延性结构的延性完全得到发挥；有限延性结构的延性需求比完全延性结构低，结构具备的抗力效应高于按完全延性结构计算的设计地震作用，或者结构具备的位移延性没有完全得到发挥；完全弹性结构总体处于弹性反应范围，任何结构构件都不出现明显的损坏。

按完全延性结构类型设计的桥梁，因结构的位移延性可以完全发挥，所以其设计地震作用可以较大地折减；按有限延性结构类型设计的桥梁，因其位移延性没有全部发挥，所以其设计地震作用虽有一定折减，但相对前者要高，不过这类结构可以获得比完全延性结构更佳的抗震性能。

按完全弹性结构类型设计的桥梁，则全部依靠强度抵抗地震作用，结构总体保持弹性，设计地震作用不能折减，相对于完全延性结构和有限延性结构，其造价要高许多。

通常情况下，对普通的公路桥梁，应尽可能采用完全延性结构类型进行抗震设计，以获得最佳的经济效益；对重要性桥梁，应采用有限延性结构形式，以获得更佳的抗震性能；对结构破坏可能引起社会动荡、造成严重经济损失或为国防、救灾提供紧急车辆通行的关键性桥梁，则应采用完全弹性结构形式进行抗震设计。

另外，要保证延性结构在大震下以延性的形式反应，能够充分发挥延性构件的延性能力，就必须确保不发生脆性的破坏模式，以及防止脆性构件和不希望发生非弹性变形的构件发生破坏，要达到这一目的，就要采用能力保护设计的方法进行延性抗震设计。

16.7.2　能力保护设计

1. 能力保护设计方法的原理

用一串链子来说明能力保护设计的原理，如图 16.11 所示的一个简单链接，由多个脆性链子和一个延性链子组成，受两端为 P 的拉力，其中延性链子具有较大的塑性变形能力。

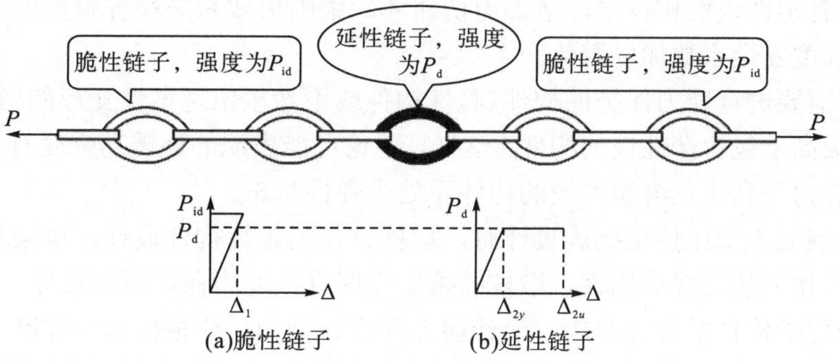

图 16.11　能力保护设计原理示意图

如果所有链子都各自按强度设计，则所有链子是等安全的，随着拉力 P 的增加，脆性链子可能先发生断裂，此时，延性链子的塑性变形能力不能发挥作用，链接系统可能发生的是需要避免的脆性破坏。

如果在设计脆性链子时，所有脆性链子的强度均高于延性链子(称为不等安全设计)，则脆性链子就会受到延性链子的保护，整个链接系统的损伤则表现出延性形为，因为随着拉力 P 增加，延性链子先屈服，脆性链子受到的拉力始终低于其设计强度而不破坏，延性链子就如同保险丝功能，脆性链子受到保护，基于该原理的设计即称为能力保护设计。

基于能力保护设计思想，如果延性链子设计强度为 P_d，则所有脆性链子的设计强度 P_{id} 均需大于 P_d，如果引入一个大于 1 的系数——超强因子 λ，则 $P_{id} \geqslant \lambda P_d$。

在对桥梁结构进行抗震设计时，也可以引入能力保护设计思想，即，在桥梁结构体系中选取易修复、损伤后不会直接导致垮塌等的构件作为允许发生弹塑性变形的延性构件，而不易修复、损伤后对结构功能、安全性均有较大影响或不希望发生非弹性变形的构件作为能力保护构件，然后，在延性构件与能力保护构件之间建立强度安全等级差异，从而确保结构不会发生脆性破坏，也不会在大地震时发生倒塌。

为保证结构的延性，同时最大限度地避免地震破坏的随机性，新西兰学者 Park 等在 20 世纪 70 年代中期提出了结构抗震设计理论中的一个重要原则——能力保护设计原则，并最早在新西兰混凝土设计规范(NZS3101，1982)中得到应用。以后这个原则先后被美国、欧洲和日本等国家的桥梁抗震规范所采用。

2. 桥梁结构能力保护设计原则

桥梁结构采用能力保护设计方法进行延性抗震设计，原则上应遵循：

(1)选择合理的结构布局；根据桥梁结构体系的受力特点、结构的预期性能要求、各构件的重要性、发生损伤后检查与(抢)修复的难易程度、是否可进行更换、损伤的过程是否为延性可控，以及是否会引发结构连锁倒塌等诸多因素，选择合适的延性构件。

(2)基于地震响应分析，选定延性构件中潜在塑性铰区的合理位置，将塑性铰区截面的抗弯强度尽可能设计得与需求的强度接近。然后对塑性铰区进行仔细的构造设计，以确保塑性铰区截面能够提供设计预期的转动能力，这主要依靠约束混凝土概念来实现。进而，保证结构能形成一个适当的塑性耗能机制。

(3)在含有塑性铰的构件中，诸如剪切破坏、锚固失效和失稳等脆性破坏模式，依靠提供足够的强度安全系数加以避免。

(4)对于需要进行能力保护的构件(脆性构件或不希望出现塑性变形的构件)，确保其强度安全等级高于包含塑性铰的构件，这样，不论可能出现的地震动强度有多大，这些构件都因其“能力”高于包含塑性铰的构件而处于弹性状态。

(5)钢筋混凝土墩柱桥梁抗震设计时，墩柱宜作为延性构件设计，桥梁基础、盖梁、梁体和结点宜作为能力保护构件，墩柱的抗剪强度宜按能力保护原则设计。

(6)能力保护构件的设计弯矩、设计剪力和设计轴力，应根据延性柱潜在塑性铰区的极限弯矩，考虑能力超强因素后，采用所对应的最大弯矩、最大剪力和最大轴力。

常规的梁桥通常由主梁、支承连接构件(支座)、盖(帽)梁、桥墩、基础等几部分组成，在地震作用下，主梁产生水平惯性力，并通过支承连接构件传递给盖梁以及桥墩，进一步传递给基础和地基，在抗震设计时，必须保证这条传力路径不中断，而且还应保证震后桥梁的行车功能。

震害调查表明，上部结构很少会因地震动的作用而直接破坏，而下部结构则常常因遭受巨大的水平地震惯性力作用而导致破坏。作为支撑车辆通行的主要构件，主梁若发生损伤，难免会影响桥梁的可通行性，其不适宜选择为延性构件。

延性抗震体系中的支座一般表现为脆性破坏，破坏后会造成原有的传力路径丧失，导致梁体位移过大甚至发生落梁震害，因此，支座应作为能力保护构件。

盖梁是支撑主梁的主要关键构件，若发生地震损伤势必会影响桥梁的可通行性，甚至进一步造成落梁震害，也应视为能力保护构件设计。

桥墩在地震作用下主要负责将地震惯性力向基础传递，如果将桥墩作为延性构件，桥梁结构整体将形成延性机制，而且发生损伤后也易于检查和修复，当发生的损伤较大且场地条件允许的情况下还可以进行置换。一般情况下，长宽比大于 2.5 的悬臂墩以及长宽比大于 5 的双柱墩，在水平力作用下容易形成塑性铰，因此适宜作为延性构件设计；但对于长宽比较小的墩柱，则较容易发生脆性的剪切破坏，墩柱难以形成整体延性机制，则不宜作为延性构件设计，应进行强度设计。

钢筋混凝土构件的剪切破坏属于脆性破坏，会大大降低结构的延性能力，应采用能力保护设计方法进行延性墩柱的抗剪设计。

桥梁基础，一般属于隐蔽工程，发生损伤后，难以修复和检查，所以通常选择作为能力保护构件进行设计。

3. 潜在塑性铰位置的选择

在延性构件中选择和设计预期出现的塑性铰位置时，应能使结构获得最优的耗能，让塑性铰位置出现在易于发现和易于修复的结构部位，尽可能减小由于塑性损伤对结构造成的不利影响。

独柱墩的塑性铰区一般选择在墩柱底部，双柱墩在纵桥向的潜在塑性铰区也在墩底，而在横桥向以及刚构桥的纵桥向，潜在塑性铰区一般选择在墩顶和墩底部位，如图 16.12(a)所示。

对于系梁式双柱墩，由于系梁本身并不是能力保护构件，发生损伤后对结构整体的影响也较小，因此在条件许可的情况下，应尽量使墩上部的塑性铰发生在系梁上，如图 16.12(b)所示。

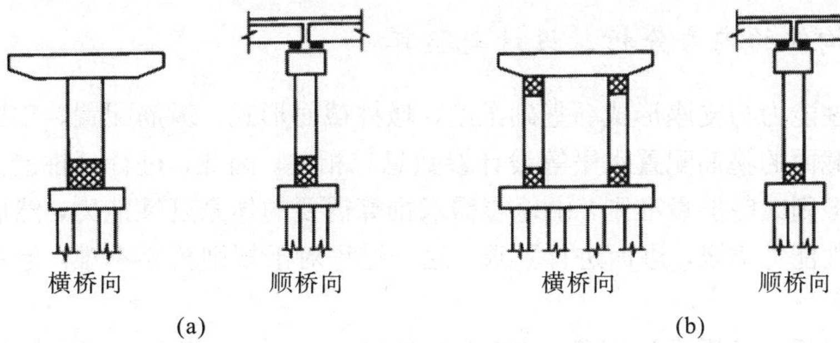

图 16.12　柱式桥墩潜在塑性铰位置的选择

4. 延性柱截面弯矩与曲率的关系

确定钢筋混凝土柱截面的 M-ϕ 曲线可采用纤维模型或称为条带法，该模型假定变形后截面仍为平截面、剪切变形的影响可忽略、钢筋与混凝土之间无滑移，从而，将材料的应力-应变曲线转换成截面的内力-变形关系曲线，通过逐级加变形可求得 M-ϕ 曲线。

钢筋混凝土柱截面的弯矩与曲率关系如图 16.13 所示，通过等效处理可得等效屈服弯矩 M_n 及对应的曲率 ϕ_n。图中：M_y 为最外层钢筋首次屈服时的弯矩，ϕ_y 为截面相应的曲率，M_u 为极限弯矩，ϕ_u 为钢筋混凝土柱弯曲破坏曲率，M_n 为等效屈服弯矩，ϕ_n 为相应的曲率。

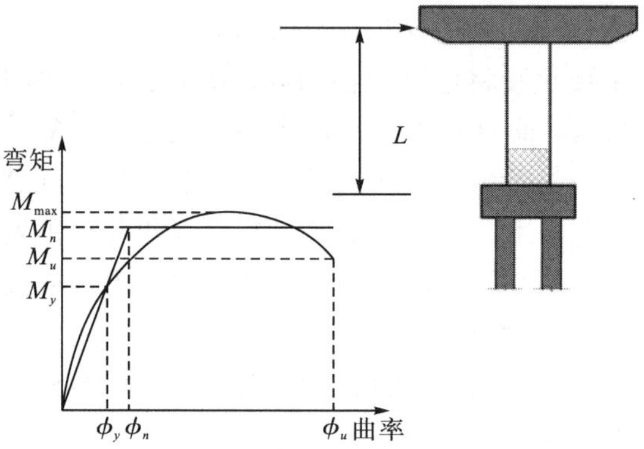

图 16.13 钢筋混凝土柱截面的弯矩与曲率关系

利用能量法及几何作图法可将 M-ϕ 曲线近似简化为双折线型理想弹塑性恢复力模型或三折线型恢复力模型，可得等效屈服弯矩 M_n 与曲率 ϕ_n，从而有钢筋混凝土柱的抗震性能与其力学性能的关系为：

截面弯矩小于 M_y 时柱体处于弹性工作状态，符合性能要求 I；

截面弯矩大于 M_y 但小于 M_n 时柱体处于弹塑性工作状态，符合性能要求 II；

截面弯矩大于等于 M_n 但小于 M_{max} 时柱体处于弹塑性铰工作状态，符合性能要求 III。

在保护层混凝土、核心混凝土和钢筋的应力-应变关系已知的情况下，计算塑性铰区截面的弯矩-曲率曲线，得到屈服曲率和极限曲率，确定截面的曲率延性系数，进一步得到桥墩的位移延性系数。

5. 延性构件的内力分析、设计与验算

结构的延性能力与支座形式、基础柔度、墩柱截面形式、纵筋配置、轴压比、混凝土强度等级以及截面的箍筋配置水平等设计参数息息相关。因此，进行延性能力验算，首先要根据等位移准则或等能量准则，由地震需求推算需要的体系延性能力，然后进一步计算延性构件的延性能力需求，进而进行验算。这一过程对于规则桥梁不难，但对于非规则桥梁非常困难。

我国《公路桥梁抗震设计规范》(JTG/T 2231-01—2020) 以及《城市桥梁抗震设计规

范》(CJJ 166—2011)均采用两水准地震(E1、E2 地震)设防两阶段设计的方法，进行 E1 地震作用和 E2 地震作用下的抗震设计，并要求：

在 E1 地震作用下，各类桥梁结构总体弹性反应，基本无损伤，震后立即使用；

在 E2 地震作用下，桥梁根据重要性可遭受不同程度的损伤，但不致倒塌。

基于该要求，在 E1 地震作用下，应进行桥梁结构的弹性地震反应分析，并验算包括延性构件在内的结构全部构件是否满足弹性性能要求。

根据延性抗震设计中的能力保护设计方法，在整个结构体系中，强度上的首要薄弱部位应是延性构件的弯曲塑性铰区，因此，在 E1 地震作用下，实际上只要进行延件构件潜在塑性铰区的抗弯强度验算即可。

因此，采用两水准抗震设防进行两阶段抗震设计时，延性构件的设计强度需求可直接由 E1 地震作用下桥梁结构的弹性地震反应谱分析得到。

在两水准设防、两阶段抗震设计中，要求 E1 地震下验算延性构件的抗弯强度，E2 地震下验算延性构件的延性能力或变形能力。一般来说，在 E2 地震作用下，可以采用弹塑性时程分析得到塑性铰区域的塑性转动需求，并验算塑性铰区域的塑性转动能力。对于规则桥梁，则可以简化为墩顶位移能力的验算。

在影响钢筋混凝土柱延性能力的因素中，截面的箍筋配置水平是一个主要因素。在静力设计完成后，除箍筋配置以外的各个结构影响参数已基本确定，因此，钢筋混凝土桥墩的延性设计，主要就是根据结构预期的位移延性水平，确定桥墩塑性区范围内所需要的约束箍筋用量，以及约束箍筋的配置方案。为此，需要了解箍筋对混凝土的约束作用，钢筋混凝土墩柱的延性指标计算，以及钢筋混凝土墩柱的构造设计。

6. 横向箍筋对混凝土的约束作用

在许多情况下，无约束混凝土的极限压应变不足以保证桥墩塑性铰区具有设计预期的塑性转动能力。当塑性铰区截面最外层混凝土达到压碎应变时，混凝土保护层首先剥落，如果核心混凝土没有得到足够的约束，纵向裂缝将很快向核心扩展，使混凝土横向膨胀，并导致核心混凝土受压区的压溃：对受较高轴压比的钢筋混凝土桥墩，纵向裂缝扩展还将引起纵向受压钢筋的屈曲。所以，对采用无约束混凝土概念设计的钢筋混凝土桥墩，一旦塑性铰区截面最外层混凝土达到极限压应变，即意味着桥墩达到破坏极限状态。

大量试验研究表明，数量足够、配置合理的横向箍筋，能和纵向钢筋一起对核心混凝土起有效约束作用。当混凝土中的应力较低时，横向钢筋几乎不受力，所以混凝土是不受约束的；当混凝土中的应力接近单轴强度时，内部开裂不断发展，横向应变不断增大，使横向钢筋受拉，混凝土就变成受约束的。横向箍筋能有效地限制混凝土的横向膨胀，维持核心混凝土的完整，提高核心混凝土的极限压应力，并阻止纵向受压钢筋出现屈曲。

箍筋约束混凝土桥墩中，横向箍筋有三个重要的作用：①提供斜截面的抗剪能力；②约束核心混凝土，大大提高混凝土的极限压应变，从而大大提高塑性区截面的转动能力；③阻止纵向受压钢筋过早屈曲。

钢筋混凝土墩柱的延性与以下因素有关：

(1)轴压比：轴压比对延性影响很大，轴压比提高，延性下降，当轴压比较大时(如轴压比达到或超过 25%)，延性下降幅度较大。

(2)箍筋用量：适当加密箍筋配置，可以大幅度提高延性。

(3)箍筋形状：同样数量的螺旋箍筋与矩形箍筋相比，可以获得更好的约束效果，但方形箍筋与矩形箍筋相比，约束效果差别不大。

(4)混凝土强度：混凝土强度对柱的延性有一定影响，强度越高，延性越低。

(5)保护层厚度：保护层厚度增大，对延性不利。

(6)纵向钢筋：纵向钢筋的增加会改变截面的中性轴位置，从而改变截面的屈服曲率和极限曲率，总体上对延性有不利的影响。

(7)截面形式：空心截面与相应的实心截面相比具有更好的延性，圆形截面与矩形截面相比有更好的延性。

钢筋混凝土墩柱的延性构造设计包括：横向箍筋设计、塑性铰区长度、纵向钢筋配筋率、钢筋的锚固与搭接等，相关规范均有相应的规定。

7. 能力保护构件的强度设计与验算

在延性桥墩截面通过抗弯强度验算后，塑性铰区截面的纵向钢筋就已经确定下来，因此塑性铰区的实际抗弯能力也就确定下来。根据能力设计原理，为了确保强震作用下塑性铰切实发生在延性构件上，能力保护构件的设计荷载应根据延性构件塑性铰区的实际抗弯能力来加以确定。

从大量震害和试验结果的观察发现，钢筋混凝土墩柱的实际抗弯承载能力要大于其设计承载能力，这种现象称为墩柱抗弯超强现象。如果墩柱塑性铰的抗弯承载能力出现很大的超强，所能承受的地震作用超过了能力保护构件，则将导致能力保护构件先失效，预设的塑性铰不能产生，桥梁发生脆性破坏。

引起钢筋混凝土墩柱抗弯超强的原因众多，主要原因为钢筋实际屈服强度大于设计强度、钢筋硬化引起极限强度大于屈服强度、混凝土实际抗压强度大于设计强度，而约束混凝土的极限压应变显著大于屈服压应变，其中，前两个因素影响更大。因此，钢筋混凝土墩柱的超强系数与设计规范对材料相关指标的规定直接相关，材料设计强度的安全系数越大，配筋率越高，则超强系数越大。

因此，为了确保结构不会发生脆性的破坏模式，在确定能力保护构件的强度设计值时，需要引入抗弯超强系数 Φ_0 来考虑延性构件的超强现象。各国规范对 Φ_0 取值的差异较大，对钢筋混凝土结构，欧洲规范(EC8：1998 年)取值为 1.375，美国 AASHTO 规范(2004 版)取值为 1.25，而 *Caltrans Seismic Design Criteria*(version1.3)取值为 1.2。我国《公路桥梁抗震设计规范》(JTG/T 2231-01—2020)和《城市桥梁抗震设计规范》(CJJ 166—2011)均取值 1.2。

钢筋混凝土构件的剪切破坏属于脆性破坏，是一种危险的破坏模式；对于抗震结构来说，墩柱剪切破坏还会大大降低结构的延性能力，因此，为了保证钢筋混凝土墩柱不发生剪切破坏，应采用能力保护设计原则进行延性墩柱的抗剪设计。根据能力保护设计原则，墩柱的剪切强度应大于墩柱可能在地震中承受的最大剪力(对应于墩柱塑性铰处截面可能达到的最大弯矩承载能力)。因此，进行钢筋混凝土延性墩柱的抗剪验算时，墩柱的纵向和横向剪力设计值，应根据可能出现塑性铰处按实配钢筋，并采用材料强度标准值和轴压力计算出的弯矩承载能力，考虑超强系数 Φ_0 来计算。

在双柱墩和多柱墩桥的抗震设计中，钢筋混凝土墩柱作为延性构件产生弹塑性变形耗散地震能量，而盖梁、基础等作为能力保护构件保持弹性，根据能力保护设计原则，盖梁的抗弯强度应大于盖梁可能在地震中承受的最大、最小弯矩(对应于墩柱塑性铰处截面可能达到的正、负弯矩承载能力)。进行盖梁验算时，要首先计算出盖梁可能承受的最大、最小弯矩作为设计弯矩，然后进行验算。

对于截面尺寸较大的桥墩，在 E2 地震作用下，如结构未进入塑性工作范围，桥梁墩柱的剪力设计值、桥梁基础和盖梁的内力设计值可用 E2 地震作用的计算结果，而不考虑超强系数的影响。

延性墩柱沿顺桥向和横桥向剪力设计值 V_{co} 可按下列规定计算：

(1) 延性墩柱的底部区域为潜在塑性铰区域：

$$V_{co} = \Phi_0 \frac{M_{zc}^x}{H_n} \tag{16.28}$$

(2) 延性墩柱的顶、底部区域均为潜在塑性铰区域：

$$V_{co} = \Phi_0 \frac{M_{zc}^x + M_{zc}^s}{H_n} \tag{16.29}$$

式中，M_{zc}^x、M_{zc}^s 分别为墩柱上、下端截面按实配钢筋，采用材料强度标准值和最不利轴力计算的沿顺桥向正截面抗弯承载力所对应的弯矩值(kN·m)；H_n 一般取为墩柱的净长度，但是对于单柱墩横桥向计算时应取梁体截面形心到墩柱底截面的垂直距离(m)；Φ_0 为桥墩正截面抗弯承载能力超强系数，$\Phi_0 = 1.2$。

梁桥基础沿顺桥向、横桥向的弯矩、剪力和轴力设计值应根据墩柱底部可能出现塑性铰处沿顺桥向、横桥向的弯矩承载力(考虑超强系数 Φ_0)、剪力设计值和墩柱最不利轴力来计算。

8. 其他能力保护构件的强度设计与验算

为了保证预期出现弯曲塑性铰的构件不发生脆性的破坏模式(如剪切破坏、黏结破坏等)，并保证脆性构件和不宜用于耗能的构件(能力保护构件)处于弹性反应范围，在确定它们的弯矩、剪力设计值时，采用墩柱抗弯超强系数 Φ_0 来考虑超强现象。

其他能力保护构件，包括盖梁、支座和基础等，按照能力保护设计的方法，在任何地震作用下应始终处于弹性反应范围，因此，这一设计过程实际上是一个常规的强度设计过程。

(1) 盖梁设计。与延性桥墩直接连接的盖梁，应按桥墩塑性铰区截面的超强弯矩计算设计荷载效应，并按现行的公路桥涵设计规范进行强度验算。

(2) 支座设计。对设置在延性桥墩上的弹性支座进行支座厚度和抗滑稳定性验算，以及对固定支座进行强度验算时，支座的设计地震作用应根据桥墩塑性铰区截面的超强弯矩进行计算。

(3) 基础设计。与延性桥墩直接连接的基础，应按桥墩塑性铰区截面的超强弯矩计算设计荷载效应，并按现行的公路桥涵设计规范进行强度验算。

9. 桥梁抗震延性设计流程

桥梁结构延性抗震设计可依据以下步骤进行：

(1) 根据桥梁所处的场地，选定抗震设计地震动参数、特征周期、场地类别等。

(2) 根据桥梁的重要性，确定重要性系数、抗震设计分类、调整系数、分析方法等。

(3) 建立计算模型(规则桥梁的简化模型或非规则桥梁及特殊桥梁的有限元模型等)，确定各结构参数。

(4) 根据 E1 概率水平进行弹性计算，基于弹性设计进行强度验算、塑性铰区的配筋设计等。

(5) 根据墩柱配筋计算弯矩-曲率曲线，确定屈服弯矩、等效屈服弯矩、极限弯矩等，进而计算位移延性系数、位移能力等。

(6) 根据 E2 概率水平进行弹性计算，并验算弯矩，如小于等效屈服弯矩则为弹性工作状态，结构验算通过，如大于等效屈服弯矩，则截面进入弹塑性工作状态，进行刚度折减，重新计算地震作用与位移需求，进而进行位移能力验算。

(7) 塑性铰区的抗剪验算。

(8) 基础、支座等能力保护构件的设计，根据墩底塑性铰区的内力，考虑超强因子，计算基础、支座等的内力进行弹性设计。

有些商用软件通过弹塑性非线性计算，可直接计算地震作用与位移需求，进而进行塑性铰的延性验算。

16.8 桥梁结构弹塑性地震响应的近似算法

随着计算机分析能力的提高和构件滞回曲线计算模型研究的不断完善，可以通过非线性分析方法精确地模拟结构的弹塑性地震响应，但是，弹塑性地震响应分析计算量大，计算过程繁杂，不便于应用。为了简化计算，国内外学者提出了许多简便的实用算法用以计算结构的弹塑性地震响应，有些简化算法得到了比较广泛的应用。

桥梁结构弹塑性地震响应诸多近似简化分析方法中，比较常用的近似算法为等效线性化法，其已在一些国家的桥梁抗震设计规范中，作为分析结构弹塑性地震响应的基本方法之一而被采用。

等效线性化方法早期在土动力学研究中应用，现在在场地分析、结构动力分析中得到推广应用。它是一种通过修改刚度和阻尼比、按线性振动理论计算结构弹塑性地震响应的方法，即用降低结构刚度和增加阻尼的方法，使按线性振动理论得到的地震响应峰值与弹塑性地震响应的峰值一致，把复杂的弹塑性地震响应分析简化成简单的线性振动问题计算。

下面以单自由度体系受简谐激励为例，说明等效线性化方法的计算原理。当地震运动为简谐运动时，单自由度体系的运动方程可以写成：

$$m\ddot{u}+C\dot{u}+F(u)=-m\ddot{\delta}\sin\omega_p t \tag{16.30}$$

式中，$F(u)$表示弹塑性恢复力，它是位移 u 的函数。对于如图 16.14 所示具有双直线非线性履历特性的质点系，弹塑性恢复力 $F(u)$ 可以表示成如下的形式：

当 $-u_{\max} \leqslant u \leqslant -(u_{\max}-2u_y)$ 且 $\dot{u} \geqslant 0$ 时：

$$F(u)=ku+(k-K_1)(u-u_y) \tag{16.31}$$

当 $u_{\max}-2u_y \leqslant u \leqslant u_{\max}$ 且 $\dot{u} \leqslant 0$ 时：

$$F(u)=ku-(k-K_1)(u-u_y) \tag{16.32}$$

当 $-(u_{\max}-2u_y) \leqslant u \leqslant u_{\max}$ 且 $\dot{u} \geqslant 0$ 时：

$$F(u)=k_1u+(k-K_1)u_y \tag{16.33}$$

当 $-u_{\max} \leqslant u \leqslant u_{\max}-2u_y$ 且 $\dot{u} \leqslant 0$ 时：

$$F(u)=k_1u-(k-K_1)u_y \tag{16.34}$$

另一方面，按等效线性化理论计算地震响应的运动方程为

$$m\ddot{u}+C_e\dot{u}+k_eu=-m\ddot{\delta}\sin\omega_pt \tag{16.35}$$

或

$$\ddot{u}+2\omega_e\zeta_e\dot{u}+\omega_e^2u=-\ddot{\delta}\sin\omega_pt \tag{16.36}$$

式中，下标 e 表示等效参数。由于以上计算属于线性振动问题，因此，如果能够确定运动方程中的等效阻尼和刚度参数，就可以按照线弹性振动理论计算它的地震响应，整个计算过程将十分简单。

根据几何刚度法，把最大位移响应 $u_{\max}$ 与原点连接的斜率作为等效刚度 k_e，图 16.15 表示具有双直线非线性特性结构在一个循环荷载作用下的履历曲线，它的最大位移为 $u_{\max}$。根据几何刚度法计算原理，线性计算的等效刚度从最大地震响应计算中得到，即为

$$k_e=\frac{F_{\max}}{u_{\max}}=\frac{ku_y+\alpha k(u_{\max}-u_y)}{u_{\max}}=\frac{k+\alpha k(\mu-1)}{\mu} \tag{16.37}$$

式中，$\mu=u_{\max}/u_y$，称为塑性率。

几何刚度法的等效阻尼 C_e 由一个荷载循环中吸收的地震能量与弹塑性履历变形吸收的地震能量一致条件确定。阻尼系数为 C_e 的结构体系在一个平稳振动响应中所吸收的能量为斜方向椭圆曲线所围成的面积(参见图 16.15)，即

$$\Delta W=\pi C_e\omega_pu_{\max}^2 \tag{16.38}$$

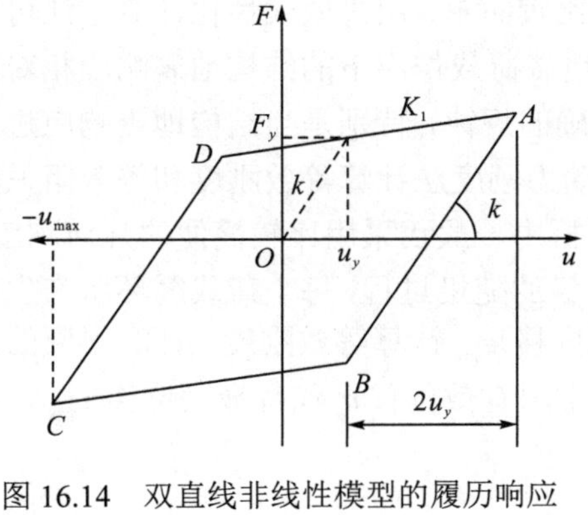

图 16.14　双直线非线性模型的履历响应

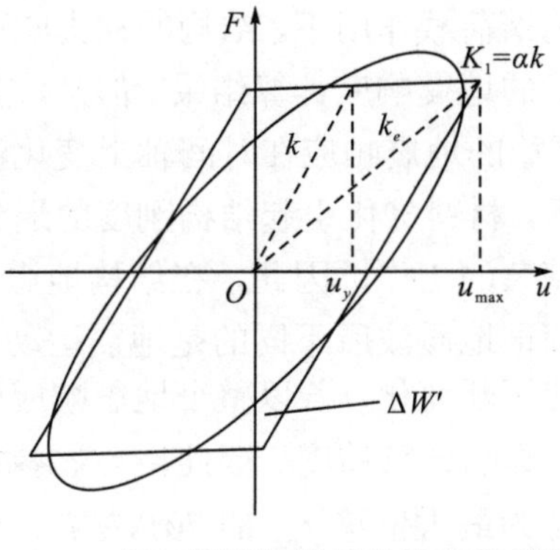

图 16.15　几何刚度法的等效阻尼和等效刚度

另一方面，具有双直线非线性特性的结构在一个循环变形中所吸收的能量可以从履历曲线围成的平行四边形面积 $\Delta W'$ 计算得到，即

$$\Delta W' = 4ku_y(u_{\max} - u_y) + 2\alpha k(u_{\max} - u_y)^2 \tag{16.39}$$

根据能量相等的条件可得到等效阻尼为

$$C_e = \frac{4ku_y(u_{\max} - u_y) + 2\alpha k(u_{\max} - u_y)^2}{\pi\omega_p u_{\max}^2} = \frac{4k + 2\alpha k(\mu - 1)}{\pi\omega_p u^2}(\mu - 1) \tag{16.40}$$

对应的等效频率和等效阻尼比为

$$\omega_e = \sqrt{\frac{k_e}{m}} = \omega_0\sqrt{\frac{1+\alpha(\mu-1)}{\mu}} \tag{16.41}$$

$$\zeta_e = \frac{C_e}{2m\omega_e} = \frac{2+\alpha(\mu-1)}{\pi\omega_p u^2}\omega_0(\mu-1)\sqrt{\frac{u}{1+\alpha(\mu-1)}} = \left(\frac{\omega_0}{\omega_p}\right)\frac{2+\alpha(\mu-1)}{\pi u^2}\sqrt{\frac{u(\mu-1)^2}{1+\alpha(\mu-1)}} \tag{16.42}$$

式中，$\omega_0 = \sqrt{\frac{k}{m}}$，当二次刚度为零时（$\alpha$=0），等效参数分别为

$$k_e = \frac{k}{\mu} \tag{16.43}$$

$$C_e = \frac{4k}{\pi\omega_p u^2}(\mu - 1) \tag{16.44}$$

$$\omega_e = \omega_0\sqrt{\frac{1}{\mu}} \tag{16.45}$$

$$\zeta_e = \left(\frac{\omega_0}{\omega_p}\right)\frac{2}{\pi u^2}\sqrt{u(\mu-1)^2} \tag{16.46}$$

应用等效线性法计算结构地震响应时，参数计算需要确定 $u_{\max}$ 值，即最大位移响应。由于 $u_{\max}$ 值为待求的量，因此计算过程中需要通过迭代得到，即先假定最大位移 $u'_{\max}$，根据假定的 $u'_{\max}$ 值确定对应的等效刚度和等效阻尼，用线性振动理论计算出新的最大位移 $u_{\max}$ 值，若得到的 $u_{\max}$ 和等效刚度计算时采用的 $u'_{\max}$ 差异较大时，用 $u_{\max}$ 值作为 $u'_{\max}$ 修正等效刚度和等效阻尼并重新计算地震响应，重复上述过程，直至 $u_{\max} \approx u'_{\max}$ 为止，取最后一次计算得到的结果作为结构的地震响应。

在简谐荷载作用下，结构的动力响应计算比较简单，用等效线性化计算方法可以得到比较精确的地震响应计算结果。但是，在任意地震荷载作用下的结构地震响应相对比较复杂，非平稳的地震响应在时间轴上变化没有明确的规律，特别是当结构地震响应进入塑性范围以后，材料劣化引起结构刚度的退化，用动力刚度法计算等效刚度和等效阻尼将是一项十分繁杂的工作，因此，在结构地震响应分析中一般仍采用比较简便的几何刚度法。

与简谐地震波所不同的是地震运动为非平稳的随机过程，每个荷载循环所产生的最大位移响应不断变化，若以整个地震响应的最大位移 $u_{\max}$ 计算等效刚度，计算得到的等效刚度偏低，影响计算精度。因此，等效参数计算常用有效位移 u_e 代替最大位移 $u_{\max}$，并取有效位移 u_e 为最大位移 $u_{\max}$ 的 70%左右，即

$$k_e = \frac{F_e}{u_e} = \frac{F_e}{0.7u_{\max}} \tag{16.47}$$

式中，u_e为有效位移；F_e为对应的恢复力。

另一方面，等效阻尼C_e根据吸收能量相等的条件得到，即在一个荷载循环中塑性变形吸收的能量ΔW与等效阻尼C_e所吸收的能量保持一致。因此，等效阻尼比为

$$\zeta_e = \frac{1}{4\pi}\frac{\Delta W}{W} \tag{16.48}$$

在钢筋混凝土桥梁结构抗震设计中，结构的滞回曲线计算模型一般采用考虑刚度退化的 Takeda 模型等，不同计算模型在一个荷载循环中吸收的地震能量不同，得到的等效阻尼也不完全相同。因此，等效阻尼C_e不但与最大地震位移响应有关，还与刚度退化参数、刚度比等有关。考虑刚度退化的双直线 Takeda 模型的等效阻尼比计算式：

$$\zeta_e = \frac{2(1-\alpha)\left[\mu - \mu^{\beta}(1-\alpha+\mu\alpha)\right]}{\pi\mu(1-\alpha+\mu\alpha)(1-\alpha\mu^{\beta})} \tag{16.49}$$

式中，β为卸载时的刚度退化系数；α为屈服后的刚度与屈服前的刚度之比；μ为塑性率。

上述讨论虽然以单质点系为对象，计算方法对多自由度体系也同样适用。在多自由度体系中，从各单元计算得到的等效阻尼矩阵一般不能满足正交阻尼的假定，对阻尼需要作一定的近似处理，比如引入应变能比例阻尼理论等近似方法，把非比例阻尼转化为比例阻尼，然后用振型分解法、反应谱法等手段计算结构的线性地震响应。

第 17 章 桥梁抗震验算与钢筋布置构造要求

17.1 荷 载 组 合

公路桥梁抗震设计应考虑包括恒载、预应力、土压力、水压力等永久作用在内的永久效应与地震作用效应(含地震土压力和地震水压力)的最不利组合。

计算铁路桥梁的抗震作用时需考虑地基变形的影响，对桥梁进行验算时，分别计算顺桥向和横桥向的水平地震作用，对于抗震烈度为 9 度的悬臂结构和预应力混凝土刚构桥等，应计入竖向地震作用，竖向地震作用按结构恒载和活载总和的 7%，或按水平地震基本加速度的 65%进行计算，并与恒载、活载进行最不利组合验算。

当考虑桥上有车抗震验算时，顺桥向不计算活载引起的地震作用，横桥向计入 50%活载引起的地震作用，作用于轨顶以上 2m 处，活载竖向力按列车竖向静活载的 100%计算。

17.2 桥梁抗震验算内容

1. 铁路桥梁

《铁路工程抗震设计规范》(GB 50111—2006)规定，对于设防烈度为 7、8、9 度的桥梁，应按多遇地震进行桥墩、基础的强度、偏心及稳定性验算，按设计地震验算上、下部结构连接构造的强度，按罕遇地震对钢筋混凝土桥墩进行延性验算或最大位移分析，与不同水准地震的设防目标相对应，具体的桥梁抗震验算内容如表 17.1 所示。

表 17.1 铁路桥梁抗震验算内容

结构形式		多遇地震	设计地震	罕遇地震
简支梁桥	混凝土桥墩	墩身及基础：强度、偏心及稳定性验算	验算连接构造	一般不验算，但应增设护面钢筋
	钢筋混凝土桥墩	墩身及基础：强度及稳定性验算	验算连接构造	可按简化法进行延性验算
其他梁式桥及重要桥梁		墩身及基础：强度、偏心及稳定性验算	验算连接构造	钢筋混凝土桥墩：按非线性时程反应分析法进行下部结构延性验算或最大位移分析

注：对于简支梁或连续梁桥的上部结构可不进行抗震强度和稳定性验算，但应采取抗震措施。

2. 公路桥梁

《公路桥梁抗震设计规范》(JTG/T 2231-01—2020)基于表 13.2 的抗震设防目标，要求桥梁当遭受重现期较短的 E1 地震作用时，各类桥梁一般不受损坏或不需修复可继续使用；当遭受重现期较长的 E2 地震作用时，A 类桥梁一般不受损坏或不需修复可继续使用，B、C 类桥梁应保证不致倒塌或产生严重结构损伤，经加固修复后仍可继续使用。

A 类、B 类、C 类、D 类等各类桥梁，均需将顺桥向或横桥向 E1 地震作用效应和永久作用效应组合，依据现行设计规范验算结构或构件的强度、偏心及稳定性。

B 类、C 类桥梁的基础、盖梁、梁体以及墩柱的抗剪按能力保护原则设计，在 E2 地震作用下基本不发生损伤；在 E2 地震作用下，钢筋混凝土拱桥的主拱圈、基础和主要受力构件基本不发生损伤，对系杆拱桥，其桥墩、支座和基础的受力特性与梁式桥接近，抗震性能可按梁桥的要求进行抗震设计。

对于 D 类桥梁、圬工拱桥、重力式桥墩、桥台，可只进行 E1 地震作用下结构的强度验算。

A 类桥梁及特殊桥梁，在 E1 地震作用下，结构在弹性范围内工作，基本不损伤；在 E2 地震作用下，悬索桥的主缆和吊杆、斜拉桥的拉索、拱桥的主拱圈和吊杆等应基本不发生损伤，桥塔、梁桥的主墩以及桥梁基础和主梁等重要受力构件可发生轻微损伤、震后不需修复或简单修复可继续使用；边墩等桥梁结构中比较容易修复的构件，可按延性构件设计，但尽量控制损伤程度，保证震后能尽快修复，可供紧急救援车辆通过。混凝土拱桥的主拱圈是拱桥的主要受力构件，由于其承受很大的轴力，延性能力非常小，不宜设为延性构件。特殊桥梁的各构件，依据不同水平地震动作用及相应的性能要求进行验算。

地震作用下，矮墩(高宽比小于 2.5)的主要破坏模式为剪切破坏，为脆性破坏，没有延性。因此 E2 地震作用效应和永久荷载效应组合后，应按现行的公路桥涵设计规范相应的规定验算桥墩的强度。

因此，在 E2 地震作用下，对于桥梁中能力保护构件，将其地震作用效应和永久作用效应组合，依据能力保护设计原则，验算其强度与稳定性。对于延性构件，则需要验算其在 E1 地震作用与永久作用组合下的强度，E2 地震作用下的位移延性、塑性铰区的抗剪能力、塑性铰区的转动能力等。

为了实现上述性能目标，A 类桥梁及特殊桥梁可采用以下抗震验算方法：首先，将桥塔和桩截面划分为纤维单元(图 17.1)，采用实际的钢筋和混凝土应力-应变关系分别模拟钢筋和混凝土单元。其次，采用数值积分法进行截面弯矩-曲率分析(考虑相应的轴力)，得到截面弯矩-曲率曲线。

图 17.2 中，M_y 为截面最外层钢筋首次屈服时对应的初始屈服弯矩；M_{max} 为截面抗弯能力极限弯矩；M_n 为截面等效抗弯屈服弯矩，即把实际弯矩-曲率曲线等效为图中所示弹塑性双线性恢复力模型时的等效抗弯屈服弯矩。

(1) 在 E1 地震作用下，桥塔截面和桩基截面要求其在地震作用下的截面弯矩应小于截面初始屈服弯矩(考虑轴力) M_y。由于 M_y 为截面最外层钢筋首次屈服时对应的初始屈服弯矩，因此当地震反应弯矩小于初始屈服弯矩时，整个截面保持在弹性。研究表明：截面的裂缝宽度不会超过容许值，结构基本无损伤，满足结构在弹性范围工作的性能目标。

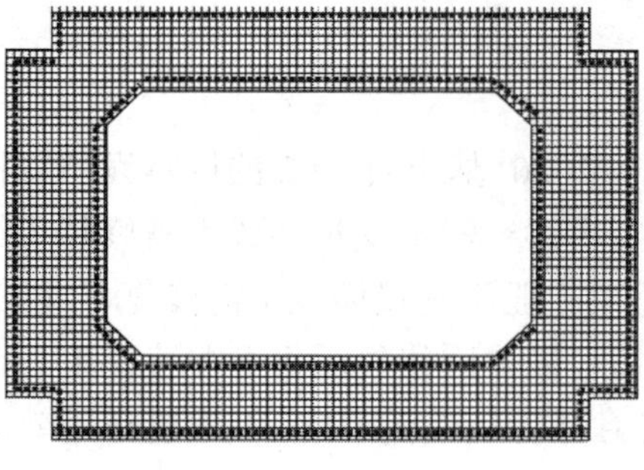

图 17.1 截面纤维单元划分图

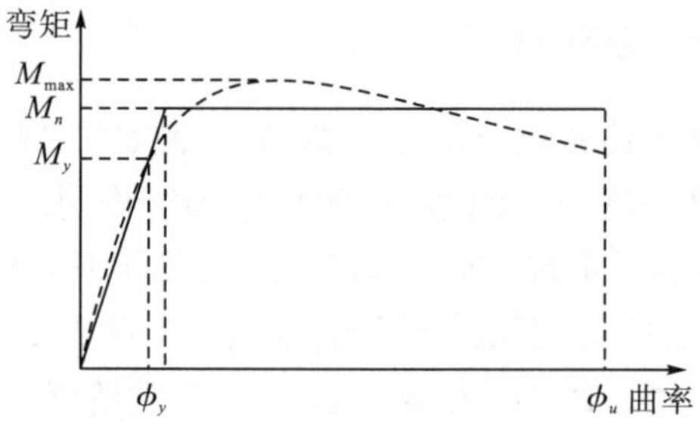

图 17.2 弯矩-曲率曲线

(2)在 E2 地震作用下，桥塔截面和桩基截面要求其在地震作用下的截面弯矩应小于截面等效抗弯屈服弯矩 M_n(考虑轴力)。基于理想弹塑性双线性模型分析，当地震反应小于等效抗弯屈服弯矩 M_n 时，结构整体反应处于弹性范围。实际上，在地震过程中，对应于等效抗弯屈服弯矩 M_n 时，截面上部分钢筋进入了屈服。研究表明：截面的裂缝宽度可能会超过容许值，但混凝土保护层仍然完好(对应保护层损伤的弯矩为截面极限弯矩 M_{max}，$M_n \leqslant M_{max}$)。由于地震过程的持续时间比较短，地震后，由于结构自重，地震过程开展的裂缝一般可以闭合，不影响使用，满足 E2 地震作用下局部可发生可修复的损伤，地震发生后，基本不影响车辆通行的性能目标要求。

在墩柱塑性铰区域，由于弯曲延性的增加会使混凝土所提供的抗剪强度降低，E2 地震作用下，其沿顺桥向或横桥向斜截面抗剪强度应满足：

$$V_{c0} \leqslant \phi\left(V_c + V_s\right) \tag{17.1}$$

式中，V_{c0} 为剪力设计值；V_c 为塑性铰区混凝土的抗剪能力贡献；V_s 为横向钢筋的抗剪能力贡献；ϕ 为抗剪强度折减系数，一般取 0.85。

E2 地震作用下，需要验算桥墩墩顶的位移或桥墩潜在塑性铰区的转动能力，对于高宽比小于 2.5 的矮墩，可不验算桥墩的变形。

$$\Delta_d \leqslant \Delta_u \tag{17.2}$$

$$\theta_p \leqslant \theta_u \tag{17.3}$$

式中，Δ_d, Δ_u 分别为 E2 地震作用下，桥墩墩顶的位移与桥墩允许位移，当采用弹性方法计算墩顶位移时，则应乘以大于等于 1.0 的地震位移修正系数；θ_p, θ_u 分别为 E2 地震作用下，潜在塑性铰区的塑性转角与塑性铰区的最大允许转角。延性构件塑性铰的最大容许转角(塑性转角)θ_u 的计算公式如下：

$$\theta_u = l_p(\phi_u - \phi_y) / K \tag{17.4}$$

式中，ϕ_u 和 ϕ_y 由弯矩-曲率分析或简化计算确定，分别为极限破坏状态的曲率能力与等效屈服曲率；等效塑性铰长度 l_p 按照《公路桥梁抗震设计规范》(JTG/T 2231-01—2020)中 7.4.4 条给定的简化计算方法获得；延性安全系数 K 取 2.0，相当于只容许塑性铰的塑性曲率达到其塑性曲率能力的 1/2。

17.3　墩柱钢筋布置构造要求

钢筋混凝土构件内，锚固良好的横向钢筋能够约束塑性铰区域内混凝土，提高混凝土的抗压强度、延性和抗剪能力，防止纵向钢筋压曲。因此，为了确保其对核心混凝土的约束作用，防止纵向受压钢筋的屈曲，所有箍筋都应采用等强度焊接来闭合，或者在端部弯过纵向钢筋到混凝土核心内，角度至少为 135°，同时，矩形箍筋和螺旋箍筋的间距不能过大。

钢筋混凝土构件内，纵筋和箍筋形成一整体骨架(图 17.3)，当混凝土纵向受压、横向膨胀时，纵向钢筋也会受到混凝土的压力，这时箍筋给予纵向钢筋约束作用。因此，为了确保对核心混凝土的约束作用，墩柱的纵向配筋宜对称配置，纵向钢筋之间的距离不应超过 20cm，至少每隔一根宜用箍筋或拉筋固定。

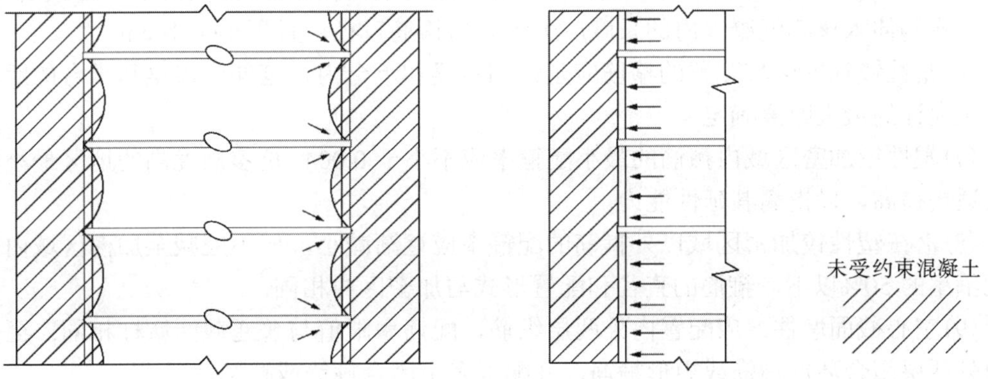

图 17.3　柱中横向和纵向钢筋约束作用

为了保证在地震荷载作用下，纵向钢筋不发生黏结破坏，墩柱的纵筋应尽可能地延伸至盖梁和承台的另一侧面，纵筋的锚固和搭接长度应在按现行公路桥涵设计规范的要求基础上增加 10 倍纵筋的直径，不应在塑性铰区域进行纵筋的搭接。塑性铰区域外的相邻两根纵向钢筋的连接处至少也应错开 60cm 以上，对于由 2 根钢筋组成的束筋应增加 20%的锚固长度，对于由 3 根钢筋组成的束筋应增加 50%的锚固长度，4 根及以上钢筋组成的束筋不得在延性构件中使用。

纵向钢筋对约束混凝土墩柱的延性有较大影响，因此，延性墩柱中纵向钢筋含量太低或太高均不利于抗震。各国抗震设计规范都对墩柱纵向最小、最大配筋率进行了规定，其中，美国 AASHTO 规范(2004 年版)建议的纵筋配筋率范围为 0.01～0.08；我国《建筑抗震设计规范》(GB 50011—2001)建议为 0.008～0.004；我国《公路工程抗震规范》(JTG B02—2013)建议的最小配筋率为 0.004，对最大配筋率没有规定，根据我国桥梁结构的具体情况，建议墩柱纵向钢筋的配筋率范围为 0.006～0.04。

为了保证墩柱的延性能力及抗剪能力，各国抗震设计规范对塑性铰区域横向钢筋的最小配筋率及构造也都进行了具体规定。

对抗震设防烈度为Ⅶ度及Ⅶ度以上地区的常规桥梁，墩柱潜在塑性铰区域加密箍筋的配置，应符合下列要求：

(1)加密区的长度不应小于等效塑性铰长度 l_p 或弯曲方向截面尺寸的 1.5 倍或墩柱上弯矩超过最大弯矩 75%的范围；当墩柱的高度与横截面短边宽度之比小于 2.5 时，箍筋加密区的长度应取墩柱全高。对于桩基直径与桥墩直径相同的桩柱式桥墩，箍筋加密区应延伸至桩位处最大冲刷线以下 3 倍柱径处。

(2)加密区箍筋沿墩高纵向最大间距不应大于 10cm 或 $6d_s$ 或 $b/4$(其中 d_s 为墩柱纵钢筋的直径，b 为墩柱横截面的短边宽度)。

(3)箍筋的直径不应小于 10mm。

(4)螺旋式箍筋接头应采用对接，矩形箍筋端部应有 135° 弯钩，弯钩伸入核心混凝土内的长度应大于 6 倍箍筋直径，且不小于 10cm。

(5)加密区箍筋肢距不宜大于 25cm；截面宽度内采用拉结筋时，其至少一端采用 135° 弯钩，弯钩伸入核心混凝土内的长度应大于 6 倍箍筋直径，且不小于 10cm。

(6)塑性铰加密区域配置的箍筋应延续到盖梁和承台内，延伸到盖梁和承台的距离应按施工允许的最大距离确定。

(7)塑性铰加密区域内箍筋的最小配箍率应不小于 0.004，抗震烈度高的地区最小配箍率应适当提高，以提高其延性能力。

(8)潜在塑性铰加密区域以外箍筋的配箍率应逐渐减小，但不应减至加密区域内箍筋的配箍率的 50%以下，箍筋的直径和配置形式与加密区内相同。

(9)空心截面墩柱，应配置内外两层纵筋，配筋率限值与普通截面墩柱相同；至少配置内外两层闭合环形箍筋或矩形箍筋，并配置多个闭合箍筋或拉结筋。

第18章　桥梁减隔震及抗震构造措施

在桥梁抗震设计中，引入减隔震技术的目的就是利用减隔震装置在满足正常使用功能要求的前提下，延长结构周期，消耗地震能量，降低结构地震响应。

减隔震技术的应用并不是在任何情况下均适用，对于桥梁基础土层不稳定、易于发生液化、下部结构刚度小、桥梁结构本身的基本振动周期或桥梁场地特征周期比较长等情况，延长周期可能引起地基与桥梁结构共振，或支座中出现较大负反力等不利反应，所以，不宜采用减隔震技术，而当场地条件比较稳定的情况下，可使用减隔震技术。

延长桥梁结构基本周期的减隔震措施，能有效避开地震能量集中的范围，降低结构的地震作用效应。由于延长结构周期的同时，必然使得结构变柔，从而可能导致结构在正常使用荷载作用下发生过大的位移响应，因此，减隔震结构应具有一定的刚度和屈服强度，保证在正常使用荷载下(如风、制动力等)结构不发生有害屈服和振动。

为了适应桥梁在采用减隔震设计后引起的较大的位移，确保减隔震桥梁在地震作用下的预期性能，需在相邻上部结构之间留置足够的间隙，同时对伸缩缝装置、相邻梁间限位装置、防落梁装置等进行合理的设计。

大多数常用的减隔震装置表现出明显的非线性力学特性，在采用弹性反应谱进行分析时，需要通过迭代以确定其等效刚度、等效阻尼比。如果需要考虑减隔震装置非线性、桥墩非线性的相互影响以及减隔震桥梁地震响应对伸缩缝装置、挡块等防落梁装置的影响，需采用非线性动力时程分析方法。

反应谱法和功率谱法是线弹性分析方法，方法简洁，在一定条件下，使用反应谱法或功率谱法进行减隔震桥梁的分析仍可得到较理想的计算结果，尤其在初步设计阶段，可帮助设计人员迅速把握结构的动力特性和响应值，因此，它们仍是减隔震桥梁分析中十分重要的方法。

减隔震桥梁的抗震设计，应首先满足各设防水准地震作用下的性能要求；同时，还应通过针对不同构件，设计不同的强度等级，以控制结构在超过设防水准地震作用下，构件发生屈服的部位、先后顺序与破坏形式，使破坏朝向损失最低的情况发生，保证结构的整个反应特性是延性的。也就是说，通过合理的设计，使构件具有足够的延性变形能力，来实现结构预期的屈服顺序和抗震所需的必要变形能力和耗能能力。

减隔震技术是一种简便、经济、先进的工程抗震手段。减振是利用特制减振构件或装置使之在强震时率先进入塑性区，产生大阻尼，大量消耗进入结构体系的能量；而隔震则是利用隔震体系，设法阻止地震能量进入主体结构。在实践中，常常把这两种体系合二为一。通过选择适当的减隔震装置与设置位置，可以达到控制结构内力分布与大小的目的。

18.1 减隔震原理

结构在地震作用下的响应表现出如下特点：

(1) 虽然地震动的频率成分非常复杂，但地震能量主要集中在一段频率范围内，当结构的自振周期和地震动的卓越周期接近时，共振现象会使结构的地震反应放大，从而可能引起结构比较严重的破坏。

(2) 延性好、塑性变形能力强的结构，如果其固有周期与地震动的卓越周期接近，地震响应放大而导致发生塑性变形后，其固有周期变大，从而又避开了地震能量集中的频率范围，使得地震反应不会再增加甚至减少，地震后结构破坏不严重而幸存。

(3) 结构阻尼越大，耗能能力越强，地震响应也会越小。

加速度反应谱图或位移反应谱图表明，当结构周期延长，阻尼增加，其加速度反应值减小，地震内力响应减少，位移响应增加，如图 18.1 所示。

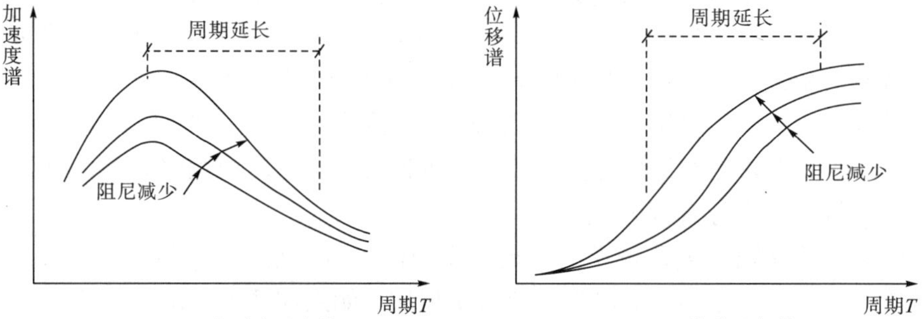

(a)加速度反应谱 (b)位移反应谱

图 18.1 减隔震原理示意图

减隔震技术正是利用结构地震反应的上述特点，引入柔性装置来延长结构的基本周期，以避开地震能量集中的周期范围，降低结构的地震作用。或者，在结构中安装阻尼装置，以增加结构的阻尼来耗散输入的地震能量，从而减小结构的地震响应。根据图 18.1 可知，仅靠延长结构周期来减小地震作用，会伴随结构位移的增大，给结构设计带来困难。而增加阻尼则既能减少地震的内力响应，也能减少结构的位移响应，因此，提高阻尼的措施是相对最优的。

当然，减隔震技术除了延长结构周期或增加能量耗散，减小结构地震反应外，还应保证结构在正常使用荷载作用下具有足够的刚度，以及结构正常使用功能。

18.2 减隔震装置

基于减隔震原理，利用减隔震装置来实现其减隔震的目的：在满足正常使用功能的前提下，延长结构周期，消耗大量的地震能量，降低结构的地震响应。因此，桥梁的减隔震设计最重要的就是要设计合理、可靠的减隔震装置，并使其在结构抗震中充分发挥作用。

由减隔震技术的原理可知，一个完善的桥梁减隔震系统应包含柔性支承、阻尼装置和构造措施三部分。这三部分可以分开设置，也可以结合为一体。

(1)柔性支承装置。常见的柔性支承为橡胶支座。橡胶支座在桥梁结构中的应用，一开始主要是为了满足正常使用状态下温度等因素产生的位移要求。目前，橡胶支座是世界上用得最广、实用性最好的一种柔性支承。此外还有其他一些柔性装置，如滚轴、滑板、缆索悬吊等。

(2)阻尼装置。提供耗能最有效的一种方式是滞回阻尼，即利用材料的塑件变形耗能。如：由低碳钢制成的扭梁、悬臂弯曲梁等耗能装置；由铅制成的铅挤压和铅纯剪切变形装置，等等。利用构件间的摩擦来耗能，也是一种较好方式，但由于其没有自复位能力，摩擦耗能装置需要另设复位措施才能应用，否则可能会由于摩擦系数不易控制，震后存在较大的塑性变形和较大的残余变形。

(3)刚度要求和构造措施。在运营荷载下，必须保证结构不发生过大的变形或有害振动，因此，减隔震装置需要满足一定的刚度要求。该要求可基于良好的设计采用特殊材料来实现，例如弹性支承可采用低应变时剪切模量大、高应变时剪切模量小的材料来制作。此外，还可采用其他一些可破坏约束装置，如挡块等，使它在一定水平力作用下发生破坏，以满足功能要求。

常用减隔震装置有整体型和分离型两类，目前常用的整体型减隔震装置有：

(1)分层橡胶支座。分层橡胶支座的基本构造如图 18.2(a)所示，其由薄橡胶片与薄钢板相互交替结合而成，上下有边缘，支座平面形状多为圆形或矩形，国内常称为板式橡胶支座。

橡胶支座在变形过程中消耗能量，即提供阻尼，这种阻尼主要取决于橡胶层变形的速度。以天然橡胶为主要材料制作的支座，典型的阻尼比为 5%～10%。由于分层橡胶支座的阻尼小，所以如果与阻尼器一起使用则减震效果会更好。

(2)铅芯橡胶支座。铅芯橡胶支座是在分层橡胶支座中部插入铅芯而形成的隔震装置，如图 18.2(b)所示。铅芯具有良好的力学特性，即：具有较低的屈服剪力(约 10MPa)；足够高的初始剪切刚度(约为 130MPa)；十分理想的弹塑性性能；很好的适应塑性循环的耐疲劳性能。换句话说，铅芯能够提供地震下的耗能能力和静力荷载下所必需的刚度。

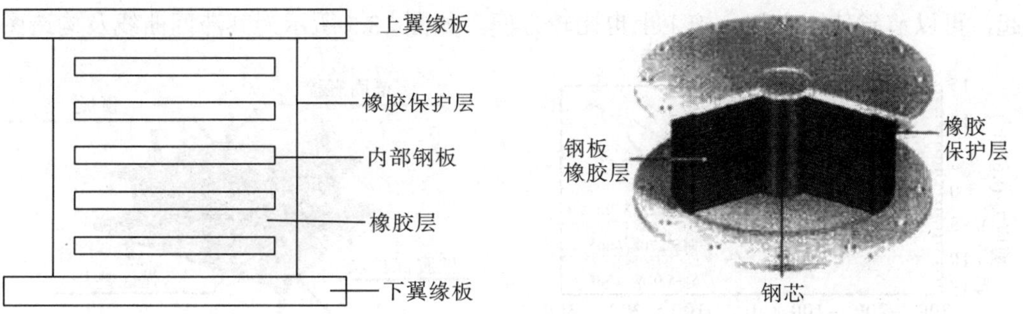

(a)分层橡胶支座　　(b)铅芯橡胶支座

图 18.2　整体型减隔震装置

因此，由铅芯和分层橡胶支座结合的铅芯橡胶支座能够满足一个良好减隔震装置所应具有的要求：在较低水平力作用下，具有较高的初始刚度，变形很小；在地震作用下，铅芯屈服，刚度降低，延长了结构周期，并消耗地震能量。

铅芯橡胶支座是目前桥梁减隔震设计中应用得比较多的一种减隔震支座，基于大量的试验并进行统计分析后可知，其滞回曲线一般为梭形，图形呈反对称，如图 18.3 所示。一般情况下，准确地按试验所得结果建立滞回模型十分困难，为简化起见，可以根据滞回曲线中正反向加载时的初始刚度与卸载时的刚度基本平行以及正反向屈服后刚度也基本互相平行的特性，将支座的滞回曲线简化为双线性曲线，从而建立起铅芯橡胶支座滞回曲线的等效线性化模型，如图 18.4 所示。

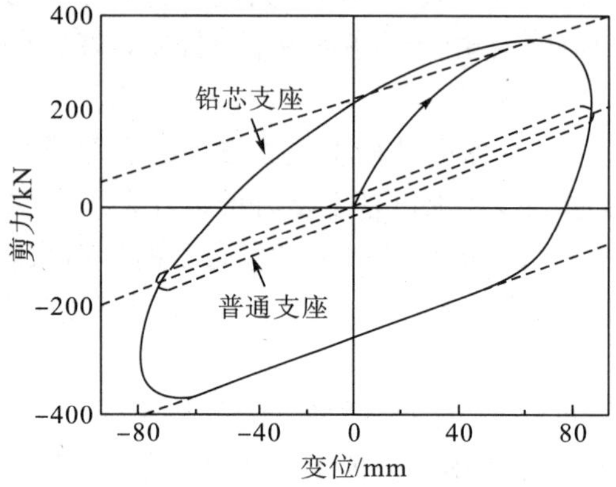

图 18.3 铅芯橡胶支座滞回曲线

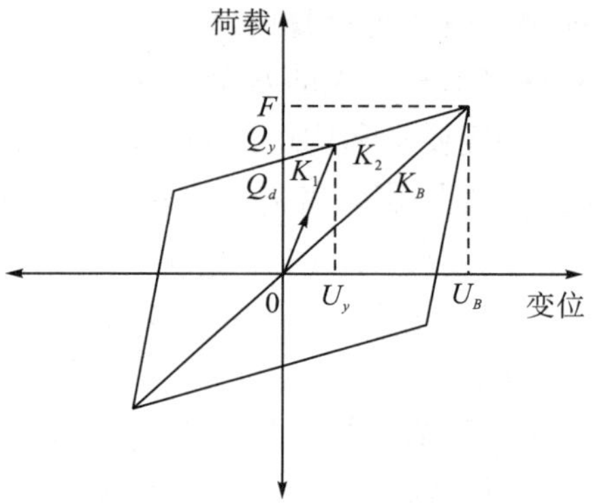

图 18.4 铅芯橡胶支座滞回曲线的等效线性化模型

(3) 滑动摩擦型减隔震支座。滑动摩擦型支座利用不锈钢与聚四氟乙烯材料之间相当低的滑动摩擦系数制成，也称为聚四氟乙烯滑板支座。这种支座具有摩擦系数小、水平伸缩位移大的优点，作为桥梁活动支座十分适宜，可使桥梁上部结构变形不受限制。当温度、徐变等引起上部结构变形时，支座产生的抗力很小。聚四氟乙烯滑板与不锈钢板之间的摩擦系数通常低于 0.08，涂有润滑剂时，约为 0.01～0.03。

(4) 高阻尼橡胶支座。高阻尼橡胶支座采用特殊配制的橡胶材料制作，其形状及构造与天然橡胶支座相同，该橡胶材料黏性大，其自身可以吸收能量，由于与耗能功能集成在一起，可以节省使用空间，施工上也比较方便。如图 18.5 所示为其滞回曲线及构造图。

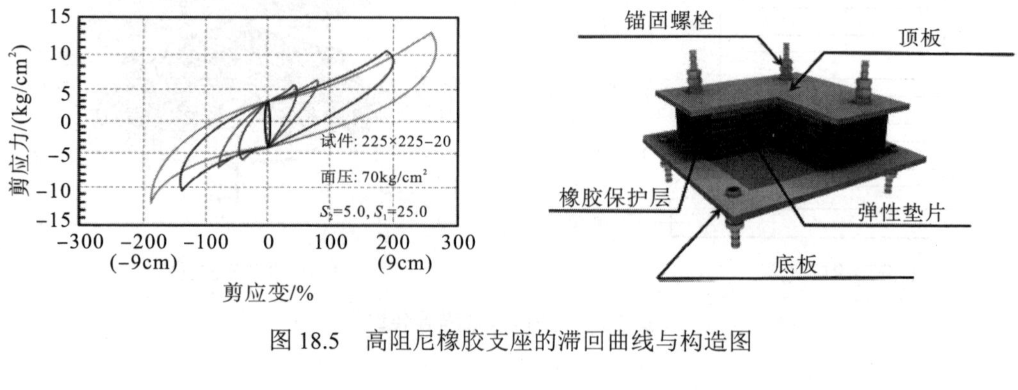

图 18.5 高阻尼橡胶支座的滞回曲线与构造图

目前常用的分离型(或叫组合型)减隔震装置有：橡胶支座+金属阻尼器、橡胶支座+摩擦阻尼器、橡胶支座+黏性材料阻尼器等，较为典型的有：

(1)活动支座+弹塑性装置+传振器(图 18.6(a))。该装置利用弹塑性装置(EP)来消能，而传振器(ST)属于高黏性材料结构，当需要快速变形时，如在地震持时内，它属于固定约束器，以保证地震作用的传递，当桥梁缓慢变形时，如温度变化等时，允许移动而没有太大的水平力。

(2)其他阻尼器装置，包括钢索阻尼器(图 18.6(b))、阻尼橡胶抱铁链组合阻尼器(图 18.6(c))、黏滞油压式阻尼器(图 18.7)、摩擦阻尼器等。这些阻尼器均能将水平地震作用分配到活动支座的桥墩上，使桥梁整体受力，同时高阻尼又能衰减地震反应。

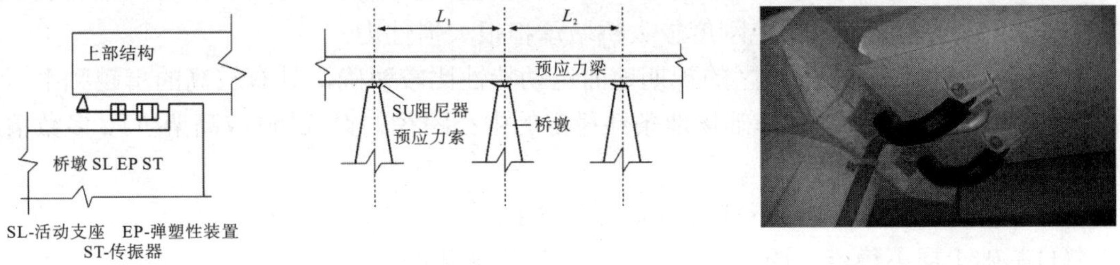

(a)SL-EP-ST组合装置　　(b)钢索阻尼器　　(c)阻尼橡胶抱铁链组合

图 18.6　组合型减隔震装置、钢索阻尼器与阻尼橡胶抱铁链组合

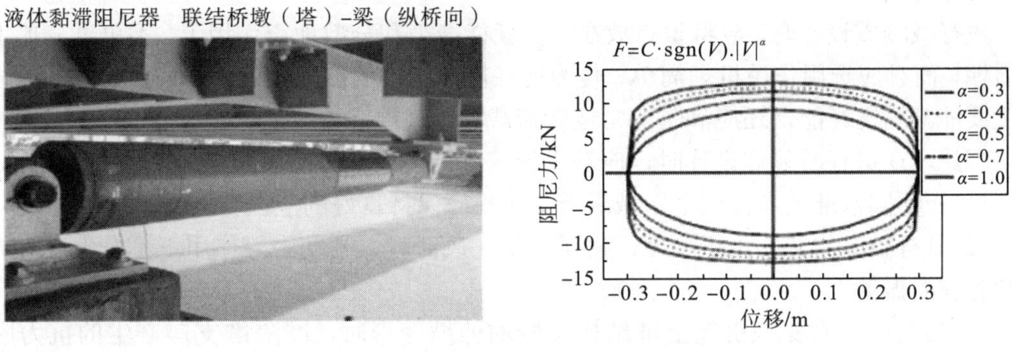

图 18.7　黏性材料阻尼器及其力学性能

由于减隔震装置是减隔震桥梁中的重要组成部分，必须具有设计要求的预期性能。因此，要求在实际采用减隔震装置前，必须对减隔震装置的性能和特性进行严格的检测试验，原则上必须由原型测试结果来确认减隔震系统在地震时的性能与设计相符。检测试验包括减隔震装置在动力荷载下、静力荷载下的试验，并依据相关的试验检测规程等进行。

在桥梁结构中使用减隔震装置，除了能提高桥梁结构的抗震性能外，还可以：

(1)通过合理设计减隔震系统，改善地震作用在下部结构间的分布，以保护基础、墩台等，必要时还可以保护上部结构。当减隔震装置采用的是铅芯橡胶支座或高阻尼橡胶支座等弹性约束装置时，可以给设计人员提供一种比较自由的方式来确定分配到下部结构各构件中的水平力，从而可以改善整个桥梁下部结构的受力情况。

(2)有些减隔震支座在正常使用条件下，由温度、收缩、徐变等变形引起的抗力很小。这为城市高架超多跨连续梁桥的采用，减少伸缩缝的设置提供了可能，连续梁桥联长度的增加，可以改善行车条件并降低维护费用。

18.3 减隔震设计与布置原则

减隔震技术适用于以下几类桥梁结构：

(1)桥梁上部结构为连续形式，下部结构刚度比较大，整个桥的基本周期比较短。

(2)桥梁下部结构高度变化不规则，桥墩高相差大，刚度不均匀时，引入减隔震装置可调节各桥墩刚度，可以避免刚度较大桥墩承担很大惯性力。

(3)场地条件较好，桥址区的预期地面运动特性比较明确，具有较高的卓越频率，长周期范围所含能量较少等。基础场地条件稳定的中小跨径的梁式桥(或高架桥)，多数情况下可尝试采用隔震技术。

存在以下情况的桥梁，不宜采用减隔震技术：

(1)基础土层不稳定，场地可能失效，易发生液化的场地。

(2)下部结构较柔、桥梁结构本身的自振周期较长。

(3)桥梁基础位于软弱场地，延长周期可能引起地基与桥梁共振以及支座中出现较大负反力等情况。

进行减隔震设计时，应将重点放在提高耗能能力和分散地震作用上，不可过分追求加长周期，而且应选用作用机理简单、传力途径简单明确的减隔震装置。同时，减隔震装置不仅要能减隔震耗能，还应满足正常运营荷载的承载要求。

因此，在进行减隔震设计时，应基于计算分析，保证减隔震装置(或支座)：

(1)在不同水准地震作用下，减隔震支座都应保持良好的竖向荷载支承能力。

(2)具有较高的初始水平刚度，使得桥梁在风荷载、制动力等作用下不发生过大的变形和有害的振动。

(3)当温度、徐变等引起上部结构缓慢的伸缩变形时，减隔震支座产生的抗力应比较低。

(4)具有较好的自复位能力，使震后桥梁上部结构能够基本恢复到原来位置。

减隔震装置(或支座)构造上应尽可能简单、性能可靠、可更换，并在其性能明确的范围内使用，服役期内需要进行定期的维护和检查。

目前，桥梁减隔震装置的布置位置主要有两种：

(1)布置在桥墩顶部(如支座)，以起到降低上部结构惯性力的作用。

(2)设置在桥墩底部，这类似于建筑结构基础隔震，能较大幅度地降低上部结构、桥墩，甚至整个结构的动力响应。

通常，在地震作用下，桥梁结构的地震惯性力主要集中在上部结构，在上、下部结构间设置减隔震装置，可以有效地降低上部结构的惯性力，达到保护桥墩、基础等下部结构的目的。墩顶隔震并没有隔绝地面运动对桥墩的作用，此时的桥墩就像一个顶部受到某种约束的独立结构一样对地震产生响应。因此，计算桥墩地震作用时，有时需要考虑桥墩的质量和它自身的振动模态。

对于桥墩较高质量比较大，自身振动特性控制其设计的情况，如果场地条件等允许，可在桥墩底部设置减隔震装置。

另外，通过合理布置减隔震装置，在降低地震作用的同时，还可以调整地震作用在各下部结构间的分配。如果在刚度较大的桥墩上放置刚度较低的橡胶支座，就可降低该桥墩分担的地震作用，进而降低对该墩的强度或延性需求。因此，通过调整不同桥墩处减隔震装置的水平刚度，就可以合理调节下部结构间的地震作用分配，避开基础条件差的桥墩或能力较弱的桥墩，使整个体系的受力更趋合理。在桥梁横桥向，也应尽可能通过设置减隔震装置协调下部结构间的横向刚度，从而改善扭转平衡，降低结构的横向响应。

桥梁减隔震设计应针对 E1 地震作用和 E2 地震作用分别进行设计和验算，保证其满足正常使用的要求，基于计算分析，确定相邻上部结构之间或在桥台、桥墩等处设置足够的间隙，以满足位移需求。

减隔震设计的桥梁，基本周期原则上应为不采用减隔震装置时基本周期的两倍以上。

减隔震桥梁抗震分析时，应采用全桥模型进行分析，可分别考虑顺桥向和横桥向的地震作用，位于抗震设防烈度 8 度、9 度区的桥梁，应考虑竖向地震效应和水平地震效应的不利组合。

18.4　减隔震或抗震构造措施

18.4.1　一般要求

现行桥梁结构设计的抗震验算中，桥梁结构的主要尺寸及质量、阻尼和刚度参数都已基本确定，如其不能满足抗震要求，想通过改变结构的形状、断面面积或增加新的构件以改变其动力特性的可能性较小。这时，只能通过在构造上采取一些抗震构造措施或附加某装置以达到抗震防灾的目的。

特殊桥梁主桥与中小跨度引桥的动力特性差异，会使主、引桥的连接处产生较大的相对位移，从而导致落梁震害。在最近几次大地震中，就出现了几座大跨度桥梁过渡孔落梁的情况。为了防止因相对位移过大而导致落梁震害，必须加宽该处盖梁的宽度，并采取适当的防落梁措施。

特殊桥梁在地震作用下，梁端一般会产生较大的位移。因此选用梁端伸缩缝时，应考虑地震作用下的梁端位移。如果所选用的伸缩缝的伸缩量不够，在地震作用下，主桥和引桥的主梁会发生碰撞，危及桥梁安全。

抗震构造措施应保证不影响支座的特性，同时，在温度变化、挠曲移动、混凝土徐变收缩及施工误差等时有富余量，而仅在强震作用时才起作用。

桥梁的抗震构造措施中以防止落梁为最多，目前已在桥梁中应用的有以下几类：

(1)在活动支座处特别设置防止上浮及限制位移的装置，以防止上支座从下支座上脱开。

(2)保证下部结构顶部边缘到支座边缘有一定的距离 S，这样万一支座锚固螺栓被剪断或失效，或桥墩间相对位移引起的跨度变大时上部结构从支座上脱落，仍可在某一程度上有效地保证和下部结构有一定的重叠长度，特别是桥梁位于软弱地基或有液化可能的砂质地基上时，这一距离更应保证。

(3)相邻两孔梁连接起来的装置。该装置一般钢梁多采用栓销，或带环杆件结构，而预应力混凝土梁多采用预应力筋承受拉力。如果某一侧的梁从支座上脱落，由于连接作用，另一侧的梁将限制它脱落。

(4)连接上、下部结构的装置，该装置可防止支座过大的移动量，以限制上、下部结构过大的相对位移。

(5)在桥墩(台)上或梁上设置突出挡块，以限制上、下部结构过大的相对位移。

大跨度斜拉桥或悬索桥的塔、梁交界处，为保护梁体与塔身在地震时不发生刚性碰撞，宜在横桥向梁体两侧设置橡胶缓冲装置。

18.4.2　规范要求

桥梁结构地震反应越强，就越容易发生落梁等严重破坏现象，构造措施就越重要，因此，位于高烈度区的桥梁结构，需特别重视构造措施的使用。

《公路桥梁抗震设计规范》(JTG/T 2231-01—2020)针对不同地震烈度区的桥梁均作了相应的要求。

(1)位于 6 度区的简支梁，梁端至墩、台帽或盖梁边缘应有一定的距离(图 18.8)，其最小值 a(cm)按下式计算：

$$a \geqslant 70 + 0.5L$$

式中，L 为梁的计算跨径(m)。

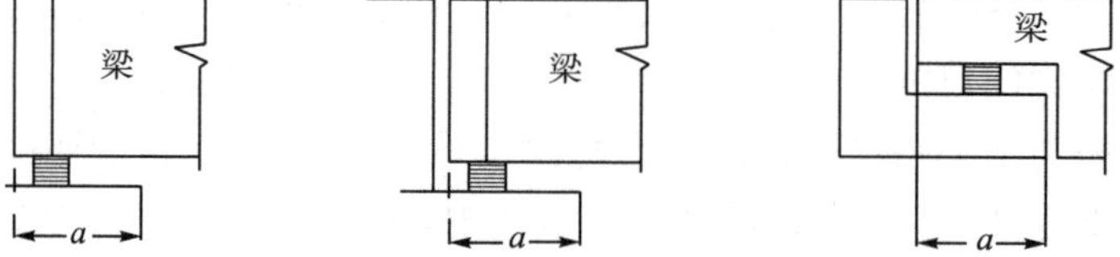

图 18.8　梁端最小边缘距 a

(2)位于 7 度区的桥梁，除应符合 6 度区规定外，拱桥基础应置于地质条件一致、两岸地形相似的坚硬土层或岩石上；实腹式拱桥宜减少拱上填料厚度，并宜采用轻质填料，填料必须逐层夯实；桥台的胸墙应适当加强，并在梁与梁之间和梁与桥台胸墙之间加装橡胶垫或其他弹性衬垫，以缓和冲击作用和限制梁的位移，如图 18.9 所示。

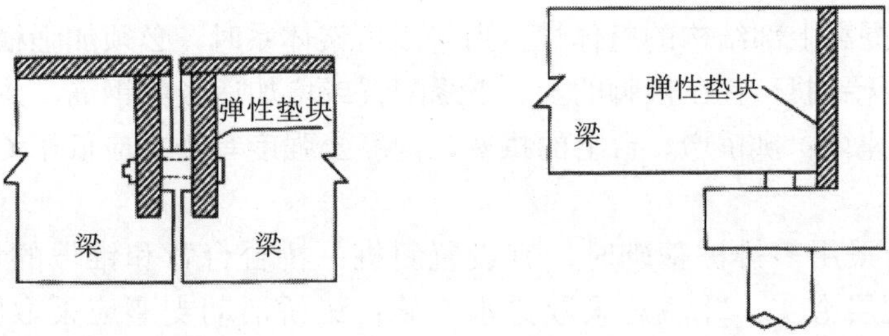

图 18.9　梁与梁之间和梁与桥台胸墙之间弹性衬垫示意图

桥面不连续的简支梁(板)桥，宜采用挡块、螺栓连接和钢夹板连接等防止纵横向落梁的措施，如图 18.10、图 18.11 所示。连续梁和桥面连续简支梁(板)桥，应采取防止横向产生较大位移的措施。

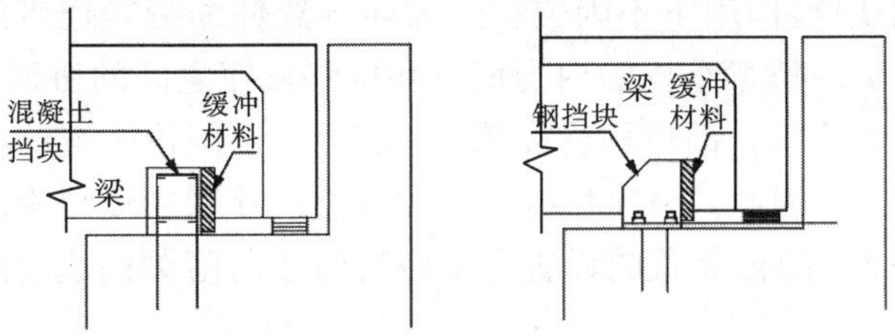

图 18.10　挡块防落梁构造

图 18.11　晋江大桥隔震支座及挡块图

在软弱黏性土层、液化土层和不稳定的河岸处建桥时，对于大、中桥，可适当增加桥长，合理布置桥孔，使墩、台避开地震时可能发生滑动的岸坡或地形突变的不稳定地段，否则，应采取措施增强基础抗侧移的刚度和加大基础埋置深度；对于小桥，可在两桥台基础之间设置支撑梁或采用浆砌片(块)石满铺河床。

(3) 位于 8 度区的桥梁，其抗震措施必须符合 7 度区的规定，而且，大跨径拱桥的主拱圈宜采用抗扭刚度较大、整体性较好的断面形式，如箱形拱、板拱等；当采用钢筋混凝土肋拱时，必须加强横向联系；应采用合理的限位装置，防止结构相邻构件产生过大的相对位移；梁桥活动支座，不应采用摆柱支座；当采用辊轴支座时，应采取限位措施；连续梁桥宜采取使上部构造所产生的水平地震荷载能由各个墩、台共同承担的措施，以免固定支座所在的墩受力过大。

连续曲梁的边墩和上部构造之间宜采用锚栓连接，防止边墩与梁脱离；高度大于 7m 的柱式桥墩和排架桩墩应设置横系梁。石砌或混凝土墩(台)的墩(台)帽与墩(台)身连接处、墩(台)身与基础连接处、截面突变处、施工接缝处均应采取提高抗剪能力的措施。

桥梁下部为钢筋混凝土结构时，其混凝土强度等级不应低于 C25。基础宜置于基岩或坚硬土层上。基础底面宜采用平面形式。当基础置于基岩上时，方可采用阶梯形式。

(4) 位于 9 度区的桥梁，其抗震措施必须符合 8 度区的规定，且梁桥各片梁间必须加强横向连接，以提高上部结构的整体性；当采用桁架体系时，必须加强横向稳定性；混凝土或钢筋混凝土无铰拱，宜在拱脚的上、下缘配置或增加适当的钢筋，并按锚固长度的要求伸入墩(台)拱座内；拱桥墩、台上的拱座，混凝土强度等级不应低于 C25，并应配置适量钢筋。

桥梁墩、台采用多排桩基础时，宜设置斜桩；桥台台背和锥坡的填料不宜采用砂类土，填土应逐层夯实，并注意采取排水措施；梁桥活动支座应采取限制其竖向位移的措施。

落梁震害会导致交通中断、快速维修困难、救援人员物资无法通过等问题，其是最严重的桥梁地震灾害之一，因此，防落梁措施是桥梁抗震构造中必须设置的最主要措施，其中梁梁、梁端、梁台相连是比较有效的防落梁措施，图 18.12～图 18.15 即为几种典型的防落梁措施。抗震构造措施的设置不能对结构的传力途径、结构正常使用功能产生影响。

限位构造装置是为了保证在中小地震作用下不因位移过大而导致伸缩缝等连接部件发生损坏。横向和纵向限位装置可以实现桥梁结构的内力反应和位移反应之间的协调，一般来讲，限位装置的间隙小，内力反应增大，而位移反应减小；相反，若限位装置的间隙大，则内力反应减小，但位移反应增大。因此，横向和纵向限位装置的使用应使结构内力反应和位移反应二者之间达到某种平衡。限位装置的设置也不得有碍于防落梁构造功能的发挥。

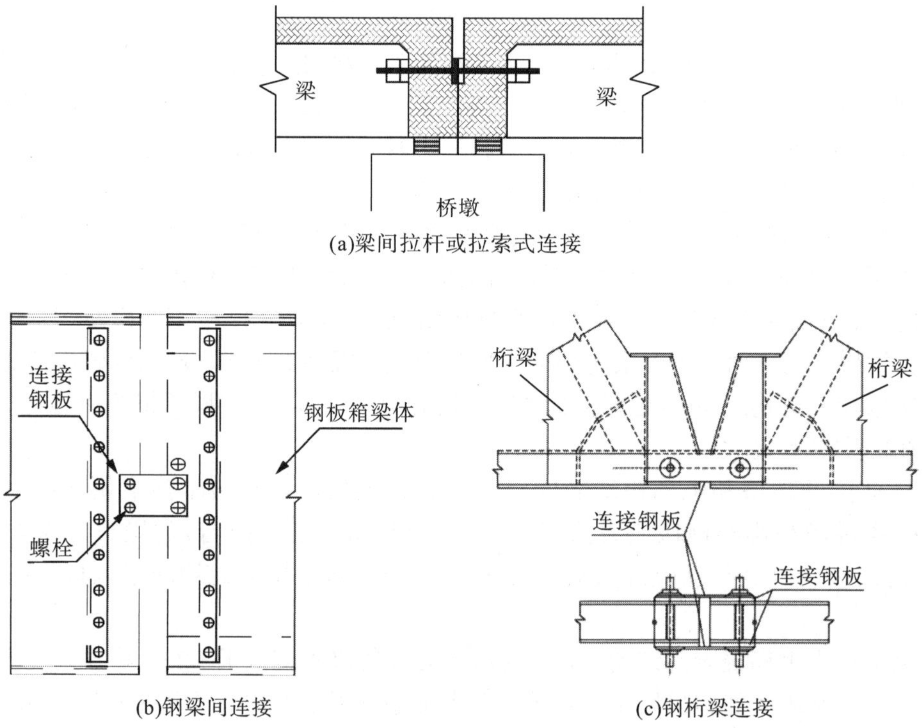

图 18.12 梁与梁之间的防落梁连接构造

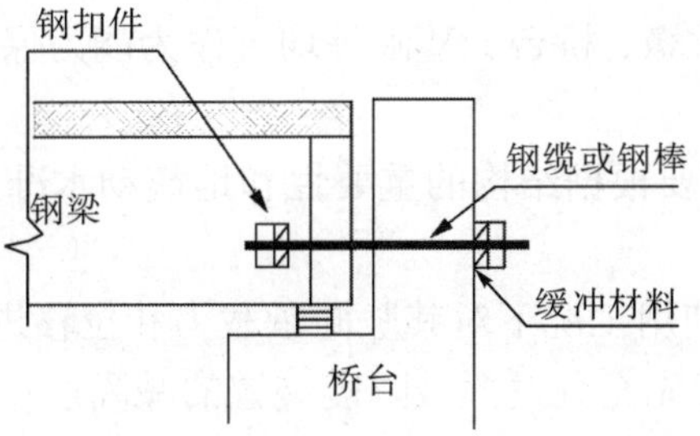

图 18.13　梁台处拉杆式或拉索式防落梁构造

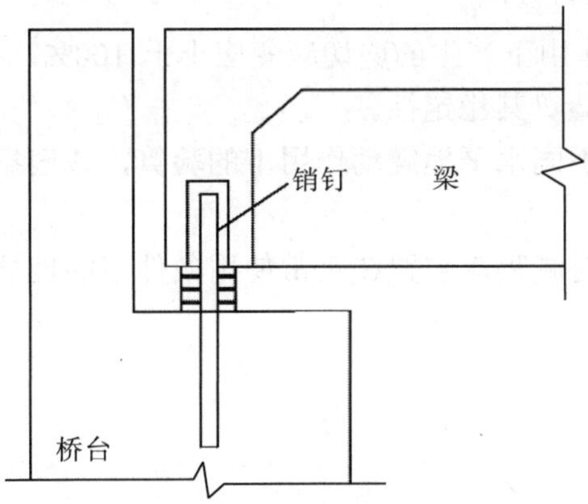

图 18.14　梁台或梁墩间销钉限位装置

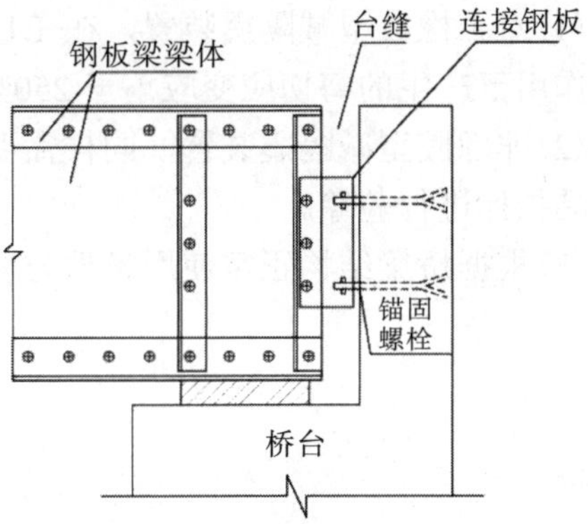

图 18.15　桥台与钢板梁间的纵向连接布置形式

18.5　减隔震桥梁抗震分析建模原则与验算方法

减隔震桥梁建模原则与分析方法：

(1) 建立减隔震桥梁的计算分析模型时，所采用单元的力学特性必须与所模拟构件的受力特性吻合，模型的刚度分布、质量分布、约束条件与实桥一致，单元材料的力学参数与性能要求能真实反映桥梁在地震作用下的弹塑性特征，保证模型的动力响应性能与实桥相同。减隔震装置、减隔震构造模拟单元的力学性能，同样也要求能反映实际的力学特性，尤其是其阻尼特性和非线性特性。

(2) 计算减隔震桥梁地震作用效应时，宜取全桥模型进行分析，并考虑伸缩装置、桩土相互作用等因素的影响。

(3) 减隔震桥梁抗震分析可采用反应谱法、动力时程分析法和功率谱法。当桥梁几何形状满足规则桥梁的要求；距离最近的活动断层大于 15km；场地类型为 Ⅰ、Ⅱ、Ⅲ类，且场地条件稳定；减隔震装置等效阻尼比不超过 30%时，可采用反应谱法或功率谱法，其非线性特征可通过等效线性化处理，进而基于线性计算获得地震响应。当不满足上述要求时，宜采用非线性动力时程分析方法进行抗震分析。

(4) 减隔震桥梁的减隔震装置、减隔震构造等可作为延性构件，并根据其延性性能进行设计与验算；而主梁、桥墩、桥台、基础等均可作为能力保护构件，并依据能力保护设计原则进行设计与验算。

(5)减隔震桥梁同样需要根据结构的重要性和地震动水准来确定抗震性能等级，并依据性能等级要求进行验算。

减隔震装置除在正常使用工况下对其竖向承载力和位移进行验算外，还应对地震作用下的性能进行验算，并以优先充分发挥减隔震装置的减隔震作用为原则。多数减隔震装置已形成定型的产品，其刚度、变形、阻尼等力学参数，应进行出厂前的试验测试，试验得到的力学参数值应在设计值的±10%以内，主要参数指标需随出厂合格证一并标注。

在设计与选用前，减隔震装置应进行如下验算：

(1)对于橡胶型减隔震装置，在 E1 地震作用下产生的剪切应变应小于 100%，在 E2 地震作用下产生的剪切应变应小于 250%，并验算其稳定性。

(2)非橡胶型减隔震装置，同样需要进行不同水平地震动作用下的验算，或根据具体的产品指标进行验算。

(3)根据桥梁结构正常使用条件与要求，对减隔震装置在正常使用条件下的性能进行验算。

第 19 章　桥梁结构地震易损性

地震给人类造成的损失巨大，因此，防震减灾是桥梁抗震的目标。结构工程师们通过不断努力，推动了桥梁抗震技术的进步与发展，从地震工程学、地震响应分析理论的提出，分析方法与手段的进步，近来，逐渐形成基于性能的地震分析方法，并被多国的抗震设计规范所采用。

由于地震是一种突发性自然灾害，具有极大的随机性和不确定性，不可能准确地对其进行预测，其对结构的作用效应也难以定量估计，因此，基于概率可靠度理论，对地震灾害进行风险分析就成为当前工程中主要的防灾减灾手段。

基于性能的抗震设计的核心思想是使结构在整个生命周期内，在不同水平的地震作用下，应该具有不同的性能水平，本质上是对多级抗震设计思想的延伸。设计时需要根据结构的个性化使用需求、经济条件和结构自身特点，选择不同的抗震性能水准和性能指标。因此，需要依次进行地震危险性分析、结构分析、破坏分析、损失分析和风险决策等五个阶段的工作。

桥梁地震易损性是指桥梁结构在地震作用下，桥梁结构或桥梁构件响应超过规定条件的失效概率，它描述了不同工程需求情况下结构发生各级破坏的概率。

通过分析研究桥梁的地震易损性，可以预测桥梁结构或桥梁构件在不同水平的地震作用下发生损坏的概率，得到地震动作用水平与结构不同损伤概率之间的关系，并根据分析结果对桥梁结构抗震性能进行评价，提出减隔震措施。由此可见，地震易损性是基于性能的抗震设计的重要内容。

易损性分析最早从美国核电站抗震设计开始，目前在建筑结构、大坝以及桥梁工程等方面的抗震研究中都得到了广泛关注，其分析方法也在不断修正与改进。

19.1　地震易损性概念

地震易损性是指在不同强度地震作用下结构发生各种不同破坏状态的概率，它基于概率描述工程结构的抗震性能，从宏观的角度描述了地震动强度与结构破坏程度之间的关系。

地震易损性通常有两种表达方式：第一种是地震易损性指标矩阵，建立该矩阵（DPM）需要收集大量的历史震害经验数据，理论性较强，但不够直观。第二种是地震易损性曲线，该曲线表征了结构或构件的地震损伤概率与地震动参数之间的函数关系，形式上是一条连续的曲线。由于地震易损性曲线直观、易懂，很好地被大众所接受，工程师和研究人员更多地基于易损性曲线进行桥梁抗震设计。

在指定的地震动强度水平下，结构或构件的地震响应超过指定极限状态的条件失效超越概率，采用以下表达式：

$$P_f = P(R \geqslant \mathrm{LS} | \mathrm{IM} = x) \tag{19.1}$$

式中，P_f表示结构或构件的失效概率；R表示结构的地震响应(地震需求)；LS表示损伤极限状态的界限值(抗震能力)；IM表示地震动强度参数，通常可采用地面峰值加速度(PGA)、谱加速度(SA)、谱烈度(SI)等参数；x表示指定的地震动强度水平。

地震易损性曲线是以地震动强度参数为横坐标，结构反应超过规定破坏极限状态或地震损失的失效概率为纵坐标的一种曲线，如图19.1所示的曲线就是典型的易损性曲线。

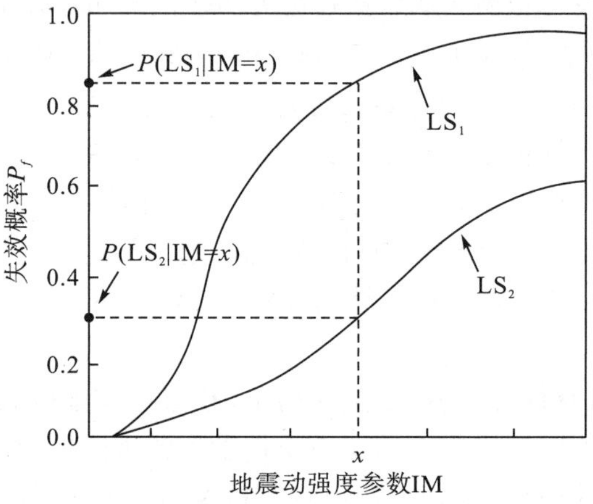

图19.1 易损性曲线的定义

19.2 桥梁易损性分析理论与方法

在过去的几十年间，国内外学者提出了很多关于结构易损性的评估方法，这些方法归类为：基于专家经验的评估方法(简称经验法)、基于数值模拟的评估方法(简称数值法)或两者结合的混合法。

经验法主要基于地震后对结构破坏情况的调查统计和专家经验进行地震易损性评估，首先由专家根据经验，对不同类别的建筑结构、不同地震动强度水平、不同破坏等级进行定量解释，以离散的形式给出结构的条件破坏概率，建立破坏概率矩阵。或通过权重来考虑结构的相对重要性，建立每一类建筑的整体易损性指标，进而确定给定的损伤指标下结构失效的超越概率。

限于地震动输入、结构的差异、结构损伤指标、震害统计、场地的代表性以及专家的认知水平不同等原因，采用经验法进行易损性评估的缺陷是明显的。

数值法主要基于所建立的结构计算模型，通过数值模拟，计算不同地震动作用下结构的性能，依据损伤指标确定损伤程度与地震动参数之间的关系，进而评价结构的易损性。

混合法的破坏概率矩阵和易损性函数结合了震害现场调查数据和结构数值模型的仿真分析两种方法的优点。当某一地区缺乏相应的地震破坏统计结果时，混合法就显现出它的优势，它可以对结构解析模型作出调整，且基于较小的计算量，同样可以建立完整的解析易损性曲线和破坏概率矩阵。

结构易损性分析中关键问题是易损性曲线的构建，根据近年来各国学者在研究桥梁地震易损性时所采用的方法，可将基于非线性时程分析的易损性曲线构建方法归纳为："云图法""需求能力比对数回归法""增量动力分析法""极大似然估计法"四种类型。

1) 云图法

"云图法"(cloud approach)是目前建立地震易损性曲线最常用的方法。用该方法形成易损性曲线时首先要选取一定数量的原始地震波记录或人工地震波。相比非参数化方法中用到的地震波的数量，"云图法"的优点是只需几十到几百条地震波，就可较准确地预测结构的地震响应。

当然，易损性分析中所选地震波不仅要反映地震波的不确定性(频谱特性、震级和震中距等)，而且要尽量与实际桥梁工程的场地危险性相符合。

云图法构建易损性曲线的基本步骤如下：

(1) 选取地震动和地震动强度参数 IM。

(2) 建立结构有限元模型。

(3) 进行一系列的非线性时程分析。得到工程需求参数与地震动强度参数之间的离散对应关系。

(4) 建立需求模型。假定结构地震需求服从对数正态分布，建立概率地震需求模型。

(5) 构建易损性函数。假定易损性曲线为对数正态累积分布函数，易损性函数可以表示为

$$P_f=\Phi\left(\frac{\ln(\overline{\text{EDP}}/S_c)}{\sqrt{\beta_{\text{EDP/IM}}^2+\beta_c^2}}\right) \tag{19.2}$$

式中，S_c 和 β_c 为指定损伤极限状态(抗震能力)的均值和对数根方差；$\beta_{\text{EDP/IM}}$ 为地震响应在给定地震动强度参数(IM)范围内的条件对数根方差；$\overline{\text{EDP}}$ 为工程需求参数的中值。

2) 需求能力比对数回归法

该方法同样需要采用原始地震波记录或人工地震波，地震波的选取方法、桥梁建模以及非线性时程分析的过程与"云图法"类似。不同的是该方法无须先进行概率地震需求分析，在定义了不同损伤极限状态的能力值以后，对不同构件的需求能力比(DCR)和地震动强度参数(IM)进行对数二次回归分析。

基于 DCR 的易损性函数可以表示为

$$P_f = P\left(\frac{S_d}{S_c} \geqslant 1\right) = \Phi\left(\frac{\lambda}{\sigma}\right) \tag{19.3}$$

式中，S_d和S_c分别表示结构地震需求和抗震能力；λ和σ分别表示回归分析中$\ln(S_d/S_c)$的均值和根方差；

$$\lambda = a(\ln(\text{IM}))^2 + b\ln(\text{IM}) + c \tag{19.4}$$

$$\sigma = \sqrt{S_r/(N-2)} \tag{19.5}$$

$$S_r = \sum_{i=1}^{N}(y_i - \lambda_i)^2 \tag{19.6}$$

式中，a，b，c分别表示回归分析的估计参数；N为总离散点数；S_r为各离散点相对于回归曲线的残差平方和；y_i为回归分析中第i个离散点的纵坐标；λ_i为回归分析中第i个离散点的横坐标值所对应的回归均值。上述式(19.3)～式(19.6)即为直接基于DCR对数回归分析的地震易损性分析过程。

3）增量动力分析法

对于特定的地震动输入，通过设定一系列单调递增的地震动强度指标，针对每一级地震动强度指标下的地震动输入分别进行结构的弹塑性时程分析，由此得到一系列结构的弹塑性地震响应，这种方法称为增量动力分析(incremental dynamic analysis，IDA)法。首先选取一定数量的地震波及其地震动强度参数(IM)，将所有地震波的IM归一化处理成同一个强度水平，输入桥梁有限元模型进行非线性时程分析。然后指定桥梁结构或构件在不同损伤状态的极限指标(LS)，最后直接对非线性时程分析的结果采用式(19.7)进行概率统计分析，获得结构或构件在指定地震动强度水平(IM)时超过极限状态(LS)的概率：

$$P_f\left(\text{EDP} > \text{LS}_i|\text{IM}\right) = \frac{n_i}{N} \quad (i = 1\sim4) \tag{19.7}$$

式中，LS_i为第i种损伤状态(i=1表示轻微损伤；i=2表示中等损伤；i=3表示严重损伤；i=4表示完全破坏)；N表示输入地震波的总数目；n_i表示能使结构或构件地震响应超过指定损伤极限状态地震波的数目。

4）极大似然估计法

极大似然估计法是较早被用来建立桥梁地震易损性曲线的方法之一。只需知道桥梁在地震作用下的二元损伤状态(损伤或未损伤)，并不关心结构具体响应数值，此方法原本只用于桥梁经验地震易损性分析，一些学者将非线性时程分析得到的具体数值解直接转化为抽象的二元损伤状态，采用“极大似然估计法”建立其理论地震易损性曲线。

该法首先规定桥梁的地震损伤可分为轻微损伤、中等损伤、严重损伤和完全破坏四种级别，不同损伤状态用DS_j (j=1,2,3,4)表示。

然后假定地震易损性曲线符合两参数对数正态分布：

$$F_j(\text{IM}) = \Phi\left[\frac{\ln(\text{IM}/c_j)}{\zeta_j}\right] \tag{19.8}$$

式中，$F_j(\cdot)$ 表示 DS_j 损伤状态的易损性函数；c_j 和 ζ_j 表示 DS_j 损伤状态的中值和对数根方差。

则可建立 DS_j 损伤状态易损性函数的似然函数如下：

$$L(c_j,\zeta_j) = \prod_{i=1}^{N}[F_i(\text{IM})]^{x_k}[1-F_i(\text{IM})]^{(1-x_k)} \tag{19.9}$$

式中，当地震动强度水平为 IM 时，发生 DS_j 损伤，此时 $x_k=1$，否则 $x_k=0$。因此对似然函数(19.9)求极大值，以求出相应 c_j 和 ζ_j 的极大估计值。由于直接求 $L(c_j,\zeta_j)$ 的极大值比较困难，考虑到 $\ln[L(c_j,\zeta_j)]$ 与 $L(c_j,\zeta_j)$ 的极大限值相同，此时 c_j 和 ζ_j 常用以下的似然方程求解：

$$\frac{\text{d}\ln[L(c_j,\zeta_j)]}{\text{d}c_j} = \frac{\text{d}\ln[L(c_j,\zeta_j)]}{\text{d}\zeta_j} = 0 \tag{19.10}$$

采用以上各式可分别求解桥梁在不同损伤状态下的易损性函数。由于假定了不同损伤状态对应易损性曲线之间的相互独立性，对数根方差估计值不可能完全相同，而导致不同损伤状态的易损性曲线可能发生交叉。然而在实际中不可能出现低等级损伤发生的概率小于高等级损伤发生的概率的情况，故假设不同损伤等级的对数根方差相同时，高等级地震损伤可以看作较低等级地震损伤的子集，此分析过程中可将较低等级损伤概率看作是较高等级损伤易损性函数的条件概率。如果用 E_0、E_1、E_2、E_3、E_4 分别表示无损伤、轻微损伤、中等损伤、严重损伤和完全破坏 5 个事件，5 个事件在 4 种易损性曲线中的图解如图 19.2 所示。

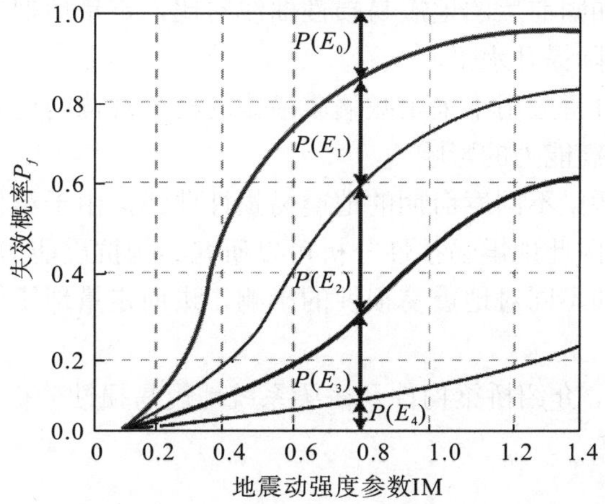

图 19.2　不同损伤水平的易损性曲线

基于非线性动力时程分析计算不同地震动强度指标 IM 时结构性能的结构反应 R(地震需求)，进而根据上述方法确定地震易损性，构建地震易损性曲线。主要分析流程如图 19.3 所示。

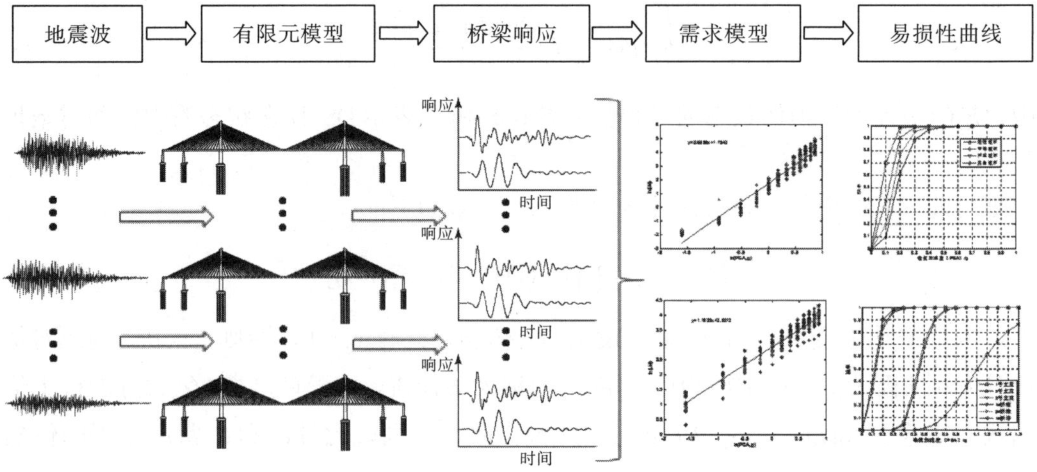

图 19.3　易损性曲线构建流程

19.3　地震易损性的工程应用与实例

对桥梁结构进行地震易损性分析，可以获得各类结构的地震易损性曲线或破坏概率矩阵，对桥梁结构的随机不确定抗震性能进行定量化描述。

基于地震易损性分析，研究人员或者工程师们可以进行以下相关工作：

(1)预估新建桥梁结构在预期可能发生的地震动作用下的地震损伤概率水平，了解其抗震能力。

(2)基于桥梁结构加固前后的地震易损性曲线对比，定量地把握结构加固方案的有效性及其对结构抗力的实际提升水平。

(3)将地震易损性分析应用于采用减隔震措施的桥梁结构的地震安全评定中，研究减隔震措施对桥梁结构抗震能力的影响。

(4)分析对比既有桥梁不同寿命期的地震易损性曲线，由于结构服役时间的增加，结构的抗力会逐渐退化，因此地震易损性分析可以研究结构抗震能力的退化过程。

(5)分析场地条件的不同对地震易损性的影响，进而定量地了解场地条件对结构抗震能力的影响。

下面结合工程实例，介绍桥梁构件及桥梁系统地震易损性分析、构建地震易损性曲线的流程。

1. 工程概况

某新建铁路桥梁，桥梁跨度布置为(51+91+300+91+51)m，桥梁总长584m，边中跨比为0.473，钻石型索塔，塔高118m，全桥及桥塔布置如图19.4所示。主梁采用预应力混凝土单箱双室箱梁，箱梁宽度为13m，梁高为4m，如图19.5所示。

斜拉索总共有72对(144根)，在空间上呈双索面，扇形布置。最大索长162.289m，辅助墩和连接墩高度分别为 30.5m 和 29m，均为圆端形实体墩。

主桥采用半漂浮体系，在辅助墩和连接墩及桥塔处设置竖向约束和横向约束。

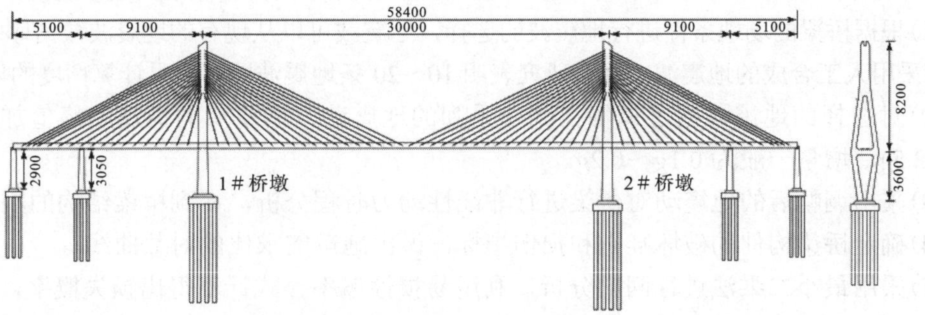

图 19.4　主桥及桥塔布置

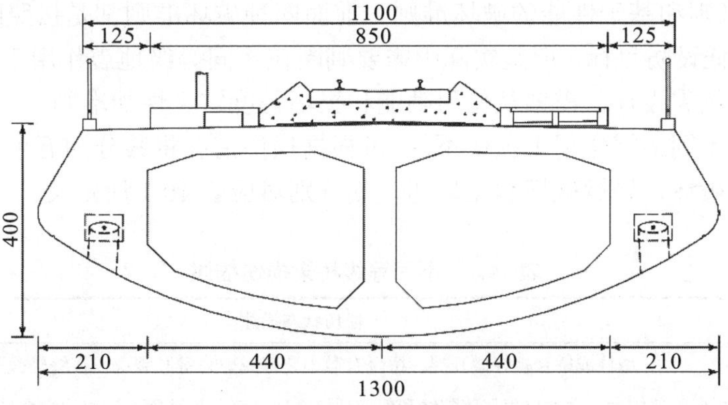

图 19.5　主梁标准截面

2. 有限元建模

基于开放的地震工程模拟系统 OpenSees 软件(全称为 Open System for Earthquake Engineering Simulation)建立桥梁的有限元计算模型，如图 19.6 所示。OpenSees 系统具有丰富的材料库，钢筋混凝土结构主要涉及混凝土的本构模型和钢筋的本构模型，利用该有限元计算模型可进行非线性动力计算，获得桥梁结构地震响应(地震需求)。

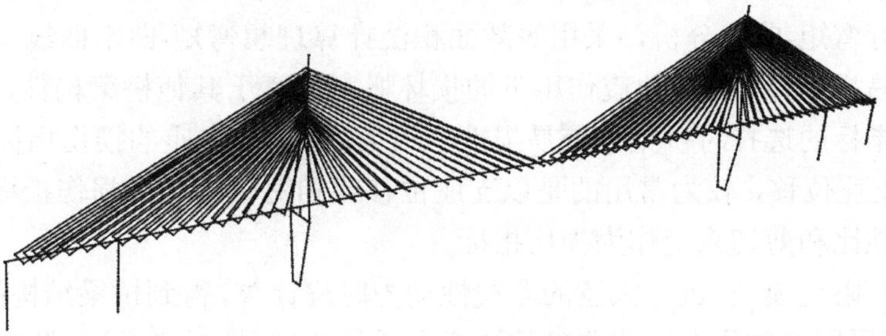

图 19.6　桥梁结构计算模型

3. 地震易损性分析

基于逐步增量时程分析法(IDA)进行地震易损性分析，获得易损性曲线，主要步骤包括：

(1)根据桥梁的场地条件进行地震波的选择，地震波可以从现有的地震波数据库中下载，也可以采用人工合成的地震波，现有研究表明10～20条地震波即可满足计算精度的要求。

(2)对选择的地震波通过调幅得到一系列的地震动，调整后的地震动峰值加速度为$0.1g$～$2.5g$，增量一般为$0.1g$～$0.2g$。

(3)采用调幅后的地震动对桥梁进行非线性动力时程分析，得到桥梁结构的响应。

(4)确定桥梁构件的破坏准则和损伤指标，做出地震需求比的对数曲线。

(5)采用最小二乘法进行回归分析，利用易损性概率公式计算得出损失概率，做出易损性曲线。

现有的结构破坏准则主要包括：强度破坏准则、变形破坏准则、能量破坏准则、变形-能量双重破坏准则和基于性能的破坏准则。前面四种破坏准则都是按照防止桥梁倒塌进行判断的，即最低设防目标，但是实际中需要判断在不同等级地震作用下的抗震性能，所以，基于性能的抗震设计，需要从使用功能和损坏程度定义性能准则。

由于桥梁在不同地震作用下损伤不同，可根据损伤情况将其分为五个等级：完全破坏、严重破坏、中等破坏、轻微破坏和无破坏，其分别对应表19.1所定义。

表19.1 不同等级桥梁损伤描述

损伤状态	损伤状态描述
轻微破坏	墩柱或桥台板轻微开裂；桥台有微小裂缝或剪力键开裂；铰接缝轻微开裂
中等破坏	桥台位移较大；墩柱出现屈服裂缝和剪切裂缝；剪力键开裂严重；约束块完全破坏但没有落梁
严重破坏	墩柱出现严重能力退化；残余变形过大；沉降严重；连接处不均匀沉降严重；剪力键失效
完全破坏	墩柱倒塌；发生落梁；基础失效

对于本算例，桥塔、桥墩及支座是抗震主要的易损伤构件，而主梁、斜拉索不是主要易损构件。因此，仅需要确定桥塔、桥墩和支座的损伤指标。

桥墩和桥塔是斜拉桥的主要构件，在地震作用下会表现出非线性响应，其主要损伤评定指标有位移、位移延性比和截面曲率等，其中曲率延性比更是常用损伤指标。而与之相关的弯矩-曲率曲线，可以桥塔和桥墩底部截面为研究对象，采用OpenSees建模，对划分的纤维截面进行弯矩-曲率分析，采用等效面积法计算理想弯矩-曲率曲线。

支座作为易损构件，其在地震作用下的损坏概率远高于其他桥梁构件，所以支座的准确模拟和损伤指标的选择对桥梁系统易损性有很大的影响。支座的损伤指标可以是支座剪力，也可以是支座位移，较为常用的是以支座位移或相对位移作为损伤指标，也有部分学者采用位移延性比和剪切应变作为损伤指标。

基于桥梁有限元模型，进行大量的非线性动力时程计算，得到桥梁结构的地震响应(地震需求)，进而采用参数化方法或非参数法建立桥梁响应(地震需求)与地震动参数之间的关系，再根据能力需求比模型获得能力需求比。

4. 能力需求比模型

如果需求参数 EDP 和地震动参数 IM 满足指数关系，即

$$\mathrm{EDP}=\alpha(\mathrm{IM})^{\beta} \tag{19.11}$$

式中，α、β 为待定参数。

需求参数 D 的中位数 $\hat{D}$ 与地震参数(PGA)也满足上面的关系：

$$\hat{D}=\alpha(\mathrm{PGA})^{\beta} \tag{19.12}$$

对式(19.12)两边取对数得

$$\ln\hat{D}=a+b\ln(\mathrm{PGA}) \tag{19.13}$$

式中，$a=\ln\alpha,\ b=\beta$ 可通过增值动量分析后的数据拟合得到。

假定需求的概率函数 D 满足对数正态分布，其平均数和根方差为

$$\lambda_d=\ln\hat{D},\ \beta_d=\sqrt{\frac{1}{N-2}\sum_{i-1}^{N}\left(\ln D_i-\ln\hat{D}\right)} \tag{19.14}$$

假定能力的概率函数 C 也满足对数正态分布，$\hat{C}$ 为 C 的中位数，对应的平均数为 $\lambda_c=\ln\hat{C}$，根方差为 β_c。

结构在地震作用下破坏的概率可以写为

$$P_f=P(C/D<1) \tag{19.15}$$

或写为

$$P_f=P(C-D<0) \tag{19.16}$$

能力函数 C 和需求函数 D 均服从正态分布，令 $Z=C-D$，则函数 Z 也服从正态分布，其平均数为：$\lambda_z=\lambda_c-\lambda_d$，根方差为：$\beta_z=\beta_c-\beta_d$。

结构在地震作用下损坏的概率则为

$$P_f=P(Z<0)=\int_{-\infty}^{0}f(Z)\mathrm{d}Z=\int_{-\infty}^{0}\frac{1}{\beta_z\sqrt{2\pi}}\exp\left[-\frac{1}{2}\left(\frac{Z-\lambda_z}{\beta_z}\right)^2\right]\mathrm{d}Z \tag{19.17}$$

将正态分布转化为标准正态分布，令 $\mathrm{d}Z=\beta_z\mathrm{d}t$，$Z=\lambda_z+t\beta_z<0$，则 $t<-\dfrac{\lambda_z}{\beta_z}$。

则式(19.17)改写为

$$\begin{aligned}P_f&=P\left(t<-\frac{\lambda_z}{\beta_z}\right)=\int_{-\infty}^{-\frac{\lambda_z}{\beta_z}}\frac{1}{\sqrt{2\pi}}\exp\left(-\frac{t^2}{2}\right)\mathrm{d}Z=\varPhi\left(-\frac{\lambda_z}{\beta_z}\right)\\&=\varPhi\left(-\frac{\lambda_c-\lambda_d}{\sqrt{\beta_c^2+\beta_d^2}}\right)=\varPhi\left\{-\frac{\ln\hat{C}-\ln\hat{D}}{\sqrt{\beta_c^2+\beta_d^2}}\right\}\end{aligned} \tag{19.18}$$

将式(19.12)代入式(19.18)得

$$P_f=\varPhi\left(\frac{\ln\left(\hat{D}/\hat{C}\right)}{\sqrt{\beta_c^2+\beta_d^2}}\right)=\varPhi\left\{\frac{\ln\left[\dfrac{\alpha(\mathrm{PGA})^{\beta}}{\hat{C}}\right]}{\sqrt{\beta_c^2+\beta_d^2}}\right\} \tag{19.19}$$

当采用 PGA 作为地震动参数时，$\sqrt{\beta_c^2+\beta_d^2}$ 取 0.5；当采用 SA 作为地震动参数时，$\sqrt{\beta_c^2+\beta_d^2}$ 取 0.3。

这样根据公式(19.19)即可获得基于能力需求比的易损性曲线。

5. 构件的易损性

桥梁结构在地震作用下的非线性动力时程计算，可进行包括纵桥向地震输入、横桥向地震输入、一致激励、非一致激励、多点多维地震输入等工况的地震响应分析。地震响应输出则是以各构件不同截面的内力或位移响应的方式，所以，桥梁结构易损性分析，首先可获得各构件的需求响应值与峰值加速度 PGA 的关系，一般以对数回归的方式给出。图 19.7 给出了桥塔塔底断面、支座在纵向地震输入时的对数回归分析结果。图中 U_d，Δ 分别为塔底截面内力响应和支座的位移响应。

图 19.7 中拟合所得的线性方程中的常数即为式(19.13)中的 a 与 b，从而可得待定参数 α 与 β。

利用易损性曲线计算原理，编写 MATLAB 程序计算得出各构件在不同地震动下的易损性曲线。图 19.8 给出了桥墩的易损性曲线。

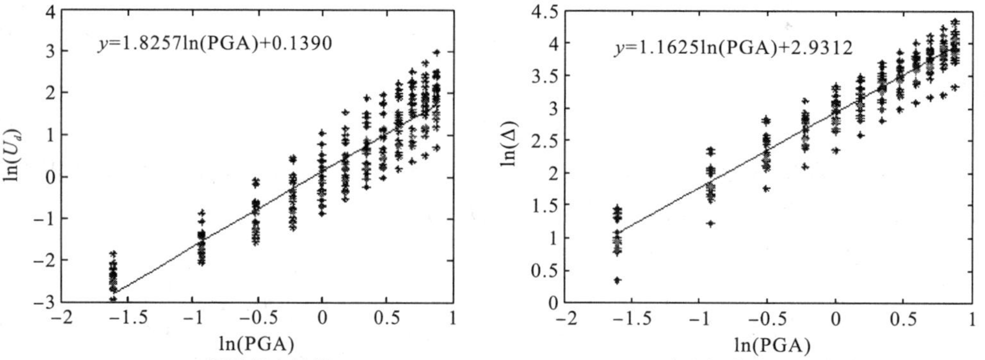

(a)桥塔拟合结果 (b)支座拟合结果（2号支座）

图 19.7 桥塔塔底断面、支座在纵向地震输入时的回归分析结果

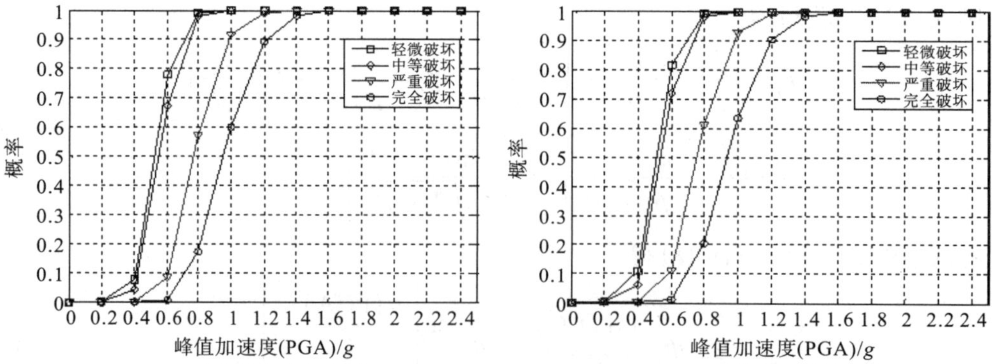

(a)1＃桥墩易损性曲线 (b)2＃桥墩易损性曲线

图 19.8 桥墩截面纵向易损性曲线

6. 桥梁系统的易损性

桥梁结构有不同构件组合，结构系统复杂，在地震作用下受力也比较复杂，尤其对于超静定次数较高的结构，个别构件的损伤会导致内力重分配，对其他构件的地震需求产生影响。还有，桥梁系统的易损性往往基于性能要求(包括安全性、使用功能性及可修复性能)来定义，其与构件仅是考虑安全性的要求有明显的差别，因此，分析桥梁系统易损性对于判断桥梁在地震作用下的性能具有重要意义。

桥梁系统易损性分析目前仍处于研究发展阶段，主要是复杂结构中单个构件失效对整个系统的影响及构件间的影响关系难以确定，目前，较常采用的是，根据失效模型可以将各个构件之间的关系划分为串联、并联和串并联。串联指系统中的构件都是串联的，一个构件失效，系统就会失效；并联指系统中的构件都是并联，只有当全部的构件全部失效，系统才会失效。从理论上理解串、并联是比较容易的，但对于实际的桥梁系统而言，划分其失效模式却是困难的。

基于串并联模型与系统可靠度的基本理论，采用一阶或二阶界限估计法计算斜拉桥系统的易损性曲线，可以得出失效概率的上界与下界，如图 19.9 所示。

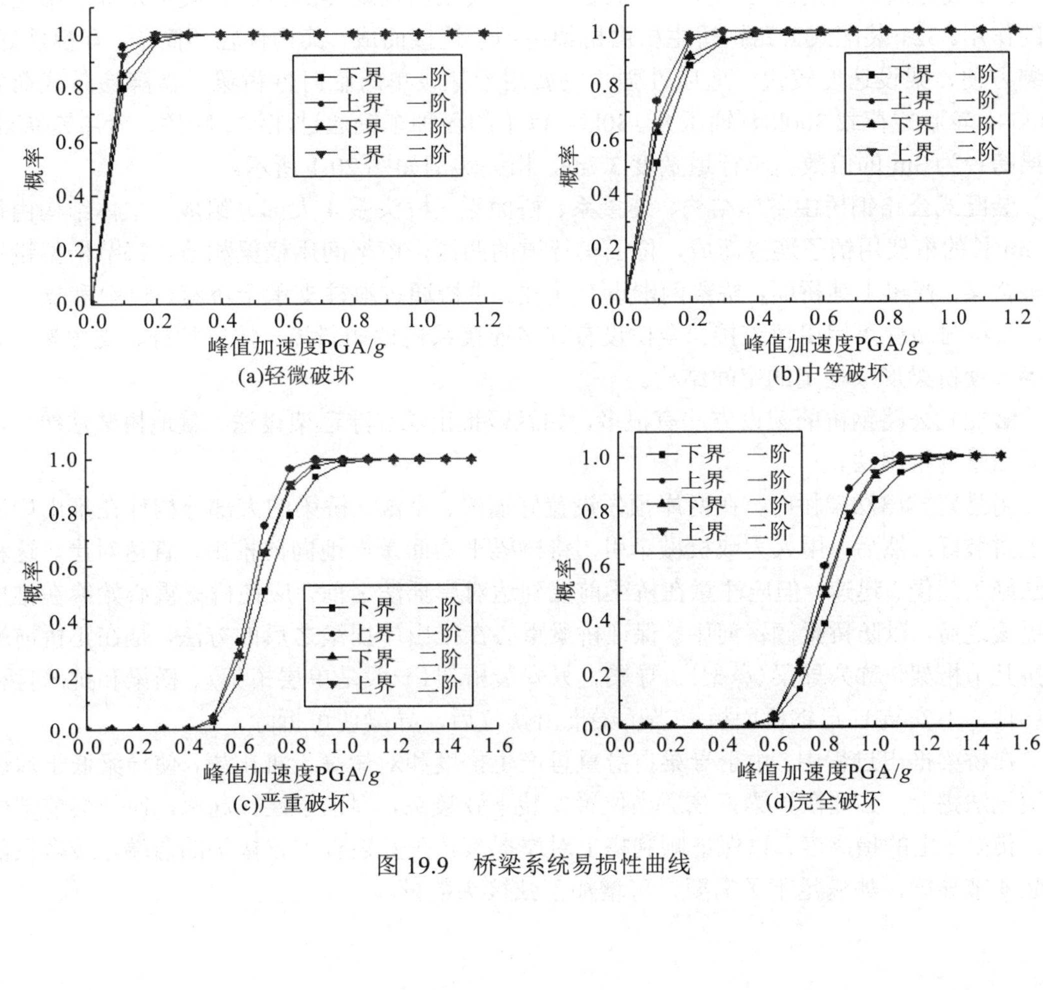

图 19.9 桥梁系统易损性曲线

第 20 章 桥梁抗震评估加固与震后抢通

20.1 桥梁震后抢通技术

桥梁交通生命线工程，其是震后抗震救灾的通道咽喉。为了保证救援人员与物资能快速到达震害区，震后桥梁及交通线路的抢通与保通是降低灾害损失和次生灾害的关键。汶川地震抗震救灾的经验告诉我们，快速修复技术及装备制约了震后紧急救援和灾后重建的进行。目前对震后损毁桥梁快速修复的技术主要以制式贝雷梁和万能杆件为主。

由于不同桥梁震灾损伤的差异性，桥梁震后抢通方法也各不相同，下面介绍几种常用的抢通加固方法。

321 装配式公路钢桥为中穿下承式桁架桥，其在汶川地震的抗震救灾中发挥了极为重要的作用。321 装配式公路钢桥主桁由桁架用销子连接而成。其构件轻巧简单、互换性好、拆装方便、架设速度较快、适应性强；主要用于架设单跨临时性桥梁，保障履带式荷载 500kN、轮胎式荷载 300kN(轴压力 130kN) 以下的各种车辆通过江河、断桥、沟谷等障碍，桥梁跨径为 3m 的倍数，车行道宽度 3.7m。相关实例如图 20.1 所示。

装配式公路钢桥由主体结构、连接系、桥面系、桥头系 4 大部分组成。主体结构由每节 3m 长的桁架用销子连接而成，位于车行道的两侧，桁架间用横梁相连，每节桁架设置两根横梁；横梁上铺桥面，桥梁两端设有端柱。主桁通过端柱支承于桥座(支座)和支座板上，桥梁与路堤可用引桥连接。全桥设有许多连接系构件如斜撑、抗风拉杆、支撑架、联板等，使桥梁形成稳定的空间结构。

装配式公路钢桥的架设方法有很多，如悬臂推出法、浮运架设法、就地拼装法等，通常采用悬臂推出法。

用悬臂推出法架桥时，在两岸预先设置好摇滚、平滚，桥梁的大部分构件在推出岸滚轮上拼装好；然后，用人力或机械牵引，将桥梁平稳而缓慢地向前推出，直达对岸。这种方法施工简便、迅速，但应注意在桥梁前端到达对岸摇滚之前，应使桥梁重心始终在推出岸摇滚之后，以防桥梁倾覆河中。保证桥梁重心在推出岸摇滚之后的方法，是在正桥前端另拼几节桁架，称为导梁(鼻架)。导梁上只安装桁架(一般是单层桁架)、横梁和抗风拉杆等部件，不安装 U 形钢桥面板。当桥梁推出就位后，导梁便可拆除。

在桥梁推出过程中，由于导梁自身重量产生挠度和对岸高于推出岸，使导梁低于对岸摇滚无法搭上，必须在导梁下弦适当位置安装下弦接头，用销子连接起来，使导梁前端翘起，获得一定的抬高度，以保证顺利搭上对岸摇滚。在安装有下弦接头的前端，最多只能安装 4 节导梁，如满足不了需要，可增加下弦接头数量。

如果通过快速评估桥梁结构的主梁损伤较轻，但支承体系损伤较重，可施加临时支承后允许缓慢通过。如图 20.2 所示，如果主梁结构和支承体系在地震后损伤均轻，仅是主梁发生移位，可通过千斤顶将主梁顶回复位，限速通行，如图 20.3 所示。对于支座发生损坏的桥梁，可采用千斤顶临时支承或由千斤顶顶升后将支座置换，如图 20.4 所示。

图 20.1　321 装配式公路钢桥震后抢通实例(汶川地震)

图 20.2　临时支架加固(汶川地震)

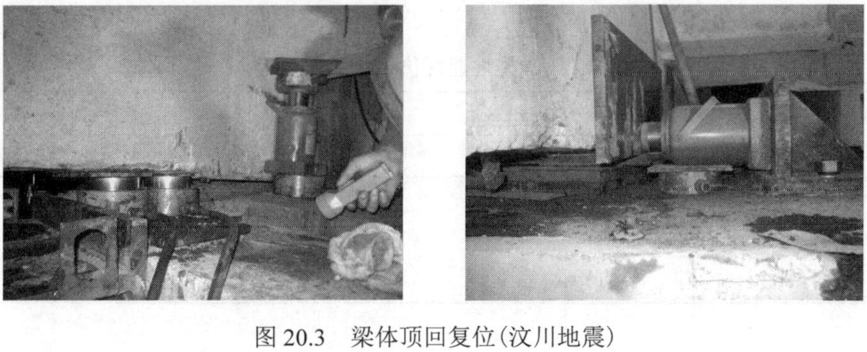

图 20.3　梁体顶回复位(汶川地震)

图 20.4　千斤顶临时支承或更换支座(汶川地震)

20.2　桥梁抗震性能评价

为了贯彻执行《中华人民共和国防震减灾法》并实行以预防为主的方针，对既有桥梁或地震后已经出现病害的桥梁需进行抗震性能评价与抗震加固。

抗震性能评价的结果是确定是否进行抗震加固以及抗震加固优先顺序的重要因素，但场地强震发生的概率、结构的易损性、破坏的社会后果(交通密度、震后救援和紧急服务结构的重要性、替代线路的可行性等)等因素也要综合考虑。

进行抗震性能评价与加固后的桥梁，应该满足三水平地震对应三性能目标要求，即：当遭受桥梁设计基准期内发生概率较高的多遇地震影响时，一般不受损坏或不需修理可继续使用；当遭受桥梁设计基准期内发生概率较低的罕遇地震影响时，应保证不致倒塌或产生严重结构损伤，经加固修复后仍可继续使用。

为了简化工作规模、提高工作效率、明确工作内容，桥梁结构是否需要进行评价或该如何评价，可参照表 20.1 规定进行，表中根据待评价桥梁的位置、规模、抗震设防水平及重要程度等条件将评价工作分成专门研究、需要评价或不需评价三个等级。

对于抗震设防地震峰值加速度大于 0.4g 的桥梁、行业有特殊要求的大跨度或特殊桥梁、综合重要程度很高的桥梁，其抗震性能评价方法应作专门研究。对于抗震设防地震峰值加速度介于 0.1g～0.4g 的桥梁，需要根据桥梁历史资料和现状，进行现场调查和分析，对桥梁抗震性能进行分析和判断。对于基本满足设防要求或抗震设防要求较低、桥梁规模较小、综合重要程度较低的桥梁，不需对其抗震性能进行评价，但应加强日常养护和管理。

表 20.1　抗震性能评价工作级别界定表

工作级别	设防地震动参数	桥梁规模			抗震设防水平	重要程度		
		跨度	墩高	车道		结构	功能	影响
专门研究	＞0.4g	＞150m	＞50m		较高	很高	很高	很高
需要评价	0.1g～0.4g	＞20m		＞2	较低	较高	较高	较高
不需评价	＜0.1g		＜5m			较低	较低	较低

当需要对桥梁进行抗震性能评价时，评价工作可分两级进行：一级评价，以宏观控制和抗震构造要求为主进行综合评价；二级评价，在一级评价的基础上以抗震验算为主，结合抗震构造要求进行综合评价。

对既有公路桥梁进行抗震性能第一级评价前，应首先收集桥梁设计、竣工、工程地质、历年来桥梁的加固、改造、事故处理、检查检测等资料；审查桥梁原始施工资料、质量验收评定记录等相关施工情况；调查桥梁自运营以来的荷载情况、维修保养等使用条件。然后，对桥梁进行一般调查，对比桥梁抗震设防标准与现行标准；查勘桥墩、台基础地质情况及冲刷深度、河床变化情况，桥墩、台有无裂缝、露筋等病害情，桥梁支座及锚栓是否良好，梁部是否出现裂缝、局部损伤等不良情况等；再通过获得资料与实物的核对、检查和分析，评价判定桥梁的质量情况。

根据一级评价的结果确定是否需要进行第二级评价，一级评价为 A 级的桥梁可不进行二级评价；一级评价为其他级别的桥梁应进行二级评价，并根据一级评价级别和结构重要性程度确定二级评价和抗震加固的优先顺序。

对于需要进行二级评价的桥梁应进行现场详细调查，主要包括下列内容：

(1) 桥墩、台基础及地质情况不明时，可进行必要的勘探和试验，查明地基岩(土)的物理力学性质。

(2) 用回弹仪、拉拔仪、超声波无损检测设备等对桥墩、桥台混凝土的强度进行评定，必要时进行现场取芯实测，掌握结构材料性能的现状。

(3) 在桥梁初步筛选的基础上，结合现场实测，掌握结构几何参数的现状。

(4) 桥梁抗震性能二级评价应包括下列内容：桥梁结构各部位的抗震性能评价、桥梁抗震构造措施评价。

对于需要进行二级评价的桥梁结构应进行设计地震和罕遇地震作用下的内力和变形分析，基于地震系数法、反应谱法或时程反应分析法。一般情况下，待评价公路桥梁可建立顺桥向和横桥向两个计算模型进行结构分析，在弹性分析阶段，计算模型应能反映结构在弹性范围内的性能；在非线性分析阶段，计算模型应能反映结构的非线性特性，分析计算可参照相关抗震设计规范。

根据地震响应分析，获得既有桥梁的各个构件在对应评价地震水平下的构件能力与地震需求的比值，地震需求包括：上部结构、墩柱、桥台、支座、基础等的弯矩、剪力、轴力值以及支座、墩柱、基础和伸缩缝等的位移、转角和延性值等；各构件对应响应量的能力为根据构件的实际尺寸和材料经计算分析得到或试验验证所具有的能力值。

$$\frac{\text{能力}}{\text{地震需求}} \geqslant \text{或} < 1.0 \tag{20.1}$$

能力/地震需求比值大于等于 1.0 表明该构件在该水准地震作用下不会发生破坏，小于 1.0 表明该构件在该水准地震作用下，可能发生破坏。从结构中最低的比值开始，调查每一比值低于 1.0 的构件，评价由于该构件的破坏对整个结构抗震性能的影响，从而确定评价结果类别。

桥梁抗震性能评价结论要将桥梁划分为四个等级，以确定是否需要采取措施：

A 级：不低于国家现行标准规范要求，安全适用，不必采取措施；

B 级：略低于国家现行标准规范要求，结构整体基本安全适用，个别部位应采取措施；

C 级：不符合国家现行标准规范要求，影响安全或影响正常使用，应尽快采取措施；

D 级：严重不符合国家现行标准规范要求，危及安全或不能正常使用，必须立即采取措施。

如果被评价某构件的破坏导致不可接受的后果，经加固后的构件满足了抗震性能，这时仍需对整个桥梁结构的抗震性能进行重新评价。当加固好的构件改变了结构其他构件的响应，也必须对其进行重新评价，重新计算各构件的抗震能力/地震需求比值，重新评价各构件的抗震性能。

20.3 桥梁抗震加固方案

选择加固措施的原则应是降低桥梁结构发生倒塌或严重损坏的可能性。当选择加固措施时，应考虑结构整体的抗震能力。在最终选择加固方案时主要考虑的应是经济和实用，既有桥梁的加固类别分为以下四类。

加固类别甲：按照甲方要求，加固桥梁的抗震性能水平高于现行抗震设计规范要求的抗震性能水平。

加固类别乙：以现行规范为标准，加固桥梁的抗震性能水平不低于现行抗震设计规范的抗震性能水平。

加固类别丙：按照甲方要求，综合考虑加固难度和经济因素，加固桥梁的抗震性能水平低于现行抗震设计规范的抗震性能水平，但应加强对桥梁的养护和监测。

加固类别丁：按照甲方要求，综合考虑加固难度和经济因素，不采取加固措施，但应加强日常养护，随时监测桥梁运营情况，尽量减少桥梁破坏所造成的损失。

既有桥梁结构的分析是识别桥梁结构中抗震能力不足的缺陷。加固的策略应是提高一个、多个构件的抗震能力或是降低抗震能力不足构件的地震需求。

在多数情况下将桥梁加固到新桥的抗震性能水平不是经济可行的，但有些情况，特别是十分重要的桥梁，可能要求的抗震性能水平比新桥更高。

构件的抗震能力/需求比小于 1.0 表明该构件在对应水准地震作用下可能发生破坏，这可能导致结构强度的损失或影响桥梁的使用功能。尽管这类破坏是不希望的，但该构件的破坏并不是不可接受。工程人员必须评价因局部构件的破坏对桥梁结构整体稳定性的影响。最终决定是否需对该桥梁进行加固将取决于评价结果和这种地震损伤可能发生的风险水平。

对于重要性桥梁，如果评价结果表明某个构件的抗震能力/需求比小于 1.0，且该构件的破坏导致严重的后果，那么就需考虑对其进行加固。在许多情况下，对桥梁中所有抗震能力/需求比值小于 1.0 的构件全部进行加固有时是不可行的。在这种情况下，应该根据桥梁结构的重要性和各种加固方案的造价进行分析比较，分析其破坏对桥梁结构整体抗震性能的影响，然后决定是否对桥梁进行替换、加固或加固到一个略低的抗震水平或接受当前的风险水平而不采取任何加固措施。

当进行桥梁结构加固时，设计人员通常有两种方案可以选择。一种方案是传统的加固技术，即提高结构的抗震能力满足可能的抗震需求，这是最常用的方法。另一种方案是减隔震技术，即通过降低地震对结构构件的抗震需求使得当前构件的既有承载力足够承担给定的地震需求。

减隔震技术用于降低地震对结构的抗震需求，一般是通过耗能来降低结构地震响应，或通过延长结构周期来降低结构的地震响应。尽管减隔震技术不是对所有结构和场地条件都适用，同传统加固技术相比，减隔震技术具有很高的性价比。

20.4　桥梁抗震加固技术

1. 桥梁场地

桥梁穿过断层或很接近断层时，应尽可能通过加固提高结构的位移或变形能力，并在下部结构塑性铰区增加额外的箍筋以提高延性变形能力。

多跨简支梁桥穿过断层，宜仔细考虑是否采用使其上部结构保持连续的加固措施；在每个桥墩、桥台处可用弹性支座替换原有支座支撑上部结构，这些支座允许发生很大变形且具有一定的自复位能力。

近断层的竖向地震动加速度可能很大，应注意采取加固措施避免上部结构发生上拔的现象。

重要桥梁位于或接近不稳定的斜坡时，应评价斜坡的稳定性，必要时可采取清除岸坡、减轻重量等措施进行处理。

对于重要桥梁，可将桥台设置在斜坡顶部的后方，增加两个边跨，使用岩层锚杆锚固或其他技术将位于岸坡的桩承台锚固住。

2. 桥梁基础

提高承台的弯曲强度可以在既有承台表面覆盖一层钢筋混凝土，并通过暗销与原有承台连接起来，见图 20.5。顶部钢筋应主要布置在一倍的加固承台厚度范围内，承台表面在浇注混凝土前应凿毛表面以利于剪力的传递，承台新、旧混凝土之间应设置足够的暗销以保证之间的剪力传递。如果暗销还用于承受剪力，则暗销应穿过原有承台的厚度，并应可靠锚固。

增加承台的厚度也可以提高其抗弯强度，如果还不足以满足预期的性能要求，还可通过加宽承台，并在底部增设钢筋。如果暗销的抗拉能力不足以满足加固要求，可采用扩大承台并在承台周边的整个厚度内设置箍筋来代替暗销。也可以通过设置预应力筋来提高承台的正、负弯矩区的抗弯强度。

通过增加承台厚度、穿过承台的竖向钢筋或预应力筋、水平向穿过承台的预应力筋等来提高承台的抗剪能力。承台剪切强度不足的加固比弯曲强度加固要复杂得多。在大多数既有承台中，在桥墩压力和基础、桩反力之间的剪力是由承台内对角受压部分的混凝土承担的，这往往要求承台底部的钢筋锚固牢固，作成 90° 弯钩。如果对角受压部分混凝土倾斜角度小于 30°，或底部受拉钢筋锚固不足，则需通过增加承台厚度或穿过承台的竖向钢筋或水平向穿过承台的预应力筋(一般用于增强弯曲强度，同时也可增强抗剪能力)来提高承台的抗剪能力。

承台倾覆抗力的提高可通过扩大承台的平面尺寸、增加抗拉桩(桩数)、直接锚固到地基或基岩等措施实现。

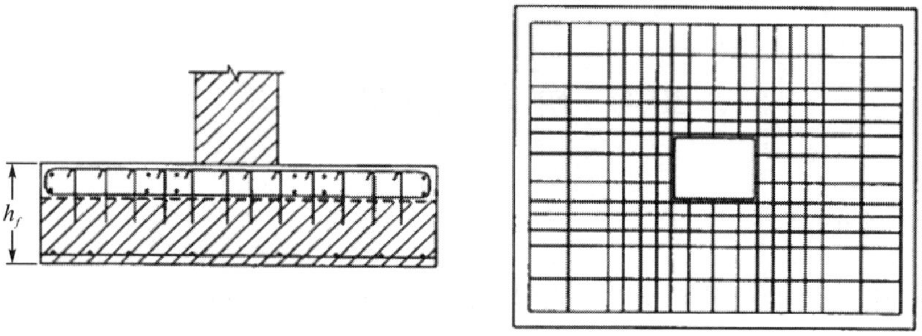

(a)立面图　　(b)平面图

图 20.5　承台抗弯强度加固

3. 桥台

汶川地震中有不少桥台及台背填土发生损坏，表现为填土的垮塌、桥台开裂、移位等，影响了救援车辆的通行及桥梁的使用功能。此外，在桥台支座处设置限制相对变形的约束装置可能会增大桥台的受力。因此，如果这些情况存在，则桥台应该进行加固。图 20.6 是对桥台进行加固的实例。

图 20.6　桥台后挡土加固(汶川地震)

设计桥台搭板目的是改善因桥台填土沉降造成的上部结构与桥台的不连续性，所以搭板应该与桥台连接。

桥台水平位移可影响桥梁结构的使用功能，如果震后或存在桥台移位风险，则必须采用各种可能的锚固方式进行改善。常用的有两种锚固方式，一种是直接锚固在桥台后的填土，另一种是重力式锚固，包括设置在上部结构或桥台的拉杆和锚固块。

4. 墩柱

自从 1989 年 Loma Prieta 地震后，改进桥梁下部结构(桥墩、柱、盖梁和基础)抗震性能的加固措施受到大量的研究和发展，通过针对大量新建的、加固的桥墩、柱的试验，研究了各种加固措施对提高桥墩、柱构件的弯曲、剪切强度和桥墩的弯曲延性能力的有效性。

桥梁的钢筋混凝土桥墩、柱弯曲强度、延性变形能力和剪切强度的抗震能力不足的加固，可采用钢管外包加固方法、复合材料加固方法、加大截面方法等加固技术。

钢管外包技术：这个技术最初是针对圆柱桥墩提出的。采用两块半圆形的钢管现场沿竖向接缝焊接，钢管内径比桥墩直径略大，空隙中灌注添加微膨胀剂的水泥砂浆，钢管的下端与承台顶面有 3～5cm 的间隙，防止桥墩在地震作用下弯曲时钢管受压，如图 20.7 所示。

图 20.7　墩柱的钢管外包加固(汶川地震)

钢管提供的是有效的被动约束应力，这种被动约束应力来自于混凝土受压而引起的膨胀受到钢管环向强度和刚度的限制，类似的效果当桥墩发生对角剪切破坏裂缝时也存在。因此，钢管可被看作连续的环向箍筋。

对于矩形桥墩，为了提供类似于圆柱桥墩的连续约束效果，加固时可采用椭圆形的钢管，较大空隙可灌注与原桥墩(柱)同标号的混凝土，加固后的矩形桥墩具有很好的弯曲和抗剪能力。

矩形钢管对提高桥墩、柱的抗剪能力是有效的，对桥墩进行抗剪加固时必须保证足够的弯曲延性能力，但矩形钢管提供的延性能力很差。

日本曾使用薄矩形钢管在纵筋提前截断的区域与混凝土桥墩黏结来局部增强桥墩的弯曲和剪切强度，确保非弹性行为仅发生在墩底塑性铰区。

复合材料加固方法：通过外包组合纤维/环氧树脂套管来实现约束效果。在桥墩的关键区域如桥墩底部，由无应力纤维/环氧树脂缠绕套管提供被动约束应力，可有效提高圆形桥墩的弯曲延性能力和抗剪强度。该方法的有效性与现场施工条件及方法关系密切，所以，采用复合材料加固方法，需确认施工环境，正确、合理地安排施工，控制施工品质。

加大截面法(外包混凝土)：加大截面法是一种常用的墩柱加固方法，在原有墩柱的表面增加一层混凝土及纵向钢筋和横向钢筋，增加的横向钢筋能提高墩柱的剪切强度及延性能力，而纵向钢筋能否提高墩柱的弯曲强度则取决于纵筋是否锚固在承台中，承台也必须加固以便承受增加的剪力及倾覆弯矩。若纵筋在承台表面处被切断，则弯曲强度不会增加，由于外包混凝土对核心混凝土的约束作用，提高了墩柱的延性能力。

采用加大截面法通常的截面形式有圆形、矩形等，加固方式可分为全截面加固和部分加固。为提高加固后墩柱的延性能力，必须保证加大截面对原有墩柱截面的约束作用，对圆形墩柱而言比较容易实现，可采用密布箍筋或螺旋式箍筋，而对于矩形或方形墩柱截面，则采用添加辅助箍筋，同时凿去原有墩柱转角处的混凝土，并采用多角形箍筋，可获得较好的约束效果，如图 20.8 所示。

图 20.8 墩柱的加大截面法加固(汶川地震)

采用加大截面法改善钢筋混凝土桥墩、柱的延性能力，必须保证加大截面对原有墩柱截面的约束作用。

5. 盖梁、节点区加固

盖梁是上部结构与桥墩间的传力构件，在横向地震作用下，多柱桥墩的盖梁将承担地震产生的弯矩和剪力，而在纵向地震作用下，盖梁的地震响应内力很小，当桥墩、盖梁和上部结构为整体连接时，盖梁可能存在抗扭不足的问题。1989 年 Loma Prieta 地震，许多桥梁的盖梁震害比较严重，盖梁损伤的抗震加固相对较困难。

如果盖梁的弯曲强度低于与其连接处桥墩的弯曲强度，而不足以保证仅在桥墩处形成塑性铰，就需要对盖梁进行抗弯能力加固，以确保加固后的盖梁的弯曲强度足以使塑性铰仅在桥墩、柱内形成。由于盖梁顶面有支座，且通过支座支撑上部结构，顶面加固不便于施工，可通过在盖梁两立面凿毛其表面设置加劲的支撑梁来提高盖梁的弯曲强度，新、旧的混凝土间也通过直接穿过既有盖梁的螺栓连接，如图 20.9(a)所示。

整体式盖梁的抗弯加固，可通过将支撑梁设置在盖梁底面来提高正弯曲强度，负弯曲强度提高可通过凿去顶部部分混凝土，设置附加钢筋来实现。也可通过设置在支撑梁内的预应力筋或体外预应力筋并在预应力管内压浆来提高盖梁正、负弯矩区的弯曲强度，如图 20.9(b)所示。

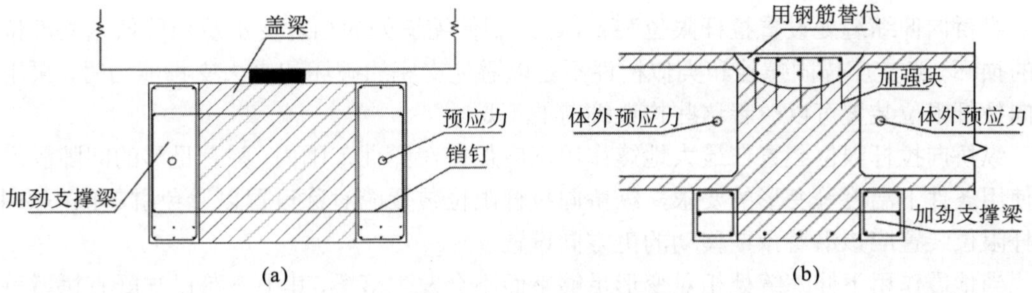

图 20.9　提高盖梁弯曲强度的加固方式

如果盖梁、柱节点区剪切强度不足，则需要在节点区增加竖向、水平向剪切钢筋进行加固，或完全更换节点。

还有一种改进盖梁抗震性能的方法是在盖梁下部现浇一根连梁。只要连梁和既有盖梁之间的高度足够小，桥墩在两根梁之间的弯矩就将很小，因为桥墩中的剪力将由连梁下的桥墩处预期形成塑性铰的弯曲强度确定，盖梁节点处弯矩平衡表明由地震产生的盖梁力将变得很小。合理地选择连梁的设置位置可以保护既有的盖梁，同时有效地增加了侧向强度和刚度，如图 20.10 所示。根据能力保护设计原理设计连梁以确保塑性铰形成在桥墩中而不是在连梁内。

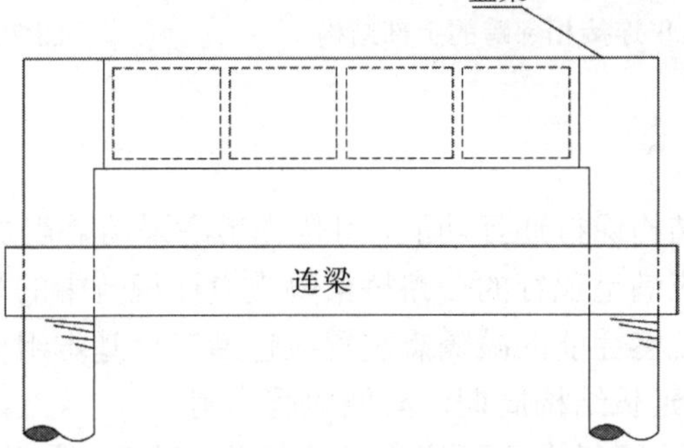

图 20.10　横向加固的连系梁法

采用增加连梁来加固盖梁，应对新塑性铰区的延性能力进行校核。桥墩中的剪力由于连梁以下的桥墩高度变矮而增加，因此有时还需要评价是否需对桥墩进行加固。

6. 支座、伸缩缝及防落梁措施抗震加固

因支座破坏、支座座宽不足、伸缩缝破坏等导致丧失支撑力是比较常见的破坏现象，这些破坏可以通过相对简单且经济的方式予以加固，常用的方法是在上部结构之间、上部结构与下部结构之间设置约束或限位装置。

拉杆式限位装置一般是钢缆索或粗钢筋，可实现对纵桥向伸缩缝处约束、横桥向支座处约束和竖向运动约束。

纵桥向伸缩缝处设置拉杆限位装置，可限制伸缩缝处的相对变形从而降低这些部位可能的损坏。当支座锚固螺栓和类似构件不足以避免支座的破坏和丧失支撑能力时，采用纵桥向拉杆限位装置可以改善这些构造细节的不足。

纵桥向拉杆限位装置在最大地震作用下应保持在弹性范围内，并有足够的间隙满足正常使用条件下温度等变形的要求，纵桥向拉杆限位装置应对称设置以避免引起偏心约束。拉杆限位装置应该沿着预期移动的主方向设置。

当地震作用下伸缩缝处相对变形足够小而不会发生落梁，其中一跨已与既有桥墩可靠连接时，可以仅连接相邻跨的上部结构，如图 20.11 所示。

为了防止地震作用下上部结构发生竖向提离，或当竖向地震作用超过恒载 50%时，应采用竖向约束装置进行加固，如图 20.12 所示。通常桥梁抗震分析不包括竖向地震动，但如果提离(上拔)是一个重要因素，则抗震分析中应包括竖向地震动。

如果支座破坏可能会导致结构倒塌或丧失其使用功能，则需考虑将支座更换为能有效抗震的支座，如弹性支座或加劲支座等。

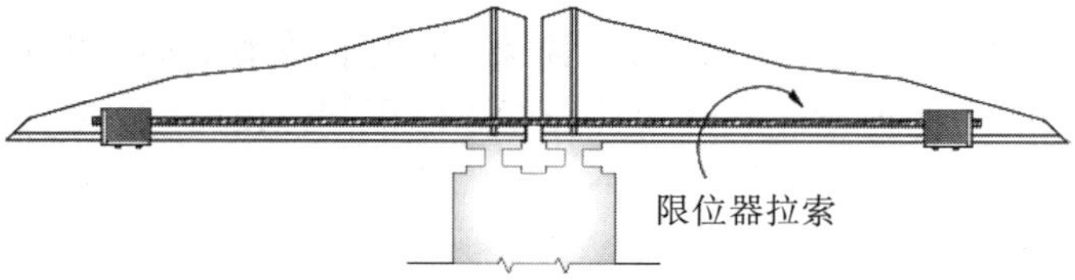

图 20.11 仅连接相邻跨的上部结构

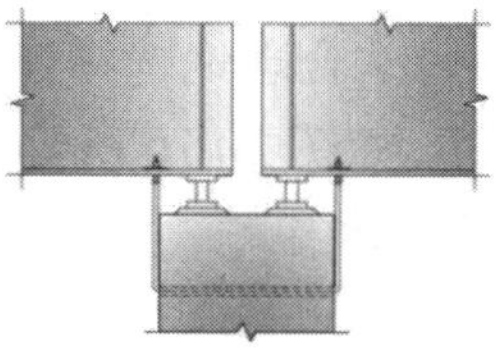

图 20.12 竖向位移限位器加固

7. 减隔震加固技术

如果要求震后桥梁结构保持通行功能，可优先考虑采用隔震加固技术。如果采用隔震技术加固既有桥梁，则应满足现行的公路桥梁隔震设计规范中的相应要求。

用于提高既有桥梁抗震性能的减隔震装置应包括三个基本组成成分，即：

(1)柔性支承：用来延长结构周期，降低地震作用。

(2)阻尼、耗能装置：降低支承面处的相对变形，以便使位移在设计允许的范围内。

(3)一定的刚度、屈服力：在正常使用荷载下(如风、制动力等)结构不发生屈服和有害振动。

基础土层不稳定；下部结构柔性大，原有结构的固有周期比较长；位于软弱场地，延长周期可能引起共振；支座中出现负反力等情况下，不宜采用减隔震技术进行既有桥梁的加固。

采用隔震技术加固时，必须在桥台、桥墩等处相邻上部结构之间设置足够的间隙，以保证所允许的位移。减隔震装置的构造宜尽可能简单、性能可靠，应在其性能明确的范围内使用；还必须考虑隔震系统的可替换性，并进行定期的维护和检查。

对于梁式桥，可用隔震支座替换桥墩、桥台处的既有支座，以降低桥墩、承台、盖梁、节点、连接构件等的地震需求。

8. 上部结构加固

上部结构可通过施加体外预应力来提高抗震能力。用预应力方法加固桥梁结构时，应考虑的主要问题有：施加预应力方式方法；预应力损失的估计和减少预应力损失的措施；预应力加固的计算等。

用预应力法加固钢筋混凝土或预应力混凝土梁板，其加固件一般采用钢杆、粗钢筋或钢丝索等钢材，施加预应力的方法有纵向张拉法、横向张拉法和张拉钢丝束等。

第 21 章 桥梁结构抗震试验

桥梁结构抗震试验是评价其抗震性能的重要手段之一，基于抗震试验可以：测定结构构件的力-变形滞回曲线、延性和耗能能力；了解结构体系的地震反应、破坏机理、破坏特征和结构体系的抗震薄弱环节等；验证抗震构造措施、抗震鉴定加固方法的可行性和有效性；验证抗震理论、结构地震反应分析方法等的可靠性和适用性。

结构抗震试验分为结构抗震静力试验与结构抗震动力试验。

结构抗震静力试验又称为拟静力或伪静力试验，其采用低频周期性加载或低频非周期性加载的方式模拟地震作用。拟静力试验是目前在结构工程应用中最为广泛的试验方法，它可以最大限度地获得试件的刚度、承载力、变形、耗能能力和损伤特征等信息，但不能模拟结构的地震反应过程。

结构抗震动力试验包括地震模拟振动台试验和拟动力试验。地震模拟振动台试验是将制作好的模型或结构放在模拟地震振动台上，台面输入某一确定性的地震记录，结构能较好地反映该次确定性地震作用的效果。拟动力试验吸取了拟静力试验和地震模拟振动台试验两种试验方法的优点，可模拟大型复杂结构的地震反应，在抗震试验方面得到广泛的应用。

结构抗震静力试验设备成本低，试验费用低，可进行较大比例模型试验，而结构抗震动力试验费用高，模型尺寸受振动台影响，对大台面的要求会导致成本大幅增加。

21.1 拟静力试验

拟静力试验是采用一定的载荷控制或变形控制对试件进行低周反复加载，使试件从弹性阶段直至破坏的一种试验。其优点是在试验过程中可以随时停下来观测试件的开裂和破坏状态，或可根据试验需要改变加载历程。不足是试验的加载历程是研究者事先主观确定的，与实际地震作用历程无关，不能反映实际地震作用时应变速率的影响。

拟静力试验只能得到构件或结构在反复荷载下的恢复力滞回特性，滞回曲线反映了试件的刚度、强度、变形及耗能特性，是确定结构本构关系和进行结构地震反应分析的依据。

拟静力试验可采用电液伺服作动器进行加载，作动器与试件和反力装置的连接，保证试件符合实际的受力条件。常用的反力装置主要有反力墙、反力台座、门式刚架、反力架和相应的各种组合类型。

拟静力加载试验可采用位移控制、力控制或力-位移混合控制加载。位移控制加载是以加载过程的位移作为控制量，按照一定的位移增幅进行循环加载，位移可变幅也可恒幅；

力控制加载方式是以每次循环的力幅值作为控制量进行加载，因为试件屈服后难以控制加载的力，所以这种加载方式较少单独使用；力-位移混合控制加载方法，即先以力控制进行加载，当试件达到屈服状态时改用位移控制。

拟静力试验主要关注试件的应力、应变、力和变形，分别用力传感器、位移传感器和应变计进行量测。

21.2　动力试验

21.2.1　地震模拟振动台试验

地震模拟振动台试验可以很好地再现地震过程和进行人工地震波的试验，是目前研究结构抗震性能最准确的试验方法。地震模拟振动台试验用于检验结构抗震设计理论、方法和计算模型的正确与否。

地震模拟振动台试验时，将试验对象放在一个足够刚性的台面上，通过动力加载设备使台面再现各种类型地震波，并使试验对象随之产生类似地震作用下的振动，这就是地震模拟振动台试验的基本原理。

地震模拟振动台试验一般都是模型试验，由于台面尺寸的限制，只能进行小比例模型的试验，容易产生尺寸效应，也难以模拟大型结构。如果受振动台承载能力限制而配重不足，则不能很好满足相似条件，试件进入弹塑性阶段工作时，地震作用形态极易失真。

地震模拟振动台系统主要由液压源系统、激振器、伺服模拟控制器、台面、计算机控制系统组成。台面要有足够的刚度，承载能力要求足够大。

振动台试验常用的传感器有加速度计、位移传感器、应变片(计)。数据的采集系统将反应的时间历程记录下来，经过模数转换送到数字计算机存储，进行分析处理。振动台的数据处理比较容易，现在振动信号处理软件比较多，可以应用软件方便地求出试件响应的频谱、均值、方差等。

振动台模型试验能详细地了解结构在大震作用下的抗震性能，对构件的破坏机理有直观的了解，是最为直接的试验方法。对于大跨桥梁、大跨建筑物及管道线则需要用振动台台阵来研究基于多点地震波输入下的抗震性能。

21.2.2　拟动力试验

拟动力试验又称计算机-加载器联机试验，是将计算机分析、控制与结构试验有机地结合在一起的试验方法，即往复加载试验和结构地震反应逐步积分方法在线结合的结构抗震试验。

拟动力试验可用于原型结构、模型结构、子结构和构件的抗震性能试验，确定试件的力-变形滞回曲线，亦可近似模拟在给定的地震波输入下结构或构件的地震反应，研究和验证结构地震破坏机理、破坏特征、抗震能力和抗震薄弱环节。

拟动力试验的流程是：取地震加速度时程中某一时刻的地震加速度值，和前一时刻加载试验后实测的结构试件的恢复力，用逐步积分振动方程的方法计算出该时刻结构试件的地震反应位移，并对结构试件施加此位移，实现该时刻结构试件的地震反应，再实测此时的结构试件的恢复力，再取下一时刻的地震加速度值，计算该时刻的地震反应位移，将该位移施加到结构试件上。如此逐时刻反复实现计算位移→施加位移→实测结构恢复力→再计算位移的循环过程。

拟动力抗震试验能够细致地观察地震作用下引起结构破坏的全过程，能进行大比例模型或足尺结构试验。

21.3 地震模拟振动台

2017 年 12 月 2 日，西南交通大学陆地交通地质灾害防治技术国家工程实验室，建成了主台面尺寸为 8m×10m 的大型高性能地震模拟振动台，以及“地震模拟振动台实验系统”和配套的“结构拟动力综合试验系统”，见图 21.1。

振动台系统采用由主、副双台面组成的二台线状多功能振动台组，主台面尺寸 8m×10m(居国内单台面尺度最大)，副台面尺寸 3m×3m，有效荷载分别达 160t 和 30t，水平位移行程分别为双向 300mm 和 150mm，空载最大加速度 2.5g，满载最大加速度 1.2g，工作频率范围 0～50Hz，振动波形为周期波、随机波、地震波。该实验系统采用主-副台组合体系，台面技术指标达到国际先进、国内领先的水平，可以开展大体积、大吨位、大尺寸的结构抗震试验，能满足桥梁、隧道、边坡和支挡物、大型站房等交通土建关键结构或构件的抗震试验要求。

图 21.1　西南交通大学地震模拟振动台实验室

思 考 题

1. 什么是构造地震？
2. 我国的地震活动主要分布在哪些地区？
3. 我国地震基本烈度在6度以上的地区面积占全国面积多少？7度以上约占多少？
4. 请解析震源、震中、震中距、震源深度。
5. 抗震基本烈度与抗震设防烈度有何关系？
6. 什么是地震震级、地震烈度？两者有什么关系？
7. 影响地震烈度的因素有哪些？
8. 什么是地震波？什么是压缩P波？什么是地震横波S波？两者的波速有何不同？
9. 地震动加速度时程曲线有何特征？
10. 什么是反应谱？什么是功率谱？
11. 工程场地地震安全性评价可以确定哪些桥梁抗震参数？
12. 桥梁抗震设防标准如何确定？
13. 基本地震烈度、设计基本地震加速度如何确定？
14. 地震基本烈度为VIII度时，对应地震动峰值加速度为多少？
15. 什么是桥梁抗震设防的三水平目标？
16. 《公路桥梁抗震设计规范》(JTG/T 2231-01—2020)根据桥梁重要性将桥梁分成哪几类？
17. 《铁路工程抗震设计规范》(GB 50111—2009)如何定义多遇地震、设计地震、罕遇地震？
18. 根据《公路桥梁抗震设计规范》(JTG/T 2231-01—2020)，针对A类桥梁，其E1、E2地震作用分别对应重现期为多少年？抗震重要性系数分别为多少？
19. 桥梁建设场地如何进行抗震分类？
20. 桥梁工程场地抗震类别有几类？如何根据场地土层特性确定场地类别？
21. 如果桥梁建设地基是易液化的砂土层，该如何处理？
22. 什么是地基液化现象？影响地基液化的因素有哪些？
23. 简支梁桥可能发生的震害有哪些？
24. 拱桥可能发生的震害有哪些？
25. 钢筋混凝土桥墩的震害特性有哪些？
26. 桥梁抗震设计应遵循的基本原则有哪些？
27. 何为桥梁抗震性能目标？
28. 桥梁抗震分析的方法有哪些？
29. 地震加速度反应谱有哪些特点？规范归一化的反应谱是如何确定的？

30. 加速度反应谱与哪些因素有关？

31. 依据《公路桥梁抗震设计规范》(JTG/T 2231-01—2020)，采用反应谱设计时，为何要进行阻尼换算？如何换算？

32. 反应谱法能不能用于弹塑性地震响应分析？为什么？

33. 弹性反应谱法有何优缺点？

34. 什么是时程反应分析方法？

35. 简述什么是三水准设计目标和两阶段设计。

36.《公路桥梁抗震设计规范》(JTG/T 2231-01—2020)中 E1 地震作用、E2 地震作用、特征周期分别是什么？

37. 什么是规则桥梁？什么是非规则桥梁？它们的抗震分析方法有何不同？

38. 为什么非规则桥梁地震响应分析要用空间动力计算模型？

39. 什么是桥梁抗震概念设计？

40. 什么是延性抗震设计？什么是能力保护设计？

41. 什么是桥梁减隔震设计？

42. 钢筋混凝土桥墩的延性指标有哪些？如何定义？

43. 桥梁结构能力保护设计的目标是什么？

44. 如何选择延性构件？为什么？

45. 一般来讲，桥梁的哪些构件可以作为延性构件？哪些需作为能力保护构件？为什么？

46. 何为塑性铰？如何选择塑性铰的位置？

47. 横向钢筋、箍筋对混凝土墩柱的延性有何影响？为什么？

48. 影响混凝土墩柱的延性的因素有哪些？为什么？

49. 塑性铰区的超强现象是如何产生的？设计验算时如何考虑？

50. 如何基于抗震概念选择桥梁工程场地？

51. 桥梁结构抗震体系应符合哪些要求？为什么？

52. 桥梁减隔震设计应满足哪些要求？为什么？

53. 阐述桥梁减隔震设计的基本原理，采用减隔震设计的桥梁，可能会产生什么问题？如何解决？

54. 什么是地震作用的多点激励、行波效应？

55. 常用的桥梁减隔震装置有哪些？

56. 一般桥梁减隔震装置应具有哪些功能？

57. 减隔震设计原则是什么？

58. 防止落梁的措施有哪些？说明其功能原理。

59. 桥梁建设场地的抗震加固措施有哪些？

60. 桥墩的抗震加固措施有哪些？

61. 如何对桥梁进行抗震评价？

62. 地震模拟振动台需具备哪些基本功能？

63. 结构抗震试验有哪几类？

64. 抗震拟静力试验与抗震动力试验各有何特点？

参 考 文 献

艾伦·威廉斯. 2002. 建筑与桥梁抗震设计[M]. 北京: 中国水利水电出版社.

陈惠发, 段炼. 2008. 桥梁工程抗震设计[M]. 蔡中民, 武军, 等译. 北京: 机械工业出版社.

大崎顺彦. 1980. 地震动的谱分析入门[M]. 北京: 地震出版社.

范立础, 胡世德, 叶爱君. 2001. 大跨度桥梁抗震设计[M]. 北京: 人民交通出版社.

范立础. 1997. 桥梁抗震[M]. 上海: 同济大学出版社.

克拉夫 R，彭津 J. 2010. 结构动力学[M]. 王光远，等译. 北京: 高等教育出版社.

李杰, 李国强. 1992. 地震工程学导论[M]. 北京: 地震出版社.

李乔, 赵世春. 2008. 汶川大地震工程震害分析[M]. 成都: 西南交通大学出版社.

刘恢先. 1986. 唐山大地震震害[M]. 北京: 地震出版社.

纽马克 N M, 罗森布卢斯 E. 1986. 地震工程学原理[M]. 北京: 中国建筑工业出版社.

普瑞斯特雷 M J N, 等. 1997. 桥梁抗震设计与加固[M]. 袁万城, 等译. 北京: 人民交通出版社.

瓦尔夫 J P. 1992. 土-结构动力相互作用[M]. 北京: 地震出版社.

王克海. 2007. 桥梁抗震研究[M]. 北京: 中国铁道出版社.

谢旭. 2006. 桥梁结构地震响应分析与抗震设计[M]. 北京: 人民交通出版社.

叶爱军. 2011. 桥梁抗震(第二版)[M]. 北京: 人民交通出版社.

郑史雄, 奚绍中, 杨建忠. 1997. 大跨度刚构桥的地震反应分析[J]. 西南交通大学学报, 32(6): 586-592.

郑史雄, 奚绍中. 1998. 简支梁桥的地震反应性能[J]. 西南交通大学学报, 33(2): 132-137.

郑史雄. 1996. 长大跨度桥梁空间地震反应分析[D]. 成都: 西南交通大学.

中华人民共和国国家标准. 2006. 铁路工程抗震设计规范(GB 50111—2006)[S]. 北京: 中国计划出版社.

中华人民共和国国家标准. 2010. 建筑抗震设计规范(GB 50011—2010)[S]. 北京: 中国建筑工业出版社.

中华人民共和国行业标准. 1999. 铁路桥梁抗震鉴定与抗震加固技术规范(TB 10118—99)[S]. 北京: 中国铁道出版社.

中华人民共和国行业标准. 2011. 城市桥梁抗震设计规范(CJJ 166—2011)[S]. 北京: 中国建筑工业出版社.

中华人民共和国行业标准. 2014. 公路工程抗震规范(JTG B02—2013)[S]. 北京: 人民交通出版社.

中华人民共和国行业标准. 2015. 中国地震动参数区划图(GB 18306—2015)[S]. 北京: 中国标准出版社.

中华人民共和国行业推荐性标准. 2020. 公路桥梁抗震设计规范(JTG/T 2231-01—2020)[S]. 北京: 人民交通出版社.

Chopra A. 2009. Dynamics of Structures (Theory and Applications to Earthquake Engineering)[M]. Berkeley: University of California at Berkeley.

参考文献

第四篇

车桥耦合振动

概　　述

桥上移动车辆由于轨道不平顺或路面粗糙度、加载位置的变化等原因，对桥梁产生动力作用，致使桥梁结构产生振动，桥梁结构的振动又会影响车辆移动与振动，因此，车辆与桥梁之间存在振动互制与耦合。

车桥之间的耦合振动会影响桥梁的工作状态、使用功能及寿命，以及车辆运行的平稳性及旅客乘坐的舒适性，因此，必须针对车辆与桥梁之间的耦合振动特性进行分析评价，或对振动加以限制，以保证其安全性和使用性。

基于结构动力学原理可知，车桥的质量比是耦合振动特性的主要影响因素之一，因而，列车与桥梁之间的振动相互耦合程度更高。

列车通过铁路桥梁时，不仅会对桥梁结构产生竖向动力冲击作用，还会有横向作用或纵向作用，横向作用包括横向冲击和离心力，纵向作用包括制动或起动作用力。列车桥梁之间的耦合振动是空间耦合振动，分析时需要建立空间分析模型。

当列车的动力作用频率接近桥梁结构的自振频率时，会引起车桥系统共振，使桥梁结构产生巨大的动力响应，甚至发生破坏。1847 年，英国的 Chester 桥就因为车桥共振，发生了重大事故。

引起车桥系统竖向振动的主要影响因素如下：

(1) 机车动轮偏心块的周期冲击力和机车动力系统的振动等。

(2) 列车以一定速度过桥时由移动重力加载所形成的竖向作用力，其与车辆的编组、轴重及其排列以及行车速度有关。

(3) 线路、车轮缺陷及轨道不平顺对系统产生的内部自激励作用，形成系统的强迫振动。其中，轨道不平顺的作用是随机的，而线路和车轮缺陷的作用则是周期性的。

(4) 车辆、桥梁的动力相互作用。包括桥梁及桥上轨道的挠度和振动对运行列车产生的动力影响，某种速度下车辆转向架(包括车体)与桥梁结构产生的共振等。车桥系统共振与列车速度、桥梁及车辆的竖向自振频率、转向架竖向弹簧与阻尼器的特性有关。

(5) 地震和风等外部激励所诱发的车桥系统竖向振动。

其中，轨道不平顺或路面粗糙度是主要激励源。

第 22 章　车桥耦合振动理论的概念与发展

为保证车辆在桥上运营的安全性和乘坐人员的舒适性，需要建立车辆与桥梁振动性能的评价方法与标准，研究车桥耦合振动激振源及其机理，建立车桥耦合振动分析理论，进而，基于相关分析进行评价。

针对移动列车作用下对桥梁的动力性能和承载力的研究，已有近 200 年的历史，自 19 世纪中以来，欧美各国就相继开展针对铁路桥梁的系统荷载试验与理论推导，建立了移动荷载作用下的桥梁振动方程，提出了冲击系数的概念，获得了机车与桥梁发生共振的“临界速度”，建立了经典车桥耦合振动分析理论。较有代表性的研究包括：1844 年英国的 Britannnia 桥的模型试验；1847 年 Willis R.推导了移动荷载作用下桥梁的振动方程，并获得其近似解，后来，为了验证该近似解，开始了比较系统的模型试验；1934 年，Inglis C E.同时考虑了车辆和桥梁质量，将列车简化为移动周期力和惯性力，对桥梁进行了动力分析，对计算的理论解和实测值进行了相互校验；1927 年，苏联进行了第一批小规模试验，1936 年后开始进行广泛的原型和模型试验，建立了桥梁横向振动的“帷幕”理论和“侧摆”理论；等等。可见，前期研究主要是依据模型试验而开展，因而，往往持续周期长，效率较低，且成本高。

20 世纪 60 年代以后，随着有限元方法的发展，世界各国相继建立了车桥系统的动力分析模型，采用有限元法对桥梁进行离散，将车体考虑成采用弹簧-阻尼元件连接的多刚体，综合考虑车桥参数以及轨道、横风和地震等随机参数的影响，得到了许多有益的结论和研究成果，逐渐形成现代车桥耦合振动分析理论。有代表性的研究与成果包括：松浦章夫针对四轴二系列车建立了垂向 10 个自由度的动力学模型，综合考虑了轨道不平顺，得到了当列车速度超过 300km/h 时，桥梁冲击系数随车速增加明显变大的结论；Biggs J M.、Fryba L.等将车辆模拟成簧上及簧下质量(与轨道密贴)，并假定轨道不平顺为系列简谐函数，对车桥动力耦合系统通过建立微分方程采用数值方法求解；1987 年，Makoto Tanabe 针对新干线上四轴车建立了 31 个自由度的车辆模型，并对桥梁采用有限元和模态综合法，分析了车桥系统的空间动力响应，等等。

20 世纪 80 年代，我国一些科研院校也开始开展相关研究。基于有限元方法，将每节车辆简化为通过弹簧、阻尼元件连接的 23 个(或 27 个，或 35 个)自由度多刚体结构，通过轮轨关系连接车辆与桥梁两个子系统，联立各部分方程，对系统微分方程组进行逐步积分求解，编制车桥耦合振动分析程序，并针对高速铁路中小跨度桥梁、大跨度钢桁梁桥以及大跨度斜拉桥进行了车桥动力仿真分析；将风、高速列车、桥梁三者作为一个相互作用的系统，提出了一种较为完善的风-车-桥系统非线性空间耦合分析模型。

综上，随着计算理论及试验能力的发展，车桥耦合振动理论也从经典理论向现代车桥振动理论发展，车辆的模型经历了集中力模型、轮对模型、转向架模型、半车模型以及整车模型的演变过程，车辆振动模型越来越接近实际，自由度也越来越多；桥梁模型由早期的模态分析发展成现在应用很广泛的有限元精细化模型，考虑了更多构件的参振影响，如考虑轨道、轨枕和道床的参振作用，也更能精细化地考虑动态的轮轨接触关系。

经过近两个世纪的研究，车桥耦合振动理论得到很大的发展，然而，由于车-桥耦合振动问题的复杂性与随机性、车辆运行速度的提高、桥梁跨度的不断增加、新型桥梁结构不断出现，机车车辆分析模型、轨道分析模型、桥梁分析模型、轮轨接触关系、桥轨关系发展越来越全面，激励源问题、轮轨不平顺、积分方法等也趋于多样性。考虑越来越多的空间受力行为和随机因素、车辆-轨道-桥梁系统动力分析模型的精细化、轮轨接触理论的进一步完善、车桥系统振动时变随机分析理论等已成为车桥分析发展的趋势。

另外，在桥梁振动研究中引入动力可靠度理论，对桥梁动力性能、可靠度进行评估，发展桥梁全寿命动力可靠度设计方法；基于车桥系统振动分析，研究交通荷载引起的结构振动对周围环境和邻近建筑物的影响，等等，也是车桥耦合振动分析需要发展的主方向。

第 23 章　车辆与桥梁振动性能的评价方法与标准

23.1　列车安全性评价标准

车辆运行安全性只有在轮轨处于正常接触状态(即不脱轨)才能得到保证，车轮脱轨条件及其评价指标是个十分复杂的问题，至今还没有一个完善的理论体系。目前，国内外通用的车辆运行安全性评价指标是：脱轨系数、轮重减载率、轮轨横向摇摆力、倾覆系数等。

1. 脱轨系数

评定车轮脱轨稳定性的指标是脱轨系数，其定义为Q/P，Q 表示作用在车轮上的横向力，P 表示作用在车轮上的垂向力。如图 23.1 所示，假定轮轨间摩擦系数为μ，车轮轮缘角为α，基于脱轨临界条件沿轮轨接触面建立平衡方程，有

$$Q\cos\alpha+(Q\sin\alpha+P\cos\alpha)\mu-P\sin\alpha=0 \tag{23.1}$$

或

$$\frac{Q}{P}=\frac{\tan\alpha-\mu}{1+\mu\tan\alpha} \tag{23.2}$$

根据国家标准，车轮轮缘角为α=69°12′，轮轨间摩擦系数为μ≈0.2～0.3，则有Q/P=1.59～1.3。

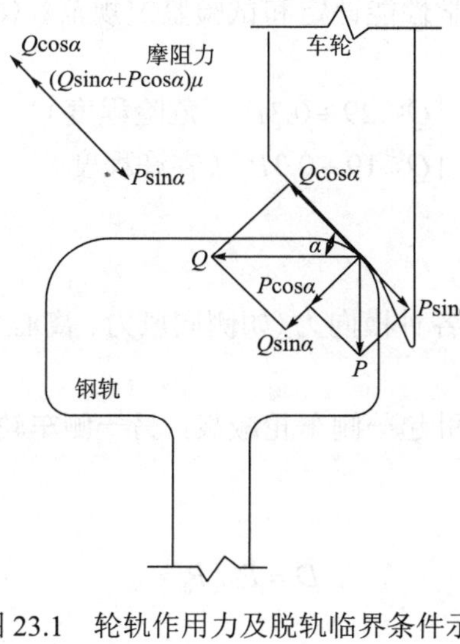

图 23.1　轮轨作用力及脱轨临界条件示意

我国国家标准《铁道车辆动力学性能评定和试验鉴定规范》(GB 5599—85)认为：车辆脱轨系数$Q/P=1.2$为危险程度，而$Q/P=1.0$为容许程度。

我国《铁道机车动力学性能试验鉴定方法及评定标准》(TB/T 2360—93)认为：机车脱轨系数$Q/P=0.6$为优，$Q/P=0.8$为良，而$Q/P=0.9$为合格。

上述脱轨系数限定指标一般只适用于低速脱轨的情况，对于高速客车的行车安全性评定指标，仍需要进一步研究。

德国ICE列车高速试验及日本新干线提速试验，均采用$Q/P\leqslant 0.8$作为脱轨评价指标。我国1996年在进行200km/h以上高速列车综合运行试验，秦沈客运专线桥梁综合动力试验，以及《新建时速200公里客货共线铁路设计暂行规定》(铁建设函〔2005〕285号)中，均将脱轨系数的控制限度设为0.8。

2. 轮重减载率

振动或横向力的作用，会导致轮对在轨道上运动过程中发生减载，减载过大易发生脱轨，其评价指标为轮重减载率，定义为车轮的轮重减载量与轮对平均静轮重之比P/P_0。

我国在秦沈客运专线综合动力综合试验，《时速200公里新建铁路线桥隧站设计暂行规定》中所采用的轮重减载率评定标准均为$P/P_0\leqslant 0.6$。《高速铁路设计规范》(TB 10621—2014)规定：轮重减载率评定标准为$P/P_0\leqslant 0.6$，但当车速达到350km/h后，可采用$P/P_0\leqslant 0.8$标准。

3. 轮轨横向摇摆力

过大的轮轴横向力将导致轨排横移，并有可能造成无缝线路胀轨，《新建时速200公里客货共线铁路设计暂行规定》(铁建设函〔2005〕285号)规定：轮对横向水平力限值取$Q\leqslant 80\text{kN}$。

《高速铁路设计规范》(TB 10621—2014)针对高速动车组的轴重较小的特点，规定轮轴横向力限值为：$H\leqslant 10+P_{st}/3$，其中：P_{st}为静轴重，单位kN。

国家标准《铁道车辆动力学性能评定和试验鉴定规范》(GB 5599—85)对横向力Q的评价标准为

$$\begin{cases} Q\leqslant 29+0.3P & \text{（危险程度）} \\ Q\leqslant 19+0.3P & \text{（容许程度）} \end{cases} \tag{23.3}$$

4. 倾覆系数

倾覆系数用于评定车辆在各种横向力(如侧向风力、离心力、横向振动惯性力等)共同作用下是否会导致车辆倾覆。

车辆在横向力作用下，会引起一侧车轮减载，另一侧车轮增载，如果一侧车轮减载过多，则车辆就有倾覆的可能。

倾覆系数D定义为

$$D=P_{\text{d}}/P_0 \tag{23.4}$$

式中，P_d 为单侧轮轨垂向动荷载；P_0 为相应的轮轨垂向静荷载。

当减载侧车轮上垂向力为零时，也就是垂向动荷载与静荷载反向相等，车辆已达到倾覆的临界状态，这时 D=1，即倾覆的临界值。为了保证车辆不倾覆，倾覆系数 D 不能超过临界值。

《铁道车辆动力学性能评定和试验鉴定规范》(GB 5599—85)和《铁道机车动力学性能试验鉴定方法及评定标准》(TB/T 2360—93)均规定：倾覆系数 $D \leqslant 0.8$，且当车辆同一侧各车轮倾覆系数均达到或超过 0.8 时，方可确认为有倾覆危险。

23.2　列车平稳性评价标准

车辆运行平稳性是衡量车辆运行性能的一项重要技术指标。对于客车，平稳性指标反映了乘坐舒适度；对于货车，平稳性指标可用于评价车辆振动对货物的损坏程度。

列车过桥时，司机、旅客、桥上行人是否有安全感，取决于其舒适度指标。影响舒适度的因素有很多，如车内通风、照明、温度、湿度、噪声、窗外景观视觉、振动等，其中振动是主要因素之一。

舒适度是反映乘坐人员在旅途中疲劳程度的综合性生理指标，是一个统计标准。判别客运列车平稳性，一般是基于舒适度指标，但目前国际上还没有统一的舒适度指标。

多数国家倾向于用 Sperling 舒适度指标 W 作为评定标准，并根据各自国家的实际情况，制定不同的客车舒适度指标(在 2.5～3.25 之间)。日本则以等舒适度 Janeway 系数 J＝1～1.5 作为评定标准。我国则根据 Sperling 指标和 ISO2631 标准制定了车辆平稳性和乘坐舒适度的评定标准。另外，还有以国际标准化组织(ISO)标准为基础的舒适度标准 ISO2631 评定法，还有 Dikman 指标、UIC 评价指标。

我国国家标准《铁道车辆动力学性能评定和试验鉴定规范》(GB 5599—85)关于车辆的运行平稳性评判标准是以 Sperling 舒适度指标为基础制定的。客车、货车的运行平稳性指标均按以下公式计算：

$$W = 7.08\sqrt[10]{A^3 F(f)/f} \tag{23.5}$$

式中，A 为振动加速度(cm/s^2)；f 为振动频率(Hz)；$F(f)$为频率修正系数(表 23.1)。

表 23.1　频率修正系数

垂直振动		横向振动	
0.5～5.9Hz	$F(f)=0.325f^2$	0.5～5.4Hz	$F(f)=0.8f^2$
5.9～20Hz	$F(f)=400/f^2$	5.4～26Hz	$F(f)=650/f^2$
＞20Hz	$F(f)=1$	＞26Hz	$F(f)=1$

以上适用于振动只含一种频率成分的情况，实际上，车辆的振动加速度往往含有多种频率成分。因此，需要将加速度时程按频率进行分组，根据每一组的加速度和频率计算该组的平稳性指标 W_i，整个时程的平稳性指标按式(23.6)计算：

$$W = \sqrt[10]{W_1^{10} + W_2^{10} + \cdots + W_N^{10}} \tag{23.6}$$

式中，N 为整个波段的分组总数。

我国铁道标准《铁道机车动力学性能试验鉴定方法及评定标准》(TB/T 2360—93)、国家标准《铁道车辆动力学性能评定和试验鉴定规范》(GB 5599—85)、《高速铁路设计规范》(TB 10621—2014)在针对车辆进行竖向或横向平稳性评定时，采用的均是表 23.2 所示的等级指标。

表 23.2 我国机车车辆的平稳性等级

舒适度等级		机车	客车	货车
I	优秀	≤2.75	≤2.5	≤3.5
II	良好	2.75～3.10	2.5～2.75	3.5～4.0
III	合格	3.10～3.45	2.75～3.0	4.0～4.25

另外，我国相关标准或规范还对车辆加速度指标进行了限值规定。《铁道车辆动力学性能评定和试验鉴定规范》(GB 5599—85)国家标准限定：普通客车竖向、横向加速度限值分别为 0.2g、0.15g；货车车体竖向、横向加速度限值分别为 0.7g、0.5g。

《铁道机车动力学性能试验鉴定方法及评定标准》(TB/T 2360—93)铁道部标准关于铁路机车车体的振动加速度的评定标准如表 23.3 所示。秦沈客运专线轨道不平顺管理标准对车体加速度的评定标准如表 23.4 所示。

表 23.3 TB/T 2360—93 规定的机车振动加速度标准

评定等级	优秀	良好	合格
车体竖向振动加速度/(cm/s^2)	245	295	363
车体横向振动加速度/(cm/s^2)	147	198	245

表 23.4 秦沈客运专线轨道不平顺标准规定的振动加速度标准

速度/(km/h)	类别	日常保养	舒适度	紧急补修
200～250	竖向振动加速度/(cm/s^2)	100	150	200
	横向振动加速度/(cm/s^2)	60	100	150
300	竖向振动加速度/(cm/s^2)	100	150	200
	横向振动加速度/(cm/s^2)	60	100	150

《高速铁路设计规范》(TB 10621—2014)规定：车辆竖向、横向振动加速度半峰值分别为不大于 0.13g、0.10g。

23.3　桥梁评价标准

车、线、桥是相互耦合振动体系，桥梁的过大振动不仅会导致结构疲劳损伤、桥上线路形状的改变，还会影响桥上车辆的行车安全性和平稳性。为了保证车辆在桥上安全舒适地运行，以及桥梁本身的安全与功能，需要建立针对桥梁结构振动性能的指标体系。选取合适的结构刚度与频率限值，可以避免列车通过时产生较大振动或共振，确保列车运行安全、旅客乘坐舒适。桥梁结构变形、变位限值可以保证桥上轨道结构受力安全性和稳定性。

1. 桥梁的自振频率

车辆的平稳性指标、安全性指标均与桥梁结构刚度密切相关，一般来讲，桥梁刚度越大，桥上车辆平稳性与安全性越能得到满足。

为了保证桥梁具有足够的横向刚度，我国《铁路桥梁检定规范》(铁运函〔2004〕120号)对各类简支桥跨结构和桥墩结构的横向自振频率通常值作了如表 23.5 的规定，其适用于客货列车共线运行，旅客列车最高行车速度为 160km/h、货物列车最高行车速度为 80km/h 的既有线桥梁，旅客列车最高行车速度在 200km/h 时，可参照执行。

表 23.5　桥梁横向自振频率通常值

类别	结构类型			横向自振频率/Hz
桥跨结构	钢梁	无桥面系的板梁、桁梁	普通桥梁钢	$\geqslant 100/L$
			低合金钢	$\geqslant 90/L$
		有桥面系的板梁、桁梁	普通桥梁钢	$\geqslant 100/L$
			低合金钢	$\geqslant 90/L$
	预应力混凝土梁			$\geqslant 90/L$
桥墩	低墩($H_1/B<2.5$)			—
	中高墩($H_1/B\geqslant 2.5$)	扩大基础	岩石	$\geqslant 24\sqrt{B}/H_1$
		沉井基础	—	
		桩基础	—	$\geqslant \alpha_1 24\sqrt{B}/H$
		扩大基础	黏土或砂、砾	$\geqslant \alpha_3 24\sqrt{B}/H_1$

注：H 为墩全高(m)；H_1 为墩高(m)；B 为墩身横向平均宽度(m)；α_1、α_3 为与地基土有关的系数。

我国《既有线铁路桥隧设备(行车速度 120～160km/h)暂行技术条件》(工桥〔1996〕24 号)给出的桥梁横向自振频率限值为

$$f_h \geqslant 110/L \tag{23.7}$$

我国《既有线提速 200km/h 技术条件(试行)》(铁科技函〔2006〕747 号)针对简支梁给出的桥梁横向自振频率 f_h、竖向自振频率 f_v 限值分别为

$$f_h \geqslant 60/L^{0.8} \quad (L\leqslant 64\text{m}) \tag{23.8}$$

$$\begin{cases} f_v \geqslant 80/L & (4\text{m} \leqslant L \leqslant 20\text{m}) \\ f_v \geqslant 23.58L^{-0.592} & (20\text{m} < L \leqslant 96\text{m}) \end{cases} \tag{23.9}$$

式中，L 为简支梁的跨度；频率单位为 Hz。

客货共线暂行规定对桥梁竖向自振频率作了规定，与式(23.9)相同。《京沪高速铁路设计暂行规定》与客运专线暂行规定针对跨度不大于 80m 的简支梁，给出竖向自振频率 f_v 限值为

$$\begin{cases} f_v \geqslant 120/L & (L \leqslant 40\text{m}) \\ f_v \geqslant 23.58L^{-0.592} & (40\text{m} < L \leqslant 80\text{m}) \end{cases} \tag{23.10}$$

我国设计规范《铁路桥涵设计基本规范》(TB 10002.1—2005)对不同结构类型桥梁的横向自振频率容许值进行了要求，如表 23.6 所示。

表 23.6 《铁路桥涵设计基本规范》(TB 10002.1—2005)规定的横向自振频率容许值

结构类型	适用跨度/m	自振频率容许值/Hz
上承式钢板梁	24～40	$>60/L^{0.5}$
下承式钢板梁	24～32	$>55/L^{0.8}$
半穿式钢桁梁	40～48	$>60/L^{0.4}$
下承式钢桁梁	48～80	$>65/L^{0.8}$
预应力混凝土梁	24～40	$>65/L^{1.0}$

2. 桥梁挠度

梁式桥跨结构刚度限值的规定，主要是为了满足高速行车条件下的行车安全和乘坐舒适的要求，国内外规范多以活载作用下的挠度作为限值指标。

当列车在桥上运行时，桥梁产生的竖向、横向位移对车辆的运行状态有明显的影响。桥梁的变形过大，将改变线路的不平顺和稳定性，影响行车的安全性和平稳性。

《铁路桥梁检定规范》(铁运函〔2004〕120 号)对桥梁的竖向挠跨比通常值进行了规定，将实际运营列车的静活载换算至中-活载，其作用下的竖向挠跨比通常值限值如表 23.7 所示。

表 23.7 竖向挠跨比通常值

梁别	结构类型		竖向挠跨比
钢梁	板梁	普通桥梁钢	1/1200
		低合金钢	1/950
	桁梁	普通桥梁钢	1/1500
		低合金钢	1/1250
钢筋混凝土桥	普通高度(H/L=1/7～1/9)		1/4000
	低高度(H/L=1/13～1/15)		1/1900
型钢混凝土桥			1/1250
预应力混凝土梁	普通高度(H/L=1/11～1/13)		1/1800
	低高度(H/L=1/14～1/16)		1/1300

注：L 为跨度(m)；H 为梁高(m)。

《铁路桥涵设计基本规范》(TB 10002.1—2005)规定了梁式桥跨结构由列车静活载引起的竖向挠度容许值，如表 23.8 所示。在列车摇摆力、离心力和风力的作用下，梁体的水平挠度应小于或等于梁体计算跨度的 1/4000。针对钢梁桥，除了横向挠跨比要求外，还对宽跨比(宽为主桁或主梁中心距)进行了如下规定：下承式简支桁梁、连续桁梁边跨的宽跨比不应小于 1/20；连续桁梁除边跨外其余各跨的宽跨比不应小于 1/25；简支板梁的宽跨比不应小于 1/15 且横向宽度不小于 2.2m。

表 23.8　梁式桥跨结构竖向挠度容许值

桥跨结构		挠度容许值
简支钢桁梁		$L/900$
连续钢桁梁	边跨	$L/900$
	中跨	$L/750$
简支钢板梁		$L/900$
简支钢筋混凝土和预应力混凝土梁		$L/800$
连续钢筋混凝土和预应力混凝土梁	边跨	$L/800$
	中跨	$L/700$

《新建时速 200 公里客货共线铁路设计暂行规定》(铁建设函〔2005〕285 号)要求，在中-活载作用下梁体竖向挠度限值如表 23.9 所示，横向挠度限值则与《铁路桥涵设计基本规范》(TB 10002.1—2005)要求一致。《新建时速 300～350 公里客运专线铁路设计暂行规定》(铁建设〔2007〕47 号)对在 ZK 静活载作用下的梁体竖向挠度限值要求则如表 23.10 所示，横向挠度限值除与 TB 10002.1—2005 规范要求一致外，还增加了对无砟轨道桥梁梁端两侧的钢轨支点横向相对位移不应大于 1mm 的要求。

表 23.9　中-活载作用下梁体竖向挠度限值

跨度 L/m		$L\leqslant 20$	$20<L\leqslant 50$	$50<L\leqslant 70$	$70<L\leqslant 96$
挠度限值	单跨	$L/1000$		$L/900$	
	多跨	$L/1400$	$L/1200$	$L/1000$	$L/900$

表 23.10　ZK 静活载作用下梁体竖向挠度限值

跨度 L/m		$L\leqslant 24$	$24<L\leqslant 80$	$L>80$
挠度限值	单跨	$L/1300$	$L/1000$	$L/1000$
	多跨	$L/1800$	$L/1500$	$L/1000$

3. 桥梁横向振幅

桥梁横向振幅是桥梁结构在列车运行荷载作用下的最大动态响应，其与桥梁结构的几何特性、物理特性以及动力特性有关。

《铁路桥梁检定规范》(铁运函〔2004〕120 号)给出了各类简支桥跨结构，在荷载平面处桥跨跨中的横向振幅行车安全限值与通常值，分别如表 23.11、表 23.12 所示，对桥墩墩顶的横向振幅通常值规定如表 23.13 所示。

表 23.11 桥跨结构横向振幅行车安全限值$[A_{max}]_{5\%}$

类别	结构类型			横向振幅限值$[A_{max}]_{5\%}$
钢梁	无桥面系的板梁或桁梁			$L/5500$
	有桥面系	板梁		$L/6000$
		桁梁	$L\leqslant 40\text{m}$	$L/6500$
			$40\text{m}<L\leqslant 96\text{m}$	$L/(75L+3500)$
钢筋混凝土梁、预应力混凝土梁				$L/9000$

注：L 为跨度(m)。

表 23.12 桥跨结构横向刚度的通常值$[A_{max}]_{5\%}$

类别	结构类型		货车/mm	客车/mm			
			$V\leqslant 80\text{km/h}$	$V\leqslant 80\text{km/h}$		$120\text{km/h}<V\leqslant 160\text{km/h}$	$160\text{km/h}<V\leqslant 200\text{km/h}$
				有缝线路	无缝线路		
钢梁	无桥面系的板梁、桁梁	普通桥钢	$\leqslant L/(3.8B)$	$\leqslant L/(9.9B)$	$\leqslant L/(11.4B)$	$\leqslant L/(9.4B)$	$\leqslant L/(8.0B)$
		低合金钢	$\leqslant L/(3.2B)$	$\leqslant L/(8.3B)$	$\leqslant L/(9.6B)$	$\leqslant L/(7.9B)$	$\leqslant L/(6.7B)$
	有桥面系的板梁、桁梁	普通桥钢	$\leqslant L/(2.6B)$	$\leqslant L/(6.8B)$	$\leqslant L/(7.8B)$	$\leqslant L/(6.4B)$	$\leqslant L/(5.4B)$
		低合金钢	$\leqslant L/(2.2B)$	$\leqslant L/(5.7B)$	$\leqslant L/(6.6B)$	$\leqslant L/(5.4B)$	$\leqslant L/(4.6B)$
预应力混凝土梁			$\leqslant L/(7.0B)$	$\leqslant L/(18.2B)$	$\leqslant L/(20.9B)$	$\leqslant L/(17.2B)$	$\leqslant L/(14.7B)$

注：L 为跨度(m)；B 为钢梁中心距(m)，预应力混凝土梁为支座中心距(m)。

表 23.13 墩顶横向振幅通常值$[A_{max}]_{5\%}$

墩身构成	墩身尺寸特征	基础与地基土		墩顶横向振幅/mm	
		基础类型	地基土	$V\leqslant 60\text{km/h}$	$V>60\text{km/h}$
混凝土或石砌墩身	低墩 $H_1/B<2.5$	扩大基础	岩石	$H/30$	$H/25+0.1$
		沉井基础			
		桩基础		$H/30+0.2$	$H/25+0.4$
		扩大基础	黏土或砂、砾		
	中高墩 $H_1/B\geqslant 2.5$	扩大基础	岩石	$\dfrac{H_1^2}{100B}+0.2$	
		沉井基础			
		桩基础		$\dfrac{(H+\Delta h)^2}{100B}+0.2$	
		扩大基础	黏土或砂、砾	$\alpha_2\left(\dfrac{H_1^2}{100B}+0.2\right)$	

注：H 为墩全高(m)；H_1 为墩高(m)；B 为墩身横向平均宽度(m)；Δh 、α_2 为与地基基础有关的系数。

秦沈客运专线综合试验段的桥梁设计，参考国外对桥梁振动响应参数的限值，提出的桥梁跨中最大横向振幅应满足式(23.11)的规定：

$$A_{max}\leqslant L/16.5 \tag{23.11}$$

式中，A_{max} 为梁的跨中横向振幅半峰最大值，mm；L 为梁的跨度，m。

4. 桥梁振动加速度

过大的桥梁振动加速度可能导致过大的轮轨接触力，或导致道床失稳，因而，相关规范对桥梁振动加速度作了限值的规定，以保证列车运行的安全。

《铁路桥梁检定规范》(铁运函〔2004〕120 号)规定，在列车过桥时，荷载平面内的桥梁横向振动加速度不应超过 0.14g。而《高速铁路设计规范》(TB 10621—2014)则对桥面板在 20Hz 及以下强振频率作用下竖向振动加速度限值进行了规定：有砟桥面时不大于 0.35g，无砟桥面时不大于 0.5g。

5. 梁端转角

采用有砟轨道的桥梁，梁端转角过大会导致位于梁端伸缩缝部位的道床不稳定，增大轨道养护工作量，影响高速行车条件下的安全和舒适性。采用无砟轨道的桥梁，梁端竖向转角使得梁缝两侧的钢轨支点分别产生钢轨的上拔和下压现象。当上拔力大于钢轨扣件的扣压力时将导致钢轨与下垫板脱开，垫板所受下压力过大时可能导致垫板产生破坏。

基于保证桥梁接缝部位有砟轨道道床的稳定性和无砟轨道扣件系统受力要求，保证列车运行的安全性，需对竖向、横向水平梁端转角进行限制。

《新建时速 200 公里客货共线铁路设计暂行规定》(铁建设函〔2005〕285 号)对在中-活载作用下的上部结构梁端竖向转角(图 23.2)作了如下规定：桥台与桥梁之间转角 θ 不大于 0.003rad；相邻两片梁之间的转角 θ_1 和 θ_2 之和不大于 0.006rad；由墩台横向水平位移差引起的相邻结构物轴线间的水平折角不得超过 0.001rad。《高速铁路设计规范》(TB 10621—2014)规定的 ZK 静活载作用下的梁端竖向转角限值为：有砟轨道桥台与桥梁之间的转角 θ 不大于 0.002rad，相邻两片梁之间的转角 θ_1 和 θ_2 之和不大于 0.004rad。相应的无砟轨道分别为 0.001rad 和 0.002rad。对于中低速铁路，我国规范对梁端折角无相应的规定。日本新干线网结构物设计标准对中低速情况下结构物竖向容许位移的规定如表 23.14 所示。

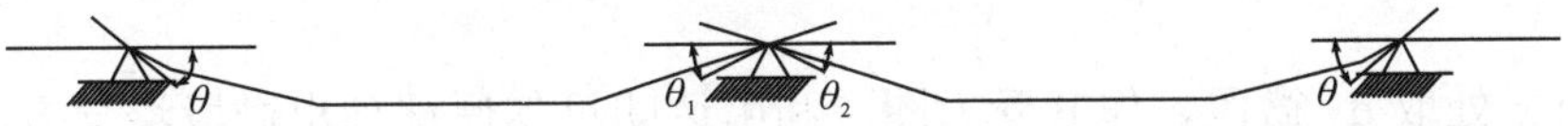

图 23.2 上部结构的梁端转角图

表 23.14 轨道位移量限值(日本新干线)

位移方向	最高车速/(km/h)	错位/mm	折角(1/1000)			
			平行移动		折转	
			L<30m	L≥30m	L<30m	L≥30m
竖向	70	2	9	9	9	9
	110		7.5	9	9	9
	160		5	6	6.5	7
	210		4.5	4	5.5	4
	260		3.5	3	4	3

第 24 章　车-桥耦合振动经典理论

为了便于理解车桥耦合振动问题的基本动力学概念，先对车辆、桥梁及其相互作用进行简化，建立车桥振动分析经典理论，基于经典理论可获得移动列车作用下桥梁振动的基本现象与机理。

根据结构动力学梁弯曲振动理论，假定梁为细直梁，不考虑剪切变形和绕中性轴转动对梁弯曲振动的影响，梁只作平面弯曲振动。以未变形细直梁的轴线为 x 轴，梁的轴线只有竖向位移 $y(x,t)$，设梁的长度为 L，材料密度为 ρ 和弹性模量为 E，截面积和截面二次矩为 $S(x)$ 和 $I(x)$，$\rho_l(x)=\rho S(x)$ 为单位长度的质量，$EI(x)$ 为梁的抗弯刚度。作用在梁上的分布载荷为 $f(x,t)$，阻尼系数为 $c(x)$，如图 24.1 所示。

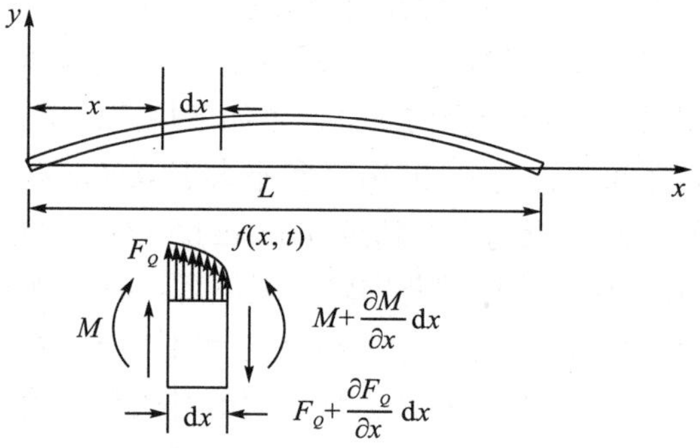

图 24.1　梁的弯曲振动

在截面 x 处取 dx 微段，作其受力图，利用达朗贝尔原理列出微段沿 y 方向振动的动力学方程，进而建立梁弯曲振动的动力学微分方程如下：

$$\frac{\partial^2}{\partial x^2}\left[EI(x)\frac{\partial^2 y(x,t)}{\partial x^2}\right]+\rho_l(x)\frac{\partial^2 y(x,t)}{\partial t^2}+c(x)\frac{\partial y(x,t)}{\partial t}=f(x,t) \tag{24.1}$$

24.1　简支梁桥在匀速荷载作用下的振动

假定荷载 $P(t)$ 以速度 V 在梁上匀速移动，如图 24.2 所示，梁的竖向弯曲振动微分方程为

$$\frac{\partial^2}{\partial x^2}\left[EI(x)\frac{\partial^2 y(x,t)}{\partial x^2}\right]+\rho_l(x)\frac{\partial^2 y(x,t)}{\partial t^2}+c(x)\frac{\partial y(x,t)}{\partial t}=\delta(x-Vt)P(t) \tag{24.2}$$

式中，$\delta(x-Vt)$ 为 Dirac 函数。对于简支梁，其边界条件为 $y(0,t)=y(L,t)=0$。

用振型分解法对上述微分方程进行求解，振型分解法的基本原理是将结构的几何坐标变换成振型坐标或广义坐标。

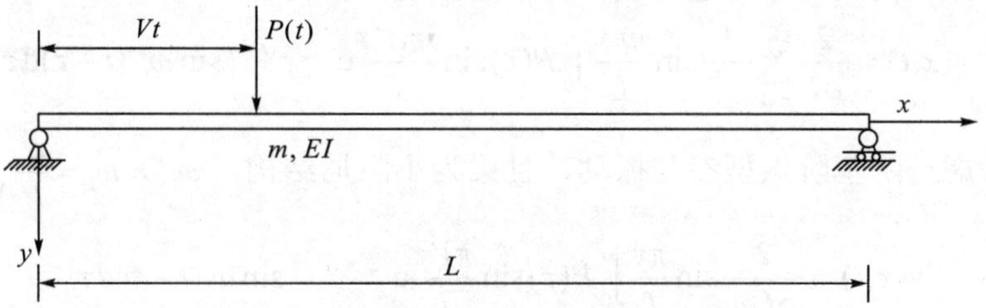

图 24.2　简支梁受移动常量力的作用

对于一维的连续体，将方程的解表示为模态函数的线性组合。

$$y(x,t)=\sum_{n=1}^{\infty}\phi_n(x)q_n(t) \tag{24.3}$$

式中，$q_n(t)$ 为广义振型坐标，是时间的函数；$\phi_n(x)$ 为主振型函数。

根据振型的正交性，广义振型坐标为

$$q_n(t)=\frac{\int_0^L\phi_n(x)y(x,t)\mathrm{d}x}{\int_0^L\phi_n^2(x)\mathrm{d}x} \tag{24.4}$$

如果简支梁是等截面且质量均匀，阻尼满足振型正交条件，且为黏滞线性阻尼，第 i 阶振型的广义坐标运动方程为

$$EIq_n(t)\int_0^L\phi_n(x)\frac{\mathrm{d}^4\phi_n(x)}{\mathrm{d}x^4}\mathrm{d}x+\rho\frac{\mathrm{d}^2q_n(t)}{\mathrm{d}t^2}\int_0^L\phi_n^2(x)\mathrm{d}x+c\frac{\mathrm{d}q_n(t)}{\mathrm{d}t}\int_0^L\phi_n^2(x)\mathrm{d}x=\int_0^L\delta(x-Vt)P(t)\phi_n(x)\mathrm{d}x \tag{24.5}$$

等截面简支梁的振型函数可用三角函数表示：

$$\phi_n(x)=\sin\frac{n\pi x}{L} \tag{24.6}$$

则有

$$\frac{L}{2}\rho\frac{\mathrm{d}^2q_n(t)}{\mathrm{d}t^2}+\frac{L}{2}c\frac{\mathrm{d}q_n(t)}{\mathrm{d}t}+\frac{L}{2}\frac{n^4\pi^4}{L^4}EIq_n(t)=P(t)\sin\frac{n\pi Vt}{L} \tag{24.7}$$

等截面简支梁的第 n 阶圆频率为 $\omega_n=\dfrac{n^2\pi^2}{L^2}\sqrt{\dfrac{EI}{\rho}}$，阻尼系数 $c=2\zeta_n\rho\omega_n$，$\dfrac{n\pi V}{L}$ 可以理解为移动荷载的广义激振频率，记作 ω_n^P。

则移动荷载作用下等截面简支梁第 n 阶振型动力学平衡方程变成了标准式：

$$\ddot{q}_n(t)+2\zeta_n\omega_n\dot{q}_n(t)+\omega_n^2q_n(t)=\frac{2}{\rho L}P(t)\sin\frac{n\pi Vt}{L} \tag{24.8}$$

这是个常系数线性微分方程，可通过 Duhamel 积分得到其特解。

$$q_n(t)=\frac{2}{\rho L\omega_n^D}\int_0^t P(\tau)\sin\frac{n\pi V\tau}{L}\mathrm{e}^{-\zeta_n\omega_n(t-\tau)}\sin\omega_n^D(t-\tau)\mathrm{d}\tau \tag{24.9}$$

式中，$\omega_n^D=\omega_n\sqrt{1-\zeta_n^2}$，为有阻尼第 n 阶圆频率。

从而，等截面简支梁在匀速荷载作用下的振动位移特解为

$$y(x,t)=\frac{2}{\rho L}\sum_{n=1}^{\infty}\frac{1}{\omega_n^D}\sin\frac{n\pi x}{L}\int_0^t P(\tau)\sin\frac{n\pi V\tau}{L}\mathrm{e}^{-\zeta_n\omega_n(t-\tau)}\sin\omega_n^D(t-\tau)\mathrm{d}\tau \tag{24.10}$$

如果只考虑一阶基阶振型参与振动，且梁为小阻尼结构，$\omega_1^D\approx\omega_1=\frac{\pi^2}{L^2}\sqrt{\frac{EI}{\rho}}$，则有

$$y(x,t)=\frac{2}{\rho L\omega_1}\sin\frac{\pi x}{L}\int_0^t P(\tau)\sin\frac{\pi V\tau}{L}\mathrm{e}^{-\zeta_1\omega_1(t-\tau)}\sin\omega_1(t-\tau)\mathrm{d}\tau \tag{24.11}$$

当一阶振型广义激振频率 $\omega_1^P=\frac{\pi V}{L}$ 与结构固有频率 ω_1 相等时，梁发生共振，此时，常荷载移动速度 $V=\frac{\pi}{L}\sqrt{\frac{EI}{\rho}}$。高速铁路 32m 双线简支箱梁的一阶竖弯频率约为 4Hz，引起共振的车速 $V=2f_1L=8L=256\mathrm{m/s}$，远大于目前高速铁路最高行车车速。

定义无量纲速度参数 $\alpha=\frac{\omega_1^P}{\omega_1}=\frac{\pi V}{2\pi f_1 L}=\frac{V}{2f_1L}$，或 $\omega_1=\frac{\pi V}{\alpha L}$，根据相关规范对桥梁竖向基阶频率的要求，对当前铁路速度、通常固有频率及桥梁跨度而言，$V<2f_1L$，无量纲速度参数 $\alpha<1$。

如果忽略阻尼影响，在常量力 P 作用下，对于位移来说，高阶振型贡献有限，可只考虑一阶振型贡献，简支梁的位移响应为

$$y(x,t)=\frac{2PL^3}{EI\pi^4}\sin\frac{\pi x}{L}\left(\frac{\sin\frac{\pi Vt}{L}-\alpha\sin\frac{\pi Vt}{\alpha L}}{1-\alpha^2}\right) \tag{24.12}$$

简支梁跨中挠度：

$$y\left(\frac{L}{2},t\right)=\frac{2P}{\rho L\omega_1}\int_0^t\sin\frac{\pi V\tau}{L}\mathrm{e}^{-\zeta_1\omega_1(t-\tau)}\sin\omega_1(t-\tau)\mathrm{d}\tau \tag{24.13}$$

或

$$y\left(\frac{L}{2},t\right)=\frac{2PL^3}{EI\pi^4}\left(\frac{\sin\frac{\pi Vt}{L}-\alpha\sin\frac{\pi Vt}{\alpha L}}{1-\alpha^2}\right) \tag{24.14}$$

式中，$\frac{2PL^3}{EI\pi^4}\approx\frac{PL^3}{48EI}$，约等于集中力作用于跨中的跨中静挠度 y_{st}，因而，在移动集中力作用下简支梁跨中动挠度放大系数为

$$\beta=\frac{\sin\frac{\pi Vt}{L}-\alpha\sin\frac{\pi Vt}{\alpha L}}{1-\alpha^2} \tag{24.15}$$

简支梁跨中动挠度比 β、无量纲速度参数 α、不同位置 Vt/L 的关系如图 24.3 所示。

忽略阻尼影响，以位置参数 Vt/L、无量纲速度参数 α 为变量，对式(24.15)进行数学求极值运算，可得当 α=0.617，Vt/L=0.763 时，跨中动挠度比最大，且 $\beta_{\max}$=1.77。

即有：

$$\text{阻尼比}\ \zeta=0\text{，最大动挠度比}\ \beta=\begin{cases}1.54\alpha+1 & (0<\alpha<0.5)\\ 1.77 & (0.5\leqslant\alpha<1.0)\end{cases}$$

阻尼比不为零时，最大动挠度比变小，阻尼越大，最大动挠度比越小。

$$\text{阻尼比}\ \zeta=0.02\text{，最大动挠度比}\ \beta=\begin{cases}1.45\alpha+1 & (0<\alpha<0.5)\\ 1.72 & (0.5\leqslant\alpha<1.0)\end{cases}$$

$$\text{阻尼比}\ \zeta=0.05\text{，最大动挠度比}\ \beta=\begin{cases}1.3\alpha+1 & (0<\alpha<0.5)\\ 1.66 & (0.5\leqslant\alpha<1.0)\end{cases}$$

图 24.4 给出了简支梁最大跨中动挠度比与无量纲速度参数、阻尼比的关系，可见常规车速通过桥梁时无量纲速度参数 $\alpha\ll1$，如果阻尼比 $\zeta\ll1$，则跨中最大动挠度发生在荷载正好位于跨中上方或稍后一点。

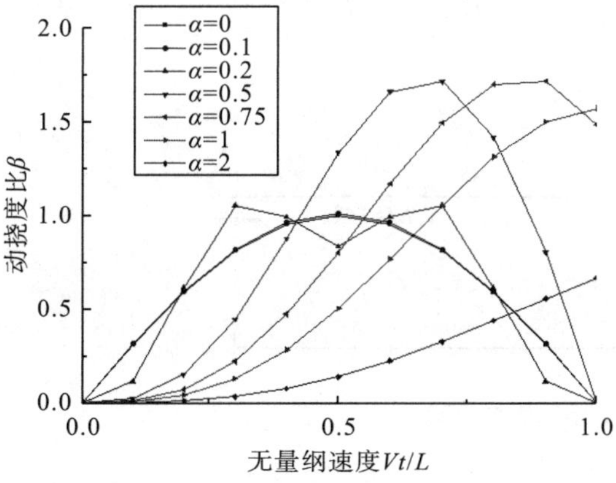

图 24.3　简支梁跨中动挠度比与无量纲速度参数的关系

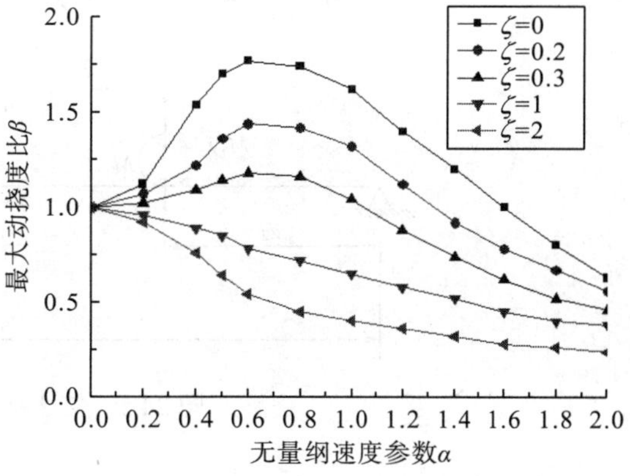

图 24.4　简支梁最大跨中动挠度比与无量纲速度参数、阻尼比的关系

24.2　简支梁桥在匀速移动质量作用下的振动

质量 M_1 以速度 V 在梁上匀速移动时，如图 24.5 所示，梁上的荷载包括重力 M_1g 和惯性作用 $M_1\left.\dfrac{\partial^2 y(x,t)}{\partial t^2}\right|_{x=Vt}$，梁竖向弯曲振动微分方程为

$$\frac{\partial^2}{\partial x^2}\left[EI(x)\frac{\partial^2 y(x,t)}{\partial x^2}\right]+\rho_l(x)\frac{\partial^2 y(x,t)}{\partial t^2}+c(x)\frac{\partial y(x,t)}{\partial t}=\delta(x-Vt)M_1\left(g-\frac{\partial^2 y(x,t)}{\partial t^2}\right) \tag{24.16}$$

如果仍采用振型分解法求解，等截面简支梁第 n 阶振型标准式动力学平衡方程变成：

$$\ddot{q}_n(t)+2\zeta_n\omega_n\dot{q}_n(t)+\omega_n^2 q_n(t)=P_n(t) \tag{24.17}$$

式中，

$$P_n(t)=\frac{2}{\rho L}\int_0^L \delta(x-Vt)M_1\left(g-\frac{\partial^2 y(x,t)}{\partial t^2}\right)\phi_n(x)\mathrm{d}x=\frac{2}{\rho L}\int_0^L \delta(x-Vt)M_1\left(g-\sum_{i=1}^{\infty}\ddot{q}_i(t)\phi_i(x)\right)\phi_n(x)\mathrm{d}x$$
$$=\frac{2M_1}{\rho L}\left(g-\sum_{i=1}^{\infty}\ddot{q}_i(t)\sin\frac{i\pi Vt}{L}\right)\sin\frac{n\pi Vt}{L} \tag{24.18}$$

或

$$\ddot{q}_n(t)+\frac{2M_1}{\rho L}\sum_{i=1}^{\infty}\ddot{q}_i(t)\sin\frac{i\pi Vt}{L}\sin\frac{n\pi Vt}{L}+2\zeta_n\omega_n\dot{q}_n(t)+\omega_n^2 q_n(t)=\frac{2M_1}{\rho L}g\sin\frac{n\pi Vt}{L} \tag{24.19}$$

注意到，惯性作用与质量所在位置的梁体加速度有关，因而，尽管采用振型分解法对方程进行变换，但由于惯性作用的存在，各振型之间是相互耦联的，这个方程有无穷个未知量，且各方程互相不独立。实际计算时，可只考虑少数低阶振型进行降阶分析。

如果只考虑一阶振型的影响，忽略阻尼的影响，方程变为

$$\left(1+\frac{2M_1}{\rho L}\sin^2\frac{\pi Vt}{L}\right)\ddot{q}_1(t)+\omega_1^2 q_1(t)=\frac{2M_1}{\rho L}g\sin\frac{\pi Vt}{L} \tag{24.20}$$

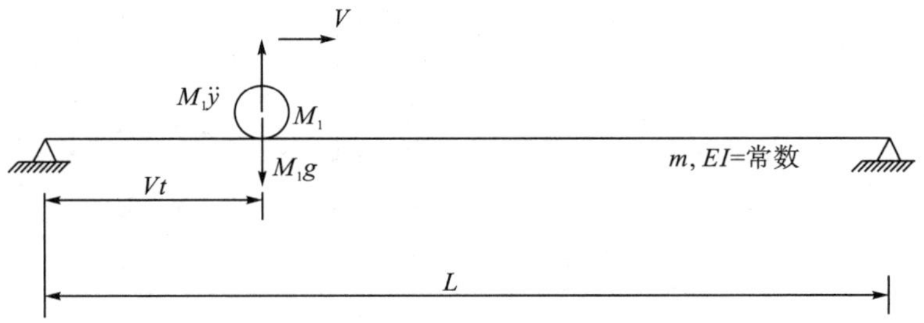

图 24.5　匀速移动质量作用于简支梁

24.3　简支梁桥受单轮对质量弹簧系统的作用

如图 24.6 所示，设简支梁仍为等截面质量均布细长梁，结构阻尼为线性黏滞阻尼，车轮质量为 M_1，簧上质量为 M_2，弹簧弹性系数为 k，阻尼系数为 c，车轮沿梁长移动时不脱离梁体，其竖向位移与作用点处梁的挠度一致，V 为单轮对质量弹簧系统在梁上移动速度。

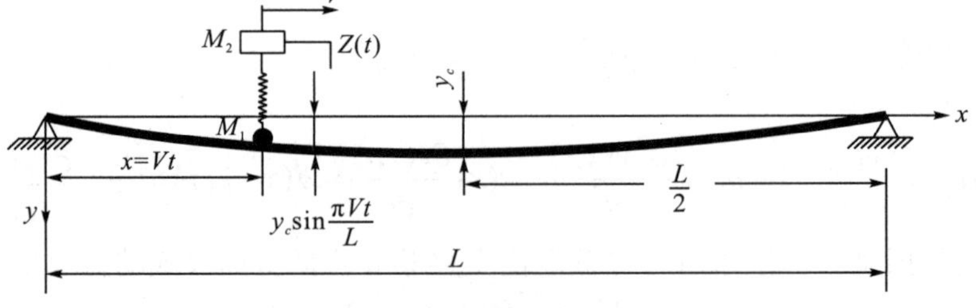

图 24.6　单轮对质量弹簧系统作用于简支梁

簧上质量 M_2 的竖向振动位移用 $Z(t)$ 表示，则簧上质量 M_2 上有惯性力 $P_g = M_2\ddot{Z}(t)$ 作用，弹簧质量 M_2 与梁上轮对之间的相对位移为 $y(x,t)-Z(t)$，所受的弹簧弹性力为 $P_k = k\left[y(x,t)-Z(t)\right]\big|_{x=Vt}$，阻尼力为 $P_c = c\left(\dfrac{\mathrm{d}y(x,t)}{\mathrm{d}t}-\dot{Z}(t)\right)\bigg|_{x=Vt}$。根据力的平衡条件，可得其动力平衡方程：

$$M_2\ddot{Z}(t)+k\left[Z(t)-y(x,t)\right]\big|_{x=Vt}+c\left[\dot{Z}(t)-\frac{\mathrm{d}y(x,t)}{\mathrm{d}t}\right]\bigg|_{x=Vt}=0 \tag{24.21}$$

作用于梁上的移动荷载 $P(x,t)$ 包括：梁上所有重力 $P_G=(M_1+M_2)g$，质量 M_1 的惯性力 $P_1 = M_1\dfrac{\mathrm{d}^2y(x,t)}{\mathrm{d}t^2}\bigg|_{x=Vt}$，系统弹簧的弹性力 $P_k = k\left[y(x,t)-Z(t)\right]\big|_{x=Vt}$，及阻尼力 $P_c = c\left(\dfrac{\mathrm{d}y(x,t)}{\mathrm{d}t}-\dot{Z}(t)\right)\bigg|_{x=Vt}$，因此有

$$P(x,t)=\delta(x-Vt)\left[(M_1+M_2)g-M_1\frac{\mathrm{d}^2y(x,t)}{\mathrm{d}t^2}\right]+k\left[Z(t)-y(x,t)\right]+c\left(\dot{Z}(t)-\frac{\mathrm{d}y(x,t)}{\mathrm{d}t}\right) \tag{24.22}$$

因此，考虑单轮对质量弹簧系统作用下简支梁的动力平衡方程为

$$\begin{aligned}EI\frac{\partial^4y(x,t)}{\partial x^4}+\rho\frac{\partial^2y(x,t)}{\partial t^2}+c_L\frac{\partial y(x,t)}{\partial t}&=\delta(x-Vt)\left[(M_1+M_2)g-M_1\frac{\partial^2y(x,t)}{\mathrm{d}t^2}\right]\\&\quad+k\left[Z(t)-y(x,t)\right]+c\left(\dot{Z}(t)-\frac{\partial y(x,t)}{\mathrm{d}t}\right)\end{aligned} \tag{24.23}$$

式中，c_L 为梁体阻尼系数。

如果采用振型分解法求解，等截面简支梁第 n 阶振型标准式动力学平衡方程变成：

$$\ddot{q}_n(t)+2\zeta_n\omega_n\dot{q}_n(t)+\omega_n^2q_n(t)=P_{n1}(t)+P_{n2}(t) \tag{24.24}$$

$$P_{n1}(t)=\frac{2}{\rho L}\left((M_1+M_2)g-M_1\sum_{i=1}^{\infty}\ddot{q}_i(t)\sin\frac{i\pi Vt}{L}\right)\sin\frac{n\pi Vt}{L} \tag{24.25}$$

$$P_{n2}(t)=\frac{2}{\rho L}\left(kZ(t)+c\dot{Z}(t)-\sum_{i=1}^{\infty}\left[kq_i(t)+c\dot{q}_i(t)\right]\sin\frac{i\pi Vt}{L}\right)\sin\frac{n\pi Vt}{L} \tag{24.26}$$

簧上质量的动力平衡方程为

$$M_2\ddot{Z}(t)+kZ(t)+c\dot{Z}(t)-c\sum_{i=1}^{\infty}\dot{q}_i(t)\sin\frac{i\pi Vt}{L}-k\sum_{i=1}^{\infty}q_i(t)\sin\frac{i\pi Vt}{L}=0 \tag{24.27}$$

可见，通过弹簧与阻尼器将质量 M_2 与简支梁振动耦联在一起，整个系统是一个具有无穷多自由度的联立方程，且是时变系统，如果采用矩阵表达，其刚度矩阵和阻尼矩阵均为非对称阵，求解时，可只考虑少数低阶振型进行降阶，并采用逐步积分的数值方法进行。

第 25 章　车-桥耦合振动现代理论

铁路(轻轨)机车或车辆由车厢、转向架、轮对以及弹簧悬挂系统组成，机车车辆的振动和桥梁结构的振动相互作用、相互影响，形成了一个复杂的多自由度振动系统。随着计算能力的提高，经典理论难以适应社会发展需求，近 40 年来，研究者们已建立了包括车辆、桥梁、轨道等多自由度子系统的车桥耦合振动分析模型，形成车-桥耦合振动现代理论，并日趋完善，使得车桥耦合振动分析向更精细、更准确的方向发展。

车-桥耦合振动现代理论包括轨道不平顺理论、多自由度车辆模型、桥梁结构多自由度分析模型、轨道(含道砟)模型、轮轨相互作用关系模型、动力学微分方程的数值分析方法等内容。

车桥耦合振动分析实质也是结构动力学问题，其求解方法可分为时域法和频域法两种。时域法通过轮轨相互作用关系，将车辆模型、桥梁模型相关自由度耦联在一起，形成统一的车桥系统运动方程组，进而直接对该运动方程进行迭代积分求解；或将车桥系统以轮轨接触为界，分为车辆和桥梁两个子系统，分别建立车辆、桥梁的运动方程，两者之间通过轮轨接触处的位移协调条件和轮轨相互作用力的平衡关系相联系，采用迭代法求解系统的响应。其缺点是随着桥梁的复杂化及车辆节数的增多，需要联立求解的方程组的规模增大，从而使计算工作量变得很大。

频域法需要先求出车桥耦合系统的频率响应函数，并作为激励力的功率谱输入，求得系统在频域内的动力响应，其计算结果可以直接进行统计分析。该方法的优点在于对任何复杂的结构可以只取一定数量的主要振动模态参数参与计算，从而大大减小了计算的工作量。但由于车桥系统振动方程的系数矩阵具有时变性，应用频域法时需假定其频率响应函数在瞬间不随时间变化，故具有近似性，因此在处理非线性问题时也存在困难。

25.1　轨道不平顺

1. 轨道不平顺基本参数

受制造、安装、运营条件等因素的影响，轨道的两股钢轨就算在线路平直段，也不可能处于理想的平直状态，两钢轨在高低方向、左右方向相对于理想平直轨道呈某种波状变化，轨道这种实际几何学形状与其名义形状之间的偏差，就是轨道不平顺。轨道不平顺是车桥耦合振动系统重要的激励源之一。

车桥耦合振动理论将轨道不平顺定义为轨内缘与理想钢轨几何轮廓的偏差，无载状态和有载状态均存在轨道不平顺，两种状态下的轨道不平顺差异有时很大，其主要取决于铁路轨道各独立单元与桥之间的间隙、各单元的弹性或非弹性特性等。

轨道不平顺包括左右两股钢轨顶部表面的高低不平顺和轨距面的方向不平顺，基本参数有：轨距不平顺、轨向(或方向)不平顺、超高不平顺(水平不平顺)和轨道高低不平顺(垂向不平顺)，如图 25.1 所示。

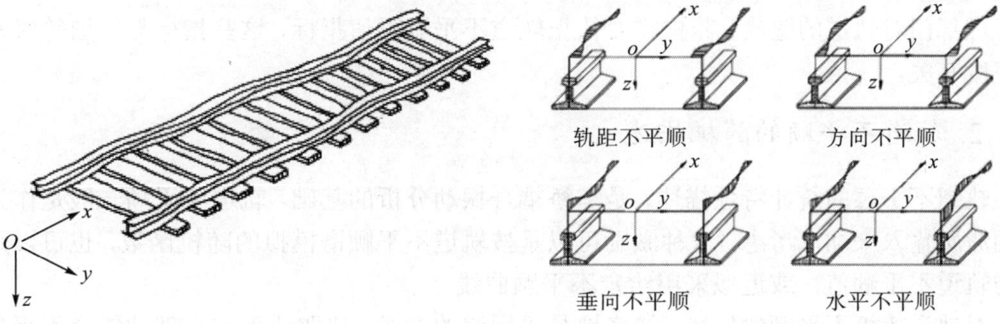

图 25.1　轨道不平顺及其定义

(1) 轨距不平顺：

$$y_c = \frac{1}{2}(y_1 - y_2) - l_0 \tag{25.1}$$

其中，l_0 为两轨的名义轨距。

(2) 方向不平顺：

$$y_a = \frac{1}{2}(y_1 + y_2) \tag{25.2}$$

为两轨的平均横向位置。

(3) 轨道高低不平顺(垂向不平顺)：

$$z_a = \frac{1}{2}(z_1 + z_2) \tag{25.3}$$

为两轨的平均高低。

(4) 超高不平顺(水平不平顺)：

$$z_c = \frac{1}{2}(z_1 - z_2) \tag{25.4}$$

为两轨的高差。

式中的 y_1, y_2, z_1, z_2 分别为左轨(下标为 1)和右轨(下标为 2)在 x 处的横向或竖向坐标。

轨道高低和超高不平顺主要影响车辆和桥梁的竖向振动，而轨向、轨距和轨道超高不平顺会引发车辆和桥梁的横向振动以及桥梁的扭转振动。

影响实际线路几何状态的因素有很多，包括：钢轨初始弯曲，钢轨磨耗、伤损，轨枕间距不均、质量不一，道床的级配和强度不均、松动、脏污、板结，路基下沉不均匀、刚度变化等，由于这些作用因素的随机性，构成了轨道不平顺的随机特征。因而，轨道不平顺沿线路长度 x 的随机分布难以准确预估，其统计特征只能靠线路实地测量获得。

在长期的运营过程中，如果欠维护，轨道会由于累积变形导致轨道不平顺不断增大，所以需要对其不断地维修，铁路轨道是边运营边维修的工程结构物。过大的不平顺，会激发车辆与轨道之间的有害振动，恶化列车的运营品质，引起轮轨关系各部件的损伤，对轨道质量状态产生不利的影响。

轨道不平顺是引起机车车辆产生振动的重要原因，如果轨道的平顺状态不良，轨道不平顺引起的列车振动和轮轨作用力随车速的提高将成倍急剧增大，并会导致列车脱轨。铁路管理部门对轨道的验收、养护需要依据轨道不平顺限值指标，这些指标与轨道等级及行车速度有关。

2. 轨道不平顺的随机描述

轨道不平顺的统计特性描述，是车桥耦合振动分析的基础。轨道不平顺一般是作为系统的激励输入来加以考虑，这种激励可以是按轨道不平顺谱模拟的随机函数，也可以是实测的轨道不平顺值，或近似采用给定不平顺曲线。

对轨道随机不平顺的描述，较多地是采用谱的方式，选取或确定合理的轨道不平顺谱是确保车桥耦合振动分析结果真实可靠的重要条件。

轨道不平顺随机特性的测定，在国外早已引起重视。英国铁路部门自 1964 年就开始了这项工作，是世界上最早进行此项研究的国家之一。英国、日本、德国、美国、俄罗斯、印度和捷克都制定了各自的轨道不平顺谱密度和相关函数。我国在这方面也做了不少工作。20 世纪 80 年代，铁道科学研究院、长沙铁道学院等单位开始对轨道不平顺进行测量，并统计出我国一级干线轨道不平顺功率谱密度函数。我国高速铁路运营时间短，还没有统一的轨道不平顺功率谱密度的解析表达式，因此在轨道不平顺的选取上只能参考其他国家现有的标准。

假定轨道不平顺是平稳随机过程，功率谱密度函数就是描述轨道不平顺最常用的统计函数。轨道不平顺的功率谱图是以谱密度为纵坐标和以频率或波长为横坐标的连续变化曲线，它清楚地表明了不平顺的大小随频率的变化关系。

3. 轨道不平顺功率谱密度函数

德国高速线路不平顺谱密度是目前欧洲铁路统一采用的谱密度函数，也是我国高速列车总体技术条件中建议的，进行列车平稳性分析时所采用的谱密度函数。根据我国高速列车总体技术条件规定，高速线路的不平顺功率谱密度函数如下：

(1) 高低不平顺：

$$S_v(\Omega)=\frac{A_v\Omega_c^{\ 2}}{(\Omega^2+\Omega_r^{\ 2})(\Omega^2+\Omega_c^{\ 2})} \tag{25.5}$$

(2) 方向不平顺：

$$S_a(\Omega)=\frac{A_a\Omega_c^{\ 2}}{(\Omega^2+\Omega_r^{\ 2})(\Omega^2+\Omega_c^{\ 2})} \tag{25.6}$$

(3) 水平不平顺：

$$S_c(\Omega)=\frac{A_v/d_0^2\cdot\Omega_c^{\ 2}\cdot\Omega^2}{(\Omega^2+\Omega_r^{\ 2})(\Omega^2+\Omega_c^{\ 2})(\Omega^2+\Omega_s^{\ 2})} \tag{25.7}$$

(4) 轨距不平顺：

文献中一般不给出轨距不平顺的功率谱密度表达式，但规定轨距不平顺的范围为±3mm。轨距不平顺功率谱密度一般与水平不平顺具有相同的表达式，所以轨距不平顺的功率谱密度可表示为

$$S_g(\Omega)=\frac{A_g\Omega_c^{\ 2}\Omega^2}{(\Omega^2+\Omega_r^{\ 2})(\Omega^2+\Omega_c^{\ 2})(\Omega^2+\Omega_s^{\ 2})} \tag{25.8}$$

德国高速轨道谱的粗糙度系数和截断频率如表 25.1 所示，其中 A_g 为满足轨距不平顺在−3～+3mm 内变化经试算得出的参考值。低干扰轨道谱可适用于时速 250km 以上的高速铁路。

表 25.1 德国轨道谱粗糙度系数及截断频率

轨道级别	Ω_c /(rad/m)	Ω_r /(rad/m)	Ω_s /(rad/m)	A_a /(×10^{-7}rad·m)	A_v /(×10^{-7}rad·m)	A_g /(×10^{-7}rad·m)
低干扰	0.8246	0.0206	0.4380	2.119	4.032	0.532
高干扰	0.8246	0.0206	0.4380	6.125	10.80	1.032

已有研究表明，国内普通线路三大干线谱基本介于美国 5 级线路谱和 6 级线路谱之间。美国联邦铁路管理局用轨检车测量了近 112 700km 铁路的轨道不平顺，依据实测资料拟合得出了不同等级的轨道不平顺功率谱密度曲线，这些曲线表达式是以截断频率和粗糙度常数表示的偶次函数，波长范围为 1.524～304.8m。

根据轨道不平顺的大小，轨道被分成六个等级。

(1) 高低不平顺：

$$S_v(\Omega)=\frac{kA_v\Omega_c^{\ 2}}{\Omega^2(\Omega^2+\Omega_c^{\ 2})} \tag{25.9}$$

(2) 方向不平顺：

$$S_a(\Omega)=\frac{kA_a\Omega_c^{\ 2}}{\Omega^2(\Omega^2+\Omega_c^{\ 2})} \tag{25.10}$$

(3) 水平及轨距不平顺：

$$S_c(\Omega)=S_g(\Omega)=\frac{4kA_v\Omega_c^{\ 2}}{(\Omega^2+\Omega_c^{\ 2})(\Omega^2+\Omega_s^{\ 2})} \tag{25.11}$$

所有轨道级别的粗糙度系数及截断频率如表 25.2 所示。

表 25.2 美国轨道谱解析表达式中的参数

参数		各级轨道的参数值					
符号	单位	6	5	4	3	2	1
A_v	cm^2/rad/m	0.0339	0.2095	0.5376	0.6816	1.0181	1.2107
A_a	cm^2/rad/m	0.0339	0.0762	0.3027	0.4128	1.2107	3.3634
Ω_s	rad/m	0.4380	0.8209	1.1312	0.8520	0.9308	0.6046
Ω_c	rad/m	0.8245	0.8245	0.8245	0.8245	0.8245	0.8245

图 25.2 和图 25.3 分别比较了我国三大干线轨道谱与美国六级、五级轨道谱的方向和高低不平顺之差异。由图可见：①中国三大干线谱的方向不平顺在 7～30m 的波长范围内基本上与美国五级线路谱相当，在 1～7m 的波长范围内还不如美国五级线路谱好，在整个频率范围内均比美国六级线路谱明显要差；②中国三大干线谱高低不平顺在整个波长范围内基本上都处在美国五级线路谱和美国六级线路谱中间，即比美国五级线路谱要好，比美国六级线路谱要差。综合来看，我国三大干线轨道谱与美国五级轨道谱大体相当。

ICE3 列车和 CRH2 列车，可采用德国低干扰谱转换的时域不平顺样本作为轨道不平顺激励；对于轻轨线路，根据轨道线路状况和轻轨运营速度，采用德国六级谱作为轨道不平顺激励。

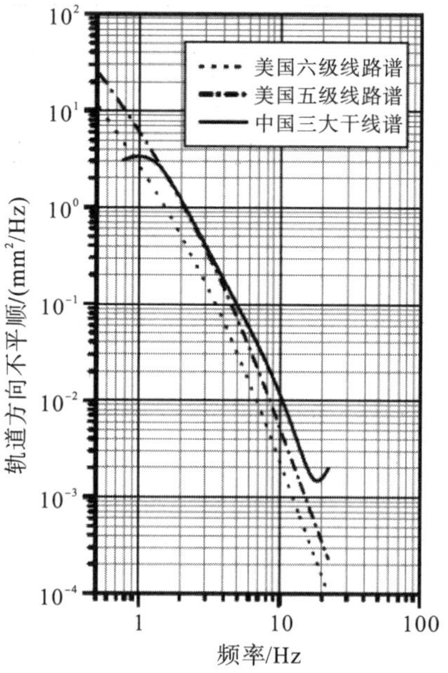

图 25.2　轨道方向不平顺功率谱的比较

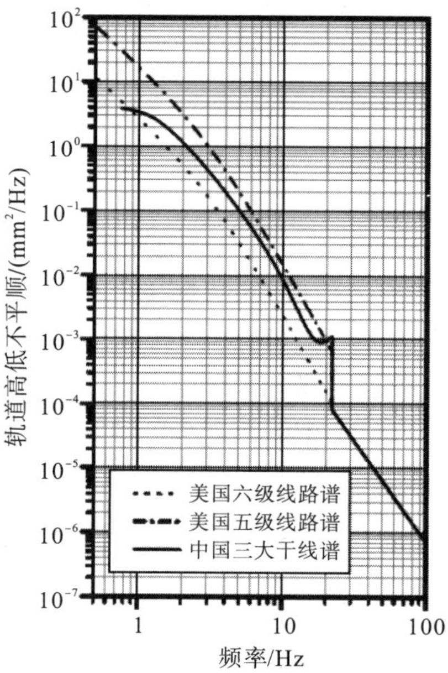

图 25.3　轨道高低不平顺功率谱的比较

4. 轨道不平顺的数值模拟

如前面所述，采用频域法分析车桥耦合振动微分方程，功率谱密度函数可以很方便地直接输入算式，但该法只适用于线性随机振动分析，如果要考虑系统非线性的影响，必须采用时域法，此时，必须对轨道不平顺随机过程进行数值模拟，获得随机激励的时域样本，并作为激励输入，运用数值积分迭代求得系统的随机响应。

目前，国内外最常用的轨道不平顺数值模拟方法主要有二次滤波法、三角级数法、白噪声滤波法和周期图法。二次滤波法需进行滤波器设计，对不同功率谱密度函数的轨道不平顺，均需设计出合理的滤波器，因而该方法缺乏通用性。下面介绍在工程中应用较多的三角级数法和周期图法。

1) 三角级数法

假定轨道不平顺随机函数是平稳高斯随机过程，轨道不平顺功率谱密度函数为 $S(\omega_k)$，基于三角级数叠加法，轨道不平顺的时域样本可按式(25.12)产生：

$$w(x) = \sqrt{2}\sum_{k=1}^{N}\sqrt{S(\omega_k)\Delta\omega}\cos(\omega_k x+\phi_k) \tag{25.12}$$

式中，$w(x)$ 为所产生的轨道不平顺序列；$S(\omega_k)$ 为给定的轨道不平顺的功率谱密度函数；$\omega_k(k=1,2,\cdots,N)$ 为所考虑的频率；$\Delta\omega$ 为频率间隔的带宽；ϕ_k 为相应第 k 个频率的相位，一般可按 0～2π 间均匀分布取值。

对所模拟出的不平顺样本用 FFT 变换，获得谱密度 $S(\omega)$，将其与理论谱密度进行比较，可以检验其合理性，确保样本与给定的功率谱密度函数 $S(\omega)$ 具有同样的特性。

基于德国低干扰谱进行模拟，如假定不平顺样本序列全长 2000m，不平顺测点间距 0.5m，所模拟获得的左水平、右水平、左高低、右高低样本，如图 25.4～图 25.7 所示。

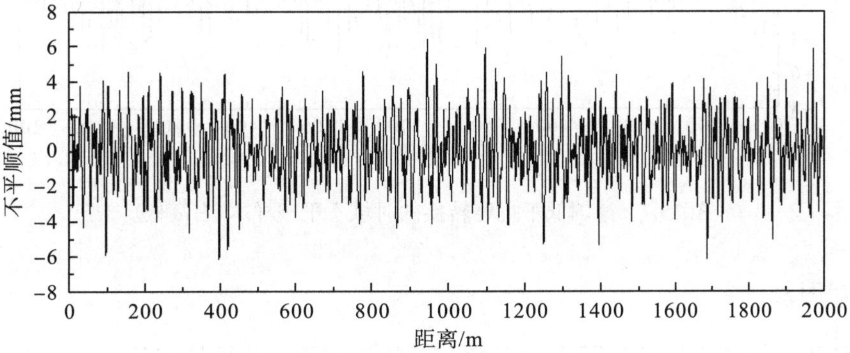

图 25.4　德国低干扰谱转换的时域不平顺样本(左水平)

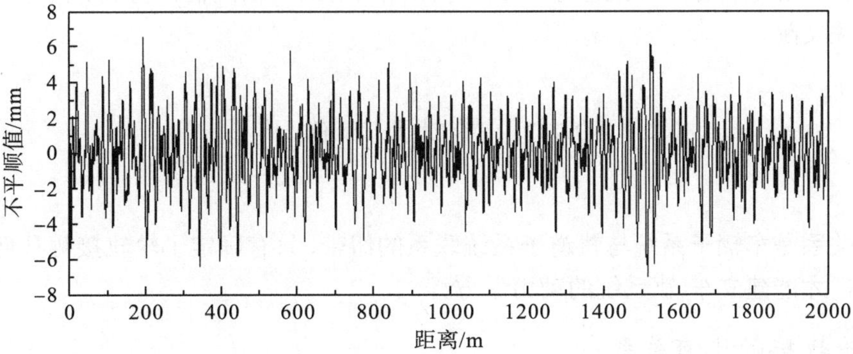

图 25.5　德国低干扰谱转换的时域不平顺样本(右水平)

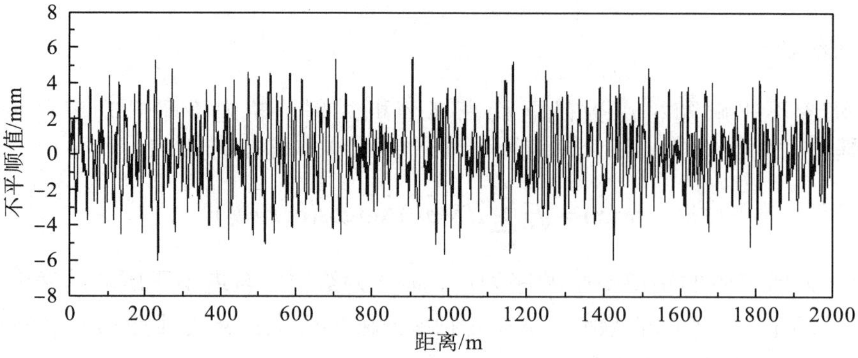

图 25.6　德国低干扰谱转换的时域不平顺样本(左高低)

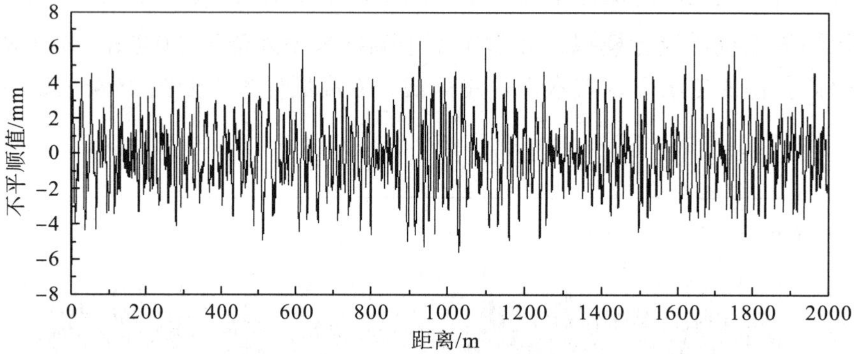

图 25.7　德国低干扰谱转换的时域不平顺样本(右高低)

2) 周期图法

一般认为，轨道不平顺是距离的平稳高斯随机过程，并且具有各态历经性，故可以用三角级数法模拟。但有研究表明，轨道不平顺并不都是平稳随机过程，功率谱密度在离散的采样点上与不平顺的频谱有对应关系，功率谱密度函数具有周期性，而且为偶对称，所以，轨道不平顺功率谱可以通过对采样信号用经典的周期图法估计得到。具体方法与流程可参考相关文献。

25.2　轮轨相互作用

轮轨关系是车辆子系统与轨道子系统联系的纽带，只有确定了轮轨接触几何关系及相互作用力，才能建立车-轨系统的动力学方程。

1. 轮轨接触几何关系

计算轮轨法向力和蠕滑力，首先需要确定轮轨接触几何关系，如果不考虑轮对摇头运动，轮轨接触就一直在一个平面内，其几何参数是二维的，轮轨各接触几何参数仅是轮对中心横移量的函数；但考虑车轮摇头运动的影响时，车轮运动迹线是空间曲线，轮轨接触几何参数扩展成空间问题，车轮运动空间接触点迹线的确定十分复杂。

图 25.8 为轮轨空间接触示意图，图中，接触点 C 在三个面之内，即包含 O_2 点的滚动圆平面、以 O_2 为球心 R_w(车轮滚动圆半径)为半径的球面、$O_1-O_1'-C'-C$ 平面。通过三个面的方程可推导得到轮轨接触点 C 在绝对坐标系中的坐标为

$$\begin{cases} x_c = x_{O_2} + l_x R_w \operatorname{tg}\delta_w \\ y_c = y_{O_2} - \dfrac{R_w}{1-l_x^2}\left(l_x^2 l_y \operatorname{tg}\delta_w + l_z\sqrt{1-l_x^2\left(1+\operatorname{tg}^2\delta_w\right)}\right) + y_w \\ z_c = z_{O_2} - \dfrac{R_w}{1-l_x^2}\left(l_x^2 l_z \operatorname{tg}\delta_w - l_y\sqrt{1-l_x^2\left(1+\operatorname{tg}^2\delta_w\right)}\right) \end{cases} \tag{25.13}$$

式中，l_x、l_y、l_z 分别是 X、Y、Z 方向余弦，分别为：$l_x = -\cos\phi_w \sin\psi_w$，$l_y = \cos\phi_w \cos\psi_w$，$l_z = \sin\phi_w$；$x_{O_2}$、$y_{O_2}$、$z_{O_2}$ 为车轮滚动圆圆心 O_2 坐标，分别为：$x_{O_2} = d_w l_x$，$y_{O_2} = d_w l_y + y_w$，$z_{O_2} = d_w l_z$；R_w、δ_w 为车轮滚动圆半径、车轮踏面接触角；ϕ_w、ψ_w、y_w 为轮对侧滚角、摇头角、横向位移；d_w 为轮对坐标系中车轮踏面各滚动圆的横向坐标。

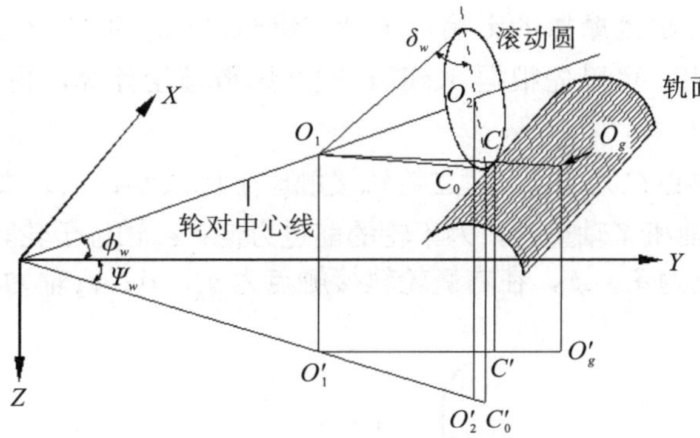

图 25.8 轮轨空间接触几何关系示意图

因此，当轮对横向位移、摇头角、侧滚角一定时，通过逐步改变轮对坐标系下车轮踏面各滚动圆横坐标 d_w，就可以构成各时刻的轮轨空间接触点迹线、轮轨接触点位置与时间变化。

2. 轮轨法向力计算

轮轨力的求解，可以基于忽略轮对的垂向和侧滚惯性力，由轮对运动平衡方程迭代得到，也可以采用赫兹(Hertz)非线性弹性接触理论计算轮轨法向力，该理论不需要迭代计算。

首先计算轮对各时刻的横向位移、摇头角、侧滚角、钢轨的横向位移、垂向位移、扭转角和轨道不平顺，再根据前述轮轨接触几何关系计算接触点迹线坐标及各时刻左右轮轨间的垂向相对位移，然后减去初始时刻左右轮轨间的垂向相对位移，将垂向相对位移向轮轨接触点的法向投影，就可得到左右侧轮轨间的法向压缩量，即

$$\begin{cases} \delta N_L = \delta Z_L / \cos(\delta_{wL} + \phi_w) \\ \delta N_R = \delta Z_R / \cos(\delta_{wR} - \phi_w) \end{cases} \tag{25.14}$$

式中，δ_{wL}、δ_{wR}、ϕ_w 为左右车轮踏面的接触角、轮对侧滚角；δZ_L、δZ_R 为左右侧接触点处的轮轨垂向相对位移；δN_L、δN_R 为左右侧轮轨间的法向压缩量。

应用 Hertz 非线性弹性接触理论，可以确定轮轨之间的垂向作用力：

$$P_N(t) = \begin{cases} \left[\dfrac{1}{G}\delta N(t)\right]^{3/2} & (\delta N(t) \geqslant 0) \\ 0 & (\delta N(t) < 0) \end{cases} \tag{25.15}$$

式中，$\delta N(t)$ 为轮轨接触点的法向弹性压缩量；G 为轮轨接触常数，对锥型踏面：$G = 4.57R^{-0.149} \times 10^{-8}(\mathrm{m/N^{2/3}})$，对磨耗型踏面：$G = 3.86R^{-0.115} \times 10^{-8}(\mathrm{m/N^{2/3}})$，$R$ 为车轮滚动圆半径。

3. 轮轨蠕滑力计算

轮对在轨道上滚动时，车轮与钢轨两弹性体之间相互紧压形成接触斑，轮轨接触斑金属表层不仅有微量弹性变形，还含有微量的速度差和相对位移，这种金属材料的微量弹性滑动称为蠕滑。受接触斑处摩擦的影响，车轮与钢轨之间产生蠕滑力。

非线性轮轨蠕滑力，可以先根据 Kalker 线性蠕滑理论计算，再利用沈氏理论进行非线性修正。

以轮轨接触椭圆中心 C 为原点，建立轮轨接触斑坐标系 $C\text{-}e_1e_2e_3$，如图 25.9 所示(以右侧轮轨接触点为例)。e_1 轴和 X 轴重合，为车轮的前进方向；e_2 轴位于轮轨接触平面内，它与 Y 轴的夹角在左侧接触点为 $\delta_L + \phi$，在右侧轮轨接触点为 $\delta_R - \phi$；e_3 轴为轮轨接触平面法向。

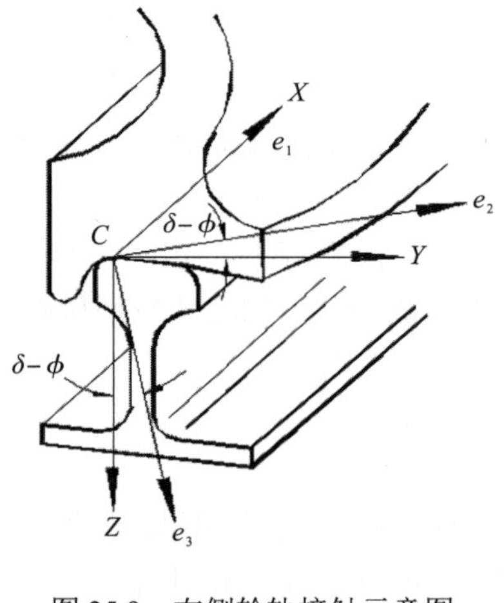

图 25.9　右侧轮轨接触示意图

设接触斑坐标系中，车轮踏面上的接触椭圆沿 e_1 轴、e_2 轴和绕 e_3 轴的运动速度分别为 V_{w1}、V_{w2} 和 Ω_{w3}；钢轨上接触椭圆的运动速度分别为 V_{r1}、V_{r2} 和 Ω_{r3}，则轮轨蠕滑率在接触斑坐标系中可定义为

纵向蠕滑率 $\xi_x = \dfrac{V_{w1} - V_{r1}}{V}$，横向蠕滑率 $\xi_y = \dfrac{V_{w2} - V_{r2}}{V}$，自旋蠕滑率 $\xi_{sp} = \dfrac{\Omega_{w3} - \Omega_{r3}}{V}$

(25.16)

式中，V 为轮对在钢轨上的名义前进速度。

根据 Kalker 线性蠕滑理论，由于蠕滑产生的蠕滑力和蠕滑力矩的大小与蠕滑率成正比而且方向相反，即

$$\begin{cases} F_x = -f_{11}\xi_x \\ F_y = -f_{22}\xi_y - f_{23}\xi_{sp} \\ M_z = f_{23}\xi_y - f_{33}\xi_{sp} \end{cases} \tag{25.17}$$

式中，F_x、F_y 为纵向、横向蠕滑力；M_z 为旋转蠕滑力矩；f_{11}、f_{22} 为纵向、横向蠕滑系数；f_{23} 为旋转/横向蠕滑系数；f_{33} 为旋转蠕滑系数。

蠕滑系数由式(25.18)确定：

$$\begin{cases} f_{11} = G(ab)C_{11} \\ f_{22} = G(ab)C_{22} \\ f_{23} = G(ab)^{3/2}C_{23} \\ f_{33} = G(ab)^2 C_{33} \end{cases} \tag{25.18}$$

其中，G 为轮、轨材料的合成剪切模量，$G = 2G_w G_r / (G_w + G_r)$；$a$、$b$ 为接触椭圆的长半轴和短半轴；C_{ij} 为 Kalker 系数。

Kalker 线性蠕滑理论只适用于小蠕滑率和小自旋的情形，即轮轨接触面主要由黏着区控制的情形。对于轮轨接触面主要由滑动区控制的大蠕滑率、大自旋甚至完全滑动的情况，蠕滑力与蠕滑率之间呈非线性关系，甚至趋于滑动摩擦力这一饱和极限。因而需要采用沈氏理论作非线性修正，使蠕滑力的计算可以广泛适用于任意蠕滑率值的情形，以适应轮轨相互作用实际工况的仿真计算。

将纵向蠕滑力 F_x 和横向蠕滑力 F_y 合成为

$$F_R = \sqrt{F_x^2 + F_y^2} \tag{25.19}$$

令

$$F_R' = \begin{cases} fN\left[\dfrac{F_R}{fN} - \dfrac{1}{3}\left(\dfrac{F_R}{fN}\right)^2 + \dfrac{1}{27}\left(\dfrac{F_R}{fN}\right)^3\right] & (F_R \leqslant 3fN) \\ fN & (F_R > 3fN) \end{cases} \tag{25.20}$$

式中，f 为轮轨间的摩擦系数；N 为轮轨接触的总法向力。引入修正系数 ε：

$$\varepsilon = \frac{F_R'}{F_R} \tag{25.21}$$

则可以得到修正后的蠕滑力和蠕滑力矩：

$$\begin{cases} F_x' = \varepsilon \cdot F_x \\ F_y' = \varepsilon \cdot F_y \\ M_z' = \varepsilon \cdot M_z \end{cases} \tag{25.22}$$

25.3 车辆动力学计算模型

随着车桥耦合振动现代理论的发展，车辆模型所考虑的自由度越来越多，越来越精细化，不同研究者基于不同的考虑，所采用的模型的自由度数也不尽相同。模型自由度考虑越多，计算工作量越大。

一般情况下，机车车辆可看成由车体、前(后)构架及四个轮对等七个刚体，通过阻尼弹簧组合而成，忽略每一个刚体纵向振动自由度，只考虑横向、垂向、侧滚、摇头、点头五个自由度。因此，每辆车共有35个自由度，如表25.3所示。

表25.3 车辆动力学模型的自由度

自由度	纵向	横向	垂向	侧滚	摇头	点头
车体	—	Y_c	Z_c	ϕ_c	ψ_c	β_c
前构架	—	Y_{t1}	Z_{t1}	ϕ_{t1}	ψ_{t1}	β_{t1}
后构架	—	Y_{t2}	Z_{t2}	ϕ_{t2}	ψ_{t2}	β_{t2}
第一轮对	—	Y_{w1}	Z_{w1}	ϕ_{w1}	ψ_{w1}	β_{w1}
第二轮对	—	Y_{w2}	Z_{w2}	ϕ_{w2}	ψ_{w2}	β_{w2}
第三轮对	—	Y_{w3}	Z_{w3}	ϕ_{w3}	ψ_{w3}	β_{w3}
第四轮对	—	Y_{w4}	Z_{w4}	ϕ_{w4}	ψ_{w4}	β_{w4}

图25.10～图25.12为车辆动力学模型三视图示意，定义坐标轴X、Y、Z分别对应车辆的纵向、横向与竖向，车体的五个自由度在图中作了详细标注，前(后)构架、四个轮对的自由度的定义与车体自由度类似，图中并未详细标出。

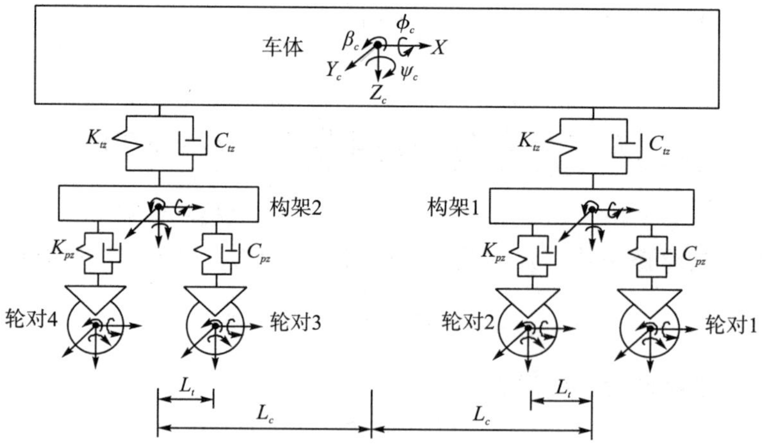

图25.10 车辆动力学模型侧视图

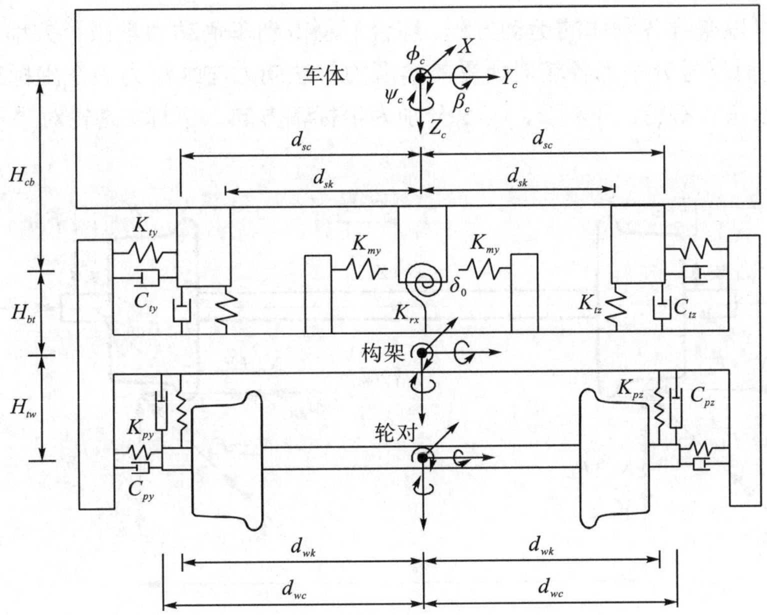

图 25.11　车辆动力学模型端视图

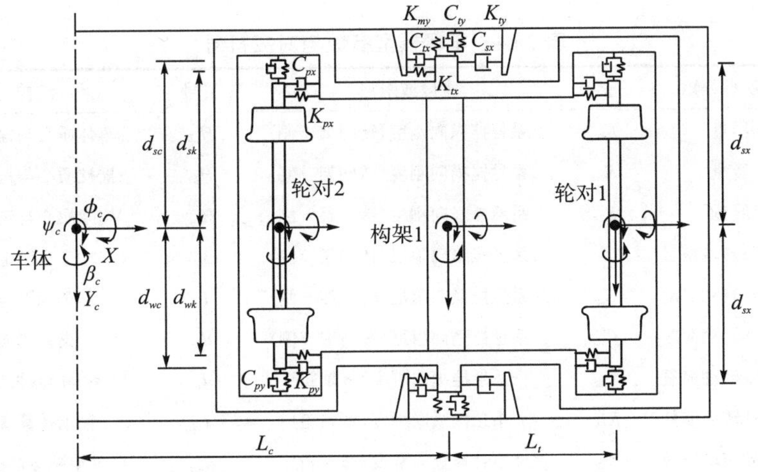

图 25.12　车辆动力学模型俯视图

各轮对的受力如图 25.13 所示，二系横向止挡力只有在车体与转向架之间的横向相对位移达到或超出横向止挡间隙 δ_0 才不为 0。所以，前后构架横向止挡力可表达为

$$F_{myi}=\begin{cases}K_{my}\left(\left|Y_{cti}\right|-\delta_0\right)\mathrm{sign}(Y_{cti}) & \left(\left|Y_{ct}\right|>\delta_0\right)\\ 0 & \left(\left|Y_{ct}\right|\leqslant\delta_0\right)\end{cases}\quad(i=1\sim2) \tag{25.23}$$

其中，

$$Y_{cti}=Y_c-Y_{ti}-H_{bt}\phi_{ti}-H_{cb}\phi_c+(-1)^{i-1}L_c\psi_c \tag{25.24}$$

以表 25.4 所列符号表示车辆动力学模型的参数，对车体、前后转向架及各轮对应用达

朗贝尔原理，可以得到各刚体的运动方程，综合汇总得到车辆动力学微分方程。方程中 F_{Lxi}、N_{Lxi}、M_{Lxi} 等类似符号分别为各轮对所受的蠕滑力、法向力与蠕滑力矩在坐标轴向的分量，下标 L、R 表示左、右轮，下标 x、y、z 分别为坐标轴方向，下标 i 为轮对序号(i=1～4)。

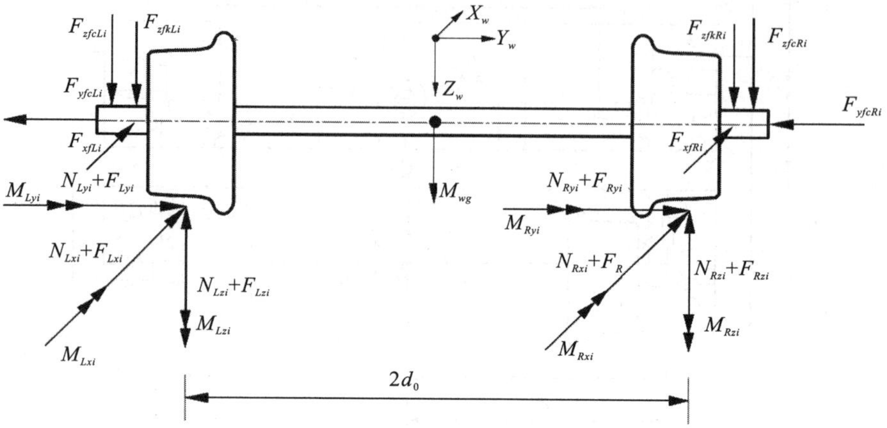

图 25.13 轮对作用力示意图

表 25.4 车辆模型参数与对应符号

符号	质量或质量惯矩	符号	刚度或阻尼	符号	结构几何参数
M_c	车体质量	K_{tx}	二系悬挂纵向刚度(转向架一侧)	H_{cb}	车体质心与摇枕质心的距离
M_t	构架质量	K_{ty}	二系悬挂横向刚度(转向架一侧)	H_{bt}	摇枕质心与构架质心的距离
M_w	轮对质量	K_{tz}	二系悬挂竖向刚度(转向架一侧)	H_{tw}	构架质心与轮对质心的距离
I_{wx}	轮对绕 X 轴转动惯量	C_{tx}	二系悬挂纵向阻尼(转向架一侧)	L_c	车辆定距之半
I_{wy}	轮对绕 Y 轴转动惯量	C_{ty}	二系悬挂横向阻尼(转向架一侧)	L_t	车辆固定轴距之半
I_{wz}	轮对绕 Z 轴转动惯量	C_{tz}	二系悬挂竖向阻尼(转向架一侧)	d_{sk}	中央弹簧横向距离之半
I_{tx}	构架绕 X 轴转动惯量	K_{px}	一系悬挂纵向刚度(每轴箱)	d_{sc}	二系垂向减振器横向距离之半
I_{ty}	构架绕 Y 轴转动惯量	K_{py}	一系悬挂横向刚度(每轴箱)	d_{wk}	轴箱弹簧横向距离之半
I_{tz}	构架绕 Z 轴转动惯量	K_{pz}	一系悬挂竖向刚度(每轴箱)	d_{wc}	轴箱减振器横向距离之半
I_{cx}	车体绕 X 轴转动惯量	C_{px}	一系悬挂纵向阻尼(每轴箱)	d_{sx}	抗蛇行减振器横向距离之半
I_{cy}	车体绕 Y 轴转动惯量	C_{py}	一系悬挂横向阻尼(每轴箱)	δ_0	二系横向止挡间隙
I_{cz}	车体绕 Z 轴转动惯量	C_{pz}	一系悬挂竖向阻尼(每轴箱)	r_0	车轮的名义滚动半径
		K_{my}	横向止挡刚度	r_{Li}、r_{Ri}	第 i 位轮对左、右轮的滚动半径
		K_{rx}	抗侧滚刚度	Ω	轮对的名义滚动速度
		C_{sx}	抗蛇行减振器阻尼	d_0	左右轮轨接触点距离之半

1) 轮对运动方程

轮对运动方程中轮对号 i=1～4，构架号 j=1～2。当 j=1 时，i=1 或 2；当 j=2 时，i=3 或 4。

横向运动：

$$M_w\ddot{Y}_{wi}+2K_{py}[-Y_{tj}+H_{tw}\phi_{tj}-(-1)^{(i-1)}L_t\psi_{tj}+Y_{wi}]+2C_{py}[-\dot{Y}_{tj}+H_{tw}\dot{\phi}_{tj}-(-1)^{(i-1)}L_t\dot{\psi}_{tj}+\dot{Y}_{wi}]$$
$$=N_{Lyi}+N_{Ryi}+F_{Lyi}+F_{Ryi} \tag{25.25}$$

垂向运动：

$$\begin{aligned}&M_w\ddot{Z}_{wi}+2K_{pz}[-Z_{tj}+(-1)^{(i-1)}L_t\beta_{tj}+Z_{wi}]+2C_{pz}[-\dot{Z}_{tj}+(-1)^{(i-1)}L_t\dot{\beta}_{tj}+\dot{Z}_{wi}]\\&\quad=M_wg-N_{Lyi}-N_{Ryi}-F_{Lyi}-F_{Ryi}\end{aligned} \tag{25.26}$$

侧滚运动：

$$\begin{aligned}&I_{wx}\ddot{\phi}_{wi}-I_{wy}(\dot{\beta}_{wi}-\Omega)\dot{\phi}_{wi}+2K_{pz}d_{wk}^2(-\phi_{tj}+\phi_{wi})+2C_{pz}d_{wk}^2(-\dot{\phi}_{tj}+\dot{\phi}_{wi})\\&\quad=M_{Lxi}+M_{Rxi}+d_0(F_{Lyi}+N_{Lyi}-F_{Ryi}-N_{Ryi})-r_{Li}(F_{Lyi}+N_{Lyi})-r_{Ri}(F_{Ryi}+N_{Ryi})\end{aligned} \tag{25.27}$$

摇头运动：

$$I_{wz}\ddot{\psi}_{wi}+2K_{px}d_{wk}^2(-\psi_{tj}+\psi_{wi})+2C_{px}d_{wk}^2(-\dot{\psi}_{tj}+\dot{\psi}_{wi})$$
$$=M_{Lzi}+M_{Rzi}+d_0(F_{Lxi}+N_{Lxi}-F_{Rxi}-N_{Rxi})+I_{wy}(\dot{\beta}_{wi}-\Omega)\dot{\phi}_{wi}+d_0\psi_{wi}(F_{Lyi}+N_{Lyi}-F_{Ryi}-N_{Ryi}) \tag{25.28}$$

点头运动：

$$\begin{aligned}I_{wy}\ddot{\beta}_{wi}&=M_{Lyi}+M_{Ryi}+r_{Li}(F_{Lxi}+N_{Lxi})+r_{Ri}(F_{Rxi}+N_{Rxi})\\&\quad+r_{Li}\psi_{wi}(F_{Lyi}+N_{Lyi})+r_{Ri}\psi_{wi}(F_{Ryi}+N_{Ryi})\end{aligned} \tag{25.29}$$

2) 构架运动方程（i=1～2）

横向运动：

$$\begin{aligned}&M_t\ddot{Y}_{ti}+2K_{py}(2Y_{ti}-2H_{tw}\phi_{ti}-Y_{w(2i-1)}-Y_{w(2i)})+2C_{py}(2\dot{Y}_{ti}-2H_{tw}\dot{\phi}_{ti}-\dot{Y}_{w(2i-1)}-\dot{Y}_{w(2i)})\\&+2K_{ty}(-Y_c+H_{cb}\phi_c-(-1)^{i-1}L_c\psi_c+Y_{ti}+H_{bt}\phi_{ti})+2C_{ty}(-\dot{Y}_c+H_{cb}\dot{\phi}_c-(-1)^{i-1}L_c\dot{\psi}_c+\dot{Y}_{ti}+H_{bt}\dot{\phi}_{ti})\\&+F_{myi}=M_tg\sin\phi_{ti}\end{aligned} \tag{25.30}$$

垂向运动：

$$\begin{aligned}&M_t\ddot{Z}_{ti}+2K_{tz}(-Z_c+(-1)^{(i-1)}L_c\beta_c+Z_{ti})+2C_{tz}(-\dot{Z}_c+(-1)^{(i-1)}L_c\dot{\beta}_c+\dot{Z}_{ti})\\&+2K_{pz}(2Z_{ti}-Z_{w(2i-1)}-Z_{w(2i)})+2C_{pz}(2\dot{Z}_{ti}-\dot{Z}_{w(2i-1)}-\dot{Z}_{w(2i)})=M_tg\end{aligned} \tag{25.31}$$

侧滚运动：

$$\begin{aligned}&I_{tx}\ddot{\phi}_{ti}+2K_{py}H_{tw}(-2Y_{ti}+2H_{tw}\phi_{ti}+Y_{w(2i-1)}+Y_{w(2i)})+2C_{py}H_{tw}(-2\dot{Y}_{ti}+2H_{tw}\dot{\phi}_{ti}+\dot{Y}_{w(2i-1)}+\dot{Y}_{w(2i)})\\&+2K_{pz}d_{wk}^2(2\phi_{ti}-\phi_{w(2i-1)}-\phi_{w(2i)})+2C_{pz}d_{wk}^2(2\dot{\phi}_{ti}-\dot{\phi}_{w(2i-1)}-\dot{\phi}_{w(2i)})+2K_{ty}H_{bt}(-Y_c+H_{cb}\phi_c-(-1)^{i-1}L_c\psi_c+Y_{ti}+H_{bt}\phi_{ti})\\&+2C_{ty}H_{bt}(-\dot{Y}_c+H_{cb}\dot{\phi}_c-(-1)^{i-1}L_c\dot{\psi}_c+\dot{Y}_{ti}+H_{bt}\dot{\phi}_{ti})+2K_{tz}d_{sk}^2(-\phi_c+\phi_{ti})+2C_{tz}d_{sc}^2(-\dot{\phi}_c+\dot{\phi}_{ti})\\&+F_{myi}H_{bt}+K_{rx}(-\phi_c+\phi_{ti})=0\end{aligned} \tag{25.32}$$

摇头运动：

$$I_{tz}\ddot{\psi}_{ti}+2K_{px}d_{wk}^2(2\psi_{ti}-\psi_{w(2i-1)}-\psi_{w(2i)})+2C_{px}d_{wk}^2(2\dot{\psi}_{ti}-\dot{\psi}_{w(2i-1)}-\dot{\psi}_{w(2i)})$$
$$+2K_{py}L_t(2L_t\psi_{ti}-Y_{w(2i-1)}+Y_{w(2i)})+2C_{py}L_t(2L_t\dot{\psi}_{ti}-\dot{Y}_{w(2i-1)}+\dot{Y}_{w(2i)})+2K_{tx}d_{sk}^2(-\psi_c+\psi_{ti})$$
$$+2C_{tx}d_{sk}^2(-\dot{\psi}_c+\dot{\psi}_{ti})+2C_{sx}d_{sx}^2(-\dot{\psi}_c+\dot{\psi}_{ti})=0 \tag{25.33}$$

点头运动：

$$\begin{aligned}&I_{ty}\ddot{\beta}_{ti}+2K_{pz}L_t(2L_t\beta_{ti}+Z_{w(2i-1)}-Z_{w(2i)})+2C_{pz}L_t(2L_t\dot{\beta}_{ti}+\dot{Z}_{w(2i-1)}-\dot{Z}_{w(2i)})\\&\quad+2K_{tx}H_{bt}(H_{cb}\beta_c+H_{bt}\beta_{ti})+2C_{tx}H_{bt}(H_{cb}\dot{\beta}_c+H_{bt}\dot{\beta}_{ti})\\&\quad+4K_{px}H_{tw}^2\beta_{ti}+4C_{px}H_{tw}^2\dot{\beta}_{ti}+2C_{sx}H_{bt}(H_{cb}\dot{\beta}_c+H_{bt}\dot{\beta}_{ti})=0\end{aligned} \tag{25.34}$$

3) 车体运动方程

横向运动：

$$\begin{aligned}&M_c\ddot{Y}_c+2K_{ty}(2Y_c-Y_{t1}-Y_{t2}-2H_{cb}\phi_c-H_{bt}\phi_{t1}-H_{bt}\phi_{t2})\\&\quad+2C_{ty}(2\dot{Y}_c-\dot{Y}_{t1}-\dot{Y}_{t2}-2H_{cb}\dot{\phi}_c-H_{bt}\dot{\phi}_{t1}-H_{bt}\dot{\phi}_{t2})\\&\quad-F_{my1}-F_{my2}=M_cg\sin\phi_c\end{aligned} \tag{25.35}$$

垂向运动：

$$M_c\ddot{Z}_c+2K_{tz}(2Z_c-Z_{t1}-Z_{t2})+2C_{tz}(2\dot{Z}_c-\dot{Z}_{t1}-\dot{Z}_{t2})=M_cg \tag{25.36}$$

侧滚运动：

$$\begin{aligned}&I_{cx}\ddot{\phi}_c+2K_{ty}H_{cb}[-2Y_c+2H_{cb}\phi_c+Y_{t1}+Y_{t2}+H_{bt}(\phi_{t1}+\phi_{t2})]\\&\quad+2C_{ty}H_{cb}[-2\dot{Y}_c+2H_{cb}\dot{\phi}_c+\dot{Y}_{t1}+\dot{Y}_{t2}+H_{bt}(\dot{\phi}_{t1}+\dot{\phi}_{t2})]\\&\quad+2K_{tz}d_{sk}^2(2\phi_c-\phi_{t1}-\phi_{t2})+2C_{tz}d_{sc}^2(2\dot{\phi}_c-\dot{\phi}_{t1}-\dot{\phi}_{t2})\\&\quad+F_{my1}H_{cb}+F_{my2}H_{cb}+K_{rx}(2\phi_c-\phi_{t1}-\phi_{t2})=0\end{aligned} \tag{25.37}$$

摇头运动：

$$\begin{aligned}&I_{cz}\ddot{\psi}_c+2K_{tx}d_{sk}^2(2\psi_c-\psi_{t1}-\psi_{t2})+2C_{tx}d_{sk}^2(2\dot{\psi}_c-\dot{\psi}_{t1}-\dot{\psi}_{t2})\\&\quad+2K_{ty}L_c(2L_c\psi_c-Y_{t1}+Y_{t2}-H_{bt}\phi_{t1}+H_{bt}\phi_{t2})\\&\quad+2C_{ty}L_c(2L_c\dot{\psi}_c-\dot{Y}_{t1}+\dot{Y}_{t2}-H_{bt}\dot{\phi}_{t1}+H_{bt}\dot{\phi}_{t2})\\&\quad+2C_{sx}d_{sx}^2(2\dot{\psi}_c-\dot{\psi}_{t1}-\dot{\psi}_{t2})+(F_{my2}-F_{my2})L_c=0\end{aligned} \tag{25.38}$$

点头运动：

$$\begin{aligned}&I_{cy}\ddot{\beta}_c+2K_{tx}H_{cb}(2H_{cb}\beta_c+H_{bt}\beta_{t1}+H_{bt}\beta_{t2})\\&\quad+2C_{tx}H_{cb}(2H_{cb}\dot{\beta}_c+H_{bt}\dot{\beta}_{t1}+H_{bt}\dot{\beta}_{t2})\\&\quad+2K_{tz}L_c(2L_c\beta_c+Z_{t1}-Z_{t2})+2C_{tz}L_c(2L_c\dot{\beta}_c+\dot{Z}_{t1}-\dot{Z}_{t2})\\&\quad+2C_{sx}H_{cb}(2H_{cb}\dot{\beta}_c+H_{bt}\dot{\beta}_{t1}+H_{bt}\dot{\beta}_{t2})=0\end{aligned} \tag{25.39}$$

为方便表达，写成矩阵形式，车辆子系统运动方程可表示如下：

$$\boldsymbol{M}_V\ddot{\boldsymbol{X}}_V+\boldsymbol{C}_V\dot{\boldsymbol{X}}_V+\boldsymbol{K}_V\boldsymbol{X}_V=F_{V\text{-}T} \tag{25.40}$$

式中，$\boldsymbol{M}_V$、$\boldsymbol{C}_V$、$\boldsymbol{K}_V$分别为车辆子系统质量矩阵、阻尼矩阵、刚度矩阵；$\boldsymbol{X}_V$、$\dot{\boldsymbol{X}}_V$、$\ddot{\boldsymbol{X}}_V$分别为车辆子系统位移、速度、加速度向量；$F_{V\text{-}T}$为车辆与轨道间相互作用力。

25.4　桥梁计算模型

基于有限元方法对桥梁结构进行离散建模，根据桥梁各构件的受力特征，采用相应的空间梁、杆等单元进行离散模拟，建立桥梁结构的有限元计算模型。

车桥耦合振动分析时，为简化计算，桥梁结构子系统动力学方程中的质量矩阵可采用一致质量矩阵，阻尼可认为是比例阻尼，阻尼的取值为：混凝土桥 0.02，钢桥 0.005，桥面二期恒载可作为均布质量分配到相应的桥梁单元中。

建立桥梁计算模型时，可根据桥梁结构形式作一定的简化，所选取单元的受力特征必须与所模拟实桥构件的受力特征相同，各约束位置处的约束条件也必须与实桥相同，以确保桥梁动力学计算模型的合理性。

(1) 单双线简支箱梁、预应力混凝土连续梁，采用等直空间梁单元模型进行模拟，忽略箱形截面的畸变与翘曲位移的影响。

(2) 多片式 T 梁，可采用多根等直空间梁单元的梁格体系模型进行模拟建模；单线Π梁，可按 2 根等直梁单元的梁格体系模型进行分析。

(3) 双线整体式连续刚构(包括斜交刚构连续梁)，采用空间梁单元的梁格体系模型进行车桥计算；对双线分离式连续刚构(包括斜交刚构连续梁)，则按两片梁单元的梁格体系模型进行分析。

(4) 钢桁梁桥，可按结构实际情况对上下弦杆、腹杆、上下平联、纵横梁、桥门架等杆件进行分别离散，采用空间梁(或杆)单元进行模拟。

(5) 斜拉桥、悬索桥的桥塔可采用空间梁单元模拟，斜拉索、主缆及吊杆采用空间杆单元模拟，其中斜拉索还需用 Ernst 公式对其弹性模量进行折减，来考虑自重垂曲引起的非线性效应的影响；如果主梁为混凝土箱梁(单箱、多箱或分离箱)，则用带刚臂的空间梁单元将主梁简化为鱼脊形模型；如果主梁为桁梁，则用空间梁(杆)单元对上下弦杆、腹杆、上下平联、纵横梁、桥门架等构件进行离散建模。

桥轨相互作用是联系轨道结构与桥梁之间的纽带，包括桥轨间的几何位移关系和桥轨间相互作用力关系。桥上不同的轨道结构形式，桥轨相互作用力的表达式各不相同。轨枕位置一般与桥梁节点不重合，轨枕下方的桥梁位移可基于相邻两节点的位移插值得到。

这样，可得桥梁子系统运动方程如下：

$$\boldsymbol{M}_B\ddot{\boldsymbol{X}}_B+\boldsymbol{C}_B\dot{\boldsymbol{X}}_B+\boldsymbol{K}_B\boldsymbol{X}_B=F_{T\text{-}B} \tag{25.41}$$

式中，$\boldsymbol{M}_B$、$\boldsymbol{C}_B$、$\boldsymbol{K}_B$ 分别为桥梁子系统质量矩阵、阻尼矩阵、刚度矩阵；$\boldsymbol{X}_B$、$\dot{\boldsymbol{X}}_B$、$\ddot{\boldsymbol{X}}_B$ 分别为桥梁子系统位移、速度、加速度向量；$F_{T\text{-}B}$ 为轨道与桥梁间相互作用力。

25.5　轨道计算模型

为简化计算，以往的车桥耦合振动分析，将整个钢轨-轨枕-道床质量体系作为二期恒载加到梁体上，未考虑(或简单考虑)轨道结构参振影响。

随着现代铁路的发展，不同轨道结构的应用，高速行车条件下轨距动态变化变大，轨道体系参振效应明显等，轮轨关系日趋复杂化。为了更加准确地评价桥上列车脱轨安全性及运行平稳性，考虑桥梁上轨道结构的参振影响很有必要。

桥上轨道结构类型主要有长枕埋入式无砟轨道、板式轨道、弹性支承块式无砟轨道以及有砟轨道等。

1. 有砟轨道模型

有砟轨道由钢轨、扣件、钢筋混凝土轨枕及道床等组成，左右两股钢轨均视为离散弹性点支承的无限长 Euler 梁，且有竖向、横向及扭转自由度。轨枕视为刚体，也有竖向、横向运动及转动自由度。道床可根据轨枕间距离散成质量块，只考虑其竖向振动自由度，道砟的啮合作用通过道床质量块之间的剪切刚度和阻尼来模拟。钢轨与轨枕、轨枕与道床、道床与路基之间通过线性弹簧及黏性阻尼连接。

有砟轨道动力学模型的侧视图和端视图如图 25.14 和图 25.15 所示。

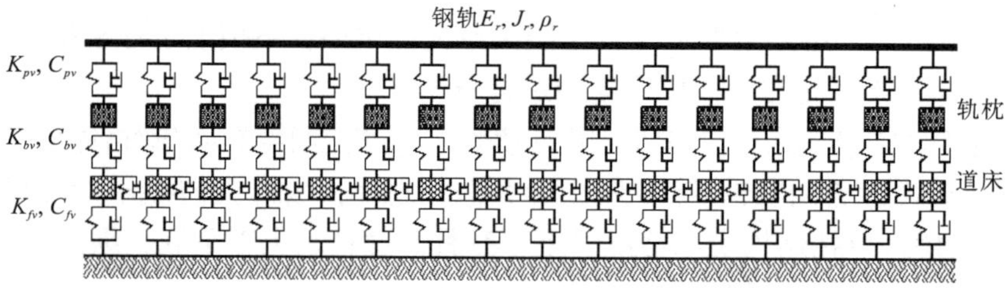

图 25.14 有砟轨道动力学模型侧视图

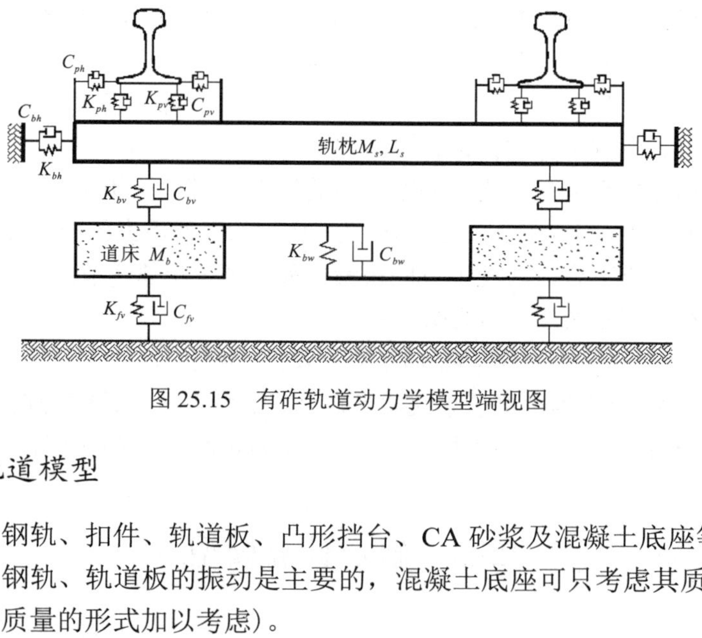

图 25.15 有砟轨道动力学模型端视图

2. 板式轨道模型

板式轨道由钢轨、扣件、轨道板、凸形挡台、CA 砂浆及混凝土底座等组成。桥上板式轨道体系中，钢轨、轨道板的振动是主要的，混凝土底座可只考虑其质量参振效应(以在梁单元上附加质量的形式加以考虑)。

钢轨的模型与前述有砟轨道模型相同，轨道板的竖向振动，用弹性地基上等厚度矩形薄板模型来考虑，横向振动视为刚体运动。

板式轨道动力学模型的侧视图和端视图如图 25.16 和图 25.17 所示。

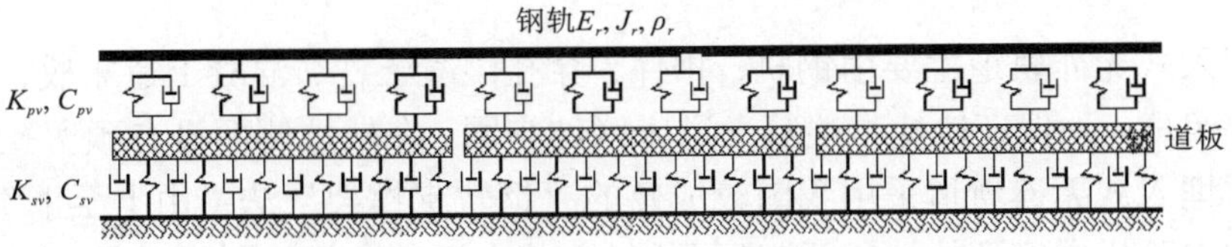

图 25.16　板式轨道动力学模型侧视图

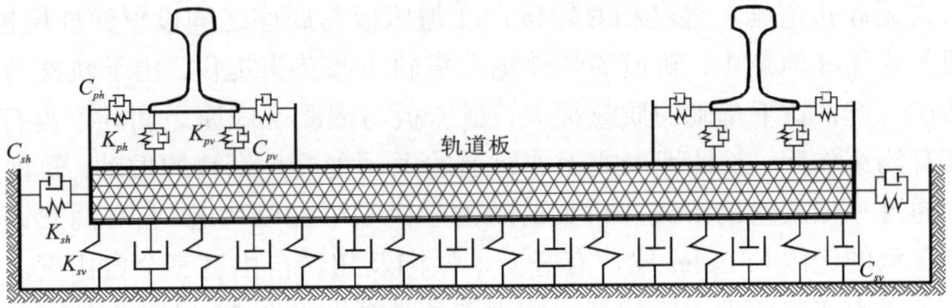

图 25.17　板式轨道动力学模型端视图

3. 弹性支承块式无砟轨道模型

弹性支承块式无砟轨道由钢轨、扣件、钢筋混凝土支承块、块下胶垫及橡胶包套、混凝土道床板、隔离层及混凝土底座等组成。轨下胶垫和块下胶垫提供轨道的竖向弹性，橡胶包套主要提供横向弹性，用以缓冲列车荷载的横向冲击作用。弹性支承块式无砟轨道的振动主要体现在钢轨和混凝土支承块上，钢轨的模型与前述相同，钢轨与支承块、支承块与基础之间通过线性弹簧和黏性阻尼连接，考虑其竖向和横向振动自由度。

弹性支承块式无砟轨道动力学模型的侧视图和端视图如图 25.18 和图 25.19 所示。

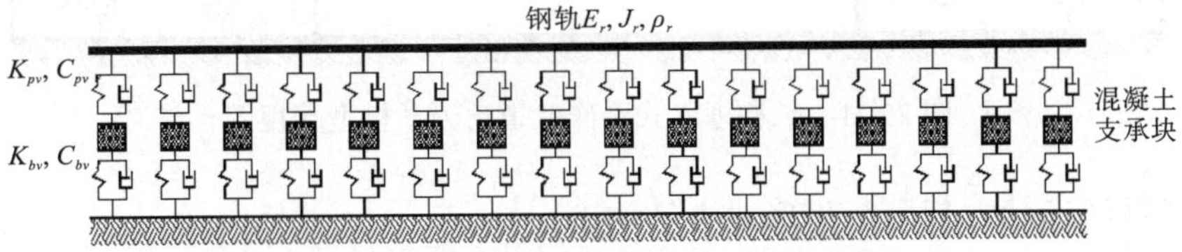

图 25.18　弹性支承块式无砟轨道动力学模型侧视图

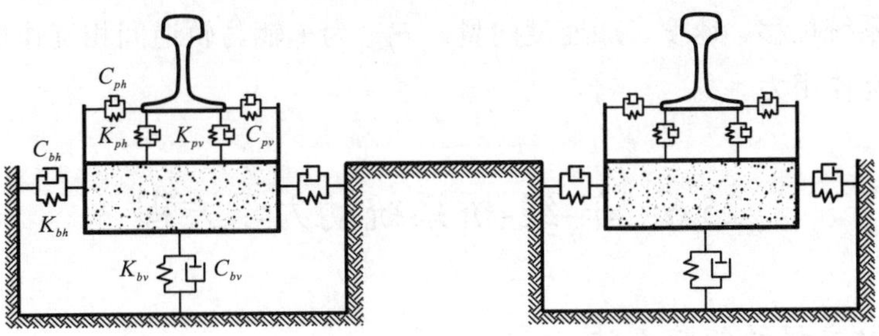

图 25.19　弹性支承块式无砟轨道动力学模型端视图

4. 长枕埋入式无砟轨道模型

长枕埋入式无砟轨道主要由钢轨、扣件、穿孔混凝土枕、混凝土道床板、隔离层及混凝土底座等组成，为保证轨枕与混凝土道床联结牢固，在轨枕侧面设有预留孔以穿入纵向钢筋。长枕埋入式无砟轨道采用我国较成熟的“钢轨支撑架”法“由上至下”进行施工，其道床结构中除横向穿孔轨枕需要工厂预制外，其余混凝土均为现场浇筑；在桥上铺设时，与梁缝的配合上比较灵活；在曲线地段施工时，线路的超高顺坡、曲线圆顺度等易于控制；但长枕埋入式无砟轨道施工进度相对较慢，在道床板与底座之间设置弹性层也较为困难。

长枕埋入式无砟轨道中，轨道的弹性主要靠轨下胶垫来提供。由于轨枕与混凝土道床板完全联结在一起，轨下基础的质量很大，道床板与混凝土底座之间几乎没有弹性，同时限位凹槽具有约束作用，长枕埋入式无砟轨道的振动主要是钢轨的振动，轨枕和道床板的振动效应可通过参振质量的形式在桥梁的动力学模型中加以考虑。左右两股钢轨均可视为离散弹性点支承的无限长 Euler 梁，有竖向、横向及扭转自由度三个自由度。

长枕埋入式无砟轨道动力学模型的侧视图和端视图如图 25.20 和图 25.21 所示。

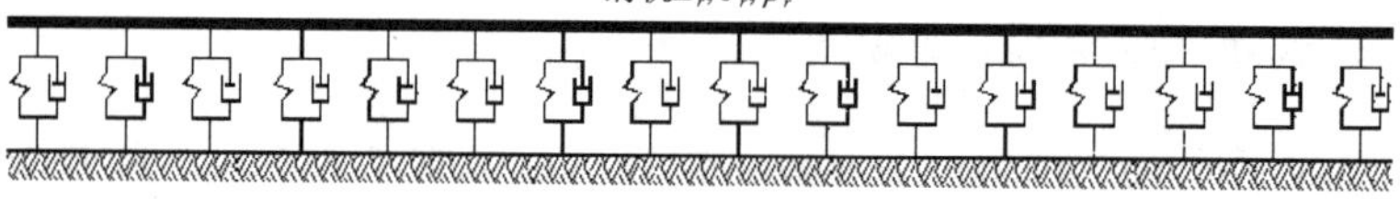

图 25.20　长枕埋入式无砟轨道动力学模型侧视图

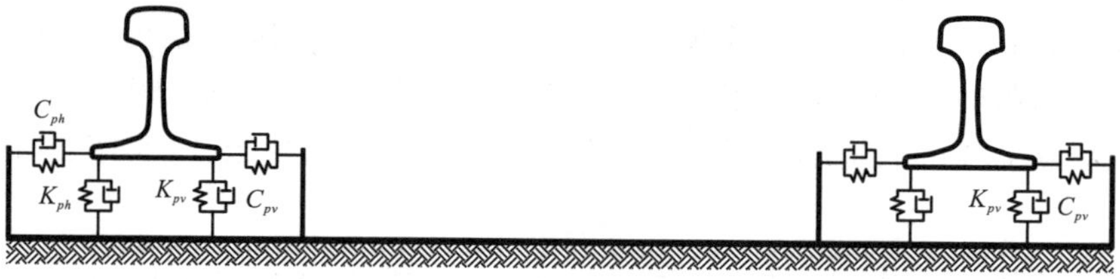

图 25.21　长枕埋入式无砟轨道动力学模型端视图

轨道子系统运动方程用矩阵形式表示如下：

$$\boldsymbol{M}_T\ddot{\boldsymbol{X}}_T+\boldsymbol{C}_T\dot{\boldsymbol{X}}_T+\boldsymbol{K}_T\boldsymbol{X}_T=F_{T\text{-}V}+F_{B\text{-}T} \tag{25.42}$$

式中，$\boldsymbol{M}_T$、$\boldsymbol{C}_T$、$\boldsymbol{K}_T$ 分别为轨道子系统质量矩阵、阻尼矩阵、刚度矩阵；$\boldsymbol{X}_T$、$\dot{\boldsymbol{X}}_T$、$\ddot{\boldsymbol{X}}_T$ 分别为轨道子系统位移、速度、加速度向量；$F_{T\text{-}V}$ 为车辆与轨道间相互作用力；$F_{B\text{-}T}$ 为轨道与桥梁间相互作用力。

25.6　车-线-桥系统动力学方程

1. 动力学方程的矩阵表达

联立综合车辆子系统、轨道子系统、桥梁子系统的运动方程，即可得车-线-桥梁系统耦合动力学分析模型，如下：

$$\begin{cases} \boldsymbol{M}_V\ddot{\boldsymbol{X}}_V + \boldsymbol{C}_V\dot{\boldsymbol{X}}_V + \boldsymbol{K}_V\boldsymbol{X}_V = F_{V\text{-}T} \\ \boldsymbol{M}_T\ddot{\boldsymbol{X}}_T + \boldsymbol{C}_T\dot{\boldsymbol{X}}_T + \boldsymbol{K}_T\boldsymbol{X}_T = F_{T\text{-}V} + F_{B\text{-}T} \\ \boldsymbol{M}_B\ddot{\boldsymbol{X}}_B + \boldsymbol{C}_B\dot{\boldsymbol{X}}_B + \boldsymbol{K}_B\boldsymbol{X}_B = F_{T\text{-}B} \end{cases} \tag{25.43}$$

式中，$\boldsymbol{M}_V$、$\boldsymbol{C}_V$、$\boldsymbol{K}_V$ 分别为车辆子系统质量矩阵、阻尼矩阵、刚度矩阵；$\boldsymbol{M}_T$、$\boldsymbol{C}_T$、$\boldsymbol{K}_T$ 分别为轨道子系统质量矩阵、阻尼矩阵、刚度矩阵；$\boldsymbol{M}_B$、$\boldsymbol{C}_B$、$\boldsymbol{K}_B$ 分别为桥梁子系统质量矩阵、阻尼矩阵、刚度矩阵；$\boldsymbol{X}_V$、$\dot{\boldsymbol{X}}_V$、$\ddot{\boldsymbol{X}}_V$ 分别为车辆子系统位移、速度、加速度向量；$\boldsymbol{X}_T$、$\dot{\boldsymbol{X}}_T$、$\ddot{\boldsymbol{X}}_T$ 分别为轨道子系统位移、速度、加速度向量；$\boldsymbol{X}_B$、$\dot{\boldsymbol{X}}_B$、$\ddot{\boldsymbol{X}}_B$ 分别为桥梁子系统位移、速度、加速度向量；$F_{V\text{-}T}$、$F_{T\text{-}V}$ 为车辆与轨道间相互作用力；$F_{B\text{-}T}$、$F_{T\text{-}B}$ 为轨道与桥梁间相互作用力。

或

$$\begin{bmatrix} M_V & & \\ & M_T & \\ & & M_B \end{bmatrix} \begin{Bmatrix} \ddot{X}_V \\ \ddot{X}_T \\ \ddot{X}_B \end{Bmatrix} + \begin{bmatrix} C_V & C_{VT} & C_{VB} \\ C_{TV} & C_T & C_{TB} \\ C_{BV} & C_{BT} & C_B \end{bmatrix} \begin{Bmatrix} \dot{X}_V \\ \dot{X}_T \\ \dot{X}_B \end{Bmatrix} + \begin{bmatrix} K_V & K_{VT} & K_{VB} \\ K_{TV} & K_T & K_{TB} \\ K_{BV} & K_{BT} & K_B \end{bmatrix} \begin{Bmatrix} X_V \\ X_T \\ X_B \end{Bmatrix} = \begin{Bmatrix} F_V \\ F_T \\ F_B \end{Bmatrix}$$

或

$$\boldsymbol{M}\ddot{\boldsymbol{X}} + \boldsymbol{C}\dot{\boldsymbol{X}} + \boldsymbol{K}\boldsymbol{X} = \boldsymbol{F}$$

其中，$\boldsymbol{M} = \begin{bmatrix} M_V & & \\ & M_T & \\ & & M_B \end{bmatrix}$，为系统的质量矩阵；$\boldsymbol{C} = \begin{bmatrix} C_V & C_{VT} & C_{VB} \\ C_{TV} & C_T & C_{TB} \\ C_{BV} & C_{BT} & C_B \end{bmatrix}$，为系统的阻尼矩阵；$\boldsymbol{K} = \begin{bmatrix} K_V & K_{VT} & K_{VB} \\ K_{TV} & K_T & K_{TB} \\ K_{BV} & K_{BT} & K_B \end{bmatrix}$，为系统的刚度矩阵；$\boldsymbol{X} = \begin{Bmatrix} X_V \\ X_T \\ X_B \end{Bmatrix}$，为系统的位移列阵；$\boldsymbol{F} = \begin{Bmatrix} F_V \\ F_T \\ F_B \end{Bmatrix}$，为系统的作用力列阵。

根据各子系统的动力特征，采用显式积分法与隐式积分法相结合的方法，对各子系统进行求解。车辆子系统和轨道子系统，采用显式积分法，该方法只要质量矩阵为对角阵，则不管阻尼矩阵的形式如何，都不需要求解高阶线性代数方程组，从而大幅度地提高了数值计算效率。对于桥梁子系统，则采用隐式积分法中的 Newmark-β 积分法求解其动力响应。

2. 车辆-轨道系统动力方程的求解

将车辆子系统、轨道子系统两者的动力学方程组合，获得车辆-轨道耦合动力学方程，并统一表示成如下矩阵形式：

$$\boldsymbol{M}\ddot{\boldsymbol{u}}+\boldsymbol{C}\dot{\boldsymbol{u}}+\boldsymbol{K}\boldsymbol{u}=\boldsymbol{F} \tag{25.44}$$

式中，$\boldsymbol{M}$、$\boldsymbol{C}$、$\boldsymbol{K}$ 分别为车辆-轨道耦合系统的质量、阻尼、刚度矩阵；$\boldsymbol{u}$、$\dot{\boldsymbol{u}}$、$\ddot{\boldsymbol{u}}$ 分别为耦合系统的广义位移矢量、广义速度矢量、广义加速度矢量；$\boldsymbol{F}$ 为车辆-轨道耦合系统的广义载荷矢量，其是与广义速度和广义加速度有关的非线性量。

车辆-轨道系统是一个具有多自由度的非线性空间系统，轮轨接触时变频率非常高，采用传统的隐式数值积分方法计算量将非常大，甚至无法求解。因此，一般采用显式积分法进行求解。

对称性引入了两个积分参数ψ、φ，以下为新的显式积分格式：

$$\begin{cases}\boldsymbol{u}_{n+1}=\boldsymbol{u}_n+\dot{\boldsymbol{u}}_n\Delta t+(1/2+\psi)\ddot{\boldsymbol{u}}_n\Delta t^2-\psi\ddot{\boldsymbol{u}}_{n-1}\Delta t^2\\ \dot{\boldsymbol{u}}_{n+1}=\dot{\boldsymbol{u}}_n+(1+\varphi)\ddot{\boldsymbol{u}}_n\Delta t-\varphi\ddot{\boldsymbol{u}}_{n-1}\Delta t\end{cases} \tag{25.45}$$

式中，$\boldsymbol{u}$为车辆和轨道系统的广义位移矢量；下标n表示$n\Delta t$时刻。

将式(25.45)代入式(25.44)，得到在$t=(n+1)\Delta t$瞬时：

$$\ddot{\boldsymbol{u}}_{n+1}=\boldsymbol{M}^{-1}\tilde{\boldsymbol{F}}_{n+1} \tag{25.46}$$

其中，

$$\begin{aligned}\tilde{\boldsymbol{F}}_{n+1}=&\boldsymbol{F}_{n+1}-\boldsymbol{K}_{n+1}\boldsymbol{u}_n-(\boldsymbol{C}_{n+1}+\boldsymbol{K}_{n+1}\Delta t)\dot{\boldsymbol{u}}_n-\left[(1+\varphi)\boldsymbol{C}_{n+1}+(1/2+\psi)\boldsymbol{K}_{n+1}\Delta t\right]\ddot{\boldsymbol{u}}_n\Delta t\\&+(\varphi\boldsymbol{C}_{n+1}+\psi\boldsymbol{K}_{n+1}\Delta t)\ddot{\boldsymbol{u}}_{n-1}\Delta t\end{aligned} \tag{25.47}$$

求解计算时，以$t=0$时刻为初始条件，以零时刻的位移、速度和加速度起始，利用积分递推公式(25.45)～式(25.47)，逐步计算出下一时刻的位移、速度和加速度，直至方程完全求解。

根据显式积分稳定条件及其对时间步长的要求，积分参数φ、ψ通常可取为1/2。

3. 桥梁结构动力响应求解方法

桥梁结构动力响应的求解，通常采用振型叠加法，或直接积分法。

振型叠加法利用系统自由振动固有振型的正交性，将桥梁结构动力微分方程组分解成n个互不耦合的方程，再采用解析法或数值计算方法对这些方程进行积分求解，进而计算组合响应。

直接积分法又有中心差分法、Houbolt(豪鲍尔特)法、线性加速度法、Wilson-θ法、Newmark-β法等。

Newmark-β法假定$t+\Delta t$时刻的速度和位移可由t时刻的加速度、速度和位移外延得到：

$$\dot{\boldsymbol{u}}_{t+\Delta t}=\dot{\boldsymbol{u}}_t+\left[(1-\beta)\ddot{\boldsymbol{u}}_t+\beta\ddot{\boldsymbol{u}}_{t+\Delta t}\right]\Delta t \tag{25.48}$$

$$\boldsymbol{u}_{t+\Delta t}=\boldsymbol{u}_t+\dot{\boldsymbol{u}}_t\Delta t+\left[(1/2-\alpha)\ddot{\boldsymbol{u}}_t+\alpha\ddot{\boldsymbol{u}}_{t+\Delta t}\right]\Delta t^2 \tag{25.49}$$

式中，α 和 β 为可调参数，根据积分的精度和稳定性确定。研究表明，当$\beta\geqslant0.5$，$\alpha\geqslant0.25(0.5+\beta)^2$时，Newmark-$\beta$法是一种无条件稳定积分格式。

联立式(25.48)和式(25.49)可推得$\dot{\boldsymbol{u}}_{t+\Delta t}$和$\ddot{\boldsymbol{u}}_{t+\Delta t}$表达式：

$$\dot{\boldsymbol{u}}_{t+\Delta t}=\frac{\beta}{\alpha\Delta t^2}(\boldsymbol{u}_{t+\Delta t}-\boldsymbol{u}_t)+\left(1-\frac{\beta}{\alpha}\right)\dot{\boldsymbol{u}}_t+\left(1-\frac{\beta}{2\alpha}\right)\Delta t\ddot{\boldsymbol{u}}_t \tag{25.50}$$

$$\ddot{\boldsymbol{u}}_{t+\Delta t}=\frac{1}{\alpha\Delta t^2}(\boldsymbol{u}_{t+\Delta t}-\boldsymbol{u}_t)-\frac{1}{\alpha\Delta t}\dot{\boldsymbol{u}}_t-\left(\frac{1}{2\alpha}-1\right)\ddot{\boldsymbol{u}}_t \tag{25.51}$$

以上两式中变量是t时刻的位移$\boldsymbol{u}_t$、速度$\dot{\boldsymbol{u}}_t$和加速度$\ddot{\boldsymbol{u}}_t$以及$t+\Delta t$时刻的位移$\boldsymbol{u}_{t+\Delta t}$，$t+\Delta t$时刻桥梁动力微分方程为

$$\boldsymbol{M}_b\ddot{\boldsymbol{u}}_{t+\Delta t}+\boldsymbol{C}_b\dot{\boldsymbol{u}}_{t+\Delta t}+\boldsymbol{K}_b\boldsymbol{u}_{t+\Delta t}=\boldsymbol{F}_{t+\Delta t} \tag{25.52}$$

将式(25.50)、式(25.51)代入式(25.52)，可得

$$\bar{\boldsymbol{K}}_b\boldsymbol{u}_{t+\Delta t}=\bar{\boldsymbol{F}}_{t+\Delta t} \tag{25.53}$$

式中，

$$\bar{\boldsymbol{K}}_b=\boldsymbol{K}+\frac{1}{\alpha\Delta t^2}\boldsymbol{M}+\frac{\beta}{\alpha\Delta t}\boldsymbol{C} \tag{25.54}$$

$$\bar{\boldsymbol{F}}_{t+\Delta t}=\boldsymbol{F}_{t+\Delta t}+\left[\frac{1}{\alpha\Delta t^2}\boldsymbol{u}_t+\frac{1}{\alpha\Delta t}\dot{\boldsymbol{u}}_t+\left(\frac{1}{2\alpha}-1\right)\ddot{\boldsymbol{u}}_t\right]\boldsymbol{M}+\left[\frac{\beta}{\alpha\Delta t}\boldsymbol{u}_t+\left(\frac{\beta}{\alpha}-1\right)\dot{\boldsymbol{u}}_t+\left(\frac{\beta}{2\alpha}-1\right)\Delta t\ddot{\boldsymbol{u}}_t\right]\boldsymbol{C} \tag{25.55}$$

采用式(25.53)可求出 $t+\Delta t$ 时刻的位移 $\boldsymbol{u}_{t+\Delta t}$，再根据式(25.50)和式(25.51)分别求出该时刻的速度 $\dot{\boldsymbol{u}}_{t+\Delta t}$ 和加速度 $\ddot{\boldsymbol{u}}_{t+\Delta t}$。

Newmark-β 法中时间步长 Δt 的大小不影响解的稳定性，Δt 的选择主要根据解的精度要求确定，Δt 可选择为最小基本振型周期 $T_{\min}$ 的若干分之一。

车-线-桥系统是个动态相互耦合作用的系统，车-线-桥系统通过轮轨接触关系和桥轨关系联系起来，对车-线-桥动力仿真分析一般通过计算机编制动力仿真程序来实现，程序流程如图 25.22 所示。

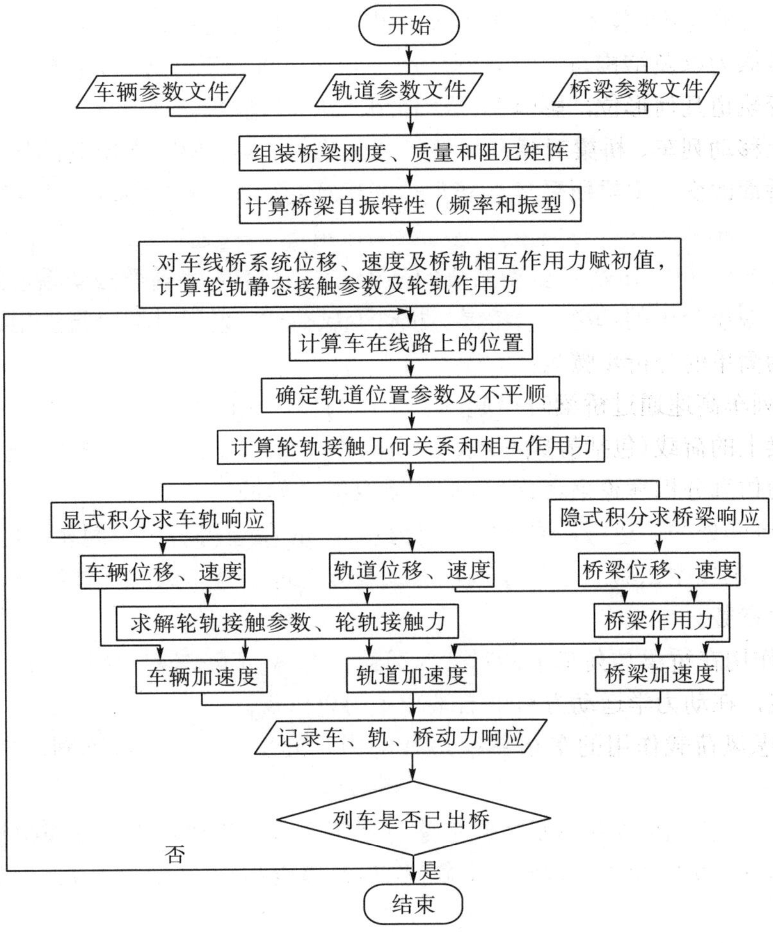

图 25.22　车-线-桥动力仿真程序流程图

第 26 章　风-车-桥耦合振动

在横向自然风作用下，桥梁及桥上移动车辆均将受到横向风荷载作用，从而可能导致脱轨系数、轨重减载率的提高，倾覆系数的增加，影响车辆的运行安全。

我国强风影响区分布较广，较为典型的有新疆百里风区、东南沿海的台风影响区，随着高速铁路的发展，在风环境恶劣地区修建的高速铁路越来越多，高比例桥梁工程更增加了桥上列车遭受强风作用的概率。另外，高速列车的轻量化也会降低车辆抗倾覆性能；相对较柔且桥面离地(水)较高的大跨度桥梁，桥面风速高，桥梁结构本身的风致响应大，车辆所受的风荷载也大，车辆与桥梁间的耦合效应更为复杂。

结构风工程理论表明，作用在车辆或桥梁上的风荷载包括：平均风引起的静风力、脉动风引起的抖振力以及结构与气流相互作用引起的自激力三部分。风致桥梁的动静位移响应，还会改变轨道几何形位，影响车-桥耦合振动的激励源。

由于桥上移动列车、桥梁对横向风绕流的影响，车辆、桥梁上所受的气动力特性均将随车辆上下桥而改变，主梁所受风载随列车的运行而动态变化。因此，风-车-桥耦合振动系统是轨道不平顺和脉动自然风双重随机激励作用下的时变系统。

前面已经介绍了车-桥耦合振动系统的分析方法，风-车-桥耦合振动系统的分析求解只需在车桥耦合系统分析的基础上，考虑随机时变风荷载，采用时域分析法用计算机进行模拟求解。较为简单的分析步骤为：

(1) 忽略列车高速通过桥梁时引起的列车风与自然风的相互耦合作用，将自然风作用在列车与桥梁上的荷载(包括静风荷载、脉动风荷载与自激力)作为车桥系统的外荷载，按前述车桥动力仿真分析理论来考虑风-车-桥耦合振动问题。

(2) 基于桥面处的风速谱，结合桥梁结构特点，模拟获得考虑空间相关特性的风速场。

(3) 基于风洞模型试验或数值模拟，测试或分析桥上有车或无车情况下，车辆及桥梁结构的气动力参数。

(4) 计算作用在桥梁与列车上的时变风荷载，并施加于车辆、桥梁结构上，形成车桥系统的外荷载，在动力学运动方程的右端项中得以体现。

(5) 对考虑风荷载作用的车桥系统进行动力响应仿真分析，进而对车辆运营安全性评价。

综上，风-车-桥耦合振动分析主要需进行以下几方面工作：确定并模拟桥位处的风特性，确定车辆及桥梁所受的风荷载，求解风-车-桥耦合振动动力方程，评价车辆运营安全性。

26.1　风速场的人工模拟

关于空间风速场的人工模拟，本书第二篇已作了介绍。自然风速场是非平稳的随机过程，在风-车-桥耦合振动分析时，为了简化分析，一般将其近似认为是多维多变量的平稳高斯随机过程，并假定自然风在三个方向上的脉动分量之间的相关性较弱，可以忽略，这样，可仅考虑单方向风速时程的空间相关性。将连续的风场离散为有限个点的三维风场，这样在理论上就可将具有三维相关性的风场简化为三个独立的一维风场。

目前模拟脉动风速时程的方法主要有三种：线性滤波法、小波变换法和谐波合成法等。线性滤波法的优点是效率高，但其并不是无条件收敛的，需要依靠经验选取参数，模拟精度相对较差；小波变换法在模拟非平稳信号时具有一定的优势，但参数的选取和估计对模拟精度有较大的影响，不适合模拟平稳随机过程；谐波合成法是一种利用谱分解和三角级数叠加来模拟随机过程样本的传统方法，因为其理论简单清晰、结果精度较高、适用范围较广，所以在脉动风场模拟中得到了广泛的应用，但计算效率不高，特别是当点数较多时，需要消耗较多的计算资源。

分析时，可以选取桥位处的风速谱或规范建议的风速谱作为所模拟的目标风速谱，选取适当的截止频率、频率点数及时间步长，结合桥位处的地表粗糙度类别、相关函数、率流度、积分尺度等风特征参数，基于 MATLAB 软件编制脉动风速时程模拟程序，并将所模拟风速时程的功率谱、相关性和紊流强度与目标值进行检验，以保证模拟的风场符合要求。

26.2　桥梁的气动力

在自然横桥向风作用下，桥梁结构将受到由平均风引起的静风力、由脉动风引起的抖振力、由流固振动耦合相互作用而产生的自激力等三类气动力的作用。

静风力可采用基于三分力系数的定常表达，抖振力、自激力可采用基于脉动风速场的 Scanlan 准定常气动力理论，引入气动导纳函数修正来描述，也可采用 Lin 提出的基于脉冲响应函数的时域表达式，各表达式中的气动力系数通过风洞模型试验或数值模拟获得，风速时程由前面人工模拟确定。

当车辆在桥梁上运行时，在横风作用下，列车与桥梁间的气动特性会相互干扰影响，因此，桥梁气动力表达式中各气动力系数应是考虑车-桥气动干扰后的数值，不能采用桥上无车状态的气动力系数。

桥梁结构上所受的气动力定义及表达，请参见本书第二篇内容或桥梁风工程书籍。

26.3 车辆的气动力

与桥梁气动力类似，车辆在桥上运行时，侧向风对车辆的作用同样包括三部分，即静风力、抖振力和自激力，车辆所受的气动力可参照桥梁主梁气动力表达式进行描述，此时，三分力系数取车辆的三分力系数值，如果桥道截面沿跨向不变、桥梁为直桥，则列车通过整个桥梁的过程中车辆的三分力系数不变，静风力也不变。

车辆所受的抖振力，也可参照主梁抖振力表达式进行描述，横桥向脉动风速时程、竖向脉动风速时程根据所模拟风速场及车辆所在位置确定，车辆所受的脉动风速与车辆所在梁段的脉动风速近似认为是相同的。

相对于桥梁宽度来讲，列车宽度较窄（约 3m），车桥整个系统断面较为钝化，气动耦合作用较弱，允许行车的横向风速一般也不高。为简化计算，列车所受的自激力作用往往被忽略而不计。

车辆所受的气动力系数可基于风洞模型试验或数值模拟获得，气动力系数风洞试验测量可采用天平测力法或测压法。风洞模型试验方法主要有：静止车辆模型风洞试验和移动车辆模型风洞试验。移动车辆模型风洞试验对风洞横向尺寸、测量仪器、测量精度要求较高，试验技术还处于起步阶段，还面临着较大的技术挑战。目前，相关研究多数还是采用静止车辆模型风洞试验进行气动力系数测量，静止车辆模型风洞试验属于刚性模型试验，可直接利用模型自身的刚度将车辆和桥梁分离，进而，分别测量车辆、主梁的气动力，实现两者气动力的分离。

26.4 系统运动方程的求解

基于非线性、时变性特征，将风-车-桥耦合振动系统分为四个子系统，分别为风子系统、车辆子系统、轨道子系统、桥梁子系统，各部分间通过轮轨相互作用、桥轨相互作用、风桥相互作用和风车相互作用进行耦合，组成整个系统。这样，轮轨力对车辆、轨道两个子系统而言均是外力；桥轨间相互作用力对轨道、桥梁两个子系统而言也均是外力；风荷载对桥梁、车辆两个子系统而言均是外力。经过这种处理后，车辆、轨道、桥梁子系统的运动微分方程就可采用逐步积分法分别求解。各子系统运动方程可表示如下：

$$\begin{cases} \boldsymbol{M}_V\ddot{\boldsymbol{X}}_V + \boldsymbol{C}_V\dot{\boldsymbol{X}}_V + \boldsymbol{K}_V\boldsymbol{X}_V = F_{V\text{-}T} + F_{W\text{-}V} \\ \boldsymbol{M}_T\ddot{\boldsymbol{X}}_T + \boldsymbol{C}_T\dot{\boldsymbol{X}}_T + \boldsymbol{K}_T\boldsymbol{X}_T = F_{T\text{-}V} + F_{B\text{-}T} \\ \boldsymbol{M}_B\ddot{\boldsymbol{X}}_B + \boldsymbol{C}_B\dot{\boldsymbol{X}}_B + \boldsymbol{K}_B\boldsymbol{X}_B = F_{T\text{-}B} + F_{W\text{-}B} \end{cases} \tag{26.1}$$

式中，$\boldsymbol{M}_V$、$\boldsymbol{C}_V$、$\boldsymbol{K}_V$ 分别为车辆子系统质量矩阵、阻尼矩阵、刚度矩阵；$\boldsymbol{M}_T$、$\boldsymbol{C}_T$、$\boldsymbol{K}_T$ 分别为轨道子系统质量矩阵、阻尼矩阵、刚度矩阵；$\boldsymbol{M}_B$、$\boldsymbol{C}_B$、$\boldsymbol{K}_B$ 分别为桥梁子系统质量矩阵、阻尼矩阵、刚度矩阵；$\boldsymbol{X}_V$、$\dot{\boldsymbol{X}}_V$、$\ddot{\boldsymbol{X}}_V$ 分别为车辆子系统位移、速度、加速度向

量；$\boldsymbol{X}_T$、$\dot{\boldsymbol{X}}_T$、$\ddot{\boldsymbol{X}}_T$ 分别为轨道子系统位移、速度、加速度向量；$\boldsymbol{X}_B$、$\dot{\boldsymbol{X}}_B$、$\ddot{\boldsymbol{X}}_B$ 分别为桥梁子系统位移、速度、加速度向量；$F_{V\text{-}T}$、$F_{T\text{-}V}$ 为车辆与轨道间相互作用力；$F_{B\text{-}T}$、$F_{T\text{-}B}$ 为轨道与桥梁间相互作用力；$F_{W\text{-}V}$、$F_{W\text{-}B}$ 分别为作用于车辆、桥梁上的风荷载。

如果不考虑气动刚度及气动阻尼的影响，系统运动方程如下：

$$\begin{bmatrix} M_V & & \\ & M_T & \\ & & M_B \end{bmatrix}\begin{Bmatrix} \ddot{X}_V \\ \ddot{X}_T \\ \ddot{X}_B \end{Bmatrix}+\begin{bmatrix} C_V & C_{VT} & C_{VB} \\ C_{TV} & C_T & C_{TB} \\ C_{BV} & C_{BT} & C_B \end{bmatrix}\begin{Bmatrix} \dot{X}_V \\ \dot{X}_T \\ \dot{X}_B \end{Bmatrix}+\begin{bmatrix} K_V & K_{VT} & K_{VB} \\ K_{TV} & K_T & K_{TB} \\ K_{BV} & K_{BT} & K_B \end{bmatrix}\begin{Bmatrix} X_V \\ X_T \\ X_B \end{Bmatrix}=\begin{Bmatrix} F_V+F_{W\text{-}V} \\ F_T+F_{W\text{-}T} \\ F_B+F_{W\text{-}B} \end{Bmatrix} \tag{26.2}$$

式中，$F_{W\text{-}V}$、$F_{W\text{-}T}$、$F_{W\text{-}B}$ 分别为作用于车辆、轨道、桥梁上的风荷载。

式(26.1)实际上就是在车-线-桥系统运动方程等式右边加上各子系统所受风荷载矩阵，其求解方式与前面论述的车-线-桥系统运动方程求解方式相同，即采用显式积分法和隐式积分法相结合的方法对各子系统进行求解。对于车辆子系统和轨道子系统，采用显式积分法；对于桥梁子系统，则采用隐式积分法中的 Newmark-β 积分法求解其动力响应。

26.5 桥上车辆抗风安全性

近几十年来，国内外已经建成很多大跨度桥梁，公路桥梁最大跨度已达 2000m 左右，如日本在本四联络线上修建的，目前世界上最大跨度的明石海峡悬索桥，主跨跨度达 1991m，该桥在极端横风作用下，最大振幅达 15.5m。铁路桥梁或公铁两用桥梁的最大主跨跨度也已经超过 1000m，如日本的主跨跨度 1100m 南备赞濑户大桥(铁路桥)，我国主跨跨度均为 1092m 的沪通铁路长江大桥、五峰山公铁两用长江大桥等，超千米跨度的桥梁形式一般是悬索桥或斜拉桥，这类桥在设计极端风作用下变形比较大，在允许行车的自然风速条件下，主梁变形及其对行车的影响也不容忽略。

车辆在振动的桥梁上运行，其安全性、舒适性评价指标与标准同前面论述，其中安全性指标仍以脱轨系数、轮重减载率、倾覆系数为主，不过考虑侧风作用后，车辆的倾覆系数计算式有所不同。

列车在桥梁上通过时，一方面车辆自身直接受侧向风力作用，另一方面桥梁在强风作用下的振动可能使车辆产生很大的侧向力，再加上桥面的倾斜，可能使车辆的倾覆系数增大。因此，在侧风作用下，运动的车辆将受到包括侧向风力、横向惯性力和强风引起的桥面扭转倾角等的影响。倾覆系数 D 的计算式可表示为

$$D=\frac{h_g'}{b}\left(1-\frac{\mu}{1+\mu}\frac{r_0}{h_g'}\right)a_{2y}(t)+\frac{h_{2W}'LH}{Pb}p_{2W}(t)+\frac{h_g'}{b}\theta_b(t) \tag{26.3}$$

式中，右边第一项是由车辆的横向振动惯性力引起的，第二项是由侧向风力引起的，第三项是由桥面的扭转倾角引起的，

$$h_g'=h_g+\frac{1}{1+\mu}C_yP_2 \tag{26.4}$$

其中，h_g 为车辆总重心至轨面的高度；$\mu = P_1/P_2$，P_1 和 P_2 分别为车体的重量(包括自重和载重)和两台转向架的重量；$C_y = 1/(2K_y)$，为单位侧向力引起的车体重心的侧向位移，K_y 为一台转向架弹簧的横向刚度；$2b$ 为左右车轮滚动圆的间距，可近似按轨距计算；r_0 为车轮半径；$a_{2y}(t)$ 为车体横向振动加速度(g)；$h'_{2W} = h_{2W} - (C_y - eC_{y\theta})P_2$，$C_{y\theta} = \dfrac{h_5}{2b_2^2 K}$ 为单位力矩引起的车体重心的侧向位移，h_5 为车体重心至车轴中心线的高度，K 为一台转向架弹簧的垂向刚度，$2b_2$ 为转向架两侧弹簧的间距，e 为侧向风压中心与车体重心间的距离；L 和 H 分别为车体的长度和高度；$P=P_1+P_2$，为车辆的总重量；$p_{2W}(t)$ 为侧向风压；$\theta_b(t)$ 为桥面的扭转倾角。

我国车辆部门根据理论分析与试验研究提出，车辆倾覆系数安全指标可以采用：

$$D=0.8\text{(危险限度)}$$

日本研究者基于风洞模型试验，测量作用在车辆上的气动力，进而，对桥上常规车辆在侧风下的稳定性进行了分析研究，研究结果如图 26.1 所示，结果表明：考虑桥梁的竖向振动、横向振动和桥面的扭转变位后，桥上常规车辆的倾覆临界风速将有所降低，但仍普遍大于 30m/s。

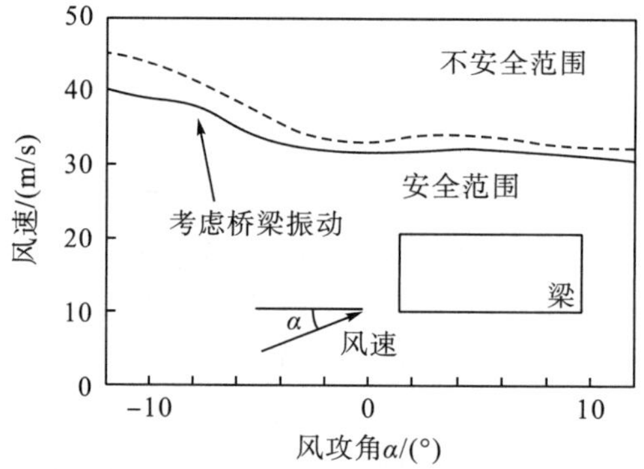

图 26.1　风荷载作用下桥上车辆的运行安全范围

另外，基于移动车辆模型风洞试验，考虑轨道水平转角的影响，所测得的在侧向风力作用下的车体振动加速度、车轮脱轨系数、轮重减载率等指标也均满足相应的标准要求。同时，理论分析结果也证实，只要风速小于上述临界风速值，就可保证列车在桥上的安全运行。

尽管如此，因为上述结论是模型试验的结果，不少学者认为风速小于 30m/s 仅是保证桥上车辆倾覆稳定性的必要条件。考虑新建桥梁的结构形式、跨度分布、主梁刚度、风场环境等的不同，个体桥梁的研究成果还不存在明显的普适性，因此，针对各新建桥梁仍需进行风-车-线-桥耦合振动专门研究，基于风洞模型试验、数值模拟及理论分析成果评价车辆运行安全性与平稳舒适性。

第 27 章　地震-车-桥耦合振动

我国高速铁路的建设，越来越趋于采用高桥隧比，桥梁在线路中的里程比重越来越大，出现了连续几公里甚至几十公里的桥梁，这使得车辆在桥上运行时遇到地震的概率增加。2004 年 10 月 23 日日本新潟地震导致一列高速行驶的新干线列车在高架桥上发生脱轨就是个明显的例子。

桥梁受地震作用，主梁会产生振动位移、加速度响应，引起桥上轨道几何形状的改变。主梁通过轨道将振动传导给车辆，形起车辆振动加剧，从而影响轮轨间横向力、脱轨系数、轮重减载率及倾覆力矩等安全性指标。地震引起的桥梁、车辆振动加速度变化，也影响了车辆平稳舒适性指标。

基于目前的桥梁抗震设计理念，设计地震、罕遇地震等强地震作用，桥梁结构允许损伤，想要保证车辆在桥梁上同时遇到这类地震仍能安全运行是不现实的，好在这种事件发生概率极低。车辆在桥梁上遇到多遇地震具有较高的发生概率，这时需要保证桥梁结构安全且功能满足要求、桥上轨道形位变化不致以影响行车、车辆运行安全性指标能满足要求等。

因此，需要研究地震作用下桥梁结构动力响应，及其对桥上列车运行安全性的影响。研究地震-车-桥耦合振动响应，首先需要了解地震动的特性，建立地震动及地震作用的模拟方法，然后，建立车-桥梁系统的动力学方程，将地震对车、桥的作用作为外荷载作用，施加于车-桥梁系统计算模型，根据系统动力学方程的特点，选取适当的动力学方程求解方法进行分析，最后，根据分析结果与所建立的评价标准，对地震作用下桥上车辆运行安全性进行评价。

27.1　地震荷载作用下简支梁动力分析模型

在竖向地震作用下，简支梁上无车时竖向弯曲振动微分方程为

$$\frac{\partial^2}{\partial x^2}\left[EI(x)\frac{\partial^2 y(x,t)}{\partial x^2}\right]+\rho_l(x)\frac{\partial^2 y(x,t)}{\partial t^2}+c(x)\frac{\partial y(x,t)}{\partial t}=\rho\ddot{y}_g(t) \tag{27.1}$$

参照前面的推导，基于振型叠加法，等截面简支梁地震响应位移为

$$y(x,t)=\frac{4}{\pi}\sum_{n=1}^{\infty}\frac{1}{n\omega_n^D}\sin\frac{n\pi x}{L}\int_0^t \ddot{y}_g(\tau)\mathrm{e}^{-\zeta_n\omega_n(t-\tau)}\sin\omega_n^D(t-\tau)\mathrm{d}\tau \tag{27.2}$$

而等截面质量均布简支梁桥上有单轮对质量弹簧系统时，在竖向地震作用下，簧上质量 M_2 上的力，有惯性力 $P_g=M_2\left[\ddot{Z}(t)+\ddot{y}_g(t)\right]$，而弹性力 $P_k=k\left[y(x,t)-Z(t)\right]\big|_{x=Vt}$，及阻尼

力 $P_c = c\left(\frac{\mathrm{d}y(x,t)}{\mathrm{d}t} - \dot{Z}(t)\right)\bigg|_{x=Vt}$，与前面推导相同，根据力的平衡条件，可得其动力平衡方程：

$$M_2\ddot{Z}(t) + k\left[Z(t) - y(x,t)\right]\big|_{x=Vt} + c\left(\dot{Z}(t) - \frac{\mathrm{d}y(x,t)}{\mathrm{d}t}\right)\bigg|_{x=Vt} = -M_2\ddot{y}_g(t) \tag{27.3}$$

作用于梁上的荷载 $P(x,t)$ 包括：梁上所有重力 $P_G = (M_1 + M_2)g$，质量 M_1 的惯性力 $P_1 = M_1\left(\frac{\mathrm{d}^2 y(x,t)}{\mathrm{d}t^2}\bigg|_{x=Vt} + \ddot{y}_g(t)\right)$，系统弹簧的弹性力 $P_k = k\left[y(x,t) - Z(t)\right]\big|_{x=Vt}$，及阻尼力 $P_c = c\left(\frac{\mathrm{d}y(x,t)}{\mathrm{d}t} - \dot{Z}(t)\right)\bigg|_{x=Vt}$，因此有

$$\begin{aligned} P(x,t) = \delta(x - Vt)&\left[(M_1 + M_2)g - M_1\left(\frac{\mathrm{d}^2 y(x,t)}{\mathrm{d}t^2} + \ddot{y}_g(t)\right)\right] \\ &+ k\left[Z(t) - y(x,t)\right] + c\left(\dot{Z}(t) - \frac{\mathrm{d}y(x,t)}{\mathrm{d}t}\right) \end{aligned} \tag{27.4}$$

从而，考虑单轮对质量弹簧系统作用下简支梁的动力平衡方程为

$$\begin{aligned} EI\frac{\partial^4 y(x,t)}{\partial x^4} + \rho\frac{\partial^2 y(x,t)}{\partial t^2} + c_L\frac{\partial y(x,t)}{\partial t} = \delta(x - Vt)&\left[(M_1 + M_2)g - M_1\left(\frac{\partial^2 y(x,t)}{\mathrm{d}t^2} + \ddot{y}_g(t)\right)\right] \\ &+ k\left[Z(t) - y(x,t)\right] + c\left(\dot{Z}(t) - \frac{\partial y(x,t)}{\mathrm{d}t}\right) \end{aligned} \tag{27.5}$$

式中，c_L 为梁体阻尼系数。

可见，移动车轮(质量)加弹簧(阻尼器)加簧上质量体系的简支梁体系，在竖向地震作用下的动力学平稳方程，只是在原来的体系运动方程右端加上地震作用即可。

上述方程，同样可采用振型分解法求解，且可只考虑少数低阶振型进行降阶，并采用逐步积分的数值方法进行。对于按广义坐标离散的简支梁，其地震作用为对应各振型的广义地震惯性力，且偶数项振型的地震作用为零；对于在梁上移动的没有独立自由度的车轮，其作用于梁的广义地震作用等于车轮质量的地震惯性力与车轮所在位置对应各振型函数的乘积。

27.2　地震荷载作用下车桥系统动力分析模型

地震荷载作用下车桥系统动力分析模型的建立方法可参照风-车-桥系统相应模型的建立方法，类似地，地震作用下车桥系统振动分析模型由地震作用模型、车辆模型、轨道模型和桥梁模型组合而成，系统的自激激励源为轨道不平顺和轮对蛇行运动，地震作用可作为外部激励施加于车辆与桥梁之上，建立振动微分方程时只需在等式右边加上地震惯性作用即可。

因此，地震作用下车桥系统的动力平衡方程为

$$\begin{bmatrix} M_V & & \\ & M_T & \\ & & M_B \end{bmatrix}\begin{Bmatrix} \ddot{X}_V \\ \ddot{X}_T \\ \ddot{X}_B \end{Bmatrix}+\begin{bmatrix} C_V & C_{VT} & C_{VB} \\ C_{TV} & C_T & C_{TB} \\ C_{BV} & C_{BT} & C_B \end{bmatrix}\begin{Bmatrix} \dot{X}_V \\ \dot{X}_T \\ \dot{X}_B \end{Bmatrix}+\begin{bmatrix} K_V & K_{VT} & K_{VB} \\ K_{TV} & K_T & K_{TB} \\ K_{BV} & K_{BT} & K_B \end{bmatrix}\begin{Bmatrix} X_V \\ X_T \\ X_B \end{Bmatrix}=\begin{Bmatrix} F_V+F_{g\text{-}V} \\ F_T+F_{g\text{-}T} \\ F_B+F_{g\text{-}B} \end{Bmatrix} \tag{27.6}$$

式中，$F_{g\text{-}V}$、$F_{g\text{-}T}$、$F_{g\text{-}B}$ 分别为作用于车辆、轨道、桥梁上的地震惯性荷载。

符号同前。显然，该方程的求解方法也与前面风-车-桥系统振动方程的求解方法相同，主要还是逐步积分法。

27.3　地震作用下桥上车辆的运行安全标准

地震时，梁间相对位移、轨道的位移和梁端折角将直接影响桥上车辆运行的安全，另外，在地震动激扰下，车辆本身因大的滚摆位移也可能引起车辆脱轨或倾覆，因此，除了对轨道的位移和折角进行限制外，还应基于地震-车-桥耦合振动分析，对脱轨系数、轮重减载率、轮轨横向力等安全性指标进行限制。

1. 地震作用下桥上车辆运行安全评价标准

地震作用下桥上车辆运行安全评价标准在我国仍处于发展研究阶段，因此，目前我国还没有统一的标准。日本作为一个地震危害极为严重的国家，较早地开展了地震作用下列车在桥上运行时的安全问题相关研究，并基于大量的研究分析，制定了评价桥梁、车辆安全的标准。

表 27.1 是日本关于地震作用下桥梁墩台间相对位移量和桥上线路折角的限定标准，将该标准与无地震作用情况下桥梁的对应限值相比较，地震作用下的限值要大得多。

表 27.1　地震时桥梁墩台间相对位移量和桥上线路折角的限值

位移方向	错位/mm	折角/(1/1000)		适用车速/(km/h)
		平移折角	转折折角	
垂直	$35(300/V)$	$10(300/V)^{1.3}$	$9(300/V)$	$V\leqslant 300$
水平	$9(300/V)^{0.4}$	$5.5(300/V)$	$3(300/V)$	

对于地震作用下桥上车辆的运行安全性评价，脱轨系数是最重要的控制指标。日本将车辆的脱轨安全指标分为三个限度，见表 27.2。其中 A 限度和 B 限度是一般车辆运行的安全指标；C 限度是特别为地震时的行车安全制定的指标，其地震脱轨特征是由于横向地震作用，在轮重不减小的情况下就有可能产生很大的脱轨系数和横向压力。

一般认为，地震是偶发荷载，且作用时间短，其对行车安全性的影响是主要问题，车辆运行平稳性舒适性等可不作要求。日本针对混凝土桥梁，包括长跨桥、高墩桥以及特殊地基上的桥梁，基于分析横向单频谱波激振桥梁时桥上车辆的运行安全性，采用桥上轨道的振动位移作为评价行车安全性的指标，规定了如表 27.3 和图 27.1 所示的轨道振动位移安全限值。

表 27.2 日本车辆脱轨安全度评价的三个限度

类别	脱轨系数 Q/P	轮重减载率 $\Delta P/P$	横压 Q/kN	说明
A 限度	0.8	28.1%	48	轮重减载和横压增大同时发生
B 限度	1.0	37.5%	64	轮重减载和横压增大同时发生
C 限度	1.2	66.7%	78	轮重减载和横压增大不是同时发生

表 27.3 地震时轨道振动位移限值 (mm)

新干线	$90.0/f^{1.85}$ $(f<1.0)$	$110.0-15f(1\leqslant f<2.0)$		$80.0\ (2.0\leqslant f)$
普通铁路	$114.8/f^{1.2}$ $(f<0.8)$	$150.0\ (0.8\leqslant f<1.4)$	$284.1-98.8f(1.4\leqslant f<2.6)$	$35.0\ (2.6\leqslant f)$

注：f 为地震动输入的频率(Hz)。

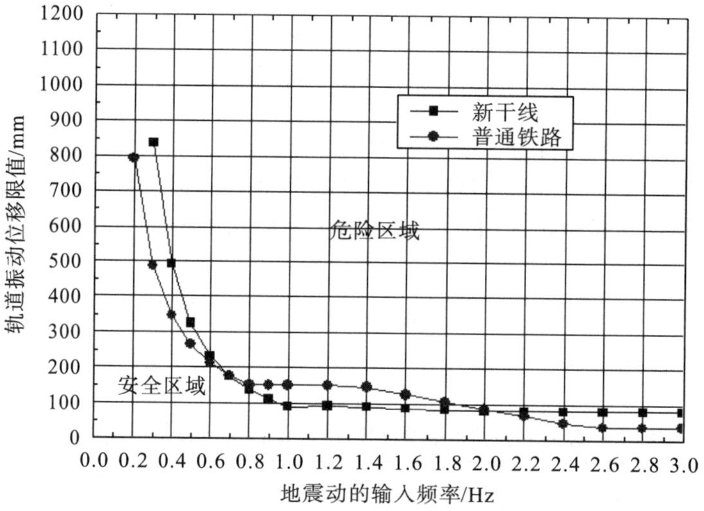

图 27.1 地震作用下桥上车辆的运行安全界限

从图 27.1 中可以看出，地震作用下桥上车辆的运行安全界限与地震动的输入频率有很大关系：在 0～3.0Hz 的范围内，频率越高，位移限值越严格，而低频振动，可以有较宽的安全位移限值。对于普通铁路车辆来说，其安全界限在频率大于 2.5Hz 的范围内最为严格，振幅的单峰值为 35mm；而对于新干线的高速列车，其安全界限在频率大于 2.0Hz 后基本相同，振幅的单峰值为 80mm。

图 27.1 中车辆安全运行的轨道临界位移是基于详细的轨道-车辆分析模型由数值仿真方法得到的，以正弦波输入到轨道-车辆系统模型，将轮对踏面中心与钢轨间的横向相对位移作为评价车辆安全运行的临界条件。该曲线反映了临界水平位移幅值与输入的正弦波频率之间的关系，没有考虑地震波频谱成分复杂的特点，其应用有一定局限性。

2. 地震作用下桥上车辆运行安全失稳特征与评价简化模型

寻找一种既能适合正弦波激励又能适合地震波多频荷载激励的简单评价指标是非常必要的。为此，日本铁路技术研究协会进行了大量的专门研究，提出了一种评价地震时桥上车辆运行安全性的简化方法，即：基于简化模型的车辆动力响应分析。

针对地震时桥上运行列车安全事故主要是脱轨或倾覆失稳这一特点，建立只考虑车辆整体侧滚和横摆振动两个自由度的简化车辆模型，如图 27.2 所示。

基于该简化分析模型，假定车辆的侧滚运动与横摆运动之间的耦合效应很小，可忽略不计，分别建立侧滚运动与横摆运动的平衡方程。分别输入轨道水平加速度时程，将实际车辆的相关参数代入，可得到规则化加速度幅值与频率比的关系曲线。图 27.3 给出了车辆倾覆、跳轨脱轨两条临界状态曲线，两条曲线上方的共同区域称为倾覆和跳轨脱轨区，由车辆两种振动的耦合运动——滚摆振动引起。图中 μ 为轮轨间的摩擦系数。

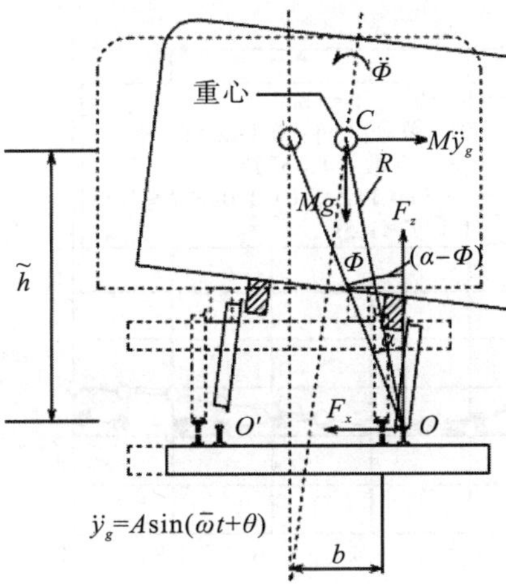

图 27.2　车辆整体侧滚和横摆振动两个自由度的简化车辆模型

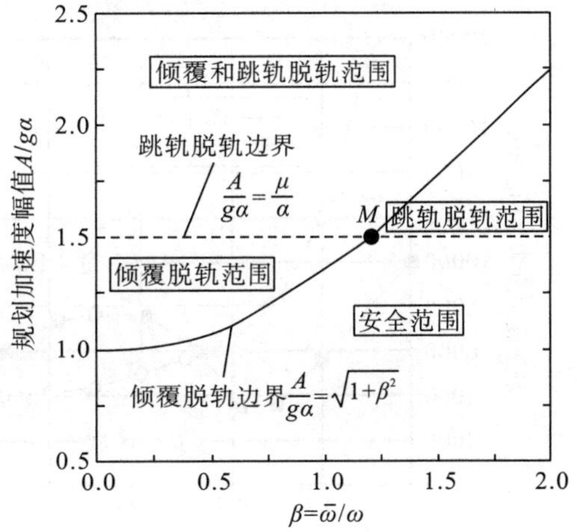

图 27.3　车辆倾覆和跳轨脱轨的临界状态曲线

由图 27.3 可见，车辆的动力响应随荷载频率的不同而有明显的差别。因此，可以根据输入加速度的频率特征，把车辆在地震作用下的动力失稳分成三类：

(1) 倾覆脱轨。车辆倾覆脱轨主要发生在低频区域(图 27.3 左侧)。当外力激励的频率较低时，车辆响应受输入加速度的长周期分量控制，由于车辆重心 C 的大位移而发生低心滚动(绕 O 或 O' 点滚动)。当车辆的振幅逐渐增大，轮对一侧的车轮就开始抬升并脱离钢轨，此时在轮轨接触点并不一定有多大的轮轨横向力。

(2) 跳轨脱轨。车辆跳轨脱轨主要发生在高频区域(图 27.3 右侧)。当外力的激振频率较高时，车辆横向惯性力增大，使车轮轮缘碰撞钢轨，在轮轨接触点产生很大的作用力，车辆发生高心滚动(绕 C 点滚动)，碰撞剧烈时就会发生跳轨脱轨。

(3) 倾覆和跳轨脱轨。当外力的激励频率与车辆的固有频率较接近时，车辆振动在低心滚动和高心滚动之间变化，倾覆脱轨和跳轨脱轨都有可能发生。由于图 27.3 是由简化的车辆分析模型得到的，其结果并不能准确反映两种运动的耦合效应。

根据能量守恒的原理，车辆在失稳临界速度时的临界动能应等于车辆开始倾覆脱轨时的临界势能，临界势能即等于车辆的重心 C 转动到最高位置处时所具有的势能。临界动能和临界势能的关系可以用速度反应谱来表示。可见，速度反应谱与最大势能谱间有着直接的关系，因此，评价车辆运行安全的指标可以由速度反应谱来确定。

基于常用桥梁结构自振频率的大小分布范围，选取 0.1～2.5s 作为车辆运行安全性评价指标的周期区间，该周期范围内的总能量用谱密度强度 $\mathrm{SI}(\zeta,T)$ 的形式表示为

$$\mathrm{SI}(\zeta,T)=\int_{0.1}^{2.5}S_V(\zeta,T)\mathrm{d}T \tag{27.7}$$

式中，$S_V(\zeta,T)$ 为速度反应谱；ζ 为阻尼比；T 为输入波形所包含的周期。$\mathrm{SI}(\zeta,T)$ 值反映了引起车辆振动的输入波的强度，可被用作地震时桥上列车运行安全性的评价指标。

图 27.4 给出了针对新干线与普通铁路车辆的地震动输入谱密度强度限值，其中针对不同周期范围采用了不同的安全系数。

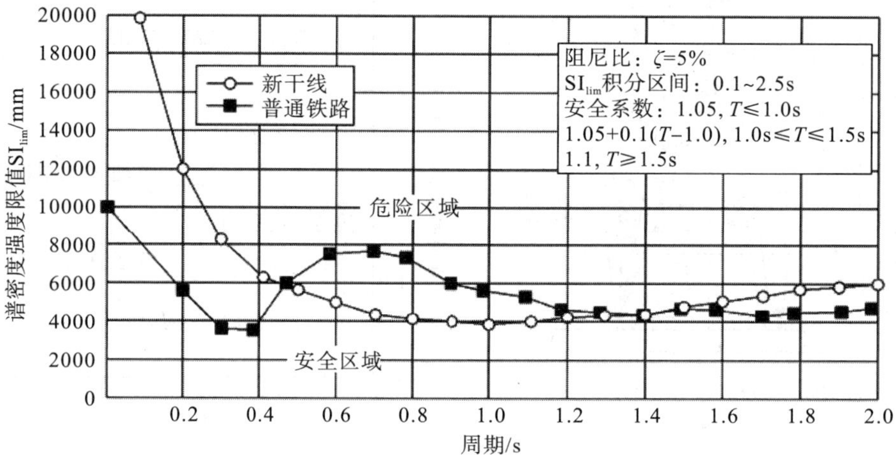

图 27.4　列车安全运行谱密度强度限值 $\mathrm{SI_{lim}}$

如果已知地震输入到车辆上的谱密度强度限值 $\mathrm{SI_{lim}}$，就可以对地震时桥上车辆的运行安全性做出评价。评价方法分为 3 个步骤：

(1) 地震时列车在桥上运行，桥梁在轨面处的加速度反应可作为评价车辆运行安全性的地震动输入。因此，首先分析输入地震波作用下桥梁的地震响应，获得桥梁在轨面处的地震加速度响应值。

(2) 基于所获得的轨面加速度值计算其速度反应谱 $S_V(\zeta,T)$，然后对 $S_V(\zeta,T)$ 从 0.1s 到 2.5s 积分，计算输入车辆的地震动谱密度强度 $\mathrm{SI}(\zeta,T)$。

(3) 将谱密度强度 $\mathrm{SI}(\zeta,T)$ 与图 27.4 的谱密度强度限值 $\mathrm{SI_{lim}}$ 进行比较，评估车辆的运行安全性。原则上，各主要周期成分的谱密度强度 SI 值都应与限值进行比较，以保证所有的 SI 值均小于相应的限值 $\mathrm{SI_{lim}}$，即表明车辆在输入的多频地震动作用下运行安全。一般来讲，在地震作用下结构反应只有一个主要的周期起控制作用，该主要周期几乎等于结

构的等效自振周期，此时，评价地震时车辆运行安全性变得很简单，只需比较相应于结构等效自振周期对应的SI和SI_{lim}就可以了。

综上可知，上述方法实际上不需要计算车辆的地震响应，而只需要计算桥梁结构的地震响应，基于桥梁的地震响应就可以对桥上车辆的运行安全进行评估，而桥梁结构的地震响应分析一般工程技术人员都是掌握的，因此，上述方法非常适用于设计人员。

思　考　题

1. 引起车桥系统竖向振动、横向振动的主要因素分别有哪些？

2. 为什么说轨道不平顺或路面粗糙度是车桥耦合振动的主要激励源？

3. 列车运行安全性评价指标有哪些？相应的评价标准是什么？

4. 列车运行平稳性、舒适性评价指标有哪些？高速铁路列车运行平稳性评价标准是什么？

5. 建立铁路桥梁结构振动性能评价标准的目的是什么？

6. 铁路桥梁结构振动性能评价指标有哪些？

7.《高速铁路设计规范》(TB 10621—2014) 对桥梁振动加速度限值作如何规定？为何要作加速度限值规定？

8. 限制梁端转角的目的是什么？《高速铁路设计规范》(TB 10621—2014) 相应的限值是多少？

9. 基于车桥耦合振动经典理论，匀速荷载作用下简支梁跨中动挠度与结构阻尼比、行车车速满足何种关系？

10. 推导等直简支梁在竖向简谐移动荷载作用下跨中挠度表达式。

11. 有哪些因素会影响轮轨式列车的运营速度？

12. 什么是轨道不平顺？导致轨道不平顺的原因有哪些？

13. 轨道不平顺包括哪些内容？其分别影响车、桥的哪些振动形态？

14. 铁路工务部门定期对轨道进行养护维修的目的是什么？

15. 轨道不平顺有何数学特征？如何进行数学描述？如何确定？

16. 目前我国常用于车桥耦合振动分析的轨道不平顺谱是什么？

17. 为什么要建立轮轨关系？用于车桥耦合振动分析的轮轨关系有哪些内容？

18. 解释几何相容轮轨关系、Hertz 接触轮轨关系。这两种轮轨关系中，求解轮轨力是否需要迭代？数值积分方法和积分步长的选择有何区别？

19. 建立车-线-桥系统耦合振动微分方程，需要先建立哪些子系统的计算模型？各子系统模型通过哪些关系形成耦合？

20. 针对车-线-桥系统耦合振动微分方程，较常规的求解方法是什么？

21. 横向自然风、地震作用对桥上车辆运行安全性会产生哪些不利的影响？

22. 汽车以速度 V 在水平路面上行驶，其简化的单自由度模型如图所示，其中 m、K、C 均为已知，质点 m 竖向振动位移用 y 表示，路面波动情况可以用正弦函数 $\delta = h\sin(\omega t)$ 表示，假定行驶过程中车轮与路面没有脱空现象。请：

(1) 建立汽车上下振动的数学模型；

(2) 求汽车振动的稳态解。

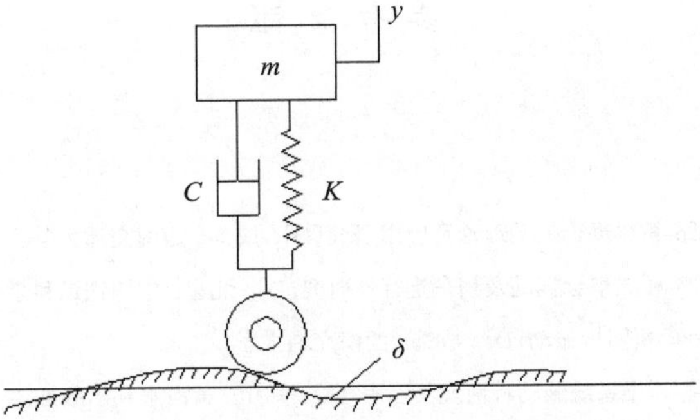

23. 如图所示的平面模型，两转向架中心距之半的距离为 d，车体和每个转向架均有两个自由度(沉浮 Z 和点头 β)，请推导出车体的沉浮运动方程(注：沉浮自由度指车体的竖向自由度)。

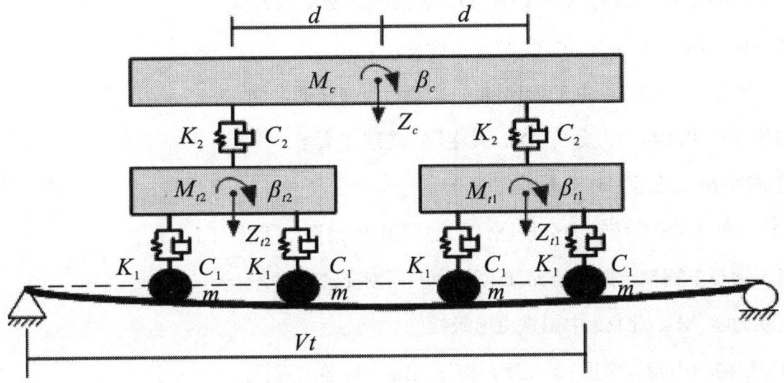

参考文献

蔡成标. 2004. 高速铁路列车-线路-桥梁耦合振动理论及应用研究[D]. 成都: 西南交通大学.

高芒芒. 2001. 高速铁路列车-线路-桥梁耦合振动及列车走行性研究[D]. 北京: 中国铁道科学研究院.

晋智斌. 2007. 车-线-耦合系统及车-桥随机振动[D]. 成都: 西南交通大学.

李广慧, 等. 2007. 车辆-无碴轨道-桥梁系统振动特性及其应用[M]. 郑州: 黄河水利出版社.

李国豪. 2003. 桥梁结构稳定与振动(修订版)[M]. 北京: 中国铁道出版社.

李杰. 1996. 随机结构系统分析与建模[M]. 北京: 科学出版社.

李小珍, 晋志斌, 朱艳. 2017. 车辆-桥梁时变系统随机振动——理论与工程应用[M]. 北京: 科学出版社.

李小珍. 2000. 高速铁路列车-桥梁系统耦合振动理论及应用研究[D]. 成都: 西南交通大学.

李永乐. 2003. 风-车-桥系统非线性空间耦合振动研究[D]. 成都: 西南交通大学.

林家浩. 2004. 随机振动的虚拟激励法[M]. 北京: 科学出版社.

刘德军. 2010. 风-列车-线路-桥梁系统耦合振动研究[D]. 成都: 西南交通大学.

吕峰. 2008. 车辆与结构相互作用随机动力分析[D]. 大连: 大连理工大学.

欧进萍. 1998. 结构随机振动[M]. 北京: 高等教育出版社.

潘家英, 高芒芒. 2008. 铁路车-线-桥系统动力分析[M]. 北京: 中国铁道出版社.

沈锐利. 1998. 高速铁路桥梁与车辆耦合振动研究[D]. 成都: 西南交通大学.

田红旗. 2007. 列车空气动力学[M]. 北京: 中国铁道出版社.

夏禾, 张楠. 2005. 车辆与结构动力相互作用(第二版)[M]. 北京: 科学出版社.

夏禾. 1984. 列车过桥时高墩桥的动力响应及其对车辆运行稳定性的影响[D]. 北京: 北方交通大学.

徐昭鑫. 1990. 随机振动[M]. 北京: 高等教育出版社.

许慰平. 1988. 大跨度铁路桥梁车桥空间耦合振动研究[D]. 北京: 中国铁道科学研究院.

翟婉明, 夏禾, 等. 2011. 列车-轨道-桥梁动力相互作用理论与工程应用[M]. 北京: 科学出版社.

翟婉明. 2007. 车辆-轨道耦合动力学(第3版)[M]. 北京: 科学出版社.

朱位秋. 1992. 随机振动[M]. 北京: 科学出版社.

朱艳. 2010. 车桥系统随机振动理论与应用研究[D]. 成都: 西南交通大学.

曾庆元, 郭向荣. 1999. 列车桥梁时变系统振动分析理论与应用[M]. 北京: 中国铁道出版社.

Cheng Y S, Au F T K, Cheung Y K. 2001. Vibration of railway bridges under a moving train by using bridge-track-vehicle element[J]. Engineering Structures, 23(12): 1597-1606.

Diana G, Cheli F. 1989. Dynamic interaction of railway systems with large bridges[J]. Vehicle System Dynamics, 18(1-3): 71-106.

Diana G, et al. 1986. Dynamic interaction between railway vehicle and track[R]. Dip. di Meccanica, Politecnico di Milano.

Diana G, et al. 1998. A numerical method to define the dynamic behavior of a train running on a deformable structure[J]. Meccanica: 27-42.

Ladislav Frýba. 2007. 铁路桥梁动力学[M]. 齐法琳, 孙宁, 等译. 北京: 科学出版社.

Wu Y S, Yang Y B, Yau J D. 2001. Three-dimensional analysis of train-rail-bridge interaction problems[J]. Vehicle System Dynamics, 36(1): 1-35.